- 国家社会科学基金重大招标项目"全面提高开放型经济水平研究"(13&ZD046)阶段性成果

- 国家自然科学基金项目"基于知识资本国际化配置的动态能力演变与创新政策研究"(71173192)阶段性成果

- 浙江省哲学社会科学规划重大项目阶段性成果
- 浙江省一流学科(应用经济学科)研究成果
- 浙江省哲学社会科学重点研究基地成果
- 浙江工业大学全球浙商发展研究院成果

创新发展与开放型经济水平研究丛书

开放经济下知识资本与全要素生产率

程惠芳 陈超 ○ 著

中国社会科学出版社

图书在版编目（CIP）数据

开放经济下知识资本与全要素生产率/程惠芳，陈超著．—北京：中国社会科学出版社，2016.12

（创新发展与开放型经济水平研究丛书）

ISBN 978-7-5161-9317-4

Ⅰ.①开…　Ⅱ.①程…　②陈…　Ⅲ.①知识经济—投入产出分析—研究—世界　Ⅳ.①F062.3

中国版本图书馆 CIP 数据核字（2016）第 280714 号

出 版 人	赵剑英
责任编辑	卢小生
责任校对	周晓东
责任印制	王　超

出　　版	中国社会科学出版社
社　　址	北京鼓楼西大街甲 158 号
邮　　编	100720
网　　址	http：//www.csspw.cn
发 行 部	010-84083685
门 市 部	010-84029450
经　　销	新华书店及其他书店
印　　刷	北京君升印刷有限公司
装　　订	廊坊市广阳区广增装订厂
版　　次	2016 年 12 月第 1 版
印　　次	2016 年 12 月第 1 次印刷
开　　本	710×1000　1/16
印　　张	26.75
插　　页	2
字　　数	442 千字
定　　价	98.00 元

凡购买中国社会科学出版社图书，如有质量问题请与本社营销中心联系调换
电话：010-84083683
版权所有　侵权必究

前　言

深入贯彻落实"国家创新驱动发展战略",加快建设创新型国家是我国重大的战略任务。知识资本是创新驱动发展的核心要素,如何有效配置知识资本等创新要素,增强创新投入产出能力,提升全要素生产率是加快创新驱动发展中迫切需要研究的重要问题。本书对开放经济下知识资本与全要素生产率的影响效应进行比较研究,探讨宏观知识资本及其构成要素对不同经济体全要素生产率的影响机制及效应,分析微观知识资本及构成要素对不同企业全要素生产率的影响效应的差异性,旨在为我国创新驱动发展、创新要素有效配置和创新政策制定提供理论依据。

美国经济学家加尔布雷斯（Galbrainth）在1969年首先提出"知识资本"概念,指出知识资本是与知识性活动有关的资本。在知识资本研究过程中,国际学者起初大多从微观视角出发研究企业知识资本投入产出,美国哈佛大学经济学教授格瑞里茨（Griliches, 1979, 1980, 1981, 1998）是微观知识资本研究中最具国际影响力的代表人物,他首先发表了美国企业创新活动报告《研发与企业生产率》,建立企业知识资本生产函数。格瑞里茨（1981）对美国133家大企业在1966—1977年的产出、就业与物质资本和研发资本的关系进行分析,提出企业生产率与企业研发投资存在显著正相关关系。他（1998）创建了以知识资本和创新为增长发动机的企业内生增长理论框架。

20世纪90年代以来,国际学术界对知识资本的研究从微观视角向宏观分析转变。莫南（Mohnen, 1992）用跨国面板数据研究国家层次知识资本与全要素生产率的关系,用研发资本对五国集团（美国、日本、法国、德国和英国）1964—1985年全要素生产率的影响进行分析,发现研发资本能显著促进G5国家生产率的提高,其回报率达到6%—9%。古勒克和德拉波特里（Guellec and de la Potterie, 2001）用16个OECD国家1980—1998年的面板数据,对研发资本与全要素生产率之间的关系进行分析，发现研发资本对OECD国家的全要素生产率具有显著促进作用。Zhu和Jeon（2007）用22个OECD国家1981—1998年的面板数据，运用动态最小二乘法（DOLS）分析研发资本对全要素生产率的影响，发现研发资本投入有利于提高OECD国家的全要素生产率。马德森（Madsen，2008）用21个OECD国家1966—2003年的面板数据，发现研发资本对全要素生产率具有显著促进作用。但是，这些研究的缺陷在于只将研发资本总量作为知识资本的代理变量，并没有对知识资本构成要素进行细分及对不同知识资本要素投入对全要素生产率的影响效应进行比较分析。

Bodman和Le（2013）将人力资本因素纳入知识资本研究，分析研发资本和人力资本对东道国全要素生产率影响的差异性。科和赫尔普曼（Coe and Helpman，1995）将国外知识资本因素引入开放条件下知识资本投入产出研究，使用22个OECD国家1971—1990年的面板数据，分析国内研发资本和进口溢出的国外研发资本对全要素生产率的影响，发现国内研发资本和进口溢出的国外研发资本对OECD国家的全要素生产率均产生了显著的促进作用。科等（2009）使用24个OECD国家1971—2004年的面板数据，运用组间动态最小二乘法（GM - DOLS），结果发现国内研发资本、人力资本和进口溢出的国外研发资本对全要素生产率均具有显著的促进作用。

近年来，国内学者也开始重视从宏观层次对知识资本投入与全要素生产率的研究。王英和刘思峰（2008）提出国内研发资本、FDI和出口贸易渠道的知识外溢对中国全要素生产率的影响效应为正，ODI和进口贸易渠道的影响效应为负。高凌云和王永中（2008）提出国内研发资本变动显著促进了全要素生产率的提升，而进口贸易渠道的影响则不显著。谢建国和周露昭（2009）研究发现，人力资本和进口渠道溢出的国外研发资本对中国全要素生产率有显著的正影响。肖文和林高榜（2011）研究发现，国内研发资本、资本品进口溢出研发资本和FDI溢出研发资本对中国省际全要素生产率都具有显著的促进作用。

综上所述，知识资本的研究在不断深化发展，知识资本与全要素生产率相关性的研究从研发资本单一要素向研发资本、人力资本、技术资本等多要素转变。但目前有关知识资本投入产出研究主要还是从知识资本总量研究为主，多数研究提出知识资本总规模与全要素生产率呈显著的正相关关系。但是知识资本总量与全要素生产率的相关性并不能很好解释我国知识资本规模增长与全要素生产率增长存在不协同的问题,即我国知识资本总规模增长比较快,而全要素生产率水平提升相对比较慢的问题。改革开放以来,我国知识资本投入总规模不断扩大,研发年支出总额从1981年的70.31亿美元增加到2014年的3199.90亿美元,同期研发存量从319.77亿美元增加到11692.86亿美元[①],科技论文数量从1676篇增加到258205篇,研究人员从21.70万人增加到152.43万人。2014年以来,我国知识资本总规模已居全球前列,研发经费支出额、科技论文数量居全球第二,专利授权数量和研究人员数量已居全球第一。但是,我国全要素生产率水平提升却比较缓慢,根据世界经济总量数据库计算,2014年我国全要素生产率水平仅处于全球第86位。

根据统计数据分析,我们认为,我国知识资本规模增长与全要素生产率水平提升不协同的重要原因是:我国知识资本总规模不断扩大,但人均知识资本水平(或称为知识资本密度)仍然比较低,我国人均研发支出额从1981年的7.07美元增加到2014年的233.94美元,同期百万人口研究人员数从128人增加到1114人,平均受教育年限从3.86年增加到7.94年,仍远低于2014年美国的1341.25美元、4239.59人和13.6年。我们认为,研究宏观知识资本与国家全要素生产率关系,不仅要分析知识资本总规模对全要素生产率的影响,还要研究知识资本密度对国家全要素生产率的影响效应,即分析人均研发投入、研发投入强度、百万人口研究人员、百万人口专利数量对全要素生产率的影响。

我们在研究过程中发现,知识资本与全要素生产率相关性研究中,微观知识资本和宏观知识资本的内涵及研究方法存在很大差异。微观知识资本是企业知识性活动和创新发展产生的资本增值总和,微观知识资本与企业全要素生产率研究可以揭示企业创新发展规律并为企业创新投入提供科学依据。我们认为,宏观知识资本是一国拥有或控制的以知识形态存在的,以研发、人力、创新设施和技术等投入创新发展和生产发展中并能最终转化为经济价值和动态能力的资本。宏观知识资本是一个国家创新发展中知识活动、知识资本创造、知识资本积累、知识资本流动、知识资本产业化而产生的资本增值和创新财富总和,是国家创新发

---

① 研发支出数据按购买力平价汇率换算成以2005年为基期的美元计价。

展、全要素生产率增长及国家综合竞争力的重要支撑。研究宏观知识资本涉及国家的经济、科技、教育、创新制度和创新基础设施等诸多因素，对宏观知识资本投入产出进行比较研究，深入分析知识资本不同构成要素对不同经济发展阶段的国家全要素生产率的影响效应，对有效提升国家全要素生产率，加快建设创新型国家具有重要指导意义。

本书分为上、下两篇，从宏观和微观两个层次对知识资本与全要素生产率的影响效应进行分析。

一　上篇　开放经济下知识资本与全要素生产率——基于世界130个经济体的实证分析

我们把宏观知识资本纳入开放型经济内生增长模型，对130个经济体的知识资本投入产出能力进行国际比较，运用宏观知识生产函数模型估计不同类型的知识资本对国家层面的全要素生产率的影响效应，旨在探讨宏观知识资本及构成要素对不同经济体全要素生产率影响的差异性。我们建立知识资本水平指数计算模型，用宏观知识资本要素构建国家层次上的知识资本水平指数，根据知识资本水平指数，把130个经济体划分为创新领导俱乐部、创新追赶俱乐部和创新缓慢俱乐部，使用1981—2010年的面板数据对130个经济体及三大创新俱乐部的知识资本投入产出进行国际比较分析。

研究结果表明，在开放经济下，国内知识资本和国际知识资本溢出都是促进全要素生产率的重要影响因素，但是，不同类型知识资本要素对不同创新水平经济体的全要素生产率的影响存在明显差异。一是研发资本、人力资本、创新设施资本和技术资本投入对全要素生产率的影响存在明显差异，上述四类知识资本每增加1%，全要素生产率分别增加0.01%、0.14%、0.05%和0.03%，进口渠道溢出的国外知识资本每增加1%，全要素生产率就增加0.01%；国内外技术差距每缩小1%，全要素生产率增加0.67%；FDI渠道溢出的国外知识资本每增加1%，全要素生产率减少0.01%。人力资本、创新设施资本投入和技术差距对全要素生产率提升作用比较明显。二是知识资本投入对创新领导、创新追赶和创新缓慢三大类经济体全要素生产率的影响存在明显差异，创新领导俱乐部顺序为：人力资本＞研发资本＞技术资本＞创新设施资本。创新追赶俱乐部顺序为：人力资本＞创新设施资本＞研发资本＞技术资本。创新缓慢俱乐部顺序为：人力资本＞创新设施资本＞技术资本＞研发资本。本书实证分析表明，不同类型的知识资本具有不同的投入产出效应，同一类型的知识资本对不同创新水平的经济体也具有不同的技术进步效应。

根据上述研究结论，知识资本是提升全要素生产率、促进创新发展的重要源泉。有效配置知识资本及相关创新资源，增强知识资本投入产出能力已成为我国实施创新驱动战略的重要任务，为此提出如下建议：

第一，加快从创新追赶型国家向创新领导型国家转变。根据我们研究结果，我国已经处于创新追赶型国家向创新领导型国家转变的关键时期。目前，创新领导型经济体的研发资本和技术资本平均指数分别为44.60和26.34，我国研发资本和技术资本的平均指数值还分别为8.34和10.40，研发资本和技术资本平均指数值与创新领导型经济体相比差距明显。"十三五"时期是我国加快创新驱动发展提升自主创新能力的重要时期，我国要在重大关键核心技术实行领先发展，要实行创新领跑，关键是要增加研发资本投入强度，加快提升关键核心技术的自主创新能力。我国创新战略和政策重点应建设一批国家级战略产业研究院，加强大中型创新型企业技术研究院建设，加快提升产业和企业关键核心技术开发和自主创新能力。

第二，加强国际化复合型的创新人才队伍建设。我们的研究结果显示，人力资本是加快提高全要素生产率的第一资本，人力资本对创新追赶型国家的全要素生产率影响最明显。我国正在推动大众创业，万众创新，需要巨大创新人才队伍支撑，需要进一步加大人力资本投入。目前我国人力资本的平均指数值（16.52）还低于创新追赶俱乐部经济体的平均水平（27.63）。"十三五"时期是我国加快创新发展并在全球治理体系中发挥重要作用的时期，要加快培育具有全球视野、熟悉全球治理体系、国际法律和国际规则的党政干部队伍、企业家队伍和专业技术人才队伍。积极支持高校与创新领导型国家的著名高校开展人才培养和技术创新合作基地建设，加快建设一流大学和一流学科。加大国内高层次领军人才培养和海外高层次人才引进力度，建立多层次的创新人才国际化交流平台，加快技术创新和管理创新等复合型创新团队建设，为创新驱动发展提供人才支撑。

第三，加强创新设施资本投入，提高创新效率。创新基础设施和创新体系对提升创新绩效具有重要的支撑作用。我国创新基础设施和创新体系与欧美创新型国家有比较大的差距。进一步加强创新设施资本投入，加快大数据、云计算、物联网、移动互联网等新一代信息技术、互联网安全技术、新能源技术等创新基础设施建设，加快国家大数据平台、产业数据中心、企业创新数据库、信用数据平台、区域创新平台和产业创新平台等基础设施建设，提升创新基础设施和创新平台的运行效率和服务水平，提高创新效率，降低创新成本，增强知识资本投入产出能力，加快提高全要素生产率。

二　下篇　开放经济下知识资本与全要素生产率——基于技术溢出及产业与企业视角实证分析

下篇主要对知识资本投入对高技术产品出口增长和大中型工业企业全要素生产率的影响效应进行深入比较研究。我们运用1997—2010年中国东部、中部和西部三大区域以及28个制造业的大中型工业企业面板数据和全要素生产率模型，对我国大中型工业企业不同类型知识资本投入对全要素生产率、技术变化和效率变化的影响进行实证分析，考虑到不同区域和不同产业工业企业的知识资本投入产出的非均衡性特征，对不同类型知识资本投入对全要素生产率影响效应的区域差异与行业间差异作了实证检验。

研究结果表明：一是大中型工业企业知识资本投入结构已经发生明显变化，技术开发和技术改造投入对企业全要素生产率具有影响显著，而国内外技术引进和消化吸收投入对企业创新的作用减弱。在全国样本中，企业技术开发资本每增加1%，全要素生产率就增加0.347%，技术改造资本每增加1%，全要素生产率提高0.096%，国内技术引进投入和消化吸收投入每增加1%，全要素生产率则分别增加0.041%和0.050%，表明技术开发投入对企业全要素生产率影响最显著。二是东部、中部和西部三大区域大中型工业企业知识资本投入对全要素生产率的影响效应存在明显差异，不同技术水平的工业企业知识资本投入产出效应也存在明显差异。实证分析表明不同类型知识资本具有不同创新效应，同一类型的知识资本对不同技术水平的企业也产生不同创新效应。今后有必要对知识资本结构优化与创新效率及生产率增长的关系进行进一步研究。根据本书研究结果，提出如下建议：

第一，实施分类指导的创新驱动战略。为科学、有效地配置知识资本和创新资源，应根据产业和企业发展差异实施分类指导的创新驱动战略和创新投资政策。东部地区大中型工业企业的创新驱动战略重点是加强自主技术创新的研发资本投入，提高关键核心技术研发能力，提升企业创新效率，增强企业自主创新竞争力。对中西部地区工业企业中尚不具备自主技术创新能力的，创新驱动战略重点是加强技术改造资本和国内外技术引进资本投入，提高企业智能化和自动化水平，提升全要素生产率和技术进步水平。

第二，制定分类支持的创新政策。根据区域和行业之间企业技术创新水平差异和对创新需求差异，实施差异化的分类创新投资支持政策。针对东部地区的大中型工业企业自主创新需求，创新政策重点支持企业技术研究院，支持重大专项、关键核心装备技术、新材料技术等投入，支持科技领军人才引进和创新团队建设等。针对中西部地区的工业企业技术进步需求，创新政策支持重点是增加技术改造的投资力度，加大引进国内外先进技术等支持政策。低技术产业的知识资本投入重点应通过加大研发、技术改造和国内技术引进资本等投入来提升企业的技术水平，提高创新效率。高技术产业的创新投入重点是加大自主创新的研发资本和科技领军人才的投入，提升自主技术创新能力和创新效率，增强关键核心技术竞争优势。

第三，完善创新供给和创新需求动态平衡的政策体系。随着企业知识资本投入产出能力增强，创新产品供给能力不断增强，在继续鼓励和支持企业加大知识资本投入，落实高新技术企业税收优惠，企业研发费加计扣除，企业研发仪器设备加速折旧等创新供给政策的基础上，迫切需要加强对技术创新产品消费的引导政策，鼓励企业、政府和教育科研机构优先采购创新产品，鼓励消费者购买和消费创新产品。从以支持创新供给为主的政策体系向创新供给和创新需求并举的政策体系转变，实现创新供给与创新需求的动态平衡，有利于提高企业创新效率和创新效益。

本书是笔者主持的国家自然科学基金项目"基于知识资本国际化配置的动态能力演变与创新政策研究"（71173192）的研究成果，也是国家社会科学基金重大招标项目"全面提高开放型经济水平研究"（13&ZD046）的阶段性成果，笔者认为，全面提高开放型经济水平有诸多途径，有效配置创新要素，提高知识资本等创新要素投入产出能力，加快提高全要素生产率水平，通过创新驱动提升我国对外经济贸易的质量和水平，探索创新驱动的开放型经济发展模式是提高开放型经济水平的重要内容，在国家基金项目研究的过程中，笔者指导的博士研究生和硕士研究生参加了讨论和研究工作。博士研究生陈超参加了知识资本国际化与全要素生产率变化的研究工作，我们一起讨论和确定研究思路、研究方法和研究内容，陈超撰写了研究报告，并以《开放经济下知识资本投入产出国际比较》为题完成了博士学位论文，本书上篇是在陈超博士论文基础上修改完成的。硕士研究生陆嘉峻参加了知识资本投入对中国工业企业全要素生产率和创新效率的影响研究，并撰写课题研究报告和硕士学位论文，第十二章是在陆嘉峻的研究报告和学位论文的基础上修改而成的。硕士研究生仇武超参加了高技术产业知识资本投入与出口增长的研究，并撰写了研究报告和硕士学位论文，第十章是在仇武超的研究报告和学位论文基础上修改而成的。第十一章是关于浙江百强企业创新驱动发展与转型升级的调研报告，该报告得到了时任浙江省委书记赵洪祝的重要批示，得到现任浙江省委书记夏宝龙的批示和时任浙江省副省长毛光烈的批示。

在研究工作中，得到国家自然科学基金委、全国哲学社会科学规划办公室的大力支持和帮助，在此衷心感谢国家自然科学基金委管理科学部、衷心感谢全国哲学社会科学规划办公室对我们研究工作的关心和支持！衷心感谢浙江省委、省政府领导及省有关部门对我们调研工作的鼓励、支持、关心和帮助！感谢浙江省哲学社会科学规划办公室的支持和帮助！感谢陈超、陆嘉峻和仇武超在研究工作中的不懈努力！感谢浙江省教育厅对省一流学科研究工作的支持和帮助！感谢浙江工业大学领导、应用经济学科老师和全球浙商发展研究院老师的支持和帮助！感谢中国社会科学出版社卢小生编审的支持和帮助！

由于我们的水平有限，我们对知识资本与全要素生产率的研究，我们对知识资本、创新驱动对全面提高开放经济水平的作用研究还处于初步探讨阶段，不足之处在所难免，殷切希望读者批评指正，谨致真诚感谢！

程惠芳
于杭州浙江工业大学屏峰校区
2016 年 7 月 30 日

目 录

上篇 开放经济下知识资本与全要素生产率
——基于世界130个经济体的实证分析

第一章 绪论 ··· 3
 第一节 研究背景和意义 ·· 3
 第二节 知识资本内涵及其构成要素确定 ···························· 12
 第三节 研究思路和内容体系 ·· 24
 第四节 研究方法和创新点 ·· 27

第二章 文献回顾与述评 ··· 31
 第一节 知识资本内生驱动的增长理论 ····························· 33
 第二节 国际知识资本溢出与技术进步 ····························· 43
 第三节 知识资本的吸收能力与国际知识资本溢出 ················ 51
 第四节 现有研究的总体评价 ·· 56
 本章小结 ··· 59

第三章 知识资本驱动的内生增长：理论模型 ··························· 60
 第一节 模型设定 ··· 62
 第二节 市场均衡分析 ·· 65
 第三节 比较静态分析 ·· 70
 本章小结 ··· 73

第四章 全球知识资本指数的构建与发展水平分析 ····················· 75
 第一节 知识资本评价指标体系的设置原则 ······················· 76

第二节　知识资本评价指标体系的确定 ………………………… 79
　　第三节　数据来源与处理 ………………………………………… 81
　　第四节　全球知识资本指数测度 ………………………………… 87
　　第五节　全球知识资本指数测度结果分析 ……………………… 93
　　本章小结 ……………………………………………………………… 97

第五章　知识资本的俱乐部分布与发展水平分析 …………………… 99
　　第一节　知识资本俱乐部分布的系统聚类分析 ………………… 101
　　第二节　俱乐部经济体分布的动态演变 ………………………… 105
　　第三节　各俱乐部知识资本的发展水平分析 …………………… 109
　　第四节　各俱乐部知识资本的比较优势分析 …………………… 123
　　本章小结 ……………………………………………………………… 125

第六章　全要素生产率的测算与趋同分析 …………………………… 127
　　第一节　全要素生产率测算方法的研究综述 …………………… 128
　　第二节　测算方法、数据来源及处理 …………………………… 135
　　第三节　全要素生产率发展水平分析 …………………………… 138
　　第四节　全要素生产率趋同性检验 ……………………………… 143
　　本章小结 ……………………………………………………………… 150

第七章　知识资本与全要素生产率：实证分析 ……………………… 152
　　第一节　知识资本与全要素生产率：全球整体的实证研究 …… 153
　　第二节　实证分析扩展（1）：全球整体的动态演变 ………… 168
　　第三节　实证分析扩展（2）：俱乐部层面的研究 …………… 175
　　第四节　实证分析扩展（3）：吸收能力的作用 ……………… 186
　　本章小结 ……………………………………………………………… 195

第八章　结论及对中国的政策启示 …………………………………… 199
　　第一节　主要结论 ………………………………………………… 199
　　第二节　对中国的政策启示 ……………………………………… 204
　　第三节　本书的不足及研究展望 ………………………………… 212

下篇　开放经济下知识资本与全要素生产率
——基于技术溢出及产业与企业视角的实证分析

第九章　海外知识资本对技术进步的异质性溢出效应 ·············· 221
第一节　海外知识资本溢出文献综述 ························ 222
第二节　模型设定及数据处理 ···························· 225
第三节　实证检验分析 ······························ 230
第四节　结论与建议 ······························· 238

第十章　高技术产业知识资本投入与出口增长 ·················· 240
第一节　知识资本投入与高技术产业有关的文献 ················· 240
第二节　高技术产品出口的国际比较分析 ···················· 246
第三节　高技术产业知识资本与出口增长的理论模型 ··············· 252
第四节　数据与变量处理 ····························· 263
第五节　高技术产业知识资本与出口增长实证分析 ················ 273
第六节　结论与建议 ······························· 285

第十一章　浙江百强企业创新投入与创新发展分析 ················ 300
第一节　浙江百强企业创新发展分析 ······················ 300
第二节　企业创新发展中迫切需要解决的主要问题 ················ 311
第三节　加快企业创新驱动发展的建议 ····················· 313

第十二章　中国工业企业知识资本投入与全要素生产率 ·············· 316
第一节　企业知识资本投入产出理论回顾 ···················· 316
第二节　中国工业企业知识资本投入与产出现状分析 ··············· 322
第三节　模型构建与实证分析 ·························· 342
第四节　实证检验与结果分析 ·························· 349
第五节　研究结论与政策建议 ·························· 358

附　表 ······································ 361

参考文献 ····································· 378

上 篇

开放经济下知识资本与全要素生产率
——基于世界130个经济体的实证分析

第一章 绪论

第一节 研究背景和意义

一 研究背景

自索洛（Solow，1957）提出"索洛剩余"以来，人们开始意识到由于边际收益递减规律的作用，资本积累和劳动投入等生产要素并不能解释一国长期的经济增长和经济增长的跨国差异性，技术进步才是经济增长的主要驱动力（Easterly and Levine，2001）。然而，新古典增长理论只是将技术进步视为经济系统的外生变量，并没有对技术进步的表现形式和来源问题做进一步探讨。源自20世纪80年代中期的内生增长理论突破了新古典增长理论关于技术进步外生性的假设，提出了技术进步内生化的过程（Grossman and Helpman，1991），即长期经济增长源于技术进步，而技术进步并非外生给定，它是由追求利润最大化的经济主体对知识资本进行意愿投资的结果，遵循着"知识资本→技术进步→经济增长"的影响路线。与此同时，随着科技的迅猛发展以及经济全球化程度的日益加深，世界经济开始进入一个以知识资源的占有、生产、分配和使用为主要经济活动的新经济时代，即知识经济时代。在知识经济时代，知识资本从其他生产要素中独立出来，成为促进技术进步和经济增长的动力源泉，全球经济增长方式开始从物质资本驱动向知识资本驱动转变。有关资料表明，美国、英国、法国等14个工业化国家的经济增长主要依靠知识资本投入的拉动，知识资本对经济增长的贡献，在20世纪初仅为5%—20%，在20世纪中叶上升到50%左右，80年代以后上升到了60%—80%。由此可见，知识资本的作用已远远超过资本和劳动，成为推动技术进步和经济增长的首要因素。

在理论观点和现实背景都支持知识资本对促进技术进步和经济增长的重要性背景下，各国出于发展经济的目的，纷纷加大对知识资本的投资，以期通过对国内知识资本的积累来提升本国的技术水平进而促进长期的经济增长。然而，与理论和现实相悖的是，绝大多数经验研究发现知识资本并不一定促进技术进步，而且即便能够促进技术进步，知识资本发挥作用的程度以及产生的回报率也不尽相同。也就是说，各国知识资本的技术进步效应存在巨大差异。针对这种理论与经验研究之间的不一致性，各国学者纷纷开始从知识资本对技术进步产生影响的具体机制上来探究知识资本技术进步效应存在跨国差异的真正原因，具体表现在以下三个方面：

第一，知识资本全球分布的不均衡性，导致各国知识资本的技术进步效应也不同。以研发支出为例，过去30多年来，虽然全球研发支出的总体规模呈持续增长态势，但研发支出的跨国分布是不均衡的，全球绝大多数研发支出主要集中在少数发达经济体，其余经济体只占有其中很小一部分[①]（Arond and Bell，2010）。通过表1-1发现，研发支出全球分布的不均衡性主要体现在以下几个方面：一是发达经济体与其他经济体之间的不均衡。从表中看出，20世纪80年代以来，发达经济体的研发支出占全球比重一直维持在2/3以上水平，而其他经济体只占剩余的1/3左右，但这种不均衡性有逐渐缩小的趋势。二是发达经济体内部的不均衡。在发达经济体内部，研发支出主要集中在七国集团国家，这七个国家的研发支出占发达经济体的比重一直维持在86%左右。三是转型经济体内部的不均衡。在转型经济体内部，研发支出主要集中在俄罗斯，其研发支出占转型经济体的比重一直维持在2/3以上水平，并且还有逐步上升的趋势。四是发展经济体内部的不均衡。发展经济体的研发支出主要集中在金砖四国，这四个经济体的研发支出占发展经济体的比重一直维持在50%以上。由此可见，不论是发达经济体与其他经济

[①] 由于本书选取的研究样本包括中国香港、中国澳门和中国台湾等地区的数据，因而接下来大多数情况的描述均采用"经济体"这一术语。发达经济体、转型经济体和发展经济体的划分依据联合国贸发会议（UNCATD）的标准（见附录1）。这里的其他经济体指的是转型经济体和发展经济体。

体之间，还是各个经济体内部，研发支出的分布均存在不均衡性。[①] 由于理论观点和现实背景均证实知识资本是技术进步和经济增长的主要推动力，因此知识资本跨国分布的差异会导致其对技术进步影响效应的跨国异质性。

表1-1　　1980—2010年各经济体的研发支出及比重

年份	1980	1990	2000	2010
全球总额（亿美元）	3764.61	6143.52	7997.39	12061.85
其中：发达经济体（%）	84.61	83.00	83.18	68.49
发展经济体（%）	8.91	8.96	14.69	29.17
转型经济体（%）	6.48	8.04	2.12	2.35
发达经济体总额（亿美元）	3185.12	5099.15	6652.53	8260.78
其中：七国集团国家（%）	86.58	87.79	86.78	84.16
转型经济体总额（亿美元）	243.94	494.05	169.78	282.93
其中：俄罗斯（%）	68.09	77.01	77.92	82.95
发展经济体总额（亿美元）	335.55	550.32	1175.09	3518.13
其中：金砖四国（%）	57.61	51.35	51.99	63.45

注：由于本书把俄罗斯归为转型经济体，所以发展经济体中只有金砖四国，分别是中国、印度、巴西和南非。

资料来源：笔者整理计算。

第二，国际知识资本溢出渠道的不同，致使国外知识资本对各国技术进步的影响效果也不同。在封闭经济体系中，一国的技术进步直接取决于国内已有的知识资本存量（方希桦等，2004）。但在开放经济下，一国技术水平的提升不仅取决于国内知识资本，国外知识资本也可以通过一系列国际经济活动直接或间接地对国内的技术进步产生影响，国际经济活动中这种知识资本的外部性被称为国际知识资本溢出。伊顿和科滕（Eaton and Kortum，1999）通过估计发现，在1988年，法国、德国和英国85%左右的生产率增长来自国外研发活动，即使是在最具生产

[①] 除研发支出外，我们也对知识资本的其他几个重要指标（如研发人员数和专利授权数等）的全球分布状况进行了分析。结果发现，与研发支出相似，这些指标的全球分布也存在着不均衡性。

率发展水平的美国，国外研发的贡献也达到了40%。对于绝大多数国家来说，知识资本的国外来源甚至占生产率增长的90%及以上水平（Keller，2004）。可以说，整个世界的技术进步模式在很大程度上也取决于国际知识资本的溢出程度（Keller，2010）。然而，知识资本的国际溢出并不完全，它的发生还需要借助某些特定的渠道。为此，许多学者通过考察知识资本跨国溢出实现的渠道来解释国际知识资本溢出效应的跨国差异性。这些渠道包括进口贸易、出口贸易、外国直接投资（FDI）和对外直接投资（OFDI）等物化溢出渠道，以及技术差距、技术接近度、投入产出关系、地理距离、网络通信、海外留学、科技论文出版、国际专利申请、国际会议、国际研发合作和逆向工程等非物化溢出渠道。由此可见，各国所接触的国际知识资本溢出渠道的不同，如贸易自由化程度的高低、引进外资和对外投资数量的多寡、与前沿国家技术差距的大小，等等，都会引起国际知识资本溢出效应跨国差异性的产生。

第三，国内知识资本吸收能力的不同，致使国际知识资本溢出效应的发挥作用也不同。在开放经济下，虽然知识资本可以通过某些物化和非物化的渠道进行国际溢出，但是这些溢出的国外知识资本并不会自动作用于一国的技术进步。一方面是由于知识资本隐性属性的存在，使得接收国在掌握国外隐性的知识资本以前必须投入相应时间和资源来进行学习和实践；另一方面是由于产品复杂性不断增加，也需要接收国对自身的知识水平进行更大投资来理解和吸收国外溢出的知识资本（Howitt，2005）。从这个意义上说，一国的技术进步不仅需要接收国与国外溢出的知识资本进行接触，而且还需要该国具备使得国外知识资本适宜当地需求的某一国内能力，这种能力通常被称为"吸收能力"。由于知识资本具有两面性，它一方面可以作为生产投入要素直接促进一国技术水平的提升，另一方面可以通过提高对国际知识资本溢出的吸收能力而间接作用于该国的技术进步（Cohen and Levinthal，1989）。因此，一国想要完全利用国外溢出的知识资本，就必须对本国的知识资本进行投资，"搭便车"的办法并不可行（Guellec and de la Potterie，2001）。对知识资本的各种投入形式（如研发资本、人力资本、创新设施资本和技术资本）进行投资，都可以提高一国对国际知识资本溢出的吸收能力。为此，一些学者通过考察国内知识资本的吸收能力来解释国际知识资本溢出效应的跨国差异性。比如，伊顿和科滕（1996）通过研究发现，虽然国际知识溢出推动了每个 OECD 国家 50% 以上的生产率增长，但由于美国比葡萄牙具有更高的人力资本发展水平，使得美国吸收的国外知识是葡萄牙的近 5 倍。古勒克和德拉波特里（2004）的研究也发现在 OECD 国家内部，如果一国的研发强度比另一国高 0.1% 的话，那么平均而言，该国的全要素生产率对国外研发溢出的弹性将会比另一国高约 0.004%。由此可见，各国吸收能力的差异，特别是国内知识资本发展水平的差异，都会影响到国际知识资本溢出效应的发挥及其发挥作用的大小。

综上所述，虽然现有文献已经从知识资本的全球分布、溢出效应和吸收能力三个角度对产生知识资本技术进步效应的跨国差异性进行了解释，得到了一些有价值的结论，但是一些关键性问题仍然没有得到解决，现有研究还存在以下几方面不足：

第一，在经济学领域和国家宏观层面，现有文献对知识资本的内涵及其构成要素并没有进行过严格的界定和划分。事实上，早在 20 世纪 80 年代，西方学术界就已经掀起了研究知识资本的热潮，一大批学者分别从不同角度出发对知识资本的内涵进行过界定，同时也从不同维度对知识资本的构成要素进行过划分。但遗憾的是，这些文献都只局限于管理学领域，侧重于研究知识资本的评估和管理，并且主要集中于企业微观层面进行分析，同时在知识资本构成要素的划分上也没有统一标准。而在经济学领域和国家宏观层面，虽然格瑞里茨（1979）最早把知识资本当作生产要素加入到总量生产函数中，但他本人并没有对知识资本的内涵及其构成要素进行过任何界定。而随后出现的一批新增长理论经济学家，在研究经济增长的内生动力问题上，也都是直接使用"知识资本"这一术语，并没有对其内涵给出过明确的界定。

第二，在理论模型的构建上，现有文献并没有将内生增长理论的四条分支整合在一起进行研究，也没有将内生增长理论、国际知识资本溢出机制和吸收能力原理三条主线纳入同一框架进行考察。首先，自罗默（Romer, 1986）的经典性论文《收益递增和长期增长》发表以来，经济增长理论就开始进入知识资本内生驱动的增长理论阶段，并形成了四条主要分支来分别强调知识溢出、人力资本、研发投入和公共资本对内生技术进步和经济增长的决定作用。但现有文献通常只专注于其中的一条或两条分支，并没有将四条分支整合在一起进行理论阐释，这会影响到理论模型实证检验的全面性和精确性，也不利于各国政府有效的针对性政策的实施。其次，知识资本内生增长理论只是强调了国内知识资本是技术进步的内生动力，但国际知识资本溢出机制和吸收能力原理告诉我们，在开放经济下，国际知识资本溢出也是内生技术进步的主要来源，并且这种溢出效用的发挥依赖国内知识资本的发展水平。也就是说，内生增长理论、国际知识资本溢出机制和吸收能力原理虽然是经济增长的三条不同主线，但它们彼此之间又存在密切的联系。而现有文献并没有在内生增长理论模型的基础上建立起对国际知识资本溢出和国内知识资本吸收能力研究的理论分析框架；相反，它们更多的是侧重于直接运用计量方法来结合这三条主线进行实证分析，导致实证分析的结果没有理论观点的支撑而缺乏说服力，也难以判断其优劣性。

第三，现有文献并没有对知识资本进行过全面、系统的测度。自"知识资本"这一术语被提出以来，如何对知识资本进行有效的测度成为国内外学术界普遍关注的问题。在实证研究中，一些学者从研发资本方面出发，将研发强度或研发资本存量等看成是知识资本的代理变量，有些学者从人力资本方面出发，将研发人员或受教育年数等看成是知识资本的代理变量，还有些学者从技术资本方面出发，将专利申请或新产品销售收入等看成是知识资本的代理变量。另外，还有部分学者从创新设施资本方面出发，将人均话务量或网络通信等看成是知识资本的代理变量。虽然这些学者用于衡量知识资本的指标多种多样，遗憾的是，他们通常都只是使用某一方面投入的单一指标（主要是研发资本存量）来测度知识资本，而忽略了知识资本与研发资本、人力资本、创新设施资本和技术资本间的内在联系。要知道在经济发展的过程中，知识的创造和传播是一个非常复杂而且多变的过程，单一指标只能反映知识资本的一个侧面，并不能完全代表一国知识资本的发展水平。格瑞里茨（1979）也指出，知识资本由于涵盖的内容太多、范围太广，单一指标并不能穷尽它的全部。

第四，在对全要素生产率的衡量上，至今还未形成一种相对完善且偏误较少的测算方法。虽然国内外学者目前已经发展出包括收入份额法（IS）、生产函数法（PR）、指数法（IN）、随机前沿分析法（SFA）和数据包络分析法（DEA）在内的五种主要测算全要素生产率的方法，但这些方法都存在或多或少的缺陷。比如，收入份额法需要建立在完全竞争市场和利润最大化等假设基础之上，这对于发展中国家尤其是处于转型期的国家是不合适的；生产函数法通常假定各要素的产出弹性为常数，这显然与事实不符；指数法暗含着资本和劳动力可以完全替代以及边际生产率不变的严格假设，缺乏一定的合理性；随机前沿分析法需要给出生产函数和非效率项分布的明确假设，这对于样本量较少的经验研究而言会存在较大问题，而且错误设定函数形式往往会导致结果与实际偏差较大；数据包络分析法对数据的敏感性较高，其稳健性易受数据误差的影响，等等。因此，如果直接利用上述某一种方法来测算全要素生产率，可能会得出不准确的结果。

第五，在面板协整模型估计方法的选择上，国内外学者还没有达成统一的共识。自科和赫尔普曼（1995，即 CH）运用固定效应最小二乘法（FEOLS）估计国际知识资本溢出效应以来，绝大多数文献都是在该方法的基础上对 CH 模型的框架进行扩展。虽然 OLS 估计量在面板协整中也具有超相容性，但由于解释变量的内生性以及误差项的序列相关性所导致的有限样本偏差的存在，使得它们通常不具有标准分布，因而得到的标准差是无效的。为了克服 OLS 估计量的有偏性，不少学者建议运用组内动态最小二乘法（within-dimension DOLS）和组内完全修正最小二乘法（within-dimension FMOLS）来估计协整方程，他们认为这两种方法具有渐近的正态分布性，并且可以构建有效的 t 统计值。但是组内 DOLS 和 FMOLS 法又存在严重的小样本规模扭曲性问题，并且当协整向量具有异质性特征时，从经济意义上理解这两种估计量的点估计是相当困难的。为此，个别学者建议用组均完全修正最小二乘法（group mean FMOLS）来估计模型，这种估计法不仅在小样本情况下具有较小的规模扭曲性，而且也考虑到了面板数据中每个截面成员的参数异质性，并且对它们点估计的理解也具有经济意义。由此看来，组均 FMOLS 法应该是目前比较完善的偏误较少的分析面板协整模型的有效方法。但遗憾的是，目前还很少有学者将该方法运用到开放经济下知识资本与全要素生产率的关系研究中。

那么，我们自然要问：在经济学领域和国家宏观层面，知识资本的内涵及其构成要素应该如何确定？如何在此基础上构建知识资本的评价指标体系并测度各经济体的知识资本指数？知识资本的全球分布状况是怎样的，是否存在知识资本分布的俱乐部效应？如何在内生增长理论模型的基础上建立起对国际知识资本溢出和国内知识资本吸收能力研究的理论框架？此外，国内知识资本对全要素生产率的提升到底起着什么样的作用？是正面还是负面？如果是正面，哪个方面的投入对全要素生产率的提升作用最大？从动态来看，知识资本的作用是增强还是减弱了，哪方面投入的作用增强最快？同时，在开放经济下，国外知识资本对全要素生产率的发展又起到一个什么样的作用？是促进还是抑制？作为国际知识资本主要溢出渠道的进口贸易和FDI对全要素生产率的影响有何差异？与国内知识资本的作用相比，它们的影响程度是更强还是更弱？在对国际知识资本溢出的吸收上，国内知识资本又扮演着一个什么样的角色，它们对全要素生产率的影响是否具有两面性？再者，从知识资本密集度上看，国内知识资本各方面投入和国外知识资本各溢出渠道对不同俱乐部的全要素生产率又起到一个怎样的作用？国内知识资本的吸收能力在各俱乐部中又扮演了一个什么样的角色？对于这些问题的讨论、解释和回答，正是本书研究的主要内容和目的之所在。

基于此，本书拟从开放经济下知识资本与全要素生产率的关系出发，通过结合内生增长理论、国际知识资本溢出机制和国内知识资本吸收能力原理三条主线，全面、系统地分析了知识资本在促进技术进步中的作用机制，并结合重新界定和划分的知识资本内涵及其构成要素，建立了反映知识资本发展水平的量化指标体系，测度了全球130个经济体1981—2010年的知识资本指数及各方面指数。在此基础上，运用组均FMOLS法实证分析和比较了国内知识资本的四方面投入（研发资本、人力资本、创新设施资本和技术资本）及其吸收能力以及国外知识资本的三种溢出渠道（进口贸易、FDI和技术差距）对全球和俱乐部层面全要素生产率的影响效应。本书的研究结论对于揭示国内知识资本的不同方面投入、国外知识资本的不同溢出渠道、国内知识资本的吸收能力与东道国全要素生产率的关系以及各国政府对创新政策、贸易政策、引资政策和追赶政策等的制定和实施具有重要的理论和实践意义。

二　研究意义

在理论意义方面，具体表现在：

第一，虽然国内外学者已经从不同的角度对知识资本的内涵及其构成要素进行过界定和划分，但这些研究都只局限于管理学领域和企业微观层面，鲜少有从经济学领域和国家宏观层面进行界定和划分，而绝大多数新增长理论学家在研究经济增长的内生动力问题上，也都是直接使用"知识资本"这一术语。本书借鉴已有的研究成果，从经济学领域和国家宏观层面对知识资本的内涵进行了重新界定，并依据内生增长理论的四条主要分支，从投入角度对知识资本的构成要素进行了划分，这是对知识资本的研究延伸到经济学领域的一种扩展，有助于加深我们对内生增长理论的理解和认识，也为知识资本内生增长理论的进一步发展奠定了重要的概念基础。

第二，在知识资本的测度上，目前还没有形成比较全面、系统的测度体系，大多数学者通常只是单纯使用某一方面的单一指标来作为知识资本的代理变量，忽视了知识资本的综合性特征。本书依据重新界定的知识资本内涵及其构成要素建立了一套反映知识资本发展水平的评价指标体系，并对各经济体的知识资本及其各方面投入指数进行了测度和分析，这不仅有助于加深理解知识资本与研发资本、人力资本、创新设施资本和技术资本之间的内在联系，而且对于完善知识资本测度的研究以及对知识资本技术进步效应的实证分析奠定了重要的数据基础。

第三，在理论模型的构建上，现有文献对知识资本内生驱动增长理论的研究通常只专注于其中的一条或两条分支，并没有将四条分支整合在一起进行理论阐释，也没有将内生增长理论、国际知识资本溢出机制以及吸收能力原理三条主线纳入同一框架进行理论研究，这会导致实证结果没有理论观点的支撑而缺乏说服力。本书将内生增长理论的四条分支整合在一起进行考察，并在此基础上建立起对国际知识资本溢出和国内知识资本吸收能力研究的理论框架，这对于知识资本技术进步效应的分析是一种深入和突破，有助于厘清知识资本在促进技术进步和经济增长作用中的内在机理，也增强了对理论模型实证检验的全面性和精确性。

第四，在经验研究方面，虽然已有文献检验了知识资本对不同收入水平经济体的技术进步效应，但至今很少有学者从知识资本不同方面投入角度来检验其对不同知识资本密集度经济体全要素生产率的影响。本书在构建理论模型分析框架的基础上，依据知识资本发展水平的差异，识别和区分了不同类型的知识资本俱乐部，假设并验证了国内知识资本各方面投入及其吸收能力以及国外知识资本各溢出渠道与全要素生产率之间的关系，这对于揭示开放经济条件下知识资本技术进步效应的形成机理具有重要的实证价值，也为现有的经验研究提供了有益的补充。

在实践意义方面，目前世界经济正处于深度调整之中，复苏动力不足，主要经济体走势分化严重，如何科学、有效地配置国内知识资本资源，引进、学习和利用国外知识资本资源，促进国内技术水平的提升是各国政府迫切需要研究和解决的重要问题。具体表现在：

首先，本书对全球各经济体的知识资本及其各方面投入指数的测度，以及对各经济体知识资本发展水平的动态演变分析，有助于各经济体了解自身在全球竞争中的地位，认清自身在知识资本发展过程中所具有的国内和国际比较优势，为各国政府设计和实施知识资本政策提供信息来源。

其次，由于当前全球创新活动和创新资源的分布主要集中于少数发达经济体，因而整个世界的技术进步模式在很大程度上取决于国际知识资本溢出的程度。本书的实证研究发现国外知识资本的三种溢出渠道对不同知识资本俱乐部的技术进步效应存在异质性，即进口、FDI和技术差距三种溢出渠道分别对创新追赶俱乐部、创新领导俱乐部和创新缓慢俱乐部的全要素生产率具有巨大的影响效应。这一结果为各经济体针对性地制定和实施进口贸易政策、引资政策以及技术追赶政策指明了方向。

最后，由于知识资本的投入具有提高国内创新能力和国外知识资本吸收能力的两面性，因而国内知识资本发展水平的提升依然是现阶段各国政府实施创新政策的主要目标。本书根据知识资本不同方面投入对各经济体全要素生产率影响效应的研究，一方面有助于各国政府更好地制定相应的研发资本、人力资本、创新设施资本和技术资本的发展政策，以及检验各项政策实施的有效性；另一方面有助于各国政府检验当前国内知识资本发展水平与国外知识资本间的技术匹配性，以便更好地保持适宜的技术水平差距，实现全要素生产率的最大增长。

第二节　知识资本内涵及其构成要素确定

知识资本来源于对英语"knowledge capital"或"intellectual capital"

两个词的翻译，国内一般把"knowledge capital"翻译成"知识资本"，而通常把"intellectual capital"按字面翻译成"智力资本"，甚至"智慧资本"。张炳发（2006）认为，把"intellectual capital"也翻译成"知识资本"是合适的、有价值和有意义的，当然，把"知识资本"叫作"knowledge capital"更加合适，从我国翻译"intellectual property"为"知识产权"的习惯并结合知识经济时代的特点来看，把"intellectual capital"翻译成知识资本更好。因此，在接下来的阐释中，我们将文献中涉及的"知识资本""智力资本"或"智慧资本"统称为"知识资本"，以保证阅读的连贯性。

一　知识资本已有内涵的界定和述评

（一）国内外知识资本内涵的界定

知识资本的内涵经历了一个逐步发展和明晰的过程。最早提出知识资本内涵的是美国经济学家加尔布雷斯，他指出，知识资本是一种知识性活动，是一种动态的资本，而非静态的资本形式。然而，他并没有给出知识资本一个的完整定义，也没有对知识资本的构成要素进行划分。最早系统界定知识资本内涵的是美国学者斯图尔特（Stewart），他在20世纪90年代发表了一系列文章和专著，推动着知识资本的思潮。斯图尔特（1991）指出，知识资本已经成为美国最重要的资产。之后他又进一步论证了知识资本是企业、组织和一个国家最有价值的资产，虽然它们常常以潜在的方式存在，但却能够使你富有的东西（Stewart，1994）。其后，国内外学者纷纷从不同的角度出发对知识资本的内涵进行界定，具体可以归纳为以下四种：

1. 人力资本观

乔丹和琼斯（Jordan and Jones，1997）认为，知识资本是物化于组织员工中的知识和技能，是一种无形的人力资本；Masoula（1998）认为，知识资本是所有诸如员工的技术、经验、态度与信息等资产的总和；乌尔里克（Ulrich，1998）指出，知识资本是组织内员工的能力与认同感的乘积；张祥（1999）则把知识资本看成是企业所有成员所拥有的经验与智慧的总和；谭劲松（2001）认为，知识资本是人力资本的核心，是高级的人力资本，是人力资本的升华；张文贤和傅颀（2006）直接将知识资本纳入人力资本范围之中，认为知识资本以及结构资本、组织资本、关系资本等都不过是人力资本的衍生资本。

2. 无形资产观

布鲁金（Brooking，1996）认为，知识资本是使公司得以运行的所有无形资产的总称；斯维比（Sveiby，1997）指出，知识资本是企业一种以相对无限的知识为基础的无形资产；约翰逊（Johnson，1999）把知识资本理解为那些构成并利用人类智慧和创新来创造财富的无形资产的总和；Malhotra（2000）将知识资本定义为能使企业正常运作的无形资产的总和；李平（2007）认为，知识资本是指企业拥有的、符合企业战略发展需要的、能够为企业创造价值、形成竞争优势的无形资产；王月欣（2010）将知识资本定义为凝结在企业员工体内或员工智力创造的存在于企业内部的、用以取得未来收益以知识为基础的无形资产。

3. 价值增值观

埃德文森和沙利文（Edvinsson and Sullivan，1996）将知识资本简单定义为那些可以转化为利润的知识；刘炳瑛（2001）指出，知识资本就其价值形式来说可以概括为由知识在商品货币关系中和从商品的价值形式上追求增值的价值；陈则孚（2003）认为，知识资本就是蕴藏于知识中，以知识形态存在和运动并能够带来剩余价值的价值；徐程兴（2003）认为，知识资本是指能够转化为企业盈利能力的提高从而带来企业价值增加的知识；陈继林等（2005）把知识资本看成是组织系统所拥有或者控制的并通过其运动实现价值增值的知识资源；范徵（2013）将知识资本定义为能够为企业带来价值的有价值的知识。

4. 知识总量观

贝尔（Bell，1997）直接把知识资本定义为组织中知识资源的总和；斯图尔特（1997）认为，知识资本是每个人能为公司带来竞争优势的一切知识与能力的总和；Dzinkowski（2000）指出，知识资本是公司拥有的资本或以知识为基础的资本存量的总和；黄汉民（2003）认为，知识资本是企业所有能用于产生价值或资源配置的知识积累及其运用，其本质是企业知识元素的集合；郑美群（2006）认为，知识资本是指组织或其成员所拥有的、能够为组织创造价值的所有知识和能力；隋莉萍（2011）认为，知识资本是一种建立在智力劳动基础之上，为组织或其成员所拥有，能够为组织创造价值和构建持续竞争力的所有知识、能力、技能、工作诀窍、经验、创造力等智力劳动成果组成的智力资源的总称。

(二) 对已有知识资本内涵界定的评价

到目前为止，国内外学术界在对知识资本内涵的研究和界定上，已经形成了各种不同的看法，但上述学者对知识资本的定义都是从某一角度出发，未能全面、准确地反映知识资本的本质。根据本书的研究目的和已有文献的不足之处，我们认为，知识资本内涵的界定需要符合以下四个标准：

第一，界定的中文提法应明确为"知识资本"。在对"knowledge capital"或"intellectual capital"的翻译上，无论是学术界还是实务界的使用都是混乱的，许多学者并不是把它翻译为"知识资本"，而是翻译成"智力资本"，甚至"智慧资本"。虽然知识资本、智力资本和智慧资本的英文名称相同，但是中文名称的含义却大不相同。知识资本的内涵和外延要大于智力资本和智慧资本，智力资本和智慧资本更类似于人力资本，它们更侧重于表达隐含知识的资本属性，难以涵盖物化知识的资本属性，不能代表知识资本，更不能反映现实经济活动中知识商品资本化的全貌（万君康和梅小安，2006）。因此，将"knowledge capital"或"intellectual capital"翻译成知识资本，更能与知识经济等强调知识在经济发展中日益重要的大趋势相吻合，使这一概念更容易普及和被广泛接受（袁庆宏，2001）。

第二，界定的对象应为国家宏观层面。目前，大多数关于知识资本理论的研究文献，以及与之相联系的理论框架、结构和方法都起始于会计和财务的观点，并且主要集中在企业层面（Bontis，2004），关于知识资本在国家和地区层面战略作用的发挥方面研究较少（李平，2006）。刘炳瑛（2001）指出，只考察企业的知识资本是不够的，所得结论不能涵盖居民个人和国家所拥有的知识资本，这既不符合现代工业经济发展中知识资本存在与运行的现实，也不符合在美国、日本和瑞士等国家方兴未艾的知识经济中知识资本运行的现实。因此，从宏观角度来讲，关注国家层面的知识资本问题，对于提升国家竞争力、创建创新型国家具有重要的战略意义。

第三，界定应考虑知识资本的经济学属性。在对知识资本内涵的界定中，大多数研究均局限于管理学范畴。而在经济学方面，虽然格瑞里茨（1979）最早把知识资本当作生产要素加入总量生产函数中，但他并没有对知识资本的内涵进行过界定，而随后出现的一批新增长理论学家，在研究经济增长的内生动力上也都是直接使用"知识资本"这一术语，并没有对其内涵给出过明确的界定。要知道，经济学和管理学在研究对象和目标上是有差异的，经济学讲求社会整体效率与公平，以提高社会公共福利为宗旨，为政府制定政策提供依据。而管理学虽然也要兼顾社会整体利益，但其重点却是为企业利益服务，以提高单个企业竞争力，改善经营业绩，增加股东回报为目标，为企业决策提供依据（谭劲松，2006）。因此，关注知识资本的经济学属性，可以为政府决策的制定提供指导和依据。

第四，界定应把握知识资本的合理范围。王开明（2006）指出，斯图尔特和斯维比等学者关于知识资本构成的论述反映了他们对知识资本概念的把握存在重大的缺陷：把所有与企业经营活动相关的非物质形态的东西都纳入知识资本的范畴，而不管这些东西能否带来租金，这会产生重大谬误。高亚莉等（2009）也认为，知识资本有内涵扩大化的倾向，如果要准确测评国家的知识资本，有必要将国家知识资本限定在相对比较重要且有利于国家引导和调控的领域。如果将国家知识资本的内涵重新界定的话，应该重点强调知识在国家经济与社会发展过程中的推动力量。

二 知识资本构成要素的综述和评价

（一）国内外知识资本构成要素的综述

由于目前对知识资本的内涵存在着不同的认识，导致了国内外学者在对知识资本构成要素的划分上也存在较大差异。知识资本构成要素不仅是理解知识资本内涵的框架，也是测度知识资本发展水平的重要依据。在重新确定知识资本的构成要素之前，为使本书的划分有据可依，我们首先对国内外文献进行回顾和总结。为此，我们挑选出20世纪90年代以来具有代表性的有关知识资本构成要素划分的文献和专著（共38篇），按照时间先后顺序进行列示（见表1-2），经过分析整理，将其中具有代表性的观点归纳为以下四种：

1. 两要素论

两要素论共涉及6篇文献，且包含三类观点：第一类观点认为，知识资本由人力资本和结构资本构成，持这类观点的代表性文献共有2篇，分别是埃德文森和沙利文（1996）、鲁斯（Roos，1998）；第二类观点认为，知识资本由人力资本和社会资本构成，持这类观点的代表性文献共有2篇，分别是Nahapiet和Ghoshal（1998）、Kang等（2007）；第三类观点认为，知识资本由人力资本和知识资产构成，持这类观点的代表性文献共有2篇，分别是哈里森和沙利文（Harrison and Sullivan，2000）、沙利文（2000）。

2. 三要素论

三要素论共涉及12篇文献，且包含六类观点：第一类观点认为，知识资本由人力资本、结构资本和关系资本构成，持这类观点的代表性文献共有3篇，分别是约翰逊（1999）、李平（2007）、刘亚军（2012）；第二类观点认为，知识资本由人力资本、顾客资本和组织资本构成[1]，持这类观点的代表性文献共有2篇，分别是Dzinkowski（2000）、莫里特森等（Mouritsen et al.，2002）；第三类观点认为，知识资本由人力资本、结构资本和顾客资本构成，持这类观点的代表性文献共有2篇，分别是斯图尔特（1997）、恩斯特龙等（Engstrom et al.，2003）；第四类观点认为，知识资本由人力资本、组织资本和社会资本构成，持这类观点的代表性文献共有2篇，分别是黄汉民（2003）、Kang和Snell（2009）；第五类观点认为，知识资本由人力资本、结构资本和社会资本构成，持这类观点的代表性文献共有2篇，分别是西曼（Seemann et al.，2000）、麦克尔罗伊（McElroy，2002）；第六类观点认为，知识资本由人力资本、结构资本和技术资本构成，持这类观点的代表性文献有刘国武和李卫星（2006）。

3. 四要素论

四要素论共涉及14篇文献，且包含八类观点：第一类观点认为，知识资本由人力资本、顾客资本、创新资本和流程资本构成，持这类观点的代表性文献共有3篇，分别是鲁斯夫妇（Roos and Roos，1997）、Malhotra（2000）、李冬伟和李建良（2011）；第二类观点认为，知识资本由人力资本、关系资本、创新资本和流程资本构成，持这类观点的代表性文献共有2篇，分别是Joia（2000）、陈钰芬（2006）；第三类观点认为，知识资本由人力资本、结构资本、关系资本和创新资本构成，持这类观点的代表性文献共有2篇，分别是王学军和陈武（2008）、王

---

[1] 顾客资本通常也翻译为客户资本。为统一标准，我们统一命名为顾客资本，下文不赘述。

表 1-2　国内外学者对知识资本构成要素的观点汇总

作者	年份	人力资本	结构资本	顾客资本	知识产权	关系资本	组织资本	市场资本	创新资本	技术资本	社会资本	管理资本	流程资本	创新设施	知识资产
布鲁金	1996	★			★			★						★	
埃德文森和沙利文	1996	★	★	★											
鲁斯夫妇	1997	★		★									★		
斯图尔特	1997	★	★	★											
布思（Booth）	1998	★			★				★						★
Nahapiet 和 Ghoshal	1998	★									★				
鲁斯	1998	★	★												
约翰逊	1999	★				★									
Dzinkowski	2000	★					★								
哈里森和沙利文	2000	★	★												★
乔伊斯亚（Joia）	2000	★		★		★									
Malhotra	2000	★							★				★		
西曼（Seemann）等	2000	★	★	★							★		★		
沙利文	2000	★					★								
麦克尔曼伊	2002	★	★								★				
莫里森等	2002	★		★											★
恩斯特龙等	2003	★	★	★					★						
陈等	2004	★	★	★											
Kang 等	2007	★									★				

续表

作者	年份	人力资本	结构资本	顾客资本	知识产权	关系资本	组织资本	市场资本	创新资本	技术资本	社会资本	管理资本	流程资本	创新设施	知识资产
Kang 和 Snell	2009	★													
傅元略	2002	★									★				
仇元福等	2002	★	★	★	★							★		★	
苏伟伦	2002	★		★	★			★		★					
黄汉民	2003	★					★	★				★			
刘国武	2004	★		★				★		★	★	★			
陈继林等	2005	★		★	★			★				★			
郭俊华	2005	★						★					★	★	
陈钰芬	2006	★	★			★			★						
刘国武和李卫星	2006	★	★			★				★		★			
郑美群	2006	★				★				★					
李平	2007	★	★	★					★						
张炜和王重鸣	2007	★	★			★			★						
王学军和陈武	2008	★	★			★			★						
王孝斌等	2009	★		★					★	★					
李冬伟和李建良	2011	★				★	★						★		
隋莉萍	2011	★	★	★											
刘亚军	2012	★								★	★	★			
范徵	2013	★													3
总计频数		38	15	14	5	9	5	7	9	7	7	6	5	4	3

资料来源：根据笔者整理。

孝斌等（2009）；第四类观点认为，知识资本由人力资本、结构资本、顾客资本和创新资本构成，持这类观点的代表性文献共有 2 篇，分别是陈等（Chen et al.，2004）、张炜和王重鸣（2007）；第五类观点认为，知识资本由人力资本、关系资本、技术资本和管理资本构成，持这类观点的代表性文献共有 2 篇，分别是郑美群（2006）、隋莉萍（2011）；第六类观点认为，知识资本由人力资本、知识产权资本、市场资本和创新设施资本构成[1]，持这类观点的代表性文献有布鲁金（Brooking，1996）；第七类观点认为，知识资本由人力资本、结构资本、市场资本和技术资本构成，持这类观点的代表性文献有仇元福等（2002）；第八类观点认为，知识资本由人力资本、市场资本、技术资本和创新设施资本构成，持这类观点的代表性文献有郭俊华（2005）。

4. 五要素论

五要素论共涉及 6 篇文献，包含五类观点：第一类观点认为，知识资本由人力资本、顾客资本、知识产权资本、市场资本和管理资本构成，持这类观点的代表性文献共有 2 篇，分别是苏伟伦（2002）、陈继林等（2005）；第二类观点认为，知识资本由人力资本、知识产权资本、市场资本、创新设施资本和知识资产构成，持这类观点的代表性文献有布思（Booth，1998）；第三类观点认为，知识资本由人力资本、顾客资本、知识产权资本、管理资本和创新设施资本构成，持这类观点的代表性文献有傅元略（2002）；第四类观点认为，知识资本由人力资本、顾客资本、市场资本、技术资本和管理资本构成，持这类观点的代表性文献有刘国武（2004）；第五类观点认为，知识资本由人力资本、顾客资本、组织资本、技术资本和社会资本构成，持这类观点的代表性文献有范徵（2013）。

（二）对已有知识资本构成要素划分的评价

到目前为止，虽然国内外学者在知识资本构成要素的划分上做了大量的研究和讨论，但学术界至今仍存有诸多争议，不同学者对知识资本构成要素的划分差异较大，缺乏统一的划分依据。根据本书的研究目的和现有文献的不足，我们认为，对知识资本构成要素的划分需要符合以

---

[1] 不少学者也将创新设施资本称为基础设施资本，但我们认为，创新设施资本更符合知识经济时代下创新驱动阶段对基础设施的定义。

下四个标准：

1. 构成要素的划分应避免粗略性和重复性

由上一小节可知，虽然目前在知识资本构成要素的划分上已经形成了四种方法，但每种方法都存在着或多或少的缺陷：两要素分类法太过于粗略，而且缺乏全面性，不易于理解知识资本内部的关系（吴中伦，2011）；五要素法虽然可以解决两要素划分法的粗略性，但又陷入了重复性问题；三要素法涉及的资本形态虽然较两要素法有所扩大，但仍没有摆脱粗略性问题；相对于上述分类法，四要素法虽然在某种程度上具有一定合理性，但仍有不少学者在划分中将相同或相似要素纳入该分类中，使得四要素法也没有完全脱离要素划分的粗略性和重复性问题。

2. 构成要素的划分应根据投入形式进行

在知识资本构成要素的划分上，国内外已经形成了多种分类方法。① 然而，绝大多数划分法都是从实践中得到的，缺乏一定的理论支持，也无法反映出知识资本价值创造的本质以及知识资本与技术进步间的内在联系（李冬伟，2012）。此外，这些划分法都是根据静态视角进行的，没有考虑到知识资本的动态变化和价值增值的属性（柏丹，2013）。西方经济学将资本理解为一种用于投入的生产要素，动态性和增值性是其基本属性。作为资本的一种形式，知识资本及其构成要素也会像其他有形资本一样，可以作为生产要素投入经济运行中去，并通过与其他生产要素相互作用，实现价值增值。另外，罗默等学者将知识资本作为一种独立的生产要素纳入内生增长模型中，指出知识资本投入是技术进步和经济增长的动力源泉，从理论上也明确了知识资本的重要作用。基于以上观点，我们认为，根据投入形式来划分知识资本的构成，不仅符合知识资本作为投入要素的动态和增值的特征，而且也具有坚实的理论基础。

3. 构成要素的划分应将研发资本单独列示

目前，国内外学者在对知识资本构成要素的划分上都没有将研发资本进行单独罗列，更多的是将其视为知识资本的隐含内容或创新资本的二级要素，这一做法不但不能凸显研发资本在促进技术进步和经济增长中的重要作用，也无法反映出研发资本的实质。要知道，在研究经济增长的内生影响因素时，无论是理论模型的构建，还是实证模型的设定，

---

① 在知识资本的分类法上，原毅军和柏丹（2009）做过相关的总结。

几乎所有文献都将研发资本（特别是研发存量）作为知识资本的唯一代理变量。虽然这一做法具有一定的片面性，但从侧面可以反映出国内外学者对研发资本的重视程度。事实也证明，研发资本已经成为一国保持长期竞争优势的关键因素，因而它不应该隶属于创新资本，而应将其视为与其他要素同等重要的地位加以考虑。将研发资本作为一个独立知识资本要素纳入知识资本评价模型中，不但可以体现研发资本的重要性，而且还体现出研发资本在价值创造过程中的重要地位。

4. 构成要素在宏观层面上应具有可衡量性

目前，绝大多数知识资本分类法都是基于企业层面进行的，并且对其构成要素和命名也都是根据企业层面的可衡量性进行选择的。如结构资本和顾客资本等资本形态只适合于对企业微观层面的研究，不适用于对国家宏观层面的分析，因为相关数据只能通过问卷调查形式得到，无法在国家层面获得。刘亚军（2012）认为，从企业层面来讲，知识资本包含组织的流程、结构及关系等要素，这样的知识资本是不能观察、难以测量的资本。邦迪斯（Bontis，2004）指出，将知识资本测度从企业层面转换到国家层面，一些观点必须进行相应改变，如顾客资本应变为市场资本、创新资本应变为发展与更新资本等。因此，想要测度国家层面的知识资本发展水平，对知识资本构成要素的选择和命名必须在国家层面上应具有可衡量性。

三 知识资本内涵及构成要素的重新界定和划分

在重新界定知识资本的内涵之前，首先需要对知识资本的构成要素进行重新划分，因为知识资本的内涵与构成要素密不可分。正如上一小节评论那样，虽然目前国内外学者对知识资本构成要素的划分遵循不同的维度，涉及十四种资本形态，这些资本形态的中文提法也各不相同，但从它们的定义中可以发现，某些资本形态之间存在内容相同或相似性：比如顾客资本、关系资本、市场资本和社会资本四种资本形态是等价的，结构资本、组织资本和管理资本三种资本形态是等价的，知识资产和知识产权资本两种资本形态是等价的，流程资本与创新设施资本两种资本形态是等价的。因此，为避免重复性，在重新划分知识资本构成要素之前，需要将这些等价的资本形态进行合并。考虑到要素的可衡量性以及与宏观经济的适配性，我们将顾客资本、关系资本、市场资本和社会资本统称为市场资本，将结构资本、组织资本和管理资本统称为结构资本,将知识产权资本和知识资产统称为知识产权资本,将创新设施资本和流程资本统称为创新设施资本。经过上述合并,与知识资本相关的资本形态就只剩下了人力资本、结构资本、创新资本、市场资本、技术资本、知识产权资本和创新设施资本七种资本形态。我们认为,这七种资本形态可以分别从人力、物力、财力和成果等角度归结到人力资本、创新设施资本、技术资本和研发资本四方面投入上,具体原因在于:

(一) 人力资本

从表1-2中发现,在38篇相关文献中,虽然对知识资本构成要素的划分方法多种多样,但国内外学者都将人力资本单独列为知识资本的构成要素。毫无疑问,人力资本应该是构成知识资本的一个基本要素。

(二) 创新设施资本

从表1-2中发现,虽然只有4篇文献直接将创新设施资本划分为知识资本的构成要素,仅占文献总数的10.53%,但在考虑了与流程资本相关的5篇文献后,比重就上升到23.68%。另外,还有相当一部分学者认为创新设施资本是结构资本的次级要素(8篇),在加入了这些文献后,比重就上升到了44.74%。基于此,我们可以认定创新设施资本也是知识资本的一个重要构成要素。

(三) 技术资本

从表1-2中发现,有7篇文献直接将技术资本划分为知识资本的构成要素,占文献总数的18.42%。此外,多数学者认为,知识产权资本是技术资本的一部分,因此与知识产权资本相关的7篇文献应该纳入技术资本的范畴。另外,由于市场资本是企业所拥有的、与市场相关的无形资产,包括营销渠道、市场战略、公司信誉、客户忠诚和品牌形象等,这些内容都属于长期创造的知识成果物化或外化的效应(陈则孚,2003),所以市场资本也应属于技术资本的组成部分,与市场资本相关的8篇文献也可以纳入技术资本的范畴。在考虑了知识产权资本和市场资本两种资本形态后,直接或间接地与技术资本相关的文献数就上升到22篇,占文献总数的57.89%。当然,还有不少学者认为,创新资本的次级要素(创新成果)在本质上等价于技术资本,或是技术资本直接隶属于结构资本。毫无疑问,技术资本也应该是知识资本的一个重要构成要素。

(四) 研发资本

虽然目前还没有学者直接将研发资本作为一个独立知识资本要素进

行列示，但从已有文献中发现，知识资本构成要素或是隐含了研发资本的内容，或是将研发资本作为构成知识资本要素的次级要素加以考虑。比如，在知识资本构成要素的划分中，邦福尔和埃德文森（Bounfour and Edvinsson，2005）、张炳发（2006）等学者在各自的研究或准则制定中都使用了研发支出或研发投资等内容，这些内容实际上都是研发资本的一部分；另外，陈等（2004）、王学军和陈武（2008）等学者在划分知识资本构成要素时，都将创新投入作为创新资本的次级要素纳入知识资本指标体系中，根据他们对创新投入的界定和衡量指标的选取情况可知，创新投入的概念实质上就是本书所说的研发资本。基于以上分析，我们认为研发资本也应是一种独立的知识资本构成要素。

综上，我们认为，不论学者们对知识资本的构成要素如何划分，归根结底都可以体现在研发资本、人力资本、创新设施资本和技术资本四种投入要素上。这种分类法不仅有效避免了两要素法的粗略性和五要素法的重复性，而且又充分重视了研发资本在知识资本中的重要性，同时还使各要素在宏观层面的经验研究中也都具有便捷的可衡量性，因此该划分法是可行并且可靠的。

在重新划分了知识资本的构成要素之后，再来界定本书知识资本的内涵。根据"国家宏观层面上的""经济学领域的""把握合理范围的"和"中文提法应明确为知识资本"四个限制性条件，再结合划分的知识资本四个要素，本书对知识资本的内涵就可以做出如下界定：知识资本是一国拥有或控制的，以知识形态存在的，蕴含在研发、人力、创新设施和技术等要素中的，可以投入经济生产活动中并能最终转化为经济价值和实现经济效益的资本。从投入形式上可划分为研发资本、人力资本、创新设施资本和技术资本四个方面。

第三节 研究思路和内容体系

一 研究思路

本书在归纳和评价国内外已有研究的基础上，首先从经济学领域和国家宏观层面对知识资本的内涵及其构成要素进行了重新界定和划分，指出知识资本从投入形式上可以分为研发资本、人力资本、创新设施资本和技术资本四个方面。接着,将"知识资本"这一核心变量引入开放经济下的内生增长模型中,在罗默(1990)和 Lai 等(2006)建模思想的基础上,综合考察了国内外知识资本投入以及国内知识资本吸收能力与技术进步间的理论关系。第四章通过建立指标体系的方式测度了全球 130 个经济体 1981—2010 年的知识资本及其各方面投入指数,并对整个时期的发展水平状况进行了具体分析;第五章依据知识资本各方面发展水平的差异对样本经济体进行了俱乐部划分,并对各俱乐部在整个时期的发展水平状况也进行了具体分析;第六章测度了各经济体历年的全要素生产率指数,并对其在整个时期的发展水平和趋同性进行了分析;第七章测度了各经济体历年基于进口和 FDI 渠道溢出的国外知识资本存量以及国内外技术差距,同时分别从全球整体、动态演变、俱乐部层面和吸收能力等视角对第三章理论模型的推导结果进行实证检验。最后,归纳了本书的主要结论并提出了对中国的政策启示。

二 研究内容

基于上述研究思路,本书上篇共分为八章,具体内容安排如下:

第一章主要阐述本书的研究背景和意义,并在总结已有研究的基础上,从经济学领域和国家宏观层面重新界定和划分知识资本的内涵及其构成要素,明确了本书所研究的对象。围绕着提出的问题组织本书的研究思路和内容体系,最后提出所采用的研究方法以及可能的创新点。

第二章首先回顾知识资本内生驱动增长理论的形成与发展,并在此基础上分别介绍知识资本的四方面投入(研发资本、人力资本、创新设施资本和技术资本)在实现技术进步内生化和经济增长中的各种理论模型;接着从国际知识资本溢出与技术进步间的关系着手,分别从理论和实证角度综述进口贸易和 FDI 两种国际知识资本溢出渠道的技术进步效应;然后从国内知识资本与国际知识资本溢出间的关系着手,分别从理论和实证角度综述了国内知识资本在促进技术进步中的两面性。最后本章还对现有研究进行了简单的评价,并指出当前研究的不足以及进一步的发展方向。

第三章主要建立本书实证分析所依赖的理论模型,并提出了相应的研究命题。借鉴罗默(1990)和 Lai 等(2006)的建模思想,本章理论模型作了如下改进:一是将知识资本纳入理论模型中,并且假定知识资本不仅可以投入到最终品部门,而且也可以投入到研发部门;二是在研发部门的生产中分别引入溢出系数和吸收能力系数,使开放经济下知识资本的溢出程度和研发部门对溢出的吸收程度都不是100%,而是介于0—1的范围;三是将国外中间投入品分解为进口和FDI两种形式,并将国外技术存量也分解为进口和FDI两种溢出渠道,以考察这两种变量对稳态技术进步率的影响。理论模型的基本结论是:在开放经济下,国内知识资本投入的增加、国际知识资本溢出程度的上升,以及国内知识资本吸收能力的提高,都有利于促进技术进步的提升,而国内外技术差距对技术进步的影响则具有不确定性。

第四章主要建立反映知识资本发展水平的评价指标体系并测度了130个经济体历年的知识资本指数。本章首先总结了国内外已有文献中与知识资本相关指标体系中变量的选取情况,然后根据综合性、全球性、相关性、连续性和可比性原则设计一套评价知识资本发展水平的指标体系,该指标体系包括研发资本、人力资本、创新设施资本和技术资本四个方面指数以及十二个基础指标;接着详细介绍各基础指标的数据来源以及对缺失数据的补充和估算方法;随后使用全序列法对各基础指标的数值进行无量纲化处理,采用主成分分析法确定各基础指标和各方面指数的权重;最后测算了130个经济体在1981—2010年的知识资本及其各方面的指数值,并对它们在整个时期发展水平的总体状况进行了具体分析。

第五章主要运用系统聚类法确定知识资本全球分布的俱乐部类型并测度了各俱乐部的知识资本指数。本章首先总结了国内外已有文献中对经济体类型划分的方法,并指出现有方法在对经济体分类上的局限性;然后在介绍系统聚类法的基本思想和基本步骤的基础上,选取研发资本、人力资本、创新设施资本和技术资本指数作为输入变量,选择欧式距离和Ward最小方差法作为样本间距离和类间距离的计算方法,选用R^2、半偏R^2、伪F和伪t^2统计量作为判断知识资本俱乐部类型的标准,最终确定了20世纪90年代中期以前(1981—1995)、20世纪90年代中期以后(1996—2010)以及整个时期(1981—2010)的知识资本全球分布的俱乐部类型,发现依据知识资本各方面发展水平的不同,整个世界可以稳定地划分为三个俱乐部,分别为创新领导俱乐部、创新追赶俱乐部和创新缓慢俱乐部;接着分析了三个俱乐部各自所包含的经济体类型及其经济体数量的动态演变;随后对三个俱乐部的知识资本及其各方面在整个时期发展水平的总体状况进行了具体分析；最后对各个俱乐部在知识资本各方面上所具有的国内和国际比较优势进行了判断。

第六章主要测算各经济体历年的全要素生产率指数并对其进行趋同性分析。本章首先总结了国内外已有文献中关于全要素生产率测算方法的选取情况，然后在对各种测算方法的优缺点进行评价的基础上确定了跨时跨国收入份额法作为本章对全要素生产率的测算方法；接着在相关变量选取、数据来源介绍和缺失数据处理的基础上测算了130个经济体在1981—2010年的全要素生产率指数，并据此对全球整体以及俱乐部层面的全要素生产率在整个时期的发展水平和差异状况进行了具体分析；最后运用变异系数法和面板数据回归法分别对全球整体、各俱乐部内部以及各俱乐部间的全要素生产率的 σ 趋同和绝对 β 趋同进行了检验。

第七章主要是以实证分析的方式来验证第三章理论模型推导结果中所提出的各项命题，以对开放经济下知识资本与全要素生产率的关系问题进行深入的研究。本章首先将全球整体模型作为基础模型，分析和比较了开放经济下国内知识资本各方面投入和国外知识资本各溢出渠道对东道国全要素生产率的影响。然后分别从三个不同视角来对基础模型进行实证扩展：一是从动态演变的视角分析和比较了不同阶段国内外知识资本对东道国全要素生产率影响的发展变化；二是从知识资本密集度的视角分析和比较了各俱乐部的国内外知识资本对全要素生产率的影响效应；三是从吸收能力的视角检验了全球以及各俱乐部的国内知识资本在促进技术进步中的两面性。

第八章归纳本书上篇的主要观点和结论，并在此基础上提出对中国关于加大国内知识资本投入和充分利用国外知识资本溢出方面的一些政策启示，同时也指出了本书的不足及对未来研究的展望。

第四节　研究方法和创新点

一　研究方法

在本书写作过程中，特别重视多种研究方法的结合应用，以得到较好的研究结果，具体表现在：

（一）文献研究与实地资料收集相结合

首先，文献资料的收集、归纳和整理是本书非常重视的一项基础工作，贯穿本书写作的始终。正是建立在对大量文献资料进行阅读的基础上，我们才可以对现有研究的优缺点进行评述，并提出自己的创新点以及详细的理论和实证分析框架。

其次，本书也十分重视对各项指标原始数据的收集，除检索大量国内外权威的统计数据库外，还浏览了世界上近200个经济体的统计局网站和电子版的统计年鉴，除在互联网上收集相应的原始数据外，我们还亲自到各大高校和省市图书馆翻看纸质版的统计资料和年鉴，进行原始数据的实地收集，以使本书的观点具有精确的数据支持。

（二）理论分析与实证分析相结合

本书将"知识资本"这一核心变量引入开放经济下的内生增长模型中，并在此基础上建立起对国际知识资本溢出和国内知识资本吸收能力研究的理论框架，从理论上分析了国内外知识资本投入和国内知识资本吸收能力对技术进步影响的作用机制和预期效应，为本书后续的实证分析提供了坚实的理论基础。

为了验证理论模型的预期效应和命题假设，本书运用实证研究分析和比较了开放经济下国内外知识资本投入对东道国全要素生产率的影响，同时还分别从动态演变的视角、俱乐部的视角和吸收能力的视角对基础模型进行了实证扩展，为本书后续的政策启示提供了实证支持。

（三）定性分析与定量分析相结合

本书第一章对知识资本内涵的界定及其构成要素划分的阐述，以及第八章的政策启示，都属于研究中定性分析的部分。而对全球和俱乐部层面的知识资本及其各方面投入的发展水平分析、各俱乐部的知识资本在整个时期的比较优势分析，以及全球和俱乐部全要素生产率的发展水平分析等，都是通过定量分析完成的，在此过程中还穿插了大量的图表以使定量分析的结论更加清晰和直观。

（四）多种多元统计分析法的结合使用

首先，在对全球知识资本指数的测度过程中，各基础指标的无量纲化处理以及各基础指标和各方面指数权重的确定，都是通过使用SPSS 21.0版软件中的主成分分析法完成的。

其次，在对知识资本俱乐部类型的划分过程中，欧式距离和Ward

最小方差法的计算，以及 R^2、半偏 R^2、伪 F 和伪 t^2 等统计量的输出，都是通过使用 SAS 9.2 版软件中的系统聚类分析法完成的；在运用实证分析验证理论模型命题假设的过程中，面板单位根检验和面板协整检验等，都是通过使用 Eviews 8.0 版软件中的相应指令来完成的。

（五）多种计量估计法的结合使用

首先，本书第六章对全球整体、各俱乐部内部以及各俱乐部间全要素生产率的 σ 趋同分析，都是运用变异系数法来进行估算的，而对全球整体、各俱乐部内部以及各俱乐部间全要素生产率的绝对 β 趋同分析，都是运用面板数据固定效应回归法进行估计的。

其次，第七章对理论模型命题假设进行验证的过程中，不论是基础模型的设定，还是扩展模型的设定，都是运用组均 FMOLS 法进行估计的。

二　本书的创新点

（一）概念界定和构成划分的创新

根据本书的研究目的和已有研究的不足之处，我们结合"国家宏观层面上的""经济学领域的""把握合理范围的"以及"中文提法应明确为知识资本"四个限制性条件，将知识资本重新界定为"一国拥有或控制的，以知识形态存在的，蕴含在研发、人力、创新设施和技术等要素中的，可以投入经济生产活动中并能最终转化为经济价值和实现经济效益的资本"。随后，我们又结合"避免粗略性和重复性""根据投入形式划分""将研发资本进行单独列示"和"宏观层面应具有可衡量性"四个限制性条件，依据内生增长理论的四条主要分支，将知识资本重新划分为研发资本、人力资本、创新设施资本和技术资本四个方面。这是对知识资本研究延伸到经济学领域的一种扩展，有助于加深我们对内生增长理论的理解和认识，也为知识资本内生驱动增长理论的进一步发展奠定了重要的概念基础。

（二）知识资本指数测度的创新

在总结已有研究的基础上，依据本书所重新界定和划分的知识资本内涵和构成要素，根据综合性、全球性、相关性、连续性和可比性原则建立了一套评价知识资本发展水平的指标体系，包括研发资本、人力资本、创新设施资本和技术资本四个方面指数以及十二个基础指标，同时我们对全球 130 个经济体在 1981—2010 年的知识资本及其各方面指数进行了测度和分析，这不仅有助于加深理解知识资本与其各方面之间的内在联系，而且对于完善知识资本测度的研究以及对知识资本技术进步效应的实证分析奠定了重要的数据基础。

（三）理论模型的创新

本书将"知识资本"这一核心变量引入开放经济下的内生增长模型，在此基础上建立起了对国际知识资本溢出和国内知识资本吸收能力研究的理论分析框架。理论模型的推导结果发现：在开放经济下，技术进步取决于国内知识资本存量、国际知识资本溢出程度、国内知识资本吸收能力和国内外技术差距等因素。这一理论框架有助于厘清知识资本在促进技术进步和经济增长作用中的内在机理，也为本书后续的实证分析以及本领域的后续研究提供了理论支持。

（四）研究视角的创新

本书把国内知识资本分为研发资本、人力资本、创新设施资本和技术资本四个方面，将国外知识资本分为进口贸易和 FDI 两种溢出渠道，检验了国内外知识资本投入对东道国全要素生产率的影响，这种做法是现有文献没有采用过的。此外，在分析了国内外知识资本变量对全球整体的影响后，通过再把样本时期划分为 1981—1995 年和 1996—2010 年以及把全球 130 个经济体划分为创新领导、追赶和缓慢俱乐部的基础上，分析和比较了国内外知识资本投入对东道国全要素生产率的动态影响以及对不同知识资本密集度经济体全要素生产率的影响效应。最后，从吸收能力的视角分析和比较了全球整体以及俱乐部层面的国内知识资本在促进技术进步作用中的两面性。

第二章 文献回顾与述评

知识资本内生驱动增长理论的形成，实质上就是知识资本作为经济增长的投入要素而不断对技术进步进行内生化的过程，它是伴随着经济增长理论的发生和发展而逐渐兴起的。早在18世纪中叶开始，古典增长理论的主要代表人物斯密和李嘉图就充分肯定了知识在创造国家财富过程中的重要作用。斯密（1776）把劳动生产率视为决定经济增长的最重要因素，认为分工可以促使劳动生产率的提高，进而带来一国国民财富的增加即经济增长。李嘉图（1817）赞成斯密关于技术进步促使国家财富增加的观点，他从收入分配角度入手，将边际报酬递减原理引入到自己的理论体系，强调了生产率的增进对经济增长的决定意义，认为只有不断的技术进步才能抵消资本和劳动等生产要素的边际报酬递减规律的作用。虽然古典经济学家已经开始注意到知识因素在技术进步和经济增长中的重要性，但他们有关经济增长的学说只是停留在文字描述，并没有使用数学语言进行推导。同时，他们都认为，无论是分工的扩大还是劳动力的增加都离不开资本积累，可以说在古典增长理论阶段，知识资本只是物质资本投入的一种附属，它对经济增长并不起独立作用，最终经济增长将会陷入"马尔萨斯陷阱"和"李嘉图悲观主义"。

到了20世纪三四十年代，哈罗德（1939）和多马（1946）运用数理经济分析法将古典增长思想模型化，开始了数理模型在经济增长理论研究中的应用。哈罗德和多马认为，一国储蓄率必须等于资本产出比与有效劳动增长率的乘积，经济才能实现稳定增长。但该模型假定资本和劳动两种投入要素不能相互替代，使长期经济增长不具有均衡的稳定性，只能是"刀刃上的均衡"。索洛（1956）和斯旺（1956）修正了这一假设，建立了索洛—斯旺模型，避免了经济增长模型的刀刃现象，开创了新古典增长理论。在索洛—斯旺模型中，引入了一个专门参数来表示人们平均掌握的技术水平，它的增大可以在所有生产要素的数量都保持不变的情况下实现经济的稳定增长。接着，索洛（1957）通过对美国 1909—1949 年人均总产出增长的测算，发现这期间劳动和资本投入的贡献只占 12.5%，而剩余 87.5% 的贡献则要归功于技术进步的作用。索洛通过实证研究把代表技术水平的变量独立出来，将技术因素和资本、劳动等生产要素一起纳入生产函数中，指出从长远角度看，不是资本和劳动投入，而是技术进步才是经济增长最根本的因素。然而，新古典增长理论存在三个主要缺陷：第一，新古典增长理论认为，资本和劳动等投入要素具有边际收益递减性，除非存在技术进步，否则经济不可能实现持续增长。但新古典增长理论将技术进步视为经济系统的外生变量，并没有对技术进步的表现形式和来源问题做进一步探讨。第二，新古典增长理论认为，各国政府的政策只有水平效应，没有增长效应，但随后的新增长理论告诉人们，政府的一些政策不仅影响收入水平，而且影响经济的长期增长。第三，新古典增长理论认为，发展中国家将比发达国家增长得更快，各国的增长率存在趋同性，而现实中各国的经济增长率却存在着广泛的差异。总之，在解释经济增长的事实面前，新古典增长理论陷入了困境。

自 20 世纪 80 年代以来，西方国家的经济日益呈现出以知识为基础的经济特征，学术界也重新掀起了研究经济增长理论的新热潮，并形成了以下三条主线：

第一，以罗默（1986）为代表的经济学家对传统的生产函数做了必要的修正，建立起了内生增长理论（也称新增长理论），为重新阐释"经济增长之谜"提供了新的途径和方法。内生增长理论突破了新古典增长理论关于技术进步外生性的假设，强调技术进步是内生的，知识资本才是促进技术进步和经济增长的主导力量。内生增长理论学家虽然观点各异，但围绕知识资本这一主线，可以归纳出四条主要分支，分别是研发驱动增长理论、人力资本积累增长理论、政府公共资本增长理论和知识溢出增长理论，分别强调了研发资本、人力资本、公共资本和干中学四个因素对技术进步的促进作用[①]，而这四个因素恰好也分别与本书

[①] 围绕知识资本这一主线，罗默（1993）将新增长理论分为以资本为基础的增长理论和以研发为基础的增长理论。严成樑等（2010）进一步指出，以资本为基础的增长理论主要强调人力资本积累和政府公共资本对技术进步和经济增长的促进作用；而以研发为基础的增长理论主要强调研发、创新和知识积累对技术进步和经济增长的促进作用。

所探讨的知识资本四个方面即研发资本、人力资本、创新设施资本和技术资本相对应。因此，从内容和理论核心看，新增长理论就是关于知识资本在经济增长过程中内生推动作用的理论（陈则孚，2003）。

第二，在开放经济下，以格罗斯曼和赫尔普曼（1991）为代表的经济学家强调了国际知识资本溢出在技术进步中的重要作用，他们指出，一国的技术进步不仅取决于国内知识资本存量，国际知识资本溢出也是内生技术进步的主要来源，国外知识资本可以借助进口贸易和FDI等溢出渠道直接或间接地促进一国技术水平的提升。

第三，由于知识资本隐性属性的存在，国外知识资本并不会自动作用于一国技术进步，国际知识资本溢出效应的发挥还依赖国内知识资本的发展水平。以 Abramovitz（1986）为代表的经济学家强调了国内知识资本在促进技术进步中的两面性，他们指出国内知识资本不仅可以作为生产投入要素直接促进一国的技术进步，而且还可以通过增强一国的吸收能力而间接提高国际知识资本溢出的发生率。基于此，在接下来的文献回顾中，我们将分别从知识资本这三条主线出发，通过理论和实证角度来对知识资本与技术进步间的关系进行文献梳理。

第一节　知识资本内生驱动的增长理论

一　基于技术资本的内生增长理论

基于技术资本的内生增长理论认为，技术资本的投入实现了技术进步内生化，而内生化的技术进步促进了经济的持续增长。这类增长理论的基本特征是：第一，经验知识积累是干中学的结果，厂商是价格的接受者，从而可以在完全竞争假设条件下研究经济增长的过程。第二，知识具有溢出效应，使总量生产函数具有递增的收益。属于这类内生增长理论的模型主要有：简单干中学模型（Arrow，1962b；Sheshinski，1967）、知识溢出增长模型（Romer，1986，1994）、新产品引入干中学模型（Stokey，1988）和有限干中学模型（Young，1991；Brezis et al.，1993）等。

最先使用技术资本对技术进步进行内生化尝试的是阿罗。由于不满意新古典增长理论将技术当作外生变量的观点，阿罗（1962b）提出技术进步是通过资本投资进行经验知识积累的结果，这就是著名的干中学思想。他指出，对知识的获取或学习是经验的产物，技术进步就体现于经验知识的积累之上。他认为，知识具有溢出效应，不仅进行投资的厂商可以通过积累生产经验而提高生产率，其他厂商也可以通过学习来提高生产率。这样，虽然单一厂商的规模收益不变，整个经济可以表现出规模收益的递增性。但在这个模型中，由于竞争性均衡与报酬递增的不兼容，干中学只能抵消部分收益递减，不能完全消除它，一个社会的技术进步和长期经济增长最终取决于外生的人口增长率。随后，Sheshinski（1967）对阿罗模型的结构进行了简化和扩展，提出了简化的干中学模型，发现虽然均衡增长率部分决定于学习效应，但其决定因素仍然是人口或劳动力的自然增长率。

罗默（1986）继承了阿罗的干中学思想，提出了基于技术资本的知识溢出内生增长模型。在该模型中，技术进步是追逐利润的厂商进行知识生产决策的产物，而代表性厂商的产出是关于自身知识投入、经济中总知识存量投入与其他要素投入的生产函数。为了克服阿罗模型中竞争性均衡与报酬递增的不兼容性，罗默假定知识具有三方面特征，即知识的外部性、知识产出的报酬递增性和知识生产的报酬递减性。知识的这三个特性，既保证了生产函数的递增收益，又确保存在一个竞争性均衡，使长期增长成为可能。此外，知识的外部性和收益递增性导致的国家间技术进步率的差异，可以用来解释现实中各国经济增长率存在差异性的原因（Romer，1994）。

斯托克（Stokey，1988）根据阿罗的干中学思想，运用简单的动态一般均衡分析法，在完全竞争框架下建立了一个可持续内生增长模型。模型的主要特色在于对商品空间和消费者偏好的设定。斯托克认为，经济中存在无限连续的可生产性商品，且每一时期厂商只能生产有限数量的商品组合，但随着时间的推移，质量更高的商品会被不断地生产出来，现有商品组合将会发生改变。由于消费者通常更偏好优质的商品，在商品组合数量不变的前提下，质量更高的商品将会不断进入原先商品组合，质量较低级的商品逐渐遭淘汰。在斯托克模型中，技术进步不是体现在商品数量的增加，而是体现为新产品的引入和更高质量商品的出现，因而长期经济增长具有无限制性。

杨（Young，1991）则把斯托克的干中学思想引入开放经济下的两国模型中，通过适当修正建立了基于有限干中学的内生增长模型。该模型具有两个重要特性：第一，知识在行业间（产品间）存在溢出效应，但在国家间不存在；第二，与阿罗等的模型不同，这里的干中学具有边际收益递减性，即有限干中学。由于潜在可生产的产品具有无限性并且不同商品的技术复杂度不同，在任一时点，当原先技术复杂性较低产品的学习效应耗尽时，新的技术复杂度较高产品的学习效应还会存在，因而保证了经济的无限增长。在自由贸易条件下，发达国家（发展中国家）的技术进步率要高于（低于）或等于它在自给自足时的情形，国际贸易有利于提高发达国家的动态福利水平，而发展中国家的情况则依赖于两国的人口比例。Brezis 等（1993）在杨有限干中学的基础上，建立了国际竞争中的"蛙跳"增长模型。在该模型中，当前技术领先国家通过干中学积累经验知识而不断地提高自身生产率，且经验知识的积累具有递减性，而后发国家并不能获得领先国家所积累的知识。新技术的出现可以对现有生产率实现重大突破，但这种技术变迁具有偶然性，只有通过大量的干中学，才能将这种偶然性的技术突破转化为现实。由于技术领先国家在旧技术上积累了大量经验知识，但对新技术了解不多，因而领先国家的生产者并没有采用新技术的动力。而技术后发国家由于具有较低的工资水平和缺乏旧技术的经验知识，认为从长期来看，新技术将会产生更高的生产率，引进新技术是有利可图的。最终，技术后发国家通过"蛙跳"效应，实现了对技术领先国家的赶超。当然，这种"蛙跳"效应并不持久，一旦再次出现偶然的技术变迁，新的后发国家同样会对新的领先国家实现赶超。

二 基于人力资本的内生增长理论

基于人力资本的内生增长理论认为，在职干中学或正规教育都可以积累人力资本，人力资本的积累实现了技术进步的内生化，而内生化的技术进步促进了经济的持续增长。这类增长理论的基本特征是：第一，经济由两部门构成，即物质资本部门和教育部门。物质资本部门通过生产实现物质资本积累，而教育部门通过生产实现人力资本积累；第二，收益递增和外部性的存在或核心资本的存在，均可以实现经济持续增长。属于这类内生增长理论的模型主要有：最优技术进步模型（Uzawa，1965）、人力资本溢出模型（Lucas，1988，1990；朱勇，1999）和核心资本积累模型（King and Rebelo，1990；Rebelo，1991；Ladrón – de – Guevara et al.，1997）等。

最先用人力资本对技术进步进行内生化尝试的是 Uzawa（1965）的两部门模型。Uzawa 通过假定经济中存在一个生产人力资本的教育部门，讨论了教育部门投入与最优技术进步间的关系。在模型中，他假定劳动不仅用于物质资本生产，也用于人力资本积累。技术进步源于专门生产人力资本的教育部门，人力资本的生产函数具有规模报酬不变性。假定社会配置一定资源到教育部门，则会产生人力资本，而人力资本的增加又会提高生产率并被其他部门零成本获取，进而提高生产部门的产出。这样，教育部门不递减的要素边际收益可以抵消物质生产部门递减的要素边际收益，因而无须外在的"增长发动机"，仅由于人力资本的积累就能导致人均收入增长。但是，与阿罗模型一样，无论 Uzawa 模型中技术进步的作用如何，人均增长率最终还是取决于人口或劳动力的自然增长率。

卢卡斯（Lucas，1988）将人力资本的外部性引入 Uzawa 两部门模型，用收益递增和人力资本的溢出效应来说明内生技术进步和经济增长。该模型由两个子模型构成：一是"两时期模型"，强调通过正规或非正规的教育积累一般人力资本；二是"两商品模型"，强调通过干中学积累特定人力资本。这两个观点也可称为人力资本的内部效应和外部效应。在第一个子模型中，卢卡斯假定每个工人将全部非闲暇时间分成两部分，一部分用于当期生产，剩下的用于学校正规学习来积累人力资本。结果发现，无论是否存在人力资本的外部效应，经济都可以实现持续增长；在第二个子模型中，卢卡斯考察了全部人力资本积累均由干中学形成的体系。对某种特定产品而言，专业化的人力资本积累是收益递减的。但由于产品的不断更新，专属于旧产品的人力资本在某种方式上会被新产品继承。所以，从总体看专业化的人力资本积累是收益递增的。卢卡斯通过这两个模型，从人力资本的角度阐释了人均收入的持续增长和经济增长的跨国差异性。此外，由于发达国家的人力资本积累水平较高，且人力资本的外部性导致的收益递增又使发达国家的资本收益率和人力资本收益率较高，所以该模型又解释了现实经济中资本和劳动从发展中国家流向发达国家的现象（Lucas，1990）。如果说卢卡斯模型属于人力资本部门间溢出效应模型，那么朱勇（1999）在完全竞争框架下构建了一个用人力资本部门内溢出效应来解释内生技术进步和经济增长的理论模型。该模型假定经济中存在两个部门：消费品部门和人力资本部门。其中，人力资本增加会提高人力资本部门的生产率水平，并实现该部门的规模收益递增，即人力资本具有部门内溢出效应，而反映在物质产品生产上的总量生产函数的规模收益则保持不变。朱勇认为，只要人力资本的溢出效应足以抵消不可再生要素导致的人力资本生产率下降的趋势，经济仍然可以实现内生增长。

与卢卡斯等的模型不同，核心资本积累模型认为，即使经济中不存在收益递增和外部性等条件，只要将物质资本概念拓展到包含人力资本在内，即使在收益不变的假定下，通过核心资本的不断积累也能实现技术进步和持续经济增长。雷贝洛（Rebelo, 1991）最早进行了这方面的研究。该模型假定经济中存在两个部门（消费品部门和资本品部门）、两种生产要素（可再生要素和不可再生要素）。雷贝洛认为，收益递增和人力资本外部性并不是内生经济增长的必要条件，只要经济中存在一类核心资本品（通常表现为人力资本），它的生产技术具有规模收益不变性，且不可再生要素对核心资本品的生产没有任何影响，那么通过核心资本的不断积累，经济也可以实现持续增长；金和雷贝洛（1990）将核心资本分解为物质资本和人力资本，假定经济由消费品/物质资本品部门和人力资本投资品部门组成，两个部门具有不同规模收益不变的生产技术，并且均使用物质资本和人力资本进行本部门产品的生产，结果得到与雷贝洛（1991）相似的结论；Ladrón–de–Guevara 等（1997）从两个方面扩展了 Lucas–Uzawa 模型。其一是在教育部门的生产中包含物质资本投入，在此情况下经济可以实现平衡增长。其二是将闲暇引入效用函数，在这种情况下，如果教育不影响闲暇的生产率，那么经济中就存在多重均衡。不同均衡增长率的选择取决于物质资本与人力资本的初始比重，通常人力资本比重相对较高（较低）的国家将会选择较高（较低）的增长路径。

三　基于研发资本的内生增长理论

基于研发资本的内生增长理论认为，研发资本的投入实现了技术进步的内生化，而内生化的技术进步促进了经济的持续增长。这类增长理论的基本特征是：第一，在垄断竞争框架下通过设立专门生产新技术的研发部门，以此来说明技术进步是经济系统决定的内生变量；第二，技术进步表现为产品种类的不断增加或产品质量的不断提高，技术进步来自受市场激励的厂商有意识的研发支出活动的结果，而且这种活动获得了某种形式的事后垄断力量作为回报；第三，新技术具有非竞争性和部分排他性，非竞争性保证了产出的规模收益递增，部分排他性则为单个厂商进行研发活动提供了动力；第四，以动态最优化方法作为经济增长模型的分析工具，考察均衡增长的存在性、稳定性和收敛性。属于这类内生增长理论的模型主要有：中间品种类增加模型（Romer，1990；Barro and Sala－I－Martin，1995）、消费品种类增加模型（Grossman and Helpman，1991；Young，1993）和产品质量升级模型（Grossman and Helpman，1991；Aghion and Howitt，1992）等。

罗默（1990）在垄断竞争的框架下通过设立专门生产技术的研发部门而将技术进步内生化，构建了基于研发的内生增长模型，并将技术进步理解成中间品种类的多样化，试图通过中间品种类的多样化来对长期经济增长做出合理解释。该模型假定经济中包括三个部门：使用研发投入生产新技术的研发部门、使用新技术和其他投入品生产中间品的中间品部门，以及使用劳动、人力资本和中间品生产消费品的最终品部门。技术的非竞争性和部分排他性使经济中存在两种形式的外部性：其一是新技术溢出可以提高研发部门的技术存量，进而提高研发部门的生产率并降低生产成本；其二是新技术可用来生产新的中间品，中间品种类的增加提高了最终品部门的生产率，进而使最终品产出实现规模收益递增；巴罗和萨拉·伊·马丁（Barro and Sala－I－Martin，1995）修正了罗默关于中间品发明者对其使用具有永久专利权的假定，代之以假定专利保护的时效是有限的。有限时效的专利保护减少了研发厂商的收益，导致技术进步放慢和经济增长率降低，造成社会和私人收益率之间更大的差距。在这种情形下，政府除了向中间品购买者提供补贴，还需要对研发支出进行补贴，以使经济达到帕累托最优。

格罗斯曼和赫尔普曼（1991）考察了消费品种类增加的内生增长模型。该模型假定经济中只存在研发部门和消费品部门，研发部门通过研发投入生产新技术，消费品部门通过购买研发部门的新技术进行消费品生产，两个部门都是垄断竞争的，且具有不同的生产技术。他们遵循罗默关于知识的非竞争性和部分排他性思想，认为消费品种类增加带来两种外部性：其一是研发部门研发投资产生的新技术增加了经济中的一般知识水平，提高了研发部门的生产率并降低生产成本；其二是消费品种类的多样化使消费者的满足程度提高,增加了社会福利。正是由于这两种外部性的存在,使经济可以实现持续增长;杨(1993)也将技术进步理解为消费品种类的多样化。不同的是,该模型认为,技术进步和经济增长是由发明和有限干中学共同决定的。一方面,由于干中学的有限性,如果不存在持续的发明,干中学的学习效应将逐渐耗尽;另一方面,由于新产品在产生之初提供的效用并没有成熟的旧产品来得多,如果不存在持续的干中学,新技术就更加不如现有技术来得有效率。因此在杨模型中,经济增长率的大小取决于发明和干中学两者的成本比较。如果发明的成本较高,经济增长率将取决于发明速度,干中学对经济增长没有影响。相反,如果发明的成本较低,经济增长率将取决于干中学速度,发明对经济增长没有影响。

基于研发资本带来的技术进步不仅表现为产品种类持续增加,也表现为产品质量不断提高。格罗斯曼和赫尔普曼(1991)最早进行了这方面的尝试。他们假定经济中存在若干个部门,每个部门生产一种产品,每种产品都具有一个质量阶梯,沿着该阶梯产品的质量发生改进,质量更高的产品由于能提供更多效用和服务而优于旧产品。产品质量的提高是跟随厂商有意识研发支出的结果,而部门领导者并不从事任何研发活动。如果跟随者研发获得成功,他将取代原先领导者,取得垄断利润流。这一利润流将一直持续到该产品发生下一次质量升级时为止。跟随者研发成功的概率取决于研发支出金额的多寡,而研发支出金额的多寡取决于市场激励的大小。政府必须根据市场激励的大小相机采取对策,以促使经济增长率的提高和社会福利的改善。阿吉翁和霍伊特(Aghion and Howitt, 1992)认为,技术进步除表现为产品质量不断提高外,还体现为一种创造性破坏的过程。在这一过程中,新的更好质量的产品会使旧产品不断遭到淘汰,经济周期与经济增长相伴而生,两者都是技术进步的产物。单个厂商的技术进步将在全经济范围内产生影响,并且技术进步和预期的经济增长率取决于整个经济的研发支出水平,而现期的研发支出水平则依赖于下一时期预期的研发支出水平。与上述模型一样,产品质量的提高是跟随厂商研发支出的结果,领导厂商并不从事任何研究活动。由于创造性破坏过程的存在,经济的均衡增长率可能高于也可能低于社会最优增长率。因此,政府政策的目标不应是单纯追求高增长率,而应是寻求合理的增长率。巴罗和萨拉·伊·马丁

(1995) 分析了领导者也从事研发活动的情形。领导者之所以从事研发活动，是因为领导者一般掌握着最先进的生产技术和降低研发成本的优势。如果领导者的研发成本优势较小，领导者将从事所有研发活动，均衡研发支出和均衡增长率由跟随者的研发活动决定；如果领导者的研发成本优势足够大，领导者将作为垄断者独自决定研发支出金额，而与跟随者的竞争无关。在这种情况下，均衡研发支出和均衡增长率将低于最优增长率。政府可以通过向领导者研发活动提供补贴，以促使均衡研发支出和均衡增长率的增长。

四 基于创新设施资本的内生增长理论

基于创新设施资本的内生增长理论认为，生产性政府支出通过增加基础设施等方面的公共投资，引起资本和劳动的边际产品上升，提高私人部门的生产能力和技术水平，从而促进长期的经济增长。这类增长理论的基本特征是：第一，生产性政府支出通过政府购买基础设施等方面的公共投资影响私人部门的生产能力，因而可以作为一种投入要素进入到总量生产函数中；第二，政府提供的公共产品具有某种程度的外部性，可以抵消劳动和资本投入的边际收益递减性，因而可以在规模收益不变的条件下实现经济的内生增长；第三，政府通过征税对生产性支出进行融资和执行平衡预算的政策，并通过合理的分配生产性政府支出以实现社会福利的最大化和最优的经济增长。属于这类内生增长理论的模型主要有：纯公共品增长模型（Barro, 1990；Futagami et al., 1993；Ghosh and Roy, 2002）、拥挤性公共品增长模型（Glomm and Ravikumar, 1994；Eicher and Turnovsky, 2000）和一般拥挤性公共品增长模型（Barro and Sala-I-Martin, 1992；娄洪，2004；马树才和孙长青，2005）等。

纯公共品增长模型认为，政府通过直接购买或是对基础设施进行投资的方式向私人部门提供免费服务或公共品，使用者并不需要支付使用费。巴曼（1990）最先进行了这方面的研究。他假定政府通过购买产品以流量形式直接进入私人部门的生产函数，并向私人部门提供包括基础设施在内的公共服务，这些公共服务具有非竞争性和非排他性，因而具有外部性。在平衡增长路径上，经济不存在动态转移，且政府的公共服务与经济增长率呈倒 U 形关系。由于外部性存在，竞争性均衡只是一种社会次优，政府可以通过使经济增长最大化时的公共服务和一次性总付税，以促使经济实现最优增长和社会福利的改善；Futagami 等（1993）则把生产性政府支出解释为增加公共资本存量的公共投资。他们认为生产性政府支出通过对基础设施的投资形成公共资本，并以存量形式进入私人部门的生产函数，于是模型就出现了两个状态变量，即私人资本存量和公共资本存量，经济出现了动态转移。在平衡增长路径上，公共资本存量对经济增长率的影响呈现出与巴曼模型相似的倒 U 形关系，但此时社会福利最大化的公共投资低于经济增长率最大化下的公共投资，最优经济增长和福利最大化并不能同时实现；Ghosh 和 Roy（2002）将公共服务流量和公共资本存量一起纳入总量生产函数中，分析了模型中技术和偏好参数的变化对最优经济增长的比较静态效应。在平衡增长路径上，经济增长率仅与公共资本和私人资本的收入份额以及贴现率三个参数有关。其中，经济增长率与贴现率负相关，与公共资本和私人资本的收入份额均呈 U 形关系。

拥挤性公共品增长模型认为，在现实生活中，许多政府提供的基础设施并不完全是非竞争性和非排他的纯公共品，如交通、通信、电力、网络等公共产品都会出现拥挤现象，此时政府提供的公共产品虽然是非排他的但却有一定程度的竞争性。Glomm 和 Ravikumar（1994）最先进行了这方面的研究。他们把基础设施存量当作一种投入要素引入总量生产函数中，并假定基础设施是具有拥挤性质的公共品。在平衡增长路径上，基础设施存量对经济增长率的影响同样呈现倒 U 形特征。从动态均衡看，当生产函数对基础设施呈现为不变规模收益时，经济将始终处于平衡增长路径上，不存在动态转移，且随着拥挤程度的上升，流向基础设施的投资与人口规模呈倒 U 形关系；当生产函数对基础设施呈现为递减的规模收益时，人均收入将单调收敛于稳态水平。Eicher 和 Turnovsky（2000）不仅认为政府提供的公共品具有拥挤性，而且还把拥挤性分为相对拥挤性和绝对拥挤性，考察这两种形式的拥挤性以及规模效应对经济增长的影响。模型分析的结果是：首先，在平衡增长路径上，绝对拥挤性会降低资本存量的有效生产率，而相对拥挤程度会降低劳动供给的有效生产率，两者与均衡经济增长率负相关，影响的大小取决于生产函数规模收益的性质；其次，这两种类型的拥挤性对经济转移动态具有完全相反的影响，即相对拥挤性会减慢经济转移调整速度，而绝对拥挤性会加速经济转移调整速度；最后，公共品拥挤性带来外部性，竞争性均衡中的生产性政府支出不具有最优性，此时政府可以通过征收时间不变的收入税来进行矫正。

一般拥挤性公共品增长模型认为，生产性政府支出提供的基础设施既包括纯公共品，也包括具有拥挤特征的公共品，它们对经济增长的作用是有区别的，需要分不同的情况进行讨论。巴罗和萨拉·伊·马丁（1992）最先进行了这方面的研究。他们将公共品划分为三种类型：公共提供的私人品，具有竞争性和排他性；公共提供的公共品，具有非竞争性和非排他性；公共提供的具有拥挤性质的公共品，具有竞争性和一定程度的非排他性，分别考察了这三类公共品对经济增长的影响。在平衡增长路径上，前两种公共品对经济增长的影响得出与巴曼模型相同的结论。如果公共品是公共提供的具有竞争性和一定程度非排他性的拥挤品，那么一次性总付税将导致竞争性均衡的增长率高于社会最优增长率，此时政府最优政策是采用收入税而不是一次性总付税，以使经济达到最优增长和社会福利最大化。娄洪（2004）建立了一个包含一般拥挤性基础设施资本存量的动态经济增长模型，分别考察了基础设施资本存量由外生和内生投资形成时的情形。结果发现，无论基础设施存量是由哪种投资方式形成，均得出相同的结论：当基础设施为纯公共品时，经济可以实现恒定内生增长；当基础设施为拥挤品时，经济虽然不能产生内生增长，但能够减缓增长率随资本积累而递减的趋势，减缓作用随拥挤程度的降低而提高，这种效应在一定程度上提高了长期经济增长率。马树才和孙长青（2005）通过在巴罗和萨拉·伊·马丁模型中引入拥挤程度指数，从而将该模型一般化。结果发现，在平衡增长路径上，当政府提供的是纯公共物品时，经济可以产生持续的内生增长，且存在最优的财政支出规模；当提供的是具有一定程度拥挤性的公共品时，经济存在转移动态过程，政府部门提供的公共物品可以减缓这种增长递减趋势；当提供的是完全拥挤品时，经济增长现象将与拉姆齐（Ramsey）模型相同。由此可见，最优经济增长和财政支出规模均受公共物品拥挤程度的影响。

以上介绍的知识资本各方面投入的内生增长理论存在一个共同的假设前提，即知识资本是一种纯公共品，它的溢出具有全球性。也就是说，知识资本一经产生，就会自由地进行跨国溢出，每个国家都能接触到其他国家创新活动的全部成果，并引发生产率的持续受益。但是许多经验研究表明，知识资本的跨国溢出并不是全球性的，它的发生需要借助于某些特定的渠道，比如一国贸易自由化程度的高低、引进外资数量的多寡等，都会影响国际知识资本溢出的效果。那么，知识资本是通过哪些渠道进行跨国溢出的，各种溢出渠道与技术进步又是如何相互作用的，这将是第二节所要介绍的主要内容。

第二节 国际知识资本溢出与技术进步

国际知识资本溢出的产生来源于各国对其创新收益的不完美占有，如果一国能够从另一国知识资本的投入中获取经济收益，同时不用承担相应的成本，那么国际知识资本溢出就发生了（Branstetter，1998）。但是，知识资本的国际溢出并不是全球性的，每个国家并不能接触到其他国家创新活动的全部成果，它的发生还需要借助某些特定的渠道。一般而言，这些特定渠道可以归纳为租金溢出和纯知识溢出。但由于在实际操作中区分租金溢出和纯知识溢出相当的困难（Nadiri，1993），为便于分析，在实证分析中，绝大多数学者将这两类渠道重新解释为物化溢出和非物化溢出渠道来进行研究。其中，物化溢出渠道主要包括进口贸易、出口贸易、外国直接投资（FDI）和对外直接投资（OFDI）等，而非物化溢出渠道主要包括技术差距、技术接近度、投入产出关系、地理距离、网络通信、人力资本流动、国际专利申请、科技论文出版、国际会议、国际研发合作和逆向工程等。

在上述列举的知识资本跨国溢出渠道中，我们主要选择进口贸易和外国直接投资（FDI）两个物化溢出渠道作为本书考察的重点，其原因主要有以下四点：

第一，进口贸易和FDI是知识资本跨国溢出的主要渠道，并且在研究中也得到了强烈的实证支持。[①]

第二，虽然在实证分析中涵盖尽可能多的渠道可以提高估计结果的准确性，但一次性包含太多渠道会存在相当大的困难，而且还会产生诸

---

① 关于进口贸易和FDI在国际知识资本溢出中的重要作用，Saggi（2002）和Keller（2010）等都作过详细综述。

如多重共线性等估计问题，反而会导致估计结果不那么令人满意（Griliches，1979），这就需要对知识资本跨国溢出的渠道进行筛选，以提炼出最主要的渠道。

第三，由于数据限制和测算复杂性，大多数非物化溢出渠道（如国际会议、国际研发合作和逆向工程等），并不能被合理定量化（Lee，2006）；而诸如技术接近度、投入产出关系、网络通信、海外留学、国际专利申请和科技论文出版等渠道，由于与本书研究的知识资本四个方面投入存在着重叠性，也极有可能引发多重共线性问题。①

第四，在物化溢出渠道中，虽然出口贸易和对外直接投资（OFDI）相关的大部分数据都可以得到，但它们在作为知识资本跨国溢出渠道的实证支持上表现得非常弱（Keller，2004）。基于以上原因，在接下来的分析中，我们将分别从进口贸易和 FDI 两种物化渠道来对国际知识资本溢出与全要素生产率的关系进行综述。

一 进口贸易与国际知识资本溢出

进口贸易可以促进贸易伙伴国之间的知识溢出和技术扩散，进而使不同国家的生产率水平发生相互联系。理论文献区分并讨论了进口贸易影响一国技术进步的四种机制（Grossman and Helpman，1991）：首先，进口贸易可以使一国进口更多功能相异或质量更高的中间品和资本品，从而提高国内资源的生产效率；其次，进口贸易打开了国际交流渠道，便利了生产方法、产品设计、组织模式和营销手段等的跨国学习，进而改进国内的生产率水平；再次，进口贸易可以引入竞争，激励各国追求新的、与众不同的观念和技术，有助于减少各国研发活动中的重复劳动，进而改善全球范围内研发活动的效率水平；最后，进口贸易带来某种专业化，导致资源在不同国家的重新分配，促进贸易参与国生产率的不同增长。另外，进口贸易带来国际经济交往，有助于降低创新和模仿成本，促使一国对国外先进技术的模仿，提升该国未来生产率的增长空间（Helpman，1997）。

最早将进口贸易作为国际知识资本溢出主要渠道进行实证研究的是

---

① 由于本书的知识资本是由研发资本、人力资本、创新设施资本和技术资本四方面构成的，所以知识资本的国际溢出也应该包含这四个方面内容。因此，海外留学实际上可以归入人力资本方面，网络通信可以归入创新设施资本方面，投入产出关系可以归入研发资本方面，技术接近度、国际专利申请和科技论文出版可以归入技术资本方面。

科和赫尔普曼（1995，即 CH）。他们使用 22 个 OECD 国家 1971—1990 年的面板数据，首次分析了通过进口渠道产生的国际研发溢出效应。他们构造了一个国外研发资本存量指标，某一给定国家的国外研发资本存量是通过计算其贸易伙伴国的国内研发资本存量的加权和得出的，而权重则由该国与各贸易伙伴国的双边进口份额决定（即 CH 加权法）。为了估计变量间存在的长期均衡关系，他们运用固定效应最小二乘法（FEOLS）估计模型，结果发现，国内外研发资本存量对东道国全要素生产率均产生了显著的促进作用。CH 的研究引起了经济学家们的极大兴趣，并为后继学者提供了基本的分析框架，他们构建的模型即 CH 模型也成为研究国际知识资本溢出的模型基础，此后大量研究文献都是建立在这个基本分析框架之上，并对此进行不断的扩展和丰富。

（一）第一类扩展：加权方法的修正

首先对 CH 加权法提出质疑的是凯勒（Keller, 1998）。为了验证国际研发溢出与进口贸易的相关性，凯勒利用蒙特卡罗模拟法随机生成了双边进口数据，构造了反事实的国外研发资本存量（即随机加权法）。结果发现，反事实贸易模式比真实贸易模式具有更大的国际研发溢出效应，并且解释了更多生产率的跨国差异。凯勒认为，进口贸易作为国际研发溢出渠道并不具有说服力，两者不存在必然的联系；但在国内研发资本的影响方面，得出了与 CH 模型相同的结果。

利希滕伯格和德拉波特里（Lichtenberg and de la Potterie, 1998，即 LP_1）指出，CH 用以计算国外研发资本存量的方法存在着加总偏误性，为了纠正这种偏误，他们用双边进口额与出口国 GDP 的比值作为权重系数来构建国外研发资本存量（即 LP 加权法），结果产生了比 CH 模型更好的拟合效果，但结论仍然证实进口贸易国际研发溢出效应的存在性；在国内研发资本的影响方面，他们同样得出了与 CH 模型相同的结果。

Kwark 和 Shyn（2006，即 KS）指出，LP 加权法虽然可以解决计算过程中的加总偏误性，但会产生拥挤效应问题。他们主张用来源国的出口份额作为权重系数来构建国外研发资本存量（即 KS 加权法），这样不仅可以解决加总偏误性问题，而且还可以不受溢出来源国贸易模式的约束。他们使用 103 个国家（21 个 OECD 国家和 82 个发展中国家）1970—1995 年的面板数据，用 KS 加权法构建了国外研发资本存量，结果证实了进口贸易渠道的国际研发溢出效应；在国内知识资本的影响方面，发现国内研发资本和人力资本对全要素生产率均具有显著的正影响。

（二）第二类扩展：对进口品技术含量的考察

CH 模型是基于这样的假设前提的，即中间品进口是国际知识资本溢出的主要渠道。但由于数据限制，使 CH 在回归中只能使用所有商品的进口数据而不是中间品的进口数据，这就影响了实证结果的有效性。此后，不少学者从进口品的不同技术含量出发来考察知识资本的跨国溢出效应，以使对该问题的研究能更符合理论观点。

科等（1997，即 CHH）在 CH 的框架下，检验了北方国家通过国际贸易对南方国家的国际研发溢出效应。他们使用 77 个发展中国家 1971—1990 年的面板数据，以 22 个 OECD 国家作为研发溢出国家，用机械设备进口数据来代替总进口数据构建了国外研发资本存量。结果发现，发达国家的研发资本通过机械设备进口并没有促进发展中国家的技术进步，而发展中国家的人力资本对全要素生产率则具有显著的正影响。

Xu 和 Wang（1999）将总进口分解为资本品进口和非资本品进口，分别计算了基于资本品和非资本品进口的国外研发资本存量。使用 21 个 OECD 国家 1983—1990 年的面板数据，发现资本品进口具有显著的国际研发溢出效应，并且比总进口解释了更多生产率的跨国差异，而非资本品进口的国际研发溢出效应并不显著。在国内知识资本的影响方面，他们发现国内研发资本和人力资本对全要素生产率均具有显著的正影响。

Lee（2009）将总进口分解为信息技术产品进口和非信息技术产品进口，分别计算了两类进口渠道的国外研发资本存量。使用 17 个 OECD 国家 1981—2000 年的面板数据，结果发现信息技术产品进口具有显著的正向研发溢出效应，而通过非信息技术产品进口渠道溢出的国外研发资本则阻碍了进口国的技术进步。此外，国内研发资本对全要素生产率具有显著的正影响。

（三）第三类扩展：计量方法的改进

CH 模型存在一个明显的缺陷，即他们运用 FEOLS 法来估计协整模型，但 OLS 估计量只是一个二阶渐近有偏估计量，并不能产生有效的标准误。此后，随着面板协整计量技术的不断发展，不少学者开始使用新的估计方法来完善 CH 模型的缺陷。

恩格尔布雷希特（Engelbrecht，1997）使用与 CH 相同的数据，运用广义最小二乘法（GLS）来估计模型，在控制了各国特定的研发溢出效应后，发现基于进口渠道溢出的国外研发资本阻碍了 OECD 国家的技术进步，而国内研发资本对全要素生产率则具有显著的正影响。

Müller 和 Nettekoven（1999）使用与 CH 相同的数据，运用随机效应最小二乘法（REOLS）的结果发现，通过进口贸易传导的国际研发溢出对发达国家的技术进步具有显著的负影响，而国内研发资本的影响仍然显著为正。

Kao 等（1999）将组内动态最小二乘估计法运用到 CH 模型中，结果发现基于进口渠道传导的国际研发溢出效应并不显著，而国内研发资本对全要素生产率则具有显著的正影响。

Crispolti 和 Marconi（2005）使用 45 个发展中国家 1980—2000 年的面板数据，以美国、日本和欧盟作为研发溢出国家，运用组内完全修正最小二乘法估计模型。结果发现，通过资本品进口贸易，发达国家的研发资本对发展中国家的技术进步产生了显著的促进作用。

Lee（2005）使用 17 个 OECD 国家 1971—2000 年的面板数据，运用组均完全修正最小二乘法估计模型，结果发现进口渠道具有显著的国际研发溢出效应，同时国内研发资本的影响仍然显著为正。

二 外国直接投资与国际知识资本溢出

随着科技和经济全球化的迅猛发展，外国直接投资（FDI）已经成为世界各国特别是发展中国家获取国外先进技术越来越重要的渠道。由于跨国公司从事了全球绝大部分的研发活动，它们母公司和子公司间的知识传递在某种程度上会"漏出"给东道国，我们将这种外部性称为 FDI 的溢出效应。国际上关于 FDI 溢出效应的理论研究要追溯到 20 世纪 60 年代。麦克道格尔（MacDougall，1960）在考察 FDI 一般福利效应时，首次对 FDI 的技术溢出效应做了系统性的分析。此后，科克登（Cokden，1967）对 FDI 最优关税政策效应的研究以及凯维斯（Caves，1971）对 FDI 产业模式和福利效应的检验，都对 FDI 溢出效应的理论研究做出了重要的贡献。

在理论方面，基于 FDI 的知识资本溢出对东道国技术进步的促进作用可以通过以下四种机制实现（Blomström and Kokko，1998；Görg and Greenaway，2004）：第一种是示范—模仿效应，即跨国公司通常比东道国的本土企业更具有生产率，它们的技术水平通常处于全球的前沿位置。当跨国公司进入东道国的市场时，它们会将自己的研发成果、先进的物质资本、有效的营销手段、管理诀窍以及其他相关资产一并带入东道国。通过与跨国公司的直接接触，当地企业可以观察和模仿国外企业的经营方式，以促进东道国的技术升级；第二种是竞争效应，即一旦跨国公司进入当地市场，就会给东道国企业带来高强度的竞争压力，可以迫使东道国企业改善自身的技术能力和提高生产率水平，或是更有效地使用现有资源来保持竞争优势；第三种是垂直联系效应，即通过从国外供应商购买中间品（前向联系效应），或是将中间品销售给国外最终品生产者（后向联系效应），东道国企业可以采用更高的质量标准来生产产品或是被迫使用更有效的技术水平；第四种是人员流动效应，即跨国公司会对雇用的员工进行技能培训，当这些员工转换工作时，他们会将在跨国公司工作中积累的先进方法和管理经验传递给当地企业，或是将这些知识贡献于自己所创办的企业中，以改善本土企业的技术和生产率水平。

在实证方面，早期文献一般只专注对单个国家企业（微观）层面或行业（中观）层面的研究，并没有从跨国宏观层面来考察 FDI 的知识溢出效应（谢建国，2006）；此外，这些文献在实证研究中通常只考察国外存在变量而不是国外技术变量对东道国生产率的影响（Kokko，1996），他们并没有把 FDI 的知识溢出效应同其他生产率的强化效应区分开来。在这些文献中，国外存在变量的显著正向系数通常被直接理解为知识溢出效应的存在。① 事实上，这种理解并不正确，原因在于，FDI 除通过知识溢出提高东道国企业的生产率之外，还可以通过降低垄断程度、促进竞争、提高资源配置效应等其他途径提高东道国企业的生产率（张海洋，2005）。因此，国外存在变量对生产率的正向影响并不必然意味着外资企业和当地企业间知识溢出的发生，它可能只是简单地表明国外活动增加了东道国内部的竞争，从而导致东道国市场效率的改进和生产率的提升。

最早从跨国宏观层面将 FDI 作为国际知识资本溢出渠道进行实证研

---

① 国外存在变量通常以外资企业的增加值份额、销售份额或就业份额等指标来衡量。

究的是利希滕伯格和德拉波特里（1996，即 LP$_2$）。他们认为，与进口贸易相似，引资国的生产率水平也会借助于投资伙伴国的研发努力而得到提高。他们的模型依然建立在 CH 分析框架之上，同时由于双边 FDI 数据的限制，他们的实证研究只分析了 22 个 OECD 国家中的 13 个国家。他们用 CH 相似的方法构造了基于 FDI 的国外研发资本存量指标，其权重由一国与各投资伙伴国的双边投资份额决定。他们运用 FEOLS 法估计模型，结果发现国内研发资本对全要素生产率具有显著的正影响，而 FDI 并没有给 OECD 国家带来显著的国际研发溢出效应。在 LP$_2$ 研究的基础上，后继学者对 FDI 知识资本溢出渠道的研究主要围绕着两条路线展开：一条路线是对单一 FDI 溢出渠道的考察；另一条路线是同时考察 FDI 和进口贸易渠道。

（一）第一条路线：对单一 FDI 溢出渠道的考察

Xu（2000）将 FDI 对东道国全要素生产率的影响区分为存在效应、技术转移效应和知识溢出效应。他使用 40 个国家（20 个发达国家和 20 个发展中国家）1966—1994 年的数据，运用二阶段最小二乘法（2SLS）检验了这 40 个国家引进美国直接投资的研发溢出效应。结果发现，美国跨国公司的研发活动对东道国的技术进步产生了显著的促进作用。

Crispolti 和 Marconi（2005）以美国、日本和欧盟作为研发溢出国家，用 CH 加权法构建了基于 FDI 的国外研发资本存量。结果发现，发达国家的研发资本通过 FDI 渠道显著促进了发展中国家的技术进步。

安格和马迪森（Ang and Madsen，2013）使用 6 个亚洲经济体 1955—2006 年的面板数据，以 20 个 OECD 国家和 6 个亚洲经济体为研发溢出国家，考察了基于 FDI 的国际研发溢出效应。运用组均 DOLS 法的结果发现，国外研发资本通过 FDI 渠道显著促进了亚洲经济体的技术进步，国内研发资本对亚洲经济体的全要素生产率也具有显著的正影响。

Bodman 和 Le（2013）使用 15 个 OECD 国家 1982—2003 年的面板数据，运用 FEOLS 法估计模型。结果发现，通过 FDI 渠道溢出的国外研发资本对发达国家的技术进步具有显著的促进作用；此外，国内研发资本和人力资本对全要素生产率也都具有显著的正影响。

(二) 第二条路线：同时考察 FDI 和进口贸易渠道

Hejazi 和 Safarian（1999）使用 22 个 OECD 国家 1971—1990 年的面板数据，以 G6 国家作为研发溢出国家，考察了基于进口和 FDI 渠道的国际研发溢出效应。他们运用 FEOLS 法估计模型，结果发现，基于 FDI 渠道溢出的国外研发资本显著地促进了发达国家的技术进步，而进口渠道对全要素生产率的影响并不显著；此外，国内研发资本对 OECD 国家的全要素生产率具有显著的正影响。

Ciruelos 和 Wang（2005）使用 47 个国家（20 个 OECD 国家和 27 个发展中国家）1988—2001 年的面板数据，以 20 个 OECD 国家作为研发溢出国家，检验了进口贸易和 FDI 作为国际研发溢出渠道的有效性。运用 FEOLS 法的结果发现，基于进口的国际研发溢出具有显著的技术进步效应，而 FDI 渠道的技术进步效应并不显著；此外，人力资本对东道国的全要素生产率具有显著的正影响。

Tang 和 Koveos（2008）使用 43 个国家（22 个 OECD 国家和 21 个非 OECD 国家）1983—1991 年的面板数据，以 G7 国家作为研发溢出国家，比较了资本品进口和 FDI 渠道的研发溢出效应。结果发现，资本品进口具有显著的国际研发溢出效应，而 FDI 渠道的研发溢出效应并不显著；此外，国内研发资本对全要素生产率具有显著的正影响。

克雷默（Krammer，2010）使用 47 个国家（20 个西欧国家和 27 个转型国家）1990—2006 年的面板数据，以 25 个 OECD 国家作为研发溢出国家，考察了进口和 FDI 渠道的国际研发溢出效应。运用组内 DOLS 法的结果发现，内含在进口贸易和 FDI 渠道中的发达国家的研发资本显著地促进了东道国的技术进步。此外，在国内知识资本方面，国内研发资本对全要素生产率具有显著正影响，而人力资本的影响并不显著。

以上介绍的知识资本各方面增长理论和国际知识资本溢出文献都没有涉及知识资本的第二面，即知识资本的吸收能力。事实上，自科恩和利文索尔（1989）的开创性工作以来，经济学家们达成了一个普遍的共识，即知识资本除作为生产要素直接促进一国的技术进步外，还可以通过增加一国的吸收能力而间接提高国际知识资本溢出的发生率。由此看来，知识资本跨国溢出的发生是有条件的，接收国必须拥有一定的国内知识资本吸收能力，才能成功识别、吸收和消化国外溢出的知识资本。如果接收国具备的知识资本吸收能力太低，那么知识资本的跨国溢出将不会发生。因此,要提升对国外知识资本的吸收能力,就必须对国内知识资本进行投资。国内知识资本通过提高对国外溢出的知识资本的吸收,而作用于一国的技术进步。有鉴于此,下一节将重点讨论国内知识资本的吸收能力与国际知识资本溢出的关系问题。

第三节 知识资本的吸收能力与国际知识资本溢出

吸收能力的思想最早可以追溯到阿布拉英维茨(Abramovitz,1986)。他认为,追随国家对领导国家的追赶效应不会自动实现,而要取决于追随国家所拥有的公共基础设施、人力资本水平、政治经济环境以及宏观和金融条件等,他将这些因素统称为"社会能力"。如果技术落后国家的社会能力充分发展到可以成功利用领导国家的技术,那么追随国家就会比领导国家具有更快的增长潜力。此后,科恩和利文索尔(1989,即CL)正式提出了吸收能力的概念,他们将吸收能力定义为"一国识别外部新信息的价值、吸收该信息并将它应用于商业目的的能力"。

吸收能力的概念涉及影响一国利用国外技术能力的许多因素,包括知识资本、贸易开放度、金融发展和制度规范等。其中,知识资本是吸收能力最为重要的影响因素,因为知识资本具有两面性,一方面可以提高国内创新能力,另一方面可以增强对国外知识资本的吸收能力。科恩和利文索尔(1990)进一步指出,就知识资本而言,一国对国内研发活动的投资、对制造经验的积累以及对从业人员的高技能培训,都是吸收能力实现的主要方式。此外,一国创新设施的质量也是吸收国外知识溢出的重要影响因素(Verspagen,1991)。陈昭和欧阳秋珍(2009)也指出,知识资本溢出的最终效果取决于知识资本吸收国自身的技术能力、人力资本、国内研发以及创新设施等因素。也就是说,不仅知识资本具有国内创新和吸收国外知识资本的两面性,而且构成它的四个方面投入,即研发资本、人力资本、创新设施资本和技术资本,也都具有促进技术进步的两面性。基于此,在接下来的分析中,我们将分别从知识资本的四个方面出发,以对吸收能力、国际知识资本溢出和全要素生产率之间的关系进行综述。

一 研发资本与吸收能力

研发资本对技术进步的直接促进作用已经被内生增长理论所证实。但长期以来，研发资本在学习和模仿活动中所扮演的角色较少受到经济学家们的关注，原因在于纳尔逊（Nelson, 1959）和阿罗（1962a）等学者假定公共领域溢出的技术知识是一种纯公共品，临近区域的所有企业都可以不用付出代价获取这些知识产生的收益。虽然这些学者也考虑到了知识转移成本的存在，但他们认为模仿成本要比创新成本小得多，他们最后得出结论：研发溢出通过破坏企业对发明活动收益的占有而使企业投资于研发活动的动力减退。但是，科恩和利文索尔（1989）指出研发资本不仅可以直接产生新知识，而且还可以增强企业识别、吸收和利用外部知识的能力，即研发资本具有两面性。研发资本的第二面角色非常重要，它可以抵消创新收益不完全占有的递减动力，因为只有通过加强自身研发活动，企业才能更好地利用其他企业所创造的知识。吉特尔曼和沃尔夫（Gittleman and Wolff, 1995）通过分析指出，后发国家实现技术赶超的一个重要先决条件是，它们必须从事足够数量的研发活动。通过对国内研发资本进行投资，后发国家将能更容易地模仿来自进口贸易和 FDI 渠道溢出的国外技术。帕克（Park, 1995）认为，各国之所以参与到国内研发活动中，一方面是因为国内研发资本具有较高的回报率，另一方面是因为如果不从事任何研发活动，这些国家将不能从国际知识溢出中受益。

在实证方面，最早对研发资本技术进步效应进行两面性检验的是古勒克和德拉波特里（2001，2004）。他们使用 16 个 OECD 国家 1980—1998 年的面板数据，以国内商业部门的研发强度作为研发资本的代理变量，考察了研发资本在促进技术进步中的两面性。结果发现，国内研发强度项及其与国外研发资本的交叉项对全要素生产率均具有显著的正影响，表明 OECD 国家的研发资本具有国内创新和吸收国际研发溢出的两面性；克雷斯波等（Crespo et al., 2004b）使用 28 个 OECD 国家 1988—1998 年的面板数据，以国内研发资本存量作为研发资本的代理变量，检验了研发资本的两面性。运用广义矩估计法（GMM）的结果发现，国内研发资本项及其与国外研发资本的交叉项对全要素生产率的增长均具有显著的正影响，表明发达国家的研发资本具有两面性，它不仅可以提高国内创新能力，而且还可以增强对通过进口渠道溢出的国外研发资本的吸收能力；克雷默（2010）以国内研发资本存量作为研发资本的代理变量，结果发现，在进口渠道方程中，国内研发资本及其与国外研发资本交叉项的系数均不显著，表明研发资本不具备国内创新能力，也不能通过进口渠道有效吸收发达国家的研发溢出；在 FDI 渠道方程中，国内研发资本项的系数显著为正，而国内研发资本与国外研发资本交叉项的系数则不显著，表明研发资本有助于提高国内创新能力，但不能促进对内含在 FDI 渠道中的发达国家研发资本的吸收。

二 人力资本与吸收能力

在理论方面，最早发现人力资本具有吸收能力一面的是纳尔逊和菲尔普斯（Nelson and Phelps，1966）。他们指出教育可以提高一国接收、解码和理解信息的能力。通过建立人力资本投资、技术扩散和经济增长关系的理论模型，他们发现一国实际技术水平的增长率是教育程度与技术差距的增函数，即教育加速了技术扩散过程。Benhabib 和 Spiegel（1994）指出，人力资本可以通过两种机制影响技术进步，即一方面通过促进创新而直接影响生产率水平，另一方面可以加速技术追赶和扩散速度。人力资本这两种力量结合，产生了三种重要的结果：第一，人力资本存量差异会导致长期跨国增长率的差异；第二，落后于技术前沿国家但拥有更高人力资本存量的国家，将会在一个有限时期里实现赶超；第三，拥有最高人力资本存量的国家将会在一个有限时期里处于技术前沿地位，并且只要人力资本优势一直保持，它的领导地位也将会维持下去。凯勒（1996）通过理论模型发现，从封闭经济体系转变到外向型经济体系虽然可以使一国接触更多国外的技术知识，但由于知识隐性属性的存在，使得该国只能得到国外技术知识的部分信息，如果要想充分利用这些技术知识，还必须具备相应的人力资本积累。阿塞莫格鲁（Acemoglu，2002）再次强调了人力资本的两面性，他认为技术进步在过去几十年中一直都是技能偏向型的，人力资本对全要素生产率的增长具有重要影响，原因在于一方面人力资本决定了一国技术创新能力，另一方面是人力资本采用和有效实施了国外技术，这一点对发展中国家来说尤为重要。

在实证方面，最早对人力资本的技术进步效应进行两面性检验的是科等（1997）。他们以中学入学率作为人力资本的代理变量，考察了发展中国家的人力资本在技术进步中的两面性。结果发现，人力资本项及其与国外研发资本的交叉项对全要素生产率增长的影响均不显著，表明发展中国家的人力资本不具有两面性。Ciruelos 和 Wang（2005）使用27 个发展中国家 1988—2001 年的面板数据，以 25 岁及以上男性人口的平均受中学教育年数作为人力资本的代理变量，运用 FEOLS 法的结果发现，人力资本与国外研发资本的交叉项对全要素生产率具有显著正影响，而人力资本项的系数并不显著，表明发展中国家的人力资本具有吸收内含在进口中的发达国家研发资本的能力，但不具备国内创新能力。Kwark 和 Shyn（2006）以中学入学率作为人力资本的代理变量，发现人力资本项及其与国外研发资本的交叉项对全要素生产率的增长均具有显著的正影响，表明人力资本不仅可以提高国内创新能力，而且可以提高对通过进口渠道溢出的发达国家研发资本的吸收能力。Koske（2009）使用 72 个国家（24 个 OECD 国家和 48 个发展中国家）1981—2005 年的面板数据，以 24 个 OECD 国家作为研发溢出国家，以平均受教育年数作为人力资本的代理变量，考察了人力资本在技术进步中的两面性。运用 FEOLS 法的结果发现，人力资本项及其与进口渠道的交叉项对全要素生产率均具有显著的正影响，表明人力资本存在两面性。Bodman 和 Le（2013）以 25 岁及以上人口平均受教育年数作为人力资本的代理变量，检验了人力资本的两面性。结果发现，在进口渠道方程中，人力资本项对全要素生产率的影响显著为正，而人力资本与国外研发资本交叉项的系数并不显著，表明人力资本具有国内创新能力，但不具有对进口研发溢出的吸收能力；在 FDI 渠道方程中，人力资本项及其与国外研发资本交叉项的系数均为显著的正值，表明人力资本存在两面性。

三 创新设施资本与吸收能力

在理论方面，最早发现创新设施资本具有两面性的是安托内利（Antonelli，1991）。他认为，信息通信技术等创新设施资本不仅可以帮助后发国家克服信息的不对称性，而且还可以提高它们利用技术追赶的机会。格林斯坦和斯皮勒（Greenstein and Spiller，1995）指出，创新设施资本的发展可以降低创新设施密集型部门的成本和增加该部门经济活动的质量，同时也会带动起其他部门的发展，也就是说，创新设施具有乘数的间接效应，它不仅可以使创新设施所在区域受益，而且还可以扩散到其他区域。马登和萨维奇（Madden and Savage，1999）指出，创新设施资本的发展不仅便利了贸易品和服务的订购、支付和交付，而且还使全球范围从事贸易的成本更低、交易更容易而且更广泛。马登等（Madden et al.，2003）还发现在一个以贸易自由化程度更高和信息需求不断增加为主要特征的新兴全球经济中，创新设施资本可以通过降低交易成本和改善交易信息而产生直接的生产率收益，同时由于它加速了信息和知识的跨国扩散而间接促进了生产率的发展。

在实证方面，最早对创新设施资本的技术进步效应进行两面性检验的是马登和萨维奇（2000）。他们使用20个国家（15个OECD国家和5个亚洲国家）1980—1995年的面板数据，以通信和计算机设备的进口份额（COM）以及人均拨打国际长途的分钟数（TEL）作为创新设施资本的代理变量，检验了创新设施资本对进口研发溢出的吸收能力。运用FEOLS法的结果发现，COM项和TEL项与国外研发资本的交叉项均为显著的正值，表明创新设施资本发展水平越高的国家，越有利于提高进口贸易研发溢出对技术进步的促进作用。Zhu和Jeon（2007）使用22个OECD国家1981—1998年的面板数据，以国际话务强度（国际话务量/GDP）作为创新设施资本的代理变量，运用组内DOLS法的结果发现，国际话务强度与国外研发资本的交叉项对全要素生产率具有显著的正影响，表明发达国家的创新设施资本有利于提高进口贸易研发溢出对技术进步的促进作用。

四 技术资本与吸收能力

在界定了吸收能力的概念后，科恩和利文索尔（1990）进一步指出，吸收能力在很大程度上是先前相关知识水平的函数，如现有基础技能、共享语言和新近发展的科技成果等都可以赋予一国吸收外部知识的能力。也就是说，吸收能力对一国技术进步的影响具有自我累积和路径依赖性（Arthur，1989）。Caragliu和Nijkamp（2012）也指出，吸收能力是先验知识水平函数的观点主要强调了两个重要的因素：第一，吸收能力具有累积模式；第二，当所吸收的外部知识与已有知识密切相关时，吸收能力的技术进步效应将会达到最大化。琼斯（Jones，1995）发现，在封闭经济条件下，先前积累的国内知识存量具有两种不同的技术进步效应：一种是站在巨人肩膀上效应，即过去发现的知识便利了当前新知识的生产；另一种是竭泽而渔效应，即过去发现的知识会使后续新知识的发现越来越困难。随后，波特和斯特恩（Porter and Stern，

2000）指出，在开放经济下，已有国外知识存量对东道国的技术进步也具有两种不同的效应：一种是国际外部性效应，即国外已有的知识存量补充了东道国当前新知识的生产；另一种是提高标准效应，即国外已有的发明增加了全球当前的创新标准，使东道国生产新知识的难度加大。

在实证方面，仅有 Luintel 和 Khan（2009）对技术资本在促进技术进步中的两面性进行过检验。他们使用 19 个 OECD 国家 1981—2000 年的面板数据，以国内专利存量作为技术资本的代理变量，运用系统 GMM 法估计模型，检验了技术资本在影响技术进步中的两面性。结果发现，国内专利存量及其与国外专利存量的交叉项对全要素生产率均具有显著的正影响，表明发达国家的技术资本不仅可以提高国内创新能力，而且可以通过对进口知识溢出的吸收而间接促进国内的技术进步。

第四节　现有研究的总体评价

从以上文献回顾中看出，从 18 世纪中叶兴起的知识资本与增长理论萌芽，到 20 世纪 80 年代中后期内生增长理论的形成，知识资本内生驱动的增长理论得到了很大的发展。内生增长理论将技术进步视为经济系统的内生变量，通过四条分支分别强调了知识资本的四个方面投入，即研发资本、人力资本、创新设施资本和技术资本对内生技术进步和经济增长的决定作用。针对现实世界出现的各国间技术进步率和经济增长率的差异，许多学者开始从国内外知识资本投入和东道国自身吸收能力的角度来解释这种差异产生的原因，认为在经济一体化的世界中，国际知识资本溢出也是内生技术进步的主要来源，并且这种溢出效应的发挥依赖于国内知识资本的发展水平。尽管知识资本技术进步效应的实证结论还存有一定的争议，国际知识资本溢出效应的实现也受特定渠道的影响，吸收能力作用的发挥还受国内知识资本的约束，但是，从国内外相关文献中还是可以得到基本的结论：知识资本及其研发资本、人力资本、创新设施资本和技术资本四个方面投入都是促进技术进步的主要因素；进口贸易和 FDI 都是国际知识资本溢出的重要渠道；国内知识资本吸收能力的提高有助于从通过进口和 FDI 的国际知识资本溢出中受益。

然而，由于知识资本技术进步效应问题的复杂性，后续研究还需考虑以下几方面的内容：

第一，在理论模型的构建上，现有文献对知识资本内生驱动增长理论的研究只专注于其中的一条或两条分支，并没有将四条分支整合在一起进行理论阐释。由于知识资本是一个综合性概念，它涉及四条分支的所有内容，如果只对其中一条或两条分支进行理论分析，就会影响理论模型实证检验的全面性和精确性，也不利于各国政府有效的有针对性的政策的实施。此外，在开放经济下，现有文献并没有在内生增长理论模型的基础上建立起对国际知识资本溢出和国内知识资本吸收能力研究的理论分析框架；相反，它们更多的是侧重于运用计量方法结合这三条主线进行实证分析，以致这些实证结果没有理论观点的支撑而缺乏说服力。因此，如何整合内生增长理论的四条分支，并在此基础上结合国际知识资本溢出和国内知识资本吸收能力建立起一个完备的理论框架将是今后的第一个发展方向。

第二，在知识资本发展水平的测度上，虽然现有文献在实证分析中使用过各种不同的指标来代理知识资本，但它们通常都只是使用某一方面的单一指标来对知识资本进行测度，而忽略了知识资本与研发资本、人力资本、创新设施资本和技术资本四个方面投入之间的内在联系。要知道，在经济发展过程中，知识的创造和传播是一个非常复杂而且多变的过程，单一指标只能反映知识资本的一个侧面，并不能完全代表一国知识资本的发展水平。因此，如何准确、全面地测度各国知识资本的发展水平将是今后的第二个发展方向。

第三，在对全要素生产率的衡量上，至今还未形成一种相对完善且偏误较少的测算方法。虽然国内外学者已经发展出收入份额法、生产函数法、指数法、随机前沿分析法和数据包络分析法五种主要测算全要素生产率的方法，遗憾的是，现有的各种方法都存在着或多或少的缺陷。虽然收入份额法由于能够有效避免平稳性、多重共线性和虚假回归等估计问题以及具有理论模型为基础、测算过程简便、实用性强和有利于国际比较等优势，成为目前国内外学者使用最为广泛的测算全要素生产率的方法。但由于该方法在对各要素产出弹性的选取和计算上具有主观随意性和取值固定性，忽视了在时间和截面上的动态变化，容易影响估计结果的准确性。因此，如何在收入份额法的基础上发展出要素产出弹性同时随时间和截面而变化的测算方法，将是今后的第三个发展方向。

第四，在研究对象的选择上，大多数现有文献都只专注于对发达经济体（主要是 OECD 国家）的考察，而忽视了对其他经济体的研究。由于发达经济体的数量只占全球的 18%，如果只考察发达经济体的话，将会导致实证结果不具有代表性和一般的规律性。虽然也有少数文献在分析中考虑到了其他经济体，但由于数据限制，这些文献通常假定其他经济体的国内知识资本非常之小而忽略不计，以致它们在实证分析中将其他经济体的国内知识资本变量排除在模型之外。因此，如何在各项指标数据可得的前提下涵盖尽可能多的经济体将是今后的第四个发展方向。

第五，在异质性问题的研究上，绝大多数现有文献在实证分析中都是直接合并发达经济体和其他经济体的数据，并假定各变量的斜率系数在各经济体中是相同的，没有考察各估计参数的跨国异质性问题。虽然少数文献也考察了跨国异质性，但它们无一例外的都是根据经济发展水平（主要是人均收入）而不是知识资本发展水平来划分经济体的。要知道，人均收入水平只能代表经济体的经济发展状况，而不能代表知识资本的发展水平，两者虽然具有高度的相关性，但没有必然联系。因此，在实证分析中，考察各解释变量对不同知识资本密集型经济体影响的异质性，将是今后的第五个发展方向。

第六，在估计方法的运用上，虽然目前已经发展出许多方法来估计知识资本与全要素生产率间的长期关系，但由于绝大多数估计法都存在或多或少的缺陷，学术界至今还没有达成统一的共识。比如，虽然 OLS 估计量在面板协整模型中具有超相容性，但它的标准误是无效的；组内 FMOLS 和 DOLS 法虽然可以构造出有效的 t 统计值，但它们都存在严重的小样本扭曲性，并且不能估计异质性的协整向量；组均 FMOLS 法不仅在小样本情况下具有较小的规模扭曲性，而且也考虑到了面板数据每个截面成员的参数异质性，同时对它们点估计的理解也具有经济意义。由此看来，组均 FMOLS 法应该是目前比较完善的偏误较少的分析面板协整模型的估计方法。但目前还很少有学者将该方法运用到开放经济下知识资本技术进步效应的研究中。因此，如何将组均 FMOLS 法运用到知识资本与全要素生产率面板协整模型的估计中，并考察各截面成员参数的异质性，将是今后的第六个发展方向。

本章小结

　　本章是本书的理论和实证综述部分，首先回顾了知识资本内生驱动增长理论的形成和发展，并在此基础上分别介绍了知识资本的四个方面投入，即研发资本、人力资本、创新设施资本和技术资本在实现技术进步内生化和经济增长中的各种理论模型；接着从国际知识资本溢出与技术进步间的关系着手，分别从理论和实证角度综述了进口贸易和 FDI 两种渠道的技术进步效应；然后从国内知识资本与国外知识资本间的关系着手，分别从理论和实证角度综述了国内知识资本在影响技术进步中的两面性，即国内创新能力以及对基于进口和 FDI 渠道溢出的国外知识资本的吸收能力。从本章的综述中，我们可以得到几个基本结论：知识资本及其研发资本、人力资本、创新设施资本和技术资本四个方面投入都是促进技术进步的主要因素；进口贸易和 FDI 都是国际知识资本溢出的重要渠道；国内知识资本吸收能力的提高有助于从通过进口和 FDI 的国际知识资本溢出中受益。但我们也发现，现有文献在对开放经济下知识资本与全要素生产率间的关系研究中还存在诸多不完善之处，比如理论模型的构建、知识资本发展水平的测度、全要素生产率水平的衡量、研究对象的选择、异质性问题的研究、估计方法的运用等，都将是今后进一步研究的方向。

第三章　知识资本驱动的内生增长：理论模型

由第二章文献综述可知，内生增长模型将新古典增长模型中的外生技术进步进行了内生化处理，认为知识资本的投入实现了技术进步的内生化，而内生化的技术进步促进了经济的持续增长。根据技术进步内生化的处理方式不同，内生增长模型在有关知识资本这条主线上已经形成了四条主要分支：第一条分支是以研发资本为基础的内生增长模型，主要包括中间品种类增加模型、消费品种类增加模型和产品质量升级模型等；第二条分支是以人力资本为基础的内生增长模型，主要包括最优技术进步模型、人力资本溢出模型和核心资本积累模型等；第三条分支是以创新设施资本为基础的内生增长模型，主要包括纯公共品增长模型、拥挤性公共品增长模型和一般拥挤性公共品增长模型等；第四条分支是以技术资本为基础的内生增长模型，主要包括简单干中学模型、知识溢出型增长模型、新产品引入干中学模型和有限干中学模型等。

在开放经济下，根据技术进步的来源不同，一国技术水平的提升不仅取决于国内积累的知识资本，国外知识资本也可以通过一系列国际经济活动直接或间接对国内技术进步产生影响。大量经验研究表明，国际知识资本溢出已经成为全球技术进步的主要来源（Keller，2004）。然而，知识资本的跨国溢出并非全球性的，它的发生还需要借助某些特定的渠道，比如，一国贸易自由化程度的高低、引进外资数量的多寡等，都会影响到国际知识资本溢出效应的实现。因此，基于国际知识资本溢出理论的建模思路，以格罗斯曼和赫尔普曼（1991）为代表的经济学家强调了开放经济下知识资本的技术进步效应，其核心是重点考察进口贸易和外国直接投资（FDI）等渠道如何通过国际知识资本溢出效应影响国内的技术进步，从而最终作用于经济的长期增长。

正如豪伊特（2005）指出，由于知识资本存在隐性属性以及知识产品具有复杂性,一国的技术进步不仅需要接收国与国外溢出的知识资本进行接触,而且还需要该国具备使得国外知识资本适宜当地需求的某一国内能力,这种能力通常被称为"吸收能力"。知识资本是吸收能力最为重要的影响因素,这是因为,知识资本具有两面性,一方面可以提高国内创新能力,另一方面可以通过吸收国外溢出的知识资本而间接提高一国的技术水平。知识资本溢出效果取决于知识资本吸收国自身的技术能力、人力资本、国内研发和创新设施等因素(陈昭和欧阳秋珍,2009)。也就是说,不仅知识资本具有国内创新和吸收国外知识资本的两面性,构成知识资本的四个方面投入也都具有促进技术进步的两面性。借鉴吸收能力理论的这些思想,一些学者分别通过探讨研发资本、人力资本、创新设施资本和技术资本的两面性来解释基于进口贸易和FDI等渠道传导的国际知识资本溢出效应的跨国差异性。

然而,在理论模型的构建上,现有文献并没有将内生增长理论的四条分支整合在一起进行研究,而只专注于其中的一条或两条分支进行理论分析,这会影响理论模型实证检验的全面性和精确性,也不利于各国政府有效的针对性政策的实施。另外,现有文献也没有在内生增长理论模型的基础上建立起对国际知识资本溢出和国内知识资本吸收能力的理论分析框架;相反,它们更多的是侧重于直接运用计量方法来结合这三条主线进行实证分析,导致这些实证结果没有理论观点的支撑而缺乏说服力。为此,针对现有文献的不足,本章将"知识资本"这一核心变量引入开放经济下的内生增长模型中,综合考察国内知识资本、国外知识资本溢出以及国内知识资本吸收能力与技术进步间的理论关系,为本书后续的实证分析以及本领域的后续研究提供了理论上的支持。

本章运用的理论模型是基于开放经济下中间品种类增加的内生技术进步模型。[①] 我们的模型借鉴了罗默(1990)和 Lai 等(2006)的建模思想,并主要做了以下几个方面改进:(1)将知识资本纳入理论模型中,并且假定知识资本不仅可以投入到最终品部门,而且可以投入到研发部门。(2)在开放经济下,最终品部门使用的中间品有三种来源:

---

① 虽然增长理论的创立者建立了各种理论模型来说明内生化的技术进步对经济增长的长期作用机制,但樊少华(2013)指出,在各种理论模型中,中间品种类增加模型是学术界公认为最成熟、最具影响力的模型,后来研究者建立的很多模型都是对中间品种类增加模型的修改和扩展。

第一种来源是购买本国中间品部门的中间投入品；第二种来源是购买外资企业中间品部门的中间投入品；第三种来源是进口国外中间品部门的中间投入品。(3) 在开放经济下，国内研发部门研发中间品设计方案的技术来源也有三种：第一种是国内已有的技术存量；第二种是基于进口溢出的国外技术存量；第三种是基于 FDI 溢出的国外技术存量。(4) 在研发部门的生产中引入溢出系数 θ，并将 θ 的取值设定在 0—1 的范围，认为国外知识资本的溢出并非 100%，它是关于进口贸易和 FDI 两种溢出渠道的函数。(5) 在研发部门的生产中引入吸收能力系数 λ，并将 λ 的取值设定在 0—1 的范围，认为本国研发部门对国外技术溢出的吸收并非 100%，它是关于知识资本的函数。

第一节 模型设定

一 模型的基本假定

本模型考察的是一个开放条件下的分散经济，假设经济中存在三个部门：(1) 在完全竞争市场条件下生产唯一同质消费品的最终品部门。在该部门中，最终品的生产需要投入一定比例的知识资本和各种中间品。(2) 在垄断竞争市场条件下向最终品部门提供各种中间品的中间品生产部门。由于中间品的生产需要付出一定的制造成本外加预付的研发支出，所以，中间品生产厂商并不愿意在完全竞争市场条件下进行生产。也就是说，只有当中间品边际产品的定价高于边际生产成本时，中间品生产者才会具有向研发部门购买新产品设计方案生产中间品的动力。因而本模型需要假设中间品生产者是一个垄断生产者，以保证其出售的中间品所得收入可以弥补研发支出。(3) 在完全竞争市场条件下向中间品部门提供中间品设计方案的研发部门。我们假定该部门存在像 D—S 模型那样可以自由进入的中间品市场，以致研发部门的现期利润为零。模型假定国内知识资本由研发资本 RC、人力资本 HC、创新设施资本 IC 和技术资本 TC 构成，即 KC = KC(RC, HC, IC, TC)。国内知识资本的用途有两种：一种是投入最终品部门进行最终品的生产（记为 KC_Y），另一种是投入研发部门从事研发中间品设计方案的活动（记为 KC_N），同时还假定知识资本总量 KC 为给定值：$KC = KC_Y + KC_N$。

整个经济系统的运行机制如下：研发部门使用投入的知识资本 KC_N，并结合国内现有的技术知识存量以及通过经济开放得到的国外技术知识进行新中间品的设计，然后将成功研发出来的新中间品设计方案（用 N 表示种类型）进行专利保护，并出售给下游中间品部门；中间品部门将购买来的中间品设计方案投入新中间品的生产中（用 x 表示数量），随后以产品垄断者的身份将新生产出来的中间品出售给下游最终品部门以获得垄断利润；最终品部门利用其购买来的新中间品，同时投入一定数量的知识资本 KC_Y 来生产最终品 Y。需要指出的是，在开放经济背景下，最终品部门可以通过三种渠道购买中间投入品：一是从本国中间品部门购买的新中间品；二是从外资企业中间品部门购买的新中间品；三是进口国外中间品部门生产的新中间品。

二　生产技术

（一）最终品部门的生产技术

根据以上模型假定，我们可以得到以 D—S 函数扩展形式表示的最终品部门的生产函数：

$$Y = A(KC_Y^\alpha) \left[\int_0^N x_i^\beta di + \int_0^{N^*} (x_{i^*}^*)^\beta di^* \right] \alpha, \beta > 0, \alpha + \beta = 1 \quad (3.1)$$

其中，Y 为最终品的产出量；$A>0$ 代表技术效率参数，可将其视为诸如政府政策、法律体系和制度变迁等一系列因素的函数；KC_Y 为投入到最终品部门中的知识资本数量；α 为 KC_Y 的产出弹性，β 为中间品产出弹性；N 和 N^* 分别表示国内和国外可供利用的中间品的种类型，代表着各国的技术水平，为避免整数约束，我们假设它们是连续而非离散型的；x_i 表示从国内购买的第 i 种中间品的数量，$x_{i^*}^*$ 表示从国外购买的第 i^* 种中间品的数量。需要指出的是，在开放经济下，一国通过其他途径从外界获取的中间投入品，既包括购买外资企业中间品部门的中间投入品，也包括进口国外中间品部门的中间投入品。考虑到这一点后，式（3.1）就可以进一步表示为：

$$Y = A(KC_Y^\alpha) \left[\int_0^N x_i^\beta di + \int_0^{N^{im}} (x_{i^{im}})^\beta di^{im} + \int_0^{N^{fdi}} (x_{i^{fdi}})^\beta di^{fdi} \right] \alpha, \beta > 0, \alpha + \beta = 1$$

$$(3.2)$$

其中，N^{im} 表示从国外进口的中间品种类型，N^{fdi} 表示从外资企业购买的中间品种类型，且 $N^* = N^{im} + N^{fdi}$，$x_{i^{im}}$ 表示从国外进口的第 i^{im} 种中间品的数量，x_{ifdi}表示从外资企业购买的第 i^{fdi} 种中间品的数量。

（二）中间品部门的生产技术

对中间品部门而言，假定在区间 $[0, N]$ 上分布着无数个中间品生产企业，而且每个企业都只生产一种中间品，同时这些中间品两两之间不存在直接的替代或互补关系。为简便起见，我们参照巴罗和萨拉·伊·马丁（1995）等的做法，假设一旦新的中间品设计方案被研发部门研发出来以后，一单位任一类型中间品 $x_i(i \in [0, N])$ 的生产正好耗费一单位最终产品 Y，也即中间品部门的生产函数是线性的：

$$x_i = Y_i \tag{3.3}$$

此外，如果用 K 表示经济中的物质资本存量，则有：

$$K = \int_0^N x_i \mathrm{d}i \tag{3.4}$$

由于总产出中的一部分用于消费，另一部分用于物质资本的积累。因此，物质资本积累方程可以表示为：

$$\dot{K} = Y - C \tag{3.5}$$

（三）研发部门的生产技术

在开放经济下，研发部门的产出取决于该部门的知识资本投入和现有的技术知识存量，而后者由三种来源构成：第一种是国内已有的技术知识存量；第二种是通过进口传递渠道获得的国外技术存量；第三种是通过 FDI 传递渠道获得的国外技术存量。需要指出的是，研发部门对国外技术存量的获取分为两个阶段：一是国外技术存量通过进口贸易和 FDI 等渠道对东道国研发部门进行技术溢出；二是投入研发部门的知识资本对国外溢出的技术存量进行吸收。因此，研发部门的生产函数可以表示为：

$$\begin{aligned}\dot{N} &= \delta(KC_N)[N + \lambda(KC)\theta(im, fdi)N^*] \\ &= \delta(KC_N)[N + \lambda(KC)\theta(im, fdi)(N^{im} + N^{fdi})]\end{aligned} \tag{3.6}$$

其中，$\dot{N}$ 表示新生产出来的中间品种类型，也即技术知识增量；N 和 N^* 分别表示国内和国外已有的技术知识存量，也即已被研发出来的中间品种类型；$\delta > 0$ 表示国内研发部门的生产率参数；KC_N 表示投入研发部门的知识资本数量；θ 表示国际知识资本溢出系数。

在本模型中，我们认为，知识资本的跨国溢出并非100%，每个国家并不能接触其他国家创新活动的全部成果，它的发生还需要借助于某些特定的渠道。在这种情况下，如果国外当前的技术知识存量为 N^*，那么本国研发部门可以接触到的国外技术知识就为 θN^*。我们将 θ 的取值范围设定在 0—1，即 $0 \leq \theta \leq 1$，如果 $\theta = 1$ 就表明国外技术存量对东道国研发部门具有完全的溢出效应，而如果 $\theta = 0$ 就表明国外技术存量对东道国研发部门不存在任何溢出效应。根据前文所述，我们选择进口贸易和国外直接投资（FDI）作为国际知识资本溢出的主要传递渠道，并分别用 im 和 fdi 两种符号来表示，因而 θ（im, fdi）就表示国际知识资本溢出系数是关于进口贸易和 FDI 两种溢出渠道的函数；λ 为吸收能力系数，它是关于知识资本的函数，表示国内研发部门对国外技术知识的吸收程度。在这种情况下，如果国外溢出的技术知识为 θN^*，那么国内研发部门吸收的国外技术知识溢出就为 $\lambda \theta N^*$。我们同样将 λ 的取值范围设定在 0—1，即 $0 \leq \lambda \leq 1$，$\lambda = 1$ 表明国内研发部门完全吸收了国外溢出的技术知识，$\lambda = 0$ 表明国内研发部门对国外溢出的技术知识没有任何吸收。根据前文所述，知识资本的四个方面投入均可以用来刻画对国外技术知识的吸收能力，因而 $\lambda(KC) = \lambda(RC, HC, IC, TC)$ 表示吸收能力系数是关于研发资本、人力资本、创新设施资本和技术资本四个方面投入的函数。

三 消费偏好

我们假设代表性家庭在无限期水平上存在一个标准的不变替代弹性效用函数：

$$U(C) = \begin{cases} \int_0^\infty \dfrac{C^{1-\sigma}-1}{1-\sigma} e^{-\rho t} \mathrm{d}t, \sigma, \rho > 0, \sigma \neq 1 \\ \int_0^\infty \ln C e^{-\rho t} \mathrm{d}t, \rho > 0, \sigma = 1 \end{cases} \tag{3.7}$$

其中，$\sigma > 0$ 表示边际效用弹性，它是跨期替代弹性（$1/\sigma$）的倒数，$\rho > 0$ 为消费者的主观时间偏好率。

第二节 市场均衡分析

假定最终产品 Y 的价格单位化为 1，即 $P_Y = 1$；还假定最终品市场、劳动力市场和资本市场是完全竞争的；而对于中间产品市场，我们作两个标准假设：第一，中间品生产部门是可以自由进出的；第二，中间品生产部门的上游研发部门研发出一个新的产品设计方案后，这个新方案便会被某一中间品生产商所购买，并进行垄断性生产。下面我们来分析各代理人的行为。

一　最终产品部门

在完全竞争的市场条件下，最终品部门通过选择本国中间产品 x_i、进口国外中间产品 x_{im}、购买外资企业中间产品 x_{ifdi}，以及投入一定数量的知识资本 KC_Y，以实现自己的利润最大化：

$$\max_{KC_Y, x_i, x_{im}, x_{ifdi}} \pi = Y\{KC_Y, x_i, x_{im}, x_{ifdi}\} - E_{KC_Y}(KC_Y) - \int_0^N P_{x_i} x_i \mathrm{d}i - \int_0^{N^{im}} P_{x_{im}} x_{im} \mathrm{d}i^{im} - \int_0^{N^{fdi}} P_{x_{ifdi}} x_{ifdi} \mathrm{d}i^{fdi} \qquad (3.8)$$

其中，E_{KC_Y} 表示投入最终品部门的知识资本报酬率；P_{x_i}、$P_{x_{im}}$ 和 $P_{x_{ifdi}}$ 分别表示国内中间品价格、进口中间品价格和外资企业中间品价格。根据式（3.8），我们可以得到最终品生产企业的利润最大化条件，即：

$$E_{KC_Y} = \alpha Y/(KC_Y) \qquad (3.9)$$

$$x_i = (KC_Y)(A\beta/P_{x_i})^{-\alpha}，即：P_x = A\beta(KC_Y^\alpha) x^{-\alpha} \qquad (3.10)$$

$$x_{im} = (KC_Y)(A\beta/P_{x_{im}})^{-\alpha}，即：P_{x_{im}} = A\beta(KC_Y^\alpha)(x_{im})^{-\alpha} \qquad (3.11)$$

$$x_{ifdi} = (KC_Y)(A\beta/P_{x_{ifdi}})^{-\alpha}，即：P_{x_{fdi}} = A\beta(KC_Y^\alpha)(x_{fdi})^{-\alpha} \qquad (3.12)$$

由以上条件可知，所有国内中间品以及国外（进口和外资企业）中间品均对称投入到最终品部门进行生产，从而具有相同的需求函数，因此式（3.10）、式（3.11）和式（3.12）中的下标 i 都可以省略掉。

二　中间产品部门

从式（3.10）至式（3.12）可以看出，中间品生产企业面对的需求曲线是向右下方倾斜的，原因在于中间品部门对中间品的垄断生产存在垄断利润，这正是企业持续创新的微观激励之所在。中间品部门购买上游研发部门研发出来的新中间品设计方案，所支付的费用为固定成本。此外，根据式（3.3）可知，中间品部门生产一单位任一类型中间品需要消耗一单位最终产品，假定最终产品 Y 的价格 $P_Y = 1$，故中间品部门生产 x_i 单位中间品的总可变成本为 $1 \times x$，总收入为 $P_x x$。因此，在垄断竞争的市场条件下，国内中间品生产商的利润最大化原则为：

$$\max_{x} \pi_h = P_x x - x \tag{3.13}$$

将式（3.10）代入式（3.13），由一阶最优化条件可得国内中间品部门利润最大化的垄断定价为：

$$P_{x_i} = \overline{P}_x = 1/\beta \tag{3.14}$$

类似地，考虑国外出口企业和外资企业中间品部门的决策规划为：

$$\max_{x_{im}} \pi_{im} = P_{x_{im}} x_{im} - x_{im} \tag{3.15}$$

$$\max_{x_{fdi}} \pi_{fdi} = P_{x_{fdi}} x_{fdi} - x_{fdi} \tag{3.16}$$

同理，可以得到国外出口企业和外资企业中间品生产部门利润最大化的垄断定价为：

$$P_{x_{iim}} = \overline{P}_{x_{im}} = 1/\beta \tag{3.17}$$

$$P_{x_{ifdi}} = \overline{P}_{x_{fdi}} = 1/\beta \tag{3.18}$$

将式（3.14）、式（3.17）和式（3.18）分别代入式（3.10）、式（3.11）和式（3.12），就可以得到 x_i、x_{iim} 和 x_{ifdi} 的均衡产量：

$$x_i = \overline{x} = A^{1/\alpha} \beta^{2/\alpha} (KC_Y) \tag{3.19}$$

$$x_{iim} = \overline{x}_{im} = A^{1/\alpha} \beta^{2/\alpha} (KC_Y) \tag{3.20}$$

$$x_{ifdi} = \overline{x}_{fdi} = A^{1/\alpha} \beta^{2/\alpha} (KC_Y) \tag{3.21}$$

在均衡状态下，国内企业、国外出口企业和外资企业中间品部门的均衡定价和均衡产量都相等：

$$\overline{P}_x = \overline{P}_{x_{im}} = \overline{P}_{x_{fdi}} = 1/\beta \tag{3.22}$$

$$\overline{x} = \overline{x}_{im} = \overline{x}_{fdi} = A^{1/\alpha} \beta^{2/\alpha} (KC_Y) \tag{3.23}$$

将式（3.23）代入式（3.2），就可以得到最终品部门在均衡状态下的产出水平：

$$\begin{aligned} Y &= A(KC_Y^\alpha)[\overline{N}\overline{x}^\beta + N^{im}\overline{x}_{im}^\beta + N^{fdi}\overline{x}_{fdi}^\beta] = A(KC_Y^\alpha)\overline{x}^\beta (N^d + N^{im} + N^{fdi}) \\ &= A^{1/\alpha}(KC_Y)\beta^{2\beta/\alpha}(N + N^{im} + N^{fdi}) \end{aligned} \tag{3.24}$$

三 研发部门

在研发部门，假设中间品设计方案的专利价格为 P_N，知识资本的报酬率为 E_{KC_N}，则研发部门的总收入为：

$$TR = P_N \dot{N} = P_N \delta(KC_N)[N + \lambda(KC)\theta(im, fdi)(N^{im} + N^{fdi})] \tag{3.25}$$

研发部门的总成本为：

$$TC = E_{KC_N}(KC_N) \tag{3.26}$$

在均衡状态时，总收益等于总成本，根据式（3.25）和式（3.26）可得投入研发部门的知识资本报酬率为：

$$E_{KC_N} = \delta P_N[N + \lambda(KC)\theta(im, fdi)(N^{im} + N^{fdi})] \tag{3.27}$$

根据上一小节的假设，中间品部门是可以自由进出的，故在均衡状态下，中间品设计方案的专利价格（中间品垄断性市场的进入成本）应等于中间品生产者所能获得利润的贴现值，即非套利条件为：

$$P_N = V(t) = \int_t^\infty \pi_h(s) e^{-\bar{r}(s,t)(s-t)} ds \tag{3.28}$$

其中，$\bar{r}(s, t) = \frac{1}{s-t}\int_t^s r(v) dv$，代表时刻 t 与 s 之间的平均利率，如果 r 不随时间变化（容易证明利率 r 在均衡状态中为常数），则式（3.28）可变为：

$$P_N = V(t) = \frac{1}{r}\pi_h(t) = \frac{1}{r}(\bar{P}_{xx} - 1)\bar{x}$$

$$= \frac{1}{r}\left(\frac{1}{\beta} - 1\right)\bar{x} = \frac{1}{r} \cdot \frac{\alpha}{\beta} \cdot \bar{x} \tag{3.29}$$

四 家庭与市场均衡

在家庭部门，消费者的预算约束方程可以表示为：

$$\dot{B} + C = w(KC_Y + KC_N) + rB \tag{3.30}$$

其中，B 表示消费者拥有的总资产，C 表示消费，w 表示实际工资率，r 表示实际利率；KC_Y 和 KC_N 分别表示投入最终品部门和研发部门的知识资本。家庭部门的最优消费和投资路径可以通过求解一个最优化问题得到。为此，构建如下形式的汉密尔顿（Hamilton）函数：

$$H = \frac{C^{1-\sigma} - 1}{1-\sigma} + \mu[w(KC_Y + KC_N) + rB - C] \tag{3.31}$$

其中，μ 表示汉密尔顿乘子。我们将式（3.31）对 C 求偏导数，就可以得到家庭部门的一阶最大化条件：

$$\mu = C^{-\sigma} \tag{3.32}$$

$$\dot{\mu} = \rho\mu - r\mu \tag{3.33}$$

将式（3.32）进行差分后，代入式（3.33），就可以得到代表性家庭效用最大化时的消费增长率：

$$g_C = \frac{\dot{C}}{C} = \frac{1}{\sigma}(r - \rho) \tag{3.34}$$

假设经济中的知识资本可以无成本地在各部门间进行自由分配。故而在均衡状态下，最终品生产部门和研发部门的知识资本报酬率应该相等，即：

$$E_{KC_Y} = E_{KC_N} \tag{3.35}$$

结合式（3.9）、式（3.24）、式（3.27）和式（3.29），两部门的知识资本报酬率相等就意味着下式成立：

$$\frac{\alpha A^{1/\alpha}(KC_Y)\beta^{2\beta/\alpha}(N+N^{im}+N^{fdi})}{KC_Y}$$

$$= \frac{\alpha\delta}{r\beta} \cdot \bar{x}[N+\lambda(KC)\theta(im, fdi)(N^{im}+N^{fdi})] \tag{3.36}$$

将式（3.23）代入式（3.36），就可以得到：

$$KC_Y = \frac{r(N+N^{im}+N^{fdi})}{\delta\beta[N+\lambda(KC)\theta(im, fdi)(N^{im}+N^{fdi})]} \tag{3.37}$$

为了简化计算，我们进一步假设 t 时刻技术水平的总存量为 N^T（包括国内企业、国外出口企业和外资企业），即：

$$N^T = N + N^{im} + N^{fdi} = N + N^*, \quad \frac{N^*}{N} = \text{GAP} \tag{3.38}$$

其中，GAP≥1 表示本国与外国的技术差距，GAP 值越大表明国内外技术差距越大，GAP 值越小则表明国内外技术差距越小，而当 GAP=0 时，我们的理论模型就回到罗默（1990）的情形，表明研发部门的生产只依赖于国内技术创新。因此有：

$$N = \frac{1}{1+\text{GAP}}N^T, \quad N^* = \frac{\text{GAP}}{1+\text{GAP}}N^T \tag{3.39}$$

将式（3.39）代入式（3.37），可得：

$$KC_Y = \frac{r(1+\text{GAP})}{\delta\beta[1+(\text{GAP})\lambda(KC)\theta(im, fdi)]} \tag{3.40}$$

因为 $KC_N = KC - KC_Y$，我们将式（3.6）两边同除以 N 并结合式（3.38），就可以得到平衡增长路径上技术进步率 g_N^e 的表达式，即：

$$g_N^e = \dot{N}/N = \delta(KC_N)[N+\lambda(KC)\theta(im, fdi)(N^{im}+N^{fdi})]/N$$
$$= \delta(KC-KC_Y)[1+(\text{GAP})\lambda(KC)\theta(im, fdi)] \tag{3.41}$$

由于利率 r 在稳态均衡状态下为常数，可得式（3.40）中投入最终品部门的知识资本 KC_Y 为常数，进而可得式（3.23）中的 $\bar{x}$ 为常数。基于以上条件，我们首先根据式（3.4）$K = \int_0^N x_i di = N\bar{x}$，可得 $K/N =$

常数 ($\bar{x}$)，故均衡状态下的物质资本增长率等于技术进步率，即 $g_K^e = g_N^e$。对式 (3.24) 两边同除以 N，可得 Y/N 为常数，故均衡状态下的产出增长率等于技术进步率，即 $g_Y^e = g_N^e$。最后，对式 (3.5) 两边同除以 Y 并进行移项，可得 $\frac{C}{Y} = 1 - \frac{\dot{K}}{Y} = 1 - \frac{\dot{K}}{K} \times \frac{K}{Y}$，由于 $\frac{K}{Y}$ 为常数，因此 $\frac{C}{Y}$ 也为常数，故均衡状态下的消费增长率等于产出增长率，即 $g_C^e = g_Y^e$。因此，在平衡增长路径上，各经济变量具有相同的增长率：

$$g_N^e = g_Y^e = g_K^e = g_C^e = \delta(KC_N)[1+(GAP)\lambda(KC)\theta(im, fdi)]$$
$$= \delta(KC - KC_Y)[1+(GAP)\lambda(KC)\theta(im, fdi)] \qquad (3.42)$$

再结合式 (3.34)、式 (3.40) 和式 (3.42)，就可以得到命题 1。

命题 1：在开放经济下，稳态技术进步率 g_N^e 可以表示为：

$$g_N^e = \frac{\delta(KC)[1+(GAP)\lambda(KC)\theta(im, fdi)] - (\rho/\beta)(1+GAP)}{1+(\sigma/\beta)(1+GAP)}$$

(3.43)

其中，g_N^e 表示稳态技术进步率；δ 为研发部门的生产率参数；KC 为国内知识资本存量，它是关于研发资本 RC、人力资本 HC、创新设施资本 IC 和技术资本 TC 的函数；GAP 为国内外技术差距；λ 为知识资本吸收能力系数，它是关于 RC、HC、IC 和 TC 的函数；θ 为国际知识资本溢出系数，它是关于进口溢出渠道 im 和 FDI 溢出渠道 fdi 的函数；ρ 为消费者的主观时间偏好参数；β 为中间品产出弹性参数；σ 为边际效用弹性参数，它是跨时替代弹性 ($1/\sigma$) 的倒数。

第三节 比较静态分析

从命题 1 可以看出，在开放经济下，稳态技术进步率 g_N^e 取决于国内知识资本投入 KC（RC, HC, IC, TC）、国际知识资本溢出 θ（im, fdi）、国内知识资本吸收能力 λ（RC, HC, IC, TC）、国内外技术差距 GAP 以及技术参数（δ, β）与偏好参数（σ, ρ）等。为了弄清楚各经济变量的变化对技术进步的影响，通过对命题 1 中的方程对各变量求偏导数，就可以得到以下命题①：

命题2：$g_N^e/\partial(KC) > 0$；$g_N^e/\partial(RC) > 0$；$g_N^e/\partial(HC) > 0$；$g_N^e/\partial(IC) > 0$；$g_N^e/\partial(TC) > 0$

国内知识资本投入对技术进步的促进作用主要表现在三个方面：首先，在式（3.43）中，通过对 KC 求导，发现国内知识资本投入 KC 的增加可以直接提高稳态技术进步率 g_N^e，原因在于研发部门的知识资本数量 KC_N 会随 KC 的增加而增加。其次，KC 的增加还可以间接促进技术进步。在式（3.40）中，通过 KC_N/KC_Y 对 KC 求导，就可以得到 $\partial(KC_N/KC_Y)/\partial KC > 0$，即国内知识资本存量越丰富的经济体，其研发部门与最终品部门知识资本的比值也越大，而研发部门知识资本比重的上升，会促进技术进步的提高。最后，由于吸收能力 λ 是国内知识资本的函数，增加国内知识资本投入也可以间接提高研发部门的吸收能力，从而促进技术进步的提升。类似地，由于国内知识资本 KC 是由研发资本 RC、人力资本 HC、创新设施资本 IC 和技术资本 TC 四个方面构成的，因而研发资本、人力资本、创新设施资本和技术资本各自投入的增加都可以通过上述直接或间接的三种途径来促进技术进步，这一结论也与内生增长理论四条分支的观点相一致。因为在内生增长理论的发展过程中，以罗默（1986）、卢卡斯（1988）、阿吉翁和霍伊特（1992）、巴罗和萨拉·伊·马丁（1992）等为代表的经济学家，在各自的研究领域分别指出知识溢出、人力资本、研发资本和公共资本等投入可以实现技术进步的内生化，而内生化的技术进步促进了经济的持续增长。命题2由此表明：增加国内知识资本投入，尤其是增加研发资本、人力资本、创新设施资本和技术资本方面的投入，都有助于促进技术水平的提升。

命题3：$g_N^e/\partial\theta > 0$；$g_N^e/\partial\theta_{im} > 0$；$g_N^e/\partial\theta_{fdi} > 0$

国际知识资本溢出 θ 对稳态技术进步率的促进作用主要表现在两个方面：首先，从式（3.6）中可以看出，增加 θ 将直接提高研发部门的知识产出率，进而提高稳态技术进步率；其次，从式（3.27）中可以看出，研发部门知识资本的报酬率 E_{KC_N} 是 θ 的增函数。因此，θ 的增加

---

① 由于本书目的在于检验知识资本相关变量对技术进步的影响，因而对技术参数和偏好参数不做命题假设。

会提高研发部门知识资本的报酬率，使知识资本从最终品部门向研发部门转移，从而促进技术水平的提升。同样，作为国际知识资本溢出的两种主要渠道（进口贸易和 FDI），它们的增加也都可以通过上述两方面途径来影响稳态技术进步率，这一结论也与国际知识资本溢出理论的观点相一致。比如，格罗斯曼和赫尔普曼（1991）在其经典性著作《全球经济中的创新和增长》中就分析了进口贸易影响一国技术进步的具体机制，他们指出通过进口贸易，一国可以进口种类更具多样化或质量更高的中间品和资本品、模仿和学习国外更加先进的生产方法、激励本土企业追求更加新颖的观念和技术以及更有效地配置各种国内资源等，进而促进一国技术水平的提升；另外，Kokko（1992）在其著作《外国直接投资、东道国特征和溢出》中，分析了基于 FDI 的知识溢出影响东道国技术进步的具体机制，他认为，FDI 可以通过示范—模仿效应、竞争效应、垂直联系效应和人员流动效应等溢出途径而促进东道国的技术进步。命题 3 由此表明：国际知识资本溢出尤其是基于进口和 FDI 的国外知识资本溢出程度的上升，有助于提高稳态技术进步率。

命题 4：$g_N^e/\partial\lambda_{KC} > 0$；$g_N^e/\partial\lambda_{RC} > 0$；$g_N^e/\partial\lambda_{HC} > 0$；$g_N^e/\partial\lambda_{IC} > 0$；$g_N^e/\partial\lambda_{TC} > 0$

国内知识资本吸收能力对技术进步的影响也具有两个方面的作用：首先，从式（3.6）中可以看出，增加 λ 将直接提高研发部门的知识产出增长率，从而提高技术进步水平；其次，从式（3.27）中可以看出，研发部门知识资本的报酬率 E_{KC_N} 是 λ 的增函数。因此，λ 的增加会提高研发部门知识资本的报酬率，致使知识资本从最终品部门向研发部门转移，从而促进技术进步。[①] 此外，由于国内知识资本吸收能力 λ 是国内研发资本 RC、人力资本 HC、创新设施资本 IC 和技术资本 TC 的增函数，因而构成知识资本的四个方面投入也都具有吸收国外知识资本的能力，它们各自投入的增加也可以通过上述两方面途径影响稳态技术进步率，这一结论也与早期吸收能力理论的观点相一致。因为在吸收能力理论的发展过程中，以纳尔逊和菲尔普斯（1966）、科恩和利文索尔（1989、1990）、安托内尔利（1991）等为代表的经济学家，针对内生

---

① 这一结果也可以从式（3.40）直接看出，因为在那里最终品部门的知识资本投入 KC_Y 是 λ 的减函数。

增长理论的四条分支，分别探讨了人力资本、研发资本、技术资本和创新设施资本的两面性，即它们的投入不仅可以通过促进创新而直接影响生产率水平，而且还可以吸收国外知识的溢出间接地促进一国的技术进步。命题4由此表明，国内知识资本，尤其是研发资本、人力资本、创新设施资本和技术资本等方面吸收能力的增强，都有助于提高稳态技术进步率。

命题5：$g_N^e / \partial(\text{GAP}) \gtreqless 0$

由命题5可知，技术差距GAP与技术进步率g_N^e的关系是不确定的。原因是由技术差距对国际知识溢出的双重效应所决定的：第一种效应是格申克龙（Gerschenkron，1962）和库兹涅茨（Kuznets，1973）等提出的"后发优势"效应。他们认为技术差距越大，就意味着技术落后国家拥有的可供模仿的国外技术存量就越多，也越有可能利用技术后发优势获取更多国外技术模仿的收益，甚至实现经济赶超的目的。而那些已经接近技术前沿的国家，可供利用的外部知识就相对较少，获取国外技术溢出和实现技术进步的潜力也越小，因此较大的技术差距有利于技术扩散；另一种效应是马修斯（Matthews，1969）、拉潘和巴丹（Lapan and Bardhan，1973）等提出的"持续落后"效应。他们认为，由于知识产品的生产具有自我累积性和历史依赖性，将导致技术落后国家获取国外先进技术的难度加大，原因在于较大的技术差距虽然意味着技术落后国家能够拥有较多模仿国外先进技术的机会和潜力，但是，由于它们没有足够的能力来吸收和模仿这些溢出的国外技术，从而阻碍了任何有用技术的溢出。而那些已经接近技术前沿的国家，则越有可能较容易获取国外溢出的技术而实现更快增长，因此较小的技术差距反而更有利于技术知识的溢出。命题5由此表明，国内外技术差距对技术进步的影响是不确定的，只能通过实证分析来确定。

本章小结

本章是本书第一个核心部分，这一章主要建立起本书实证分析所依赖的理论模型。针对现有研究的不足之处，本章将"知识资本"这一核心变量引入开放经济下的内生增长模型中，综合考察了国内知识资本投入、国外知识资本溢出以及国内知识资本吸收能力与技术进步间的理论关系。借鉴罗默（1990）和 Lai 等（2006）的建模思想，本章的理论模型在建立过程中作了如下几点改进：（1）将知识资本纳入理论模型中，并且假定知识资本不仅可以投入最终品部门，而且也可以投入到研发部门。（2）在开放经济下，最终品部门使用的中间投入品有三种来源：第一种来源是购买本国中间品部门的中间投入品；第二种来源是购买外资企业中间品部门的中间投入品；第三种来源是进口国外中间品部门的中间投入品。（3）在开放经济下，国内研发部门研发新产品设计方案的技术来源也有三种：第一种是国内已有的技术存量；第二种是基于进口溢出的国外技术存量；第三种是基于 FDI 溢出的国外技术存量。（4）在研发部门的生产中引入溢出系数 θ，并将 θ 的取值设定在 0—1 的范围，认为国外知识资本的溢出并非 100%，它是关于进口贸易和 FDI 两种溢出渠道的函数。（5）在研发部门的生产中引入吸收能力系数 λ，并将 λ 的取值设定在 0—1 的范围，认为本国研发部门对国外技术溢出的吸收也并非 100%，它是关于知识资本的函数。本章理论模型的基本结论是：在开放经济下，国内知识资本及其研发资本、人力资本、创新设施资本和技术资本四个方面投入的增加、国际知识资本溢出特别是通过进口和 FDI 渠道传导的国际知识资本溢出水平的提高，以及国内知识资本及其各方面吸收能力的上升，都有利于促进技术进步，而国内外技术差距对技术进步的影响则具有不确定性。

第四章 全球知识资本指数的构建与发展水平分析

自格瑞里茨（1979）首次把知识资本当作一种生产要素加入到总量生产函数以来，知识资本对技术进步和经济增长的重要作用已经成为各国学者和政府的普遍共识。知识资本已经被认为是提高生产率和实现经济增长的驱动器，世界经济已经进入以知识为基础的经济。在知识经济时代，知识资本从传统生产要素中分离出来，成为推动各国经济发展的主导力量。由此可见，知识经济的竞争说到底就是知识资本的竞争，知识资本的多寡以及利用程度的高低决定着企业乃至整个国家面向未来的竞争优势（陈继林等，2005）。

尽管知识资本对各国技术进步和经济增长非常重要，然而迄今国内外学术界几乎还没有对基于跨国层面的知识资本水平进行过全面、系统的度量。目前，唯一能够借鉴的是国际上已经建立的关于技术能力和创新水平方面的指数。例如，霍兰德斯的阿伦德尔（Hollanders and Arundel，2006）依托于欧盟委员会建立的全球创新指数，施瓦布等（Schwab et al.，2002）依托于世界经济论坛建立的技术指数，联合国工业发展组织（UNIDO，2006）建立的技术发展指数，联合国贸发会议（UNCTAD，2006）建立的创新能力指数，联合国开发计划署（UNDP，2001）建立的技术成就指数和 Filippetti 和 Peyrache（2011）建立的技术能力指数等。上述研究对各国技术能力与创新水平的度量以及了解其存量和分布做出了有益的贡献，也为知识经济时代背景下对知识资本发展水平的度量提供了有益的参考，但局限性在于：第一，由于潜在工作量巨大，目前仍然没有全面、系统地测度 20 世纪 80 年代以来世界各国知识资本的发展水平及其全球的分布状况；第二，上述研究选用的方法由于在关联指标选取、数据预处理以及合成综合指数的权重选择上存在着较大差异，致使各种指数的测算结果并不十分稳健。目前还没有形成被国际社会认可的技术发展或创新能力的测算方法，对知识资本的全球度量更是如此。

从第二章确定的知识资本内涵及其构成要素中发现，知识资本是一个综合性概念，对其测度最适用的方法应该是综合指数法。在综合指数的建立过程中，至少需要解决三个主要问题：第一，选取基础指标并进行数据收集；第二，选择数据预处理的方法，特别是对原始数据进行标准化的方法；第三，确定将单项指标合成综合指数的权重。为此，本章接下来对全球知识资本指数的测度将严格按照这三个步骤进行。本章的主要贡献包括：首先，在评价指标的选取上，根据第二章对知识资本内涵的界定及其构成要素的划分，分别从研发资本、人力资本、创新设施资本和技术资本四个方面投入上进行基础指标的选取。其次，在知识资本各方面基础指标数据的收集上，本章检索了大量相关统计数据库，查阅了世界上近200个经济体的统计局网站[①]、各经济体历年统计年鉴以及相关的报告等，同时运用相关公式和运算技术对缺失数据进行补充和估算，解决了已有文献在国家数量选取与关联指标选择中的矛盾问题。再者，在标准化方法的选择上，为了体现时间序列上的可比性，我们采用易平涛等（2009）提出的全序列法对数据进行标准化处理，解决了静态无量纲化法在不同时点上的不可比较问题。然后，在知识资本指数合成方法的选择上，本章采用客观赋权法，即主成分分析法来确定各基础指标在方面指数中的权重以合成方面指数，并进而采用同样的方法合成知识资本指数，解决了现有文献在权重选取上过于主观的问题。最后，本章测算了全球130个经济体在1981—2010年的知识资本及其研发资本、人力资本、创新设施资本和技术资本的指数值。

第一节 知识资本评价指标体系的设置原则

一 综合性原则

学术界在对国家层面创新水平或技术能力的测度上，存在两种基本

[①] 这200个经济体包括被国际社会普遍承认的197个国家加上中国香港、中国澳门和中国台湾三个地区。

方法，分别是综合指数法和经济计量法，但现有文献对基于国家层面知识资本的测度通常只局限于后一种方法。也就是说，学者们对一国知识资本的测度更多的是将其放在与技术进步或经济增长的关系背景下进行研究，并使用单一指标作为知识资本的代理变量，如研发支出、研发强度、研发资本存量、研发人员数、教育程度、专利授权、科技论文、新产品销售，等等。但在经济发展过程中，知识的创造和传播是一个极其复杂而且多变的过程，一国知识资本的发展水平往往同时依赖于许多不同的方面，单一指标只能反映知识资本的一个侧面，并不能完全代表一国知识资本的发展水平。到目前为止，还没有发展出比较理想的能够综合衡量知识资本各方面的单一指标（Grupp and Schubert，2010）。因此，建立一套能够全面反映世界各国知识资本发展水平的评价指标体系是当务之急。

二 全球性原则

既然是对全球知识资本发展水平的测度，那么在经济体数目上就要体现出全球性。也就是说，样本数据的选择要尽可能地涉及不同经济发展阶段、不同发展性质以及不同发展区域的经济体。遗憾的是，目前国际上已经建立的关于技术能力和创新水平方面的指数，在国家数目的选择上并不具有全球性。例如，Filippetti 和 Peyrache（2011）对技术能力指数的测度只选择了 42 个经济体，霍兰德斯和阿伦德尔（2006）对全球创新指数的测度只选择了 48 个经济体，UNDP 对技术成就指数的测度只选择了 72 个经济体，等等。可以看出，在对各国技术能力或创新水平相关指数的测度上，现有研究在经济体的选取上通常都只局限于发达经济体（主要是 OECD 国家）和少数几个新兴市场经济体（如南非、印度和中国等），而把绝大多数发展经济体和转型经济体排除在外，特别是忽视了像中国台湾、伊朗这些在知识生产和创新能力的培育上潜力大的经济体[①]，这就会造成研究结果不具有代表性和一般的规律性。为了使各经济体对自身知识资本水平在国际上的位次具有清晰的认识以及采取行之有效的措施提升知识资本的发展水平，那么对全球知识资本的

---

① 根据我们计算，中国台湾和伊朗的研发资本存量在全球排名中的位次分别从 1981 年的第 34 位和第 38 位上升到 2010 年的第 13 位和第 26 位，研发人员数量分别从 1981 年的第 39 位和第 71 位上升到 2010 年的第 13 位和第 19 位，它们在 2010 年的位次甚至高于许多 OECD 国家。

测度就要做到在各项指标数据可得的前提下涵盖尽可能多的经济体数量，真正做到把知识资本的测度放在全球视野下进行分析和比较。

三 相关性原则

对全球知识资本发展水平的测度，在评价指标的选取上还要体现出相关性。然而，目前大多数已经建立的关于技术能力和创新水平方面的指数即使在某种程度上满足了综合性和全球性原则，但在基础指标的选择上却无法满足相关性原则。比如，Archibugi 和 Coco（2004，即ArCo）对162个经济体测度的技术能力指数，UNIDO 对161个国家测度的技术进步指数，UNTCAD 对117个国家测度的创新能力指数等，虽然这些文献在对技术能力或创新水平的研究上已经提升到全球的视角，但由于数据限制，这些文献在指标的选取上只局限于专利和论文等科技成果指标，或是创新设施等辅助性指标，忽视了与知识资本紧密相关的研发相关指标。要知道，知识的生产、传播和技术能力的提升是一个投入与产出的过程，投入是产出的前提，只注重产出指标而忽视投入指标会割裂知识资本构成要素间的内在联系。ArCo 也承认，在技术创造过程中，研发相关投入指标可能会比专利和论文更具有代表性，但由于绝大多数发展中国家的研发数据不可得，只能放弃对研发相关指标的选用。因此，为了能更真实、准确地反映各经济体知识资本的发展状况，除了收集其他方面的相关变量外，还需要通过各种来源对研发相关数据进行系统的收集。

四 连续性原则

知识资本的创造和传播是一个连续性过程，知识资本的发展水平也是一个不断变化过程，但目前国际上已经建立的关于技术能力或创新水平的指数在时间范围的选择上，或只是单纯考察某一静态年份，或是只考察两个时间点的变化，并没有从一个较长的时间跨度来考察各经济体知识资本发展水平的变化，这样就不能总结出某些发达经济体（特别是美国和日本）在知识生产、创造和传播过程中所体现出的规律性，也会掩盖一些发展经济体（如中国和印度）在知识资本发展水平的培养、吸收国外先进技术以及追赶发达经济体上所做出的努力。[①] Castel-

---

[①] 根据我们统计，中国和印度的研发资本存量在1981年的排名分别位于第13位和第19位，而2010年的排名则分别上升到了第3位和第8位。可以看出，中国和印度的崛起是一个长期的过程，如果仅考察较短的时期或是某一静态年份，将无法反映出中国和印度等经济体在自身知识资本提升方面所做的努力。

Iacci 和 Archibugi（2008）在其论文的总结部分中也指出：在对知识跨国分布的研究中，由于使用的时间跨度太短，对全球知识分布的发展变化并不能给出一个稳健的一般意义上的结论。因此，为了对各经济体知识资本发展水平的历史变化有一个清晰且系统的了解，我们需要对其进行一个较长时间跨度的测算与比较。

五 可比性原则

可比性原则包括三方面内容：一是价格的可比性。由于经济体之间的物价和汇率水平均不相同，而且在不同时间点也会经常发生变化，因而某些指标在不同经济体的比较上就需要消除物价因素和汇率因素。二是规模的可比性。由于各经济体在经济规模和人口数量上存在明显的差异，如果直接将各项指标用绝对规模进行比较会存在偏差，所以我们将所有基础指标转换成以人均数或相对比重来表示，这样处理也可以消除指标间的共线性问题。三是时间上的可比性。为使测度的结果在不同年份之间可以比较，我们采用全序列法对基础指标进行无量纲化处理，并将单项指标在所有年份中的最大值设定为100，最小值设定为0。此外，各基础指标的权重是通过输入所有年份的数据并进行主成分分析得出，这样测度的结果既可以进行横向比较也可以进行纵向比较，从而反映各经济体知识资本发展水平的历史演变和动态差异。

第二节 知识资本评价指标体系的确定

为了更好地检验各经济体实施的知识资本政策的有效性，正确的做法就是对各经济体当前的知识资本发展状况进行评估。因此，建立一个综合指数即知识资本指数，不仅可以反映出各经济体的知识资本发展水平，而且也可以体现各经济体在知识经济背景下创造和吸收知识资本的能力，同时还可以帮助它们了解自身相对于其他经济体的差距。从本章第一节的分析可知，不论是现阶段已经建立的有关技术能力或创新水平的几个综合指数，还是仅用单一指标作为知识资本的代理变量，从本质上说，都是从构成知识资本的四个方面投入，即研发资本、人力资本、创新设施资本和技术资本出发来选择指标的。遗憾的是，迄今还没有学者能真正做到从这四个方面出发来测度知识资本。基于此，本章从研发资本、人力资本、创新设施资本和技术资本四个方面，选用 12 个基础指标来测度各经济体的知识资本指数，以弥补国内外研究的不足，具体指标见表 4-1。

表 4-1　　　　　　　　全球知识资本评价指标体系

	方面指数	基础指标	计算方法	单位
知识资本指数	研发资本	每百万人口研发支出额	研发支出/百万人口	美元
		每百万人口研发存量	研发存量/百万人口	美元
		研发支出强度	研发支出/GDP	%
	人力资本	每百万人口研究人员数	研究人员/百万人口	人
		平均受教育年数	各学历年限的加权平均	年
		高校入学率	高校在校生/适龄人数	%
	创新设施资本	人均耗电量	耗电量/人口数	千瓦时
		每百人电话拥有量	（移动+固定）/百人	部
		每百人互联网用户数	互联网用户/百人	户
	技术资本	每百万人口专利授权数	专利授权数/百万人口	项
		每百万人口科技论文数	科技论文数/百万人口	篇
		高技术产品出口比重	高技术产品出口/总出口	%

一　研发资本

研发资本投入是培育知识资本发展水平的重要来源，它反映了绝大多数经济体为获取科学和技术知识所做出的努力。研发资本不仅是经济增长的主要驱动力，也是一国未来竞争力和财富水平，它不仅是知识经济时代中实现转型升级的必要条件，也是改进技术水平和提高经济增长的引擎。基于此，我们采用三个基础指标来衡量研发资本，分别为每百万人口研发支出额、每百万人口研发存量和研发支出强度。

二　人力资本

人力资本质量的高低不仅是知识生产的关键，也是模仿和利用国外先进技术的关键。Archibugi 和 Coco（2004）就指出，如果没有人力资本对技术资本和创新设施资本的使用，这两种资本很可能就会变得没有价值。基于此，我们采用三个基础指标来衡量人力资本，分别为每百万人口研究人员数、平均受教育年数和高校入学率。

三 创新设施资本

创新设施资本是一国经济发展和社会生活的基础设施,虽然它们不直接与行业能力相联系,但是,知识资本的产生和扩散与它们的实用性和传播性密不可分。基于此,我们采用三个基础指标来衡量创新设施资本,分别为人均耗电量、每百人电话拥有量和每百人互联网用户数。这三个基础指标可以分别对应发生在 20 世纪的三次主要产业革命(Freeman and Louta, 2001)。我们参照 Archibugi 和 Coco(2004)的做法,将固定电话和移动电话总数作为电话的代理变量,并赋予两者相等的权重。

四 技术资本

技术资本通常包括科学成果、技术成果和经济成果三类指标(Nour, 2012)。第一,经济水平的提高通常是技术投资产生的主要经济成果,而出口是一国经济增长的主要组成部分,因此高技术产品出口在总出口中的比重就成为反映技术资本在经济成果方面的一项有用指标。第二,技术资本并不都是以新产品产出的形式出现,所以专利申请或专利授权就成为技术资本在技术成果方面的一项常用指标。第三,技术资本在科学成果方面通常以直接的研究成果或出版物的形式体现出来(OECD, 1997)。基于此,我们采用三个基础指标来衡量技术资本,分别为每百万人口专利授权数、每百万人口科技论文数和高技术产品出口比重。

第三节 数据来源与处理

在介绍各基础指标的数据来源与处理之前,有三点需要做出说明:(1)在时间跨度的选择上,由于相关数据库对各经济体统一的数据来源最早可以追溯到 1981 年,因此本书考察的时期跨度为 1981—2010 年。(2)在经济体数量的选择上,由于数据限制,已有文献在考虑研发相关变量的前提下,通常选取的经济体数量十分有限,不足以代表全球整体状况。为了克服已有研究的不足,我们检索了大量相关统计数据库,并查阅了世界上近 200 个经济体的统计局网站、各经济体历年统计年鉴以及相关的文献和报告等,排除了在考察时期内数据缺失 25 年及以上的经济体，并对其余经济体（主要是发展经济体）缺失的研发数据进行补充，同时运用相关公式和运算技术进行估算，最终选取的经济体数量为130个，包括36个发达经济体、18个转型经济体和76个发展经济体。（3）指标中涉及的各经济体人口数据主要来自联合国贸发会议数据库，下文不再赘述。

一　研发支出强度

各经济体历年研发支出强度的数据主要来自 CANA 面板数据库、RICYT 数据库、OECD 科技统计数据库、联合国教科文组织统计数据库、历年《联合国教科文组织统计年鉴》和历年《世界科学报告》等。此外，对于个别经济体在某些年份数据缺失的情形，运用 Ulku（2007）提出的插值法进行估算。苏联15国、南斯拉夫6国和捷克斯洛伐克2国1981—1990年的数据根据研发支出/GDP计算得到。① 各经济体的研发支出和GDP数据在下一小节说明。

二　研发经费支出

各经济体历年研发支出的数据主要根据研发支出强度与GDP金额乘积得到，为消除物价影响并使数据具有可比性，本章将各经济体的GDP数据按购买力平价（PPP）汇率换算成以2005年为基期的美元计价（以下简称GDP不变价），以获得研发支出不变价数据。研发支出强度的数据上文已介绍过，不再赘述。各经济体历年GDP不变价的数据主要来自世界发展指标，苏联、南斯拉夫和捷克斯洛伐克的数据来自世界经济总量数据库。由于苏联15国、南斯拉夫6国和前克斯洛伐克2国从1991年才相继成为独立的经济体，之前数据并不可得，本书参照克雷默（2010）的处理方法，首先假定这些经济体在独立前各年（1981—1990）的GDP占相应联盟GDP的比重维持在独立第一年（1991）时不变，然后将独立前各年的比重乘以各联盟相应年份的GDP数据以得到这些经济体在1981—1990年的GDP不变价数据。

三　研发资本存量

研发资本存量的测算通常使用永续存盘法，其计算公式为：

---

① 苏联15国包括亚美尼亚、阿塞拜疆、白俄罗斯、爱沙尼亚、格鲁吉亚、哈萨克斯坦、吉尔吉斯斯坦、拉脱维亚、立陶宛、摩尔多瓦、俄罗斯、乌克兰、塔吉克斯坦、土库曼斯坦和乌兹别克斯坦；南斯拉夫6国包括波黑、克罗地亚、马其顿、黑山、斯洛文尼亚和塞尔维亚；捷克斯洛伐克2国包括捷克和斯洛伐克。

$$S_t = (1 - \delta) S_{t-1} + R_{t-1} \tag{4.1}$$

其中，S 表示研发资本存量的实际值，R 表示研发支出的实际值，δ 表示折旧率，t 表示时期。公式中共涉及三个需要确定的变量：（1）以不变价计算的研发支出；（2）折旧率 δ；（3）初始研发资本存量 S_0。首先，以不变价计算的各经济体历年研发支出的数据上文已作说明；其次，在折旧率的选择上，我们将研发资本存量的折旧率设定为 15%，原因在于知识的经济生命周期要短于物质资本，所以研发资本存量的折旧率通常要高于物质资本存量的折旧率[1]（Nadiri，1993）；最后，对初始研发资本存量 S_0 的计算，通常采用公式 $S_0 = R_0/(g+\delta)$。其中，g 为样本期内研发支出的平均增长率，S_0 为初始年份的研发资本存量数据，R_0 为初始年份的研发支出数据。至此，我们就可以计算出各经济体在1981—2010 年研发资本存量数据。

四 研发研究人员

各经济体历年研发研究人员的数据主要来自联合国教科文组织统计数据库、欧洲统计局数据库、世界银行创新与发展数据库（1960—2000）、OECD 科技统计数据库、RICYT 数据库、历年《联合国教科文组织统计年鉴》和历年《世界科学报告》等。此外，苏联 15 国、南斯拉夫 6 国和捷克斯洛伐克 2 国 1981—1990 年的数据分别根据 1991 年各经济体占相应联盟的比重计算得到。此外，对于个别经济体在某些年份数据缺失的情形，运用 Ulku（2007）提出的插值法进行估算。

五 平均受教育年数

各经济体历年平均受教育年数的数据主要来自 Barro – Lee 的教育程度数据库，并采用 25 岁及以上人口平均受教育年数来衡量。但该数据库只有每五年统计一次，因此缺失数据根据 Ulku（2007）提出的插值法进行估算。此外，阿塞拜疆、白俄罗斯、格鲁吉亚、黎巴嫩的数据来自历年《人类发展报告》，布基纳法索、埃塞俄比亚、马其顿、马达加斯加、尼日利亚、土库曼斯坦和乌兹别克斯坦的数据来自数据市场数

---

[1] 物质资本存量的折旧率通常取 10%。实际上，许多学者也通过对研发资本存量的估算使用不同折旧率来检验结果的稳健性，如凯勒（2002）采用 0% 和 10% 的折旧率进行稳健性检验、Braconier 和 Sjoholm（1998）采用 5% 和 10% 的折旧率进行稳健性检验，都发现不同折旧率对估计结果的影响并不大。

据库。

六 高校入学率

各经济体历年高校入学率的数据主要来自联合国教科文组织统计数据库、世界银行 WDI 数据库、CANA 面板数据库、欧洲统计局数据库、历年《世界教育报告》和历年《世界经济年鉴》等；历年中国台湾的数据来自中国台湾教育当局"性别统计指标"。此外，对于个别经济体在某些年份数据缺失的情形，运用 Ulku（2007）提出的插值法进行估算。

七 人均耗电量

各经济体历年人均耗电量的数据主要来自世界银行 WDI 数据库、CANA 面板数据库；中国台湾和科威特的数据来自 OECD 世界能源统计与平衡数据库；中国澳门的数据来自历年《中国能源统计年鉴》和历年《澳门统计年鉴》。另外，我们参照 Archibugi 和 Coco（2004）的做法，对人均耗电量的原始数据取自然对数，因为该指标只在知识资本发展的早期阶段起重要作用，而不是在任何阶段。比如，当印度等经济体专注于利用和吸收电力技术而投身于科技革命的时候，日本和瑞典则已经跨越了这一阶段，因此，电力消耗对印度的重要性要大于日本和瑞典。对人均耗电量取自然对数，就可以确保在该指标数量增加时，它对整个指数的贡献程度会趋于稳定或下降。

八 每百人电话拥有量

各经济体历年每百人固定电话拥有量、每百人移动电话拥有量的数据主要来自世界银行 WDI 数据库；中国台湾的数据来自历年"台湾统计数据书"。此外，与人均耗电量相似，我们同样对该指标的原始数据取自然对数，理由同上。

九 每百人互联网用户数

由于互联网是一项新兴技术，直到 20 世纪 90 年代才真正实现商业化应用，而在 1991 年前的数据并不可得，因此，我们对各经济体"每百人互联网用户数"的数据收集始于 1991—2010 年，并假定 1981—1990 年各经济体的数据均为 0。各经济体历年每百人互联网用户的数据主要来自世界银行 WDI 数据库、CANA 面板数据库；中国台湾的数据来自历年"中华民国统计年鉴"。

十 专利授权数

我们使用各经济体历年在美国专利局（USPTO）注册的专利授权数作为专利数据的主要来源。虽然世界上大多数国家都有自己的专利局，但我们认为，使用美国专利局的数据具有诸多优势：第一，大多数国家的专利局通常不检验专利的原创性、实用性和新颖性，标准使用的不同和授权难易的差异，会使专利的授权偏向于本国的发明者，因此对不同国家不同专利局专利授权数进行统计和比较，会使结果产生误导性。克服以上缺陷最好的方法就是使用在专利授权上能采用客观统一标准的外部专利体系（如美国专利局）。第二，美国是世界上最大的市场和技术最发达的国家，对技术产品具有极大的吸引力，重要性商业发明或创新的拥有者十分确信自己在美国市场上会得到相应的法律保护。第三，外国人在美国申请专利的成本与复杂性通常排除了不重要的专利。此外，Pessoa（2005）还指出，实行专利保护的国家经济规模越大，专利在该国的经济价值也越高。

由于美国发明者在美国专利局注册专利的倾向要高于国外发明者，为消除美国本土的偏向性，我们参照 Archibugi 和 Coco（2004）的处理方法，即通过比较日本和美国各自在第三方专利局——欧洲专利局（EPO）的专利注册数，来对美国本土专利数值进行调整和估计，具体估算的公式如下：

$$调整后的美国本土专利授权数 = (JAP_{USA} \times USA_{EPO}) / JAP_{EPO} \quad (4.2)$$

其中，JAP_{USA} 表示日本发明者在美国专利局注册的专利授权数，USA_{EPO} 和 JAP_{EPO} 分别表示美国和日本发明者在欧洲专利局注册的专利授权数。此外，苏联 15 国、南斯拉夫 6 国和捷克斯洛伐克 2 国 1981—1990 年的数据分别根据各经济体在 1991 年占相应联盟的比重计算得到。

十一 科技论文数

各经济体历年科技论文的数据来自科学引文索引数据库（WoS），该数据库涵盖了当前世界上最权威的 9000 多种期刊的科学文献，为分析不同经济体和不同科学领域的基础研究活动提供了最广泛和最可靠的信息来源。

各经济体历年科技论文数的具体检索过程如下：首先，在索引数据库的选择上，选取该数据库中的科学引文索引扩展版（SCI – EXPANDED）、社会科学引文索引（SSCI）和艺术与人文引文索引（A&HCI）进行检索。

其次,在国家关键词的选择上,通过搜索公式"CU=国家名"进行检索。[①]再次,在文献类型的选择上,选取研究论文(Articles)、快讯(Letters)、短文(Notes)和述评(Reviews)进行检索,因为这四类文献通常报告了最重要的研究成果。最后,检索时期选择为1981—2010年。此外,苏联15国、南斯拉夫6国和捷克斯洛伐克2国1981—1990年的数据分别根据各经济体在1991年占相应联盟的比重计算得到。

十二 高技术产品出口

目前,国际上还没有一个比较完整的数据库收录着各经济体历年高技术产品的出口数据。虽然世界银行 WDI 数据库可以查询到很多经济体的高技术产品出口数据,但由于该数据库涉及时间跨度较短和部分经济体数据不完整[②],并不能满足本书研究的需要。然而,高技术产品也是由许多更细的商品类别构成,如果能知道高技术产品的具体分类以及每个细分类别的出口数据,然后对这些产品的出口数据进行加总就可以得到高技术产品的出口数据。关于第一个问题,拉尔(Lall,2000)已经做出了解决办法。他基于国际贸易标准分类第二版(SITC rev.2),根据出口产品的技术结构,把制成品分解为资源密集型产品、低技术产品、中技术产品和高技术产品四种类型,并且每种类型的产品都由许多三位代码产品构成。因此,本章将采用拉尔对高技术产品的划分标准,将其包含的18个三位代码产品的出口数据进行加总,以获得各经济体历年高技术产品的出口数据,具体划分的标准见表4-2。

表4-2　　　　高技术产品代码表(SITC Rev.2 三位码)

高技术产品	产品代码及含义		产品英文名称
HT1:电子和电器类	716	旋转式电力装置及零件	Rotating electric plant
	718	其他动力发动机械	Other power-generating machinery
	751	办公室机器	Office machines
	752	自动数据处理设备	Automtic data processing equipment
	759	办公室、自动数据处理机器的零件及附件	Office, automatic date processing machine parts, accessories

---

[①] 这里的国家名是英文名,其拼写方式或简称使用 WoS 规定的名称。

[②] 世界银行 WDI 数据库中可查到的高技术产品出口数据的最早年份为1988年,而且许多发展经济体的数据在时间序列上并不完整。

续表

高技术产品	产品代码及含义		产品英文名称
HT1：电子和电器类	761	电视接收机	Television receivers
	764	电讯设备的零件及附件	Telecom equipment parts, accessories nes
	771	其他电力机械及其零件	Electric power machinery nes
	774	电诊断器具、X光设备	Electro-medical, x-ray equipment
	776	热离子管、冷阴极管	Transistors, valves, etc.
	778	电动机械及器具	Electrical machinery nes
HT2：其他类	524	放射性等材料	Radioactive, etc. material
	541	药物、医药产品	Medicinal, pharmaceutical products
	712	蒸汽发动机、涡轮机	Steam engines, turbines
	792	航空器及有关设备	Aircraft, etc.
	871	光学仪器及器具	Optical instruments
	874	量度及控制的仪器及器具	Measuring, controlling instruments
	881	摄影器具及设备	Photo apparatus, equipments

资料来源：根据拉尔（2000）整理。

关于第二个问题，由于直接使用各经济体历年高技术产品的出口数据会存在很多缺失，但相关数据库中关于世界对各经济体高技术产品的进口数据却是比较完整的，因此，我们采用历年世界对各经济体高技术产品的进口数据作为出口数据的代替，历年世界对各经济体18个三位代码产品的进口数据主要来自世界银行WITS数据库。此外，苏联15国、南斯拉夫6国和捷克斯洛伐克2国1981—1990年的数据分别根据各经济体在1991年占相应联盟的比重计算得到；历年中国台湾的数据来自中国台湾财政当局数据库。此外，历年世界对各经济体总进口数据同样来自世界银行WITS数据库。

第四节 全球知识资本指数测度

在知识资本评价指标体系的确定和数据收集的基础上，我们采用主成分分析法来得到指标体系中的各基础指标以及各方面指数的权重，进而求得各经济体的知识资本指数。知识资本指数的计算公式如下：

$$KC_i^t = \sum_{k=1}^{4} w_k \sum_{k=1}^{4} \sum_{h=1}^{3} w_{kh} y_{kh,i}^t \quad (4.3)$$

在式（4.3），KC_i^t 表示第 i 个国家第 t 年的知识资本指数，这里 i 表示经济体，t 表示年份；w_k 表示第 k 方面指数的权重，这里 $k = 1$，2，3，4，分别表示四个方面的指数，即研发资本、人力资本、创新设施资本和技术资本；w_{kh} 表示第 k 方面指数下第 h 基础指标的权重，这里 h 代表基础指标；$y_{kh,i}^t$ 表示第 i 个经济体第 t 年第 k 方面指数下第 h 基础指标经过标准化后的数值。另外，如果分别令 k 等于 1、2、3、4，就可以得出四个方面指数的数值。从公式中可以看出，要计算各经济体历年的知识资本指数，还需要解决两个问题：一是如何对各项基础指标进行合理的标准化处理；二是选择何种方法来确定各基础指标和各方面指数的权重。

一 基础指标的标准化

由于知识资本指数的各项基础指标具有不同的量纲和数量级，无法进行直接综合，需要对原始指标进行无量纲化处理。目前，常见的无量纲化方法主要有极值化法、标准化法、均值化法和赋值化法等（Nardo et al.，2005）。而在综合指数的构建中，特别是目前国际上已建立的相关指数中，对原始数据无量纲化处理大都采用的是极值化法，该方法通过利用变量取值的最大值和最小值将原始数据转化为介于 0—1 的数值，从而消除了量纲和数量级的影响，便于数值间的比较。但这种方法只是一种静态无量纲化方法，所有观测值都处于相同的年份，而在实际观察中，不同时间点观测值的最大值和最小值并不相同，所以该方法只适用于对知识资本指数的横截面比较，并不适用于时间序列上的比较。

为了解决传统极值化法在时间序列上的不可比较性，我们借鉴易平涛（2009）提出的"全序列法"思想，将同一指标在各个时点的数据集中到一块，统一进行无量纲化处理，以实现知识资本指数在时间序列上的真正可比较性。"全序列法"的计算公式为：

$$y_{kh,i}^t = \frac{x_{kh,i}^t - \min_{t \in T}\min_i(x_{kh}^t)}{\max_{t \in T}\max_i(x_{kh}^t) - \min_{t \in T}\min_i(x_{kh}^t)} \times 100 \quad (4.4)$$

在式（4.4）中，$y_{kh,i}^t$ 表示 i 经济体第 k 方面指数下第 h 基础指标在第 t 时期的标准化值；$x_{kh,i}^t$ 表示 i 经济体第 k 方面指数下第 h 基础指标的原始值；$\min_{t \in T} \min_i (x_{kh}^t)$ 表示第 k 方面指数下第 h 基础指标在所有时期中的最小值；$\max_{t \in T} \max_i (x_{kh}^t)$ 表示第 k 方面指数下第 h 基础指标在所有时期中的最大值。为了便于比较，我们在公式右边乘上 100，将知识资本指数转化为 0—100 的数值。如果指数值越接近于 0 则表明该经济体知识资本的发展水平较低，如果指数值越接近于 100 则表明该经济体知识资本的发展水平较高。

二 指标权重的确定

对全球知识资本发展水平的测度，除对原始数据进行标准化处理以外，还有一个很重要的步骤就是确定各基础指标以及各方面指数的权重。由于各指标在模型中的重要程度不相等，因此有必要对每个指标确定一个权数，权重系数的确定是否合理对构建全球知识资本指数至关重要，并直接影响到评价结果的准确性。目前常见的权重确定方法主要有主成分分析法、因子分析法、层次分析法、主观经验法和等权平均法等（Nardo et al., 2005）。然而，现有研究在权重确定方法的选择上，主要集中于主观经验法和等权平均法：主观经验法是根据作者主观经验或专家评判进行定权的一种方法，该方法通常先按照各方面指数对综合指数的重要性程度进行人为赋权，然后再按照基础指标各方面指数的重要性程度进行人为赋权，进而合成综合指数。但该定权法太过于随机且没有统一性，不同的专家或学者对同一指标可能会赋予不同的权重。此外，即便是同一个专家或学者，在不同心理、经济、政治和社会环境下，往往也会做出不同的判断；等权平均法把每个方面指数在综合指数中的重要程度以及每个基础指标在方面指数中的重要程度看成是相等的，对每个指标赋予相等的权重，然后进行简单的算术平均合成综合指数。该方法未考虑到各基础指标间以及各方面指数间可能存在的高度相关性，而且也主观认为，各维度在综合指数中的作用是相同且恒定不变的。这两种方法在指标权重的处理上主观随意性大，缺乏客观性和严谨性，难以准确反映指标体系的内在结构关系，容易使结果产生偏差。

考虑到方法的适用性，同时也为克服主观经验法和等权平均法的缺陷，我们采用主成分分析法来确定知识资本各方面指数及其各基础指标的权重。主成分分析法是通过研究指标体系的内在结构关系，将多个指标的问题简化为少数指标问题的一种多元统计分析方法，该方法在决定变量权重时最主要的特点和优势在于客观性，它在尽量保留原有变量信息的情况下，给那些在考察期内变差较大的变量赋予较大的权重，对于那些变差较小的变量赋予较小的权重，从而使最后生成的指数更加体现出差异性（康继军等，2007）。虽然因子分析法也是根据数据自身的特征而非人的主观判断来确定权重结构的，并且可以避免指标间的高度相关性和权重确定的主观随意性，但是对于包含多维度的经济变量而言，因子分析法无法准确刻画出各个维度的具体变化情况，只能得到公共因子的变动趋势，而主成分分析法却能够获得构成经济变量各个维度的量化结果，所形成的权重结构可以充分反映经济变量各维度各基础指标对于形成总指数的贡献大小（钞小静和任保平，2011）。主成分分析法避免了"人为给定"、"专家评议"或"平均分配"等一些主观色彩较重方法存在的缺陷，并且可以较好地避免由于各指标重要程度不同和部分互相重合所造成的综合指标失真而产生的问题（李冬梅等，2003）。主成分分析法确定知识资本各基础指标以及各方面指数权重的具体步骤为：

（1）以各方面指数下经过标准化后的三个基础指标作为输入变量，分别对四个方面指数进行主成分分析。根据前几个主成分的累计贡献率大于某一特定值（通常为85%）的标准来确定主成分个数，同时得到每个主成分相应的特征根、载荷系数和方差贡献率。

（2）根据所确定主成分的载荷系数、特征根和方差贡献率计算每个基础指标的权重，同时进行归一化处理，基础指标权重的计算公式如下：

$$w_{kh} = \sum_{j=1}^{n} \frac{a_{kh,j}}{\sqrt{\lambda_j}} \times var_j, W_{kh} = w_{kh} / \sum_{h=1}^{m} w_{kh} \qquad (4.5)$$

其中，w_{kh}表示第k方面指标下第h基础指标未归一化的权重，W_{kh}表示第k方面指标下第h基础指标归一化后的权重，$a_{kh,j}$表示第k方面指数下第j主成分在第h基础指标上的载荷系数，λ_j表示第j主成分的特征根，var_j为第j主成分的方差贡献率。目前，绝大多数文献在确定了主成分的个数后，均采用第一主成分的相应载荷系数来确定各基础指标的权重，而没有考虑其余主成分的信息量。虽然第一主成分综合原始数据信息的能力是最强的，但在许多情况下第一主成分的方差贡献率并没有超过85%的门槛值，可以说这些文献在利用主成分分析来确定权重的做法上并不妥当。为解决这一问题，我们根据式（4.5）进行修正，即根据前n个主成分的累计方差贡献率作为判断标准，如果第一主成分的方差贡献率已经超过了85%，则采用第一主成分的载荷系数作为计算权重的基础，这正好也是绝大多数文献的做法。但如果是前两个主成分的累计方差贡献率才超过85%的话，就采用前两个主成分的载荷系数作为权重计算的基础，同时用这两个主成分各自的方差贡献率进行加权，以此类推。这样，就解决了只采用第一主成分确定权重而造成的信息量不足的问题。

（3）用每一方面指数下经过标准化后的三个基础指标乘上对应的权重，以合成每个方面指数。然后以四个方面指数作为输入变量进行主成分分析，根据前几个主成分的累计方差贡献率大于某一特定值（通常为85%）的标准来确定主成分个数，同时得到每个主成分相应的特征根、载荷系数和方差贡献率。运用步骤（2）的方法计算出四个方面指数的权重。

（4）用四个方面指数乘上各自相应的权重，以合成知识资本指数（具体计算结果见表4-3和表4-4）。

表4-3　　　　　　　　各级指标的统计特征

方面指数	成分	特征根	方差贡献率（%）	累计方差贡献率（%）
研发资本	1	2.851	95.019	95.020
	2	0.140	4.669	99.688
	3	0.009	0.312	100.000
人力资本	1	2.325	77.490	77.490
	2	0.391	13.032	90.522
	3	0.284	9.478	100.000
创新设施资本	1	2.129	70.975	70.975
	2	0.602	20.067	91.043
	3	0.269	8.957	100.000
技术资本	1	2.106	70.213	70.213
	2	0.604	20.132	90.345
	3	0.290	9.655	100.000
知识资本指数	1	3.149	78.176	78.716
	2	0.484	12.094	90.809
	3	0.224	5.598	96.407
	4	0.144	3.593	100.000

资料来源：笔者计算。

由表4-3可见，在知识资本的四个方面指数中，研发资本的第一主成分综合原始数据的信息能力非常强，其方差贡献率已经超过了85%的门槛值，因此，对这一方面指数我们采用第一主成分的载荷系数来确定相应权重；其余三个方面指数（人力资本、创新设施资本和技术资本）以及知识资本指数第一主成分的方差贡献率均没有超过85%的门槛值，但它们前两个主成分的累计方差贡献率都超过85%，因此对这三个方面指数和知识资本指数，我们将同时采用第一和第二主成分的载荷系数来确定相应的权重。

从表4-4可知，研发资本和技术资本投入在知识资本中的权重大致相同，分别为0.287095和0.288870，表明这两个方面对知识资本的贡献程度基本相当；人力资本和创新设施资本投入在知识资本中的权重也大致相同，分别为0.217866和0.206168，表明这两个方面对知识资本的贡献程度也基本相当。从各方面权重的比较上看，研发资本和技术资本两个方面的权重要明显大于人力资本和创新设施资本，表明整个时期全球知识资本的发展变化更多是体现在研发资本和技术资本方面，而人力资本和创新设施资本的作用相对较小。

表4-4　各基础指标、方面指数的载荷系数向量与相应权重

方面指数	成分1系数	成分2系数	方面指数权重	基础指标	成分1系数	成分2系数	基础指标权重
研发资本	0.895	0.316	0.287095	每百万人口研发支出额	0.988	—	0.337893
				每百万人口研发存量	0.985	—	0.336867
				研发支出强度	0.951	—	0.325239
人力资本	0.897	-0.316	0.217866	每百万人口研究人员数	0.857	0.509	0.402502
				平均受教育年数	0.885	-0.319	0.284833
				高校入学率	0.898	-0.171	0.312665
创新设施资本	0.879	-0.376	0.206168	人均耗电量	0.848	-0.430	0.242009
				每百人电话拥有量	0.909	-0.130	0.328170
				每百人互联网用户数	0.764	0.632	0.429821
技术资本	0.877	0.378	0.288870	每百万人口专利授权数	0.893	-0.210	0.305163
				每百万人口科技论文数	0.865	-0.354	0.264075
				高技术产品出口比重	0.749	0.659	0.430762

资料来源：笔者计算。

第五节 全球知识资本指数测度结果分析

通过第四节的测算，我们得到全球130个经济体1981—2010年的知识资本及其各方面指数。为了便于分析，我们将各经济体在30年间的指数值进行平均，并以全球水平作为参考基准，将各经济体的平均指数与全球水平进行比较，如果某一经济体的知识资本指数或方面指数的平均值大于全球水平，就将其归为知识资本或某方面具有较高发展水平的经济体；如果某一经济体的知识资本指数或方面指数的平均值小于全球水平，就将其归为知识资本或某方面具有较低发展水平的经济体。下面根据附录2以及图4-1至图4-5分别对全球知识资本及其研发资本、人力资本、创新设施资本和技术资本四个方面投入在整个时期发展水平的总体状况进行具体分析。

一 全球研发资本发展水平分析

1981—2010年，全球研发资本投入总体处于不断上升的趋势，其指数值从1981年的4.30上升到2010年的9.25，年均增长率为2.68%（见图4-1）。1981—2010年，研发资本平均指数大于全球水平即具有较高研发资本发展水平的经济体共有34个，集中于发达经济体（27个）、发展经济体（4个）和转型经济体（3个）；研发资本处于低水平的经济体共有96个，集中于发展经济体（72个）、转型经济体（15个）和发达经济体（9个）。从经济体数量上看，研发资本处于低水平的经济体占经济体总数的73.85%，表明全球研发资本的发展水平普遍偏低；再从重视程度上看[1]，全球研发资本的平均指数（6.38）与全球知识资本平均指数（9.57）的比值小于1，表明整个时期的全球相对忽视研发资本的发展。因此，根据研发资本发展水平较低经济体的数量与重视性程度，可以总结出：全球研发资本发展水平总体低下。

---

[1] 我们将各方面指数与知识资本指数的比值作为衡量重视程度的标准，如果比值大于1，则认为相对重视该方面的发展；如果比值小于1，则认为相对忽视该方面的发展。

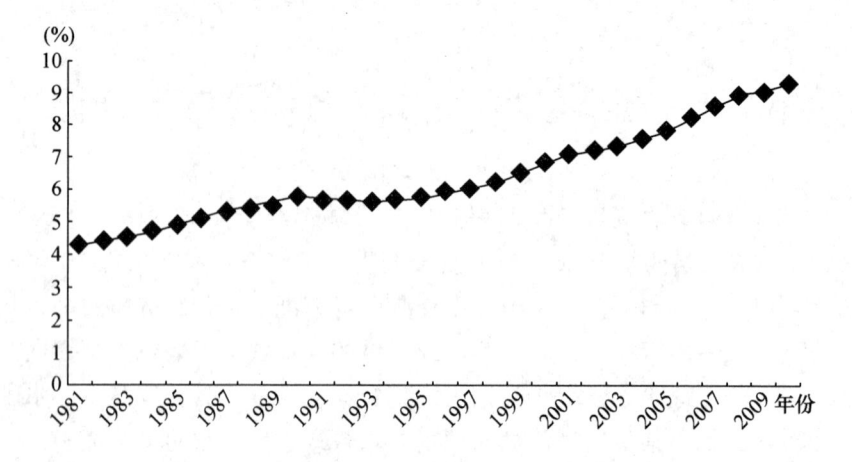

图 4-1　全球研发资本指数的动态变化（1981—2010）

二　全球人力资本发展水平分析

1981—2010 年，全球人力资本投入一直处于上升的趋势，其指数值从 1981 年的 14.85 上升到 2010 年的 27.49，年均增长率为 2.15%（见图 4-2）。1981—2010 年，人力资本平均指数大于全球水平即具有较高人力资本发展水平的经济体共有 60 个，集中于发达经济体（34个）、转型经济体（15 个）和发展经济体（11 个）；人力资本处于低水平的经济体共有 70 个，集中于发展经济体（65 个）、转型经济体（3个）和发达经济体（2 个）。从经济体数量上

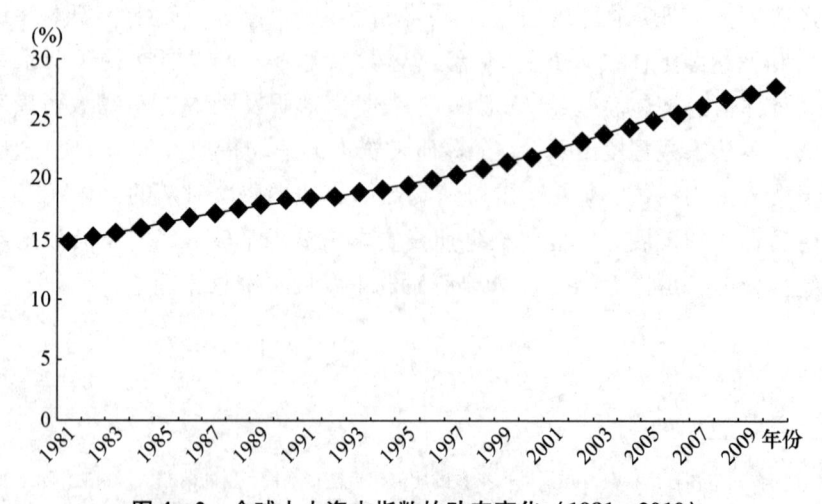

图 4-2　全球人力资本指数的动态变化（1981—2010）

看，人力资本处于高水平的经济体占到了经济体总数的46.15%，接近半数的经济体具有较高人力资本发展水平；再从重视程度上看，全球人力资本的平均指数（20.51）与全球知识资本平均指数的比值大于1，从这一点上可以看出，整个时期的全球相对重视人力资本的发展。因此，根据人力资本发展水平较高经济体的数量与重视性程度，可以总结出：全球人力资本总体具有较高的发展水平。

三 全球创新设施资本发展水平分析

1981—2010年，全球创新设施资本投入一直处于上升的趋势，其指数值从1981年的1.20上升到2010年的13.35，年均增长率为8.66%（见图4-3）。1981—2010年，创新设施资本平均指数大于全球水平即具有较高创新设施资本发展水平的经济体共有50个，集中于发达经济体（35个）、发展经济体（11个）和转型经济体（4个）；创新设施资本处于低水平的经济体共有80个，集中于发展经济体（65个）、转型经济体（14个）和发达经济体（1个）。从经济体数量上看，创新设施资本处于低水平的经济体占经济体总数的61.54%，表明全球创新设施资本的发展水平总体偏低；再从重视程度上看，全球创新设施资本的平均指数（4.61）与全球知识资本平均指数的比值小于1，从这一点上看出，整个时期的全球相对忽视创新设施资本的发展。因此，根据创新设施资本发展水平较低经济体的数量与重视性程度，可以总结出：全球创新设施资本总体处于较低的发展水平。

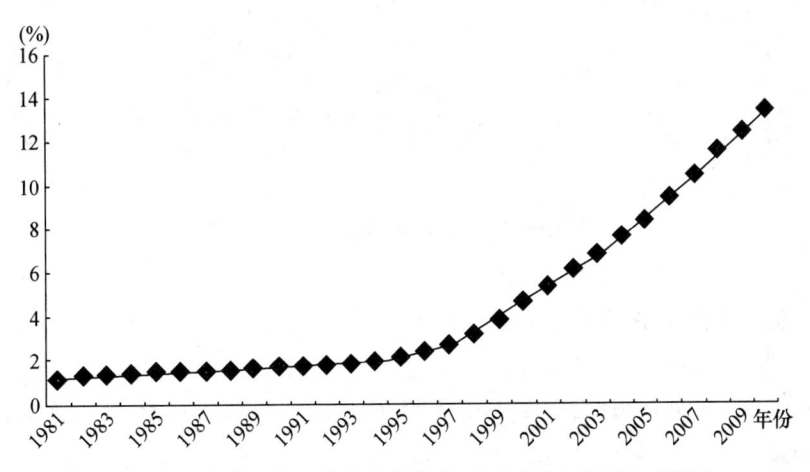

图4-3 全球创新设施资本指数的动态变化（1981—2010）

四 全球技术资本发展水平分析

1981—2010 年,全球技术资本投入总体处于不断上升的趋势,其指数值从 1981 年的 3.16 上升到 2010 年的 9.86,年均增长率为 4.00%(见图 4-4)。1981—2010 年,技术资本平均指数大于全球水平即具有较高技术资本发展水平的经济体共有 37 个,集中于发达经济体(27个)和发展经济体(10 个);技术资本处于低水平的经济体共有 93 个,集中于发展经济体(66 个)、转型经济体(18 个)和发达经济体(9个)。从经济体数量上看,技术资本处于低水平的经济体占到了经济体总数的 71.54%,还有 2/3 以上的经济体具有较低技术资本发展水平;再从重视程度上看,全球技术资本的平均指数(6.08)与全球知识资本平均指数的比值小于 1,表明整个时期的全球相对忽视技术资本的发展。因此,根据技术资本发展水平较低经济体的数量与重视性程度,可以总结出:全球技术资本发展水平总体低下。

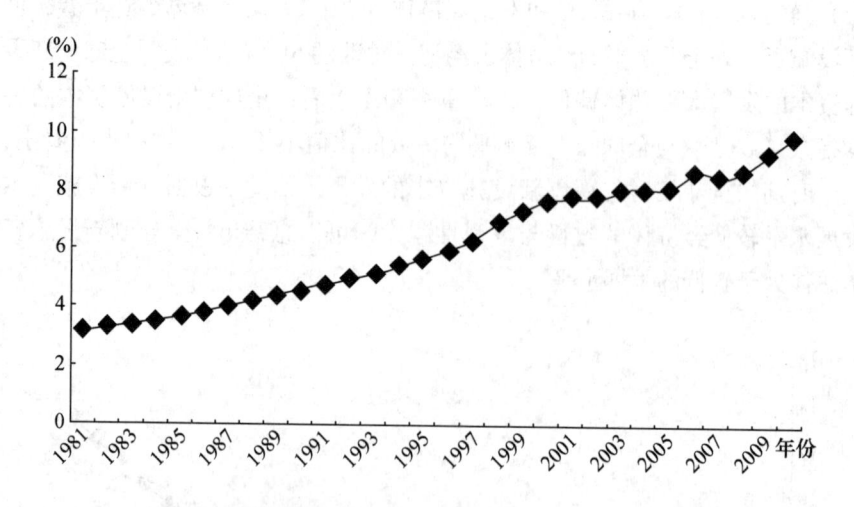

图 4-4 全球技术资本指数的动态变化(1981—2010)

五 全球知识资本发展水平分析

1981—2010 年,全球知识资本投入一直处于上升的趋势,其指数值从 1981 年的 6.03 上升到 2010 年的 15.45,年均增长率为 3.30%(见图 4-5)。1981—2010 年,知识资本平均指数大于全球水平即具有较高知识资本发展水平的经济体共有 47 个,集中于发达经济体(34

个)、发展经济体(7个)和转型经济体(6个);知识资本处于低水平的经济体共有83个,集中于发展经济体(69个)、转型经济体(12个)和发达经济体(2个)。从经济体数量上看,知识资本处于低水平的经济体占经济体总数的63.85%,还有近2/3的经济体具有较低知识资本发展水平。

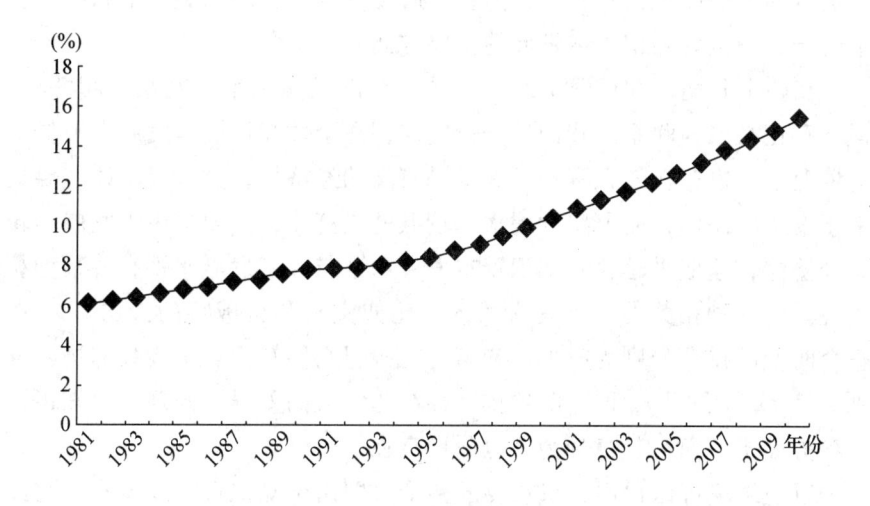

图4-5 全球知识资本指数的动态变化(1981—2010)

本章小结

本章首先总结了国内外研究中与知识资本相关指标体系中变量的选取情况,然后根据综合性、全球性、相关性、连续性和可比性原则确定了反映各经济体知识资本发展水平的评价指标体系,包括研发资本、人力资本、创新设施资本和技术资本四个方面指数以及十二个基础指标;接着详细介绍了各基础指标的数据来源以及对缺失数据的补充和估算方法,解决了现有研究中关于国家数量选取与关联指标选择的矛盾问题;然后通过使用全序列法对各基础指标的数值进行无量纲化处理,采用主成分分析法确定各基础指标以及各方面指数的权重,解决了现有综合指数在时间序列上的不可比较性和权重确定的主观随意性;最后测算了全球 130 个经济体在 1981—2010 年间的知识资本及其各方面指数，并对它们在整个时期发展水平的总体状况进行了具体分析，并总结出以下几点结论：

总体来看，在整个时期，全球人力资本具有较高发展水平，而研发资本、创新设施资本和技术资本的发展水平普遍较低，表明目前全球知识资本的发展以人力资本方面为主，研发资本、创新设施资本和技术资本还未成为全球知识资本发展的主要方面。

在整个时期，知识资本发展水平与经济发展水平存在某种相关性，但不存在必然的联系。我们的分析发现，在全球知识资本发展水平低下的情况下，也存在知识资本发展水平较高的经济体，这些经济体主要集中于发达经济体，而那些发展水平较低的经济体则主要集中于发展和转型经济体，这似乎暗含着知识资本发展水平与经济发展水平有着某种相关性。但这种相关性并不是必然的，比如文莱和科威特的人均 GDP 在整个时期的排名分别为第 1 位和第 4 位，但它们知识资本指数的排名分别为第 77 位和第 71 位，两项排名存在非常大的差异。同理，对知识资本各方面指数而言，这种情况也同样存在。

以上结论可以得出一点重要的推论，即由于知识资本发展水平与经济发展水平的相关性并不绝对，如果仅用经济发展水平划分不同类型的经济体，并估计它们各自的知识资本投入对全要素生产率的影响程度，将会使结果产生偏差。正确的做法应该是将各经济体按照知识资本发展水平的高低进行分组，也就是考察知识资本全球分布的"俱乐部效应"，即同一俱乐部的经济体具有相似的知识资本发展水平，而不同俱乐部经济体的知识资本发展水平具有相异性。对这一问题的解答将在第五章中进行分析。

第五章　知识资本的俱乐部分布与发展水平分析

由第四章可知，1981—2010年，全球知识资本及其研发资本、创新设施资本和技术资本方面的发展水平普遍低下，而人力资本方面在总体上具有较高发展水平。但同时也发现，不论是发展水平较高的知识资本方面还是较低方面，既存在较高发展水平的经济体也存在较低发展水平的经济体，并且这些经济体知识资本发展水平的高低又不必然与经济发展水平的高低相一致。那么自然要问：不同知识资本发展水平的经济体到底是依据什么原则进行划分的？也就是说，知识资本的全球分布是否存在着"俱乐部效应"，即同一俱乐部内部的经济体具有相似知识资本的发展水平，而不同俱乐部经济体的知识资本发展水平具有相异性？如果答案是肯定的，那么整个世界到底存在多少个知识资本俱乐部？每个俱乐部都分别由哪些经济体组成？俱乐部类型在时期跨度上是否保持稳定，所包含的经济体是否又发生变化？此外，各俱乐部的知识资本及其各方面指数在整个时期发展水平的总体状况又是如何？

上述问题的解答对解释知识资本全球分布的不均衡性和知识资本技术进步效应的跨国差异性至关重要。然而迄今国内外学者几乎还没有对知识资本全球分布的"俱乐部效应"进行过研究，目前仅有少量依据技术能力或创新水平的差异对全球经济体进行划分的文献。比如，豪伊特和迈耶－福克斯（Howitt and Mayer–Foulkes，2005，即HMF）基于熊彼特增长理论建立了收敛俱乐部模型，他们依据技术能力差异将整个世界划分为三个俱乐部，分别为创新俱乐部、模仿俱乐部和停滞俱乐部。随后，Castellacci（2008）和Stöllinger（2013）等纷纷从实证角度对HMF的三个技术俱乐部思想进行验证。Castellacci（2008）将149个国家作为划分对象，选取创新能力（人均科技论文数）和吸收能力（识字率）作为投入变量，运用聚类分析法的结果发现，整个世界确实存在如 HMF 所说的三个技术俱乐部；Stöllinger（2013）将 142 个国家作为划分对象，选取创新能力（研发强度）和吸收能力（识字率和平均受教育年数）作为投入变量，运用聚类分析法同样证实了 HMF 的三个技术俱乐部思想。此外，也有少数学者依据技术能力指数或技术成就指数将整个世界划分为四个组别。比如，Desai 等（2002）选取技术创造、新技术扩散、旧技术扩散和人力技能 4 个一级指标 8 个二级指标构建了技术成就指数，然后依据技术成就指数将 72 个国家划分为领导者、潜在领导者、动态学习者和边缘者四个组别；Archibugi 和 Coco（2004）选取技术创造、技术基础设施和人力资本发展 3 个一级指标 8 个二级指标构建了技术能力指数，然后依据技术能力指数将 162 个经济体划分领导者、潜在领导者、追赶者和边缘者 4 个组别。

上述研究为知识经济背景下了解知识资本俱乐部的存在性、动态性和数量特征性提供了有益的借鉴和参考，但局限性在于：第一，上述研究仅单纯从技术能力或创新水平的角度考察经济体组别的划分和数量特征性，并没有完整地从知识资本四个方面投入来全面考察知识资本全球分布的俱乐部效应。第二，在划分方法的选择上，四组别划分法只是人为地根据某一指标值进行划分，主观随意性较大，缺乏客观性和严谨性。而三组别划分法虽然运用的是客观性较强的聚类分析法，但文中只报告了类型的划分结果，并没有提供类型划分的判断标准和确定过程，造成分类结果缺乏说服力。第三，在时间跨度选择上，上述研究或只针对某一静态年份，或只考察两个时间点的变化，并没有从一个较长的时间跨度来确定各经济体类型的划分和发展状况，这样就不能体现出各组别在整个时期分类的稳定性和准确性。针对这些不足，本章使用全球 130 个经济体 1981—2010 年的数据，选取研发资本、人力资本、创新设施资本和技术资本指数作为系统聚类的输入变量，选择欧氏距离和 Ward 最小方差法作为样本间距离和类间距离的计算方法，选用 R^2、半偏 R^2、伪 F 和伪 t^2 四个统计量作为判断俱乐部类型的标准，发现 130 个经济体依据知识资本的发展水平可以划分为三个俱乐部，最后本章对各俱乐部在整个时期类型划分的稳定性、发展水平的总体状况以及国内和国际的比较优势做了具体分析。

第一节　知识资本俱乐部分布的系统聚类分析

一　系统聚类分析的基本思想

聚类分析是对变量或观察个体进行归类的统计方法，它根据已知数据，计算出各观测个体或变量之间亲疏关系的统计量，然后再根据某种准则将观察个体或变量进行合并，使同一类内的差别较小，而类与类之间的差别较大，最终将观测个体或变量分为若干个类别（薛富波等，2004）。聚类分析的分类结果是根据数据特征确定的，能客观地反映出样本间的本质差别与联系，尤其是内在结构的关系，从而避免了标准选择的困难。此外，类内的同质性和类间的异质性也方便了结果的解释（杨永恒等，2006）。因此，我们认为，该方法可以客观地分析和评价知识资本的俱乐部分布及其历史演变。

聚类分析分为样本聚类和变量聚类。常用的聚类统计量有距离系数和相似系数两种。距离系数一般用于对样本聚类，而相似系数一般用于对变量聚类。由于本章研究的是知识资本的俱乐部分布，涉及对130个经济体依据知识资本发展水平的差异进行划分，因而就决定了本章的聚类对象为样本聚类，而聚类统计量就选用距离系数。

在确定了本章的聚类对象和聚类统计量后，还涉及聚类方法的选择。对于样本聚类，通常有系统聚类法和逐步聚类法。系统聚类法事先不知道客观事物的分类，需要根据事物的某些特征来进行聚类后再对事物分类，并可对聚类的结果做聚类图直观地表示出分类的结果（田俊，1997）。而逐步聚类法需要事先给定一个粗糙的初始分类，然后按照某种原则反复进行修正，直至分类较为合理时为止。但为得到初始分类，有时需要设法选择一些凝聚点，而凝聚点的选择存在着经验性和人为性问题，并且该方法最后的结果并不能产生聚类图（朱道元等，1999）。本章对全球130个经济体依据知识资本的发展水平进行俱乐部划分，事先并不知道分类的数量，只能通过某些标准对不同经济体进行事后划分，因而就决定了本章的聚类方法应选用系统聚类法。

系统聚类法是目前实际应用中使用较多的一种方法，该方法的基本思想是（金新政和胡彬，2001）：设有 n 个样本，每个样本有 m 项指标。首先定义样本间距离和类与类之间的距离。一开始将每个样本各自看成一类,这时类与类间的距离就是样本间距离,然后将类间距离最近的两类合并成另一新类,重新计算出该新类与其他各类之间的距离,等等,如此反复进行,每次合并便减少一类,直到所有样本都合并成一个大类为止,这个并类过程可以用谱系聚类图形象地表达出来。

二 系统聚类分析的基本步骤

一般来说,系统聚类分析主要包括以下三个步骤:第一,根据研究目的选择合适的聚类变量;第二,计算样本间距离与类间距离;第三,确定类型。接下来在具体介绍每一步骤的过程中,我们将确定本章系统聚类分析所采用的变量、样本间距离和类间距离的计算方法以及类型的确定标准。

(一) 选择变量

由于系统聚类法是根据所选定的变量对研究对象进行分类的,所以输入变量的选择在聚类分析中非常重要。一般来说,聚类分析所选用的输入变量应该具有以下特点(岳朝龙等,2003):(1)和聚类分析目标紧密相关;(2)反映了要分类对象的特征;(3)在不同研究对象上的数值应具有明显差异;(4)变量之间不应该高度相关。在本章中,为了消除不同量纲带来的影响,我们直接使用知识资本各方面指数,即选取研发资本、人力资本、创新设施资本和技术资本指数作为系统聚类分析的输入变量。

(二) 计算距离

距离分为样本间距离和类间距离两种,在进行系统聚类分析时,首先要选择计算样本间距离的方法,常用的主要包括马氏距离、明科夫斯基距离、兰氏距离、切比雪夫距离、欧式距离和斜交空间距离等(胡希远,2007);其次要选择计算类间距离的方法,常用的主要包括类平均法、重心法、最长距离法、最短距离法、Ward最小方差法、密度估计法、最大似然估计法、可变类平均法、相似分析法、中间距离法和两阶段密度估计法11种(樊欣和邵谦谦,2003)。一般认为,欧氏距离和Ward最小方差法是计算样本间距离和类间距离中使用最广泛且分类效果较好的方法(高惠璇,2001;沈其君,2001)。因此,在对知识资本俱乐部分布的系统聚类分析中,我们将采用欧氏距离法作为样本间距离的计算方法,采用Ward最小方差法作为类间距离的计算方法。

（三）确定类型

在系统聚类分析中，确定类型是一个既困难又必须解决的问题，实际应用中有三种确定类型的方法：门限值法、散点图法和统计量法。虽然前两种方法都是根据客观数据的结果来确定类型的，但门限值法在门限值的确定上以及散点图法在图形的观察上仍带有主观性，因而客观性更高的统计量法成为系统聚类中确定类型的最优方法。

用统计量确定类型的方法来自统计方差分析思想，主要包括四种常用统计量：（1）R^2 统计量。该统计量越大说明分为 n 个类时每个类内的离差平方和都比较小，也就是说分为 n 个类是合理的。但是分的类越多，每个类越小，R^2 就越大，所以最后只能取 n 使 R^2 足够大，但 n 本身又比较小，而且 R^2 不再大幅度增加时的类型。（2）半偏 R^2 统计量。该统计量越大说明上一次合并聚类后的效果好，所以如果由 n+1 类合并为 n 类时引起的半偏 R^2 很大就应当取 n+1 类。（3）伪 F 统计量。该统计量越大说明分为 n 个类越合理。通常取伪 F 统计量较大而类型较小的聚类水平。（4）伪 t^2 统计量。如果两个类合并后引起该统计量变得很大，说明不应当合并这两个类，而应该取合并前的水平。为提高类型划分的可信度，本章将使用 SAS 9.2 版软件 CLUSTER 过程中的 RSQARE/RSQ 命令和 PSEUDO 命令来分别输出上述四种统计量，以确定知识资本全球分布的俱乐部类型。

三 数据来源

本章使用 130 个经济体 1981—2010 年的研发资本、人力资本、创新设施资本和技术资本指数的数据均来自第四章的测度结果。为便于分析，我们对数据进行如下处理：首先将 130 个经济体在 1981—2010 年的指数值进行平均，以研发资本、人力资本、创新设施资本和技术资本的平均值作为系统聚类分析的输入数据；接着将样本时期划分为 20 世纪 90 年代中期以前（1981—1995 年）和 20 世纪 90 年代中期以后（1996—2010 年）两个阶段，然后分别对各经济体在每个阶段的指数值进行平均，以检验俱乐部类型的划分在整个时期的稳定性。系统聚类分析的具体结果见表 5-1。

四 知识资本俱乐部类型的确定

首先，分析整个时期（1981—2010 年）的系统聚类结果。可以发现 R^2 统计量在分为三类之前的并类过程中，其数值是逐渐减少的，改变并不大。然而，当从三个类合并为 2 类时的 R^2 则下降较多，说明根据 R^2 统计量分为三个类是比较合适的；半偏 R^2 统计量的最大值出现在类别数等于 2 时，说明根据半偏 R^2 统计量分为三个类是比较合适的；伪 F 统计量的最大值出现在类别数等于 3 和 4 时，说明根据伪 F 统计量分为 3 个或 4 个类都是比较合适的；伪 t^2 统计量的最大值出现在类别数等于 2 时，说明根据伪 t^2 统计量分为 3 个类是比较合适的。综合以上结果，可得出如下结论：在整个时期的系统聚类分析中，依据知识资本发展水平的差异，将 130 个经济体划分为三个俱乐部是比较合适的。

表 5 - 1   系统聚类历史及关键统计量

类别数	系统聚类（1981—2010）				系统聚类（1981—1995）				系统聚类（1996—2010）			
	R^2	半偏 R^2	伪 F	伪 t^2	R^2	半偏 R^2	伪 F	伪 t^2	R^2	半偏 R^2	伪 F	伪 t^2
…	…	…	…	…	…	…	…	…	…	…	…	…
7	0.889	0.0127	164	27.5	0.872	0.0144	140	15.7	0.896	0.0116	177	8.70
6	0.876	0.0129	176	10.1	0.845	0.0270	135	32.7	0.881	0.0158	183	30.2
5	0.850	0.0265	177	14.0	0.817	0.0281	140	14.9	0.857	0.0233	188	13.3
4	0.816	0.0342	186	37.9	0.769	0.0482	140	14.9	0.831	0.0268	202	19.4
3	0.746	0.0700	186	49.0	0.667	0.1017	127	73.4	0.761	0.0698	206	52.5
2	0.575	0.1711	173	95.5	0.456	0.2109	107	101	0.611	0.1495	201	87.5
…	…	…	…	…	…	…	…	…	…	…	…	…

资料来源：根据系统聚类分析结果整理。

其次，分析 20 世纪 90 年代中期以前的系统聚类结果。可以发现 R^2 统计量在分为 3 个类之前的并类过程中，其数值是逐渐减少的，改变并不大。然而，当从 3 个类合并为 2 个类时的 R^2 则下降较多，说明根据 R^2 统计量分为 3 个类是比较合适的；半偏 R^2 统计量的最大值出现在类别数等于 2 时，说明根据半偏 R^2 统计量分为 3 个类是比较合适的；伪 F 统计量的最大值出现在类别数等于 4、5 和 7 时，说明根据伪 F 统计量分为 4、5 或 7 个类都是比较合适的；伪 t^2 统计量的最大值出现在类别数等于 2 时，说明根据伪 t^2 统计量分为 3 个类是比较合适的。综合以上结果，可得出如下结论：在对 20 世纪 90 年代中期以前的系统聚类分析中，依据知识资本发展水平的差异，将 130 个经济体划分为三个俱乐部是比较合适的。

最后，分析20世纪90年代中期以后的系统聚类结果。可以发现R^2统计量在分为3个类之前的并类过程中，其数值是逐渐减少的，改变并不大。然而，当从3类合并为2类时的R^2则下降较多，说明根据R^2统计量分为3个类是比较合适的；半偏R^2统计量的最大值出现在类别数等于2时，说明根据半偏R^2统计量分为3个类是比较合适的；伪F统计量的最大值出现在类别数等于3时，说明根据伪F统计量分为3个类是比较合适的；伪t^2统计量的最大值出现在类别数等于2时，说明根据t^2统计量分为3个类是比较合适的。综合以上结果，可得出如下结论：在对20世纪90年代中期以后的系统聚类分析中，依据知识资本发展水平的差异，将130个经济体划分为三个俱乐部是比较合适的。

通过系统聚类分析发现，1981—2010年，全球130个经济体可以被划分成三个知识资本俱乐部。此外，通过对不同阶段的系统聚类分析，我们还发现依据知识资本各方面发展水平的不同，对三个俱乐部的划分具有稳定性。这样的划分最大限度地保证了同一俱乐部内部的同质性以及不同俱乐部间的异质性，因而具有合理性。

第二节　俱乐部经济体分布的动态演变

根据三个俱乐部所包含的经济体类型和数量特征，同时借鉴已有文献在经济体划分上的命名规律，最终将这三个知识资本俱乐部分别命名为创新领导俱乐部、创新追赶俱乐部和创新缓慢俱乐部。下面将具体分析各个俱乐部所包含的经济体类型以及经济体数量的动态演变（见表5-2至表5-4）。

一　俱乐部的经济体分布

表5-2是三个俱乐部在1981—1995年的经济体分布，可以看出：在这一阶段，俱乐部的经济体在分布上呈现"中间大，两头小"的特征。也就是说，创新追赶俱乐部拥有最多数量的经济体，而创新领导俱乐部和创新缓慢俱乐部的经济体数量则相对较少。具体而言，创新领导俱乐部的经济体数量仅为21个，只占经济体总数的16.15%，分布于

发达经济体（18个）和发展经济体（中国台湾、中国香港和新加坡）；创新追赶俱乐部的经济体数量共有 76 个，占经济体总数的 58.46%，分布于发展经济体（40个）、发达经济体（18个）和转型经济体（18个）；创新缓慢俱乐部的经济体数量共有 33 个，占经济体总数的 25.38%，均分布于发展经济体。

表 5-2　　　三个俱乐部的经济体分布（1981—1995 年）

俱乐部类型	经济体分布
创新领导俱乐部	爱尔兰、奥地利、比利时、丹麦、德国、法国、芬兰、荷兰、加拿大、卢森堡、马耳他、美国、挪威、日本、瑞典、瑞士、中国台湾、中国香港、新加坡、以色列、英国（共21个）
创新追赶俱乐部	阿尔巴尼亚、阿尔及利亚、阿根廷、阿塞拜疆、埃及、爱沙尼亚、澳大利亚、中国澳门、巴拉圭、巴拿马、巴西、白俄罗斯、保加利亚、冰岛、波黑、波兰、玻利维亚、博茨瓦纳、俄罗斯、厄瓜多尔、菲律宾、哥伦比亚、哥斯达黎加、格鲁吉亚、古巴、哈萨克、韩国、黑山、吉尔吉斯、加蓬、捷克、科威特、克罗地亚、拉脱维亚、黎巴嫩、立陶宛、利比亚、罗马尼亚、马来西亚、马其顿、毛里求斯、蒙古、秘鲁、摩尔多瓦、墨西哥、南非、葡萄牙、萨尔瓦多、塞尔维亚、塞浦路斯、塞舌尔、沙特、斯洛伐克、斯洛文尼亚、塔吉克、泰国、特立尼达、突尼斯、土耳其、土库曼、委内瑞拉、文莱、乌克兰、乌拉圭、乌兹别克、西班牙、希腊、新西兰、匈牙利、牙买加、亚美尼亚、伊拉克、伊朗、意大利、约旦、智利（共76个）
创新缓慢俱乐部	中国、埃塞俄比亚、巴基斯坦、贝宁、布基纳法索、布隆迪、多哥、冈比亚、洪都拉斯、加纳、肯尼亚、老挝、卢旺达、马达加斯加、马拉维、马里、孟加拉国、缅甸、摩洛哥、尼泊尔、尼加拉瓜、尼日尔、尼日利亚、塞内加尔、斯里兰卡、苏丹、坦桑尼亚、危地马拉、乌干达、印度、印度尼西亚、越南、赞比亚（共33个）

注：表中各经济体列示顺序不分先后，下同。
资料来源：笔者整理。

二　俱乐部的经济体分布

表 5-3 是三个俱乐部在 1996—2010 年的经济体分布，可以看出：在这一阶段，三个俱乐部的经济体在分布上同样呈现"中间大，两头小"

表 5-3　　　三个俱乐部的经济体分布（1996—2010 年）

俱乐部类型	经济体分布
创新领导俱乐部	爱尔兰、奥地利、澳大利亚（↑）、比利时、冰岛（↑）、丹麦、德国、法国、芬兰、韩国（↑）、荷兰、加拿大、卢森堡、美国、挪威、日本、瑞典、瑞士、中国台湾、新加坡、以色列、英国（共22个）
创新追赶俱乐部	中国（↑）、阿尔巴尼亚、阿尔及利亚、阿根廷、阿塞拜疆、埃及、爱沙尼亚、中国澳门、巴拉圭、巴拿马、巴西、白俄罗斯、保加利亚、波黑、波兰、玻利维亚、博茨瓦纳、俄罗斯、厄瓜多尔、菲律宾、哥伦比亚、哥斯达黎加、格鲁吉亚、古巴、哈萨克、黑山、吉尔吉斯、加蓬、捷克、科威特、克罗地亚、拉脱维亚、黎巴嫩、立陶宛、利比亚、罗马尼亚、马耳他（↓）、马来西亚、马其顿、毛里求斯、蒙古、秘鲁、摩尔多瓦、墨西哥、南非、葡萄牙、萨尔瓦多、塞尔维亚、塞浦路斯、塞舌尔、沙特、斯里兰卡（↑）、斯洛伐克、斯洛文尼亚、塔吉克、泰国、特立尼达、突尼斯、土耳其、土库曼、委内瑞拉、文莱、乌克兰、乌拉圭、乌兹别克、西班牙、希腊、中国香港（↓）、新西兰、匈牙利、牙买加、亚美尼亚、伊朗、意大利、约旦、智利（共76个）
创新缓慢俱乐部	埃塞俄比亚、巴基斯坦、贝宁、布基纳法索、布隆迪、多哥、冈比亚、洪都拉斯、加纳、肯尼亚、老挝、卢旺达、马达加斯加、马拉维、马里、孟加拉国、缅甸、摩洛哥、尼泊尔、尼加拉瓜、尼日尔、尼日利亚、塞内加尔、苏丹、坦桑尼亚、危地马拉、乌干达、伊拉克（↓）、印度、印度尼西亚、越南、赞比亚（共32个）

注：经济体旁的升箭头代表该经济体从低级俱乐部跃升至高级俱乐部，经济体旁的降箭头代表该经济体从高级俱乐部跌入至低级俱乐部。高级和低级是相对而言的，比如创新领导俱乐部相对创新追赶和缓慢俱乐部是高级的，创新追赶俱乐部相对创新缓慢俱乐部是高级的；相反，创新缓慢俱乐部相对创新领导和追赶俱乐部是低级的，创新追赶俱乐部相对创新领导俱乐部是低级的。

特征。具体而言，创新领导俱乐部的经济体数量仅为22个，只占经济体总数的16.92%，分布于发达经济体（19个）和发展经济体（韩国、中国台湾和新加坡）；创新追赶俱乐部的经济体数量共有76个，占经济体总数的58.46%，分布于发展经济体（41个）、转型经济体（18个）和发达经济体（17个）；创新缓慢俱乐部的经济体数量共有32个，占经济体总数的24.62%，均分布于发展经济体。与前一阶段相比，三个俱乐部所拥有的经济体数量没有发生明显变化，只有个别经济体的俱乐部归属做了调整。其中，澳大利亚、冰岛和韩国从原先的创新追赶俱乐部跃升至创新领导俱乐部，马耳他和中国香港从原先的创新领导俱乐部跌入创新追赶俱乐部，斯里兰卡和中国从原先的创新缓慢俱乐部跃升至创新追赶俱乐部，伊拉克从原先的创新追赶俱乐部跌入创新缓慢俱乐部。

三 俱乐部的经济体分布

表5-4是三个俱乐部在整个时期（1981—2010年）的经济体分布，可以看出：在1981—2010年，三个俱乐部的经济体在分布上同样呈现"中间大，两头小"特征。具体而言，创新领导俱乐部的经济体数量仅为22个，占经济体总数的16.92%，分布于发达经济体（19个）以及发展经济体（韩国、中国台湾和新加坡）；创新追赶俱乐部的经济体数量共有77个，占经济体总数的59.23%，分布于发展经济体（42个）、转型经济体（18个）和发达经济体（17个）；创新缓慢俱乐部的经济体数量共有31个，占经济体总数的23.85%，均分布于发展经济体。

表5-4 三个俱乐部在整个时期的经济体分布（1981—2010年）

俱乐部类型	经济体分布
创新领导俱乐部	爱尔兰、奥地利、澳大利亚、比利时、冰岛、丹麦、德国、法国、芬兰、韩国、荷兰、加拿大、卢森堡、美国、挪威、日本、瑞典、瑞士、中国台湾、新加坡、以色列、英国（共22个）
创新追赶俱乐部	中国、阿尔巴尼亚、阿尔及利亚、阿根廷、阿塞拜疆、埃及、爱沙尼亚、中国澳门、巴拉圭、巴拿马、巴西、白俄罗斯、保加利亚、波黑、波兰、玻利维亚、博茨瓦纳、俄罗斯、厄瓜多尔、菲律宾、哥伦比亚、哥斯达黎加、格鲁吉亚、古巴、哈萨克、黑山、吉尔吉斯、加蓬、捷克、科威特、克罗地亚、拉脱维亚、黎巴嫩、立陶宛、利比亚、罗马尼亚、马耳他、马来西亚、马其顿、毛里求斯、蒙古、秘鲁、摩尔多瓦、摩洛哥、墨西哥、南非、葡萄牙、萨尔瓦多、塞尔维亚、塞浦路斯、塞舌尔、沙特、斯里兰卡、斯洛伐克、斯洛文尼亚、塔吉克、泰国、特立尼达、突尼斯、土耳其、土库曼、委内瑞拉、文莱、乌克兰、乌拉圭、乌兹别克、西班牙、希腊、中国香港、新西兰、匈牙利、牙买加、亚美尼亚、伊朗、意大利、约旦、智利（共77个）
创新缓慢俱乐部	埃塞俄比亚、巴基斯坦、贝宁、布基纳法索、布隆迪、多哥、冈比亚、洪都拉斯、加纳、肯尼亚、老挝、卢旺达、马达加斯加、马拉维、马里、孟加拉国、缅甸、尼泊尔、尼加拉瓜、尼日尔、尼日利亚、塞内加尔、苏丹、坦桑尼亚、危地马拉、乌干达、伊拉克、印度、印度尼西亚、越南、赞比亚（共31个）

第三节　各俱乐部知识资本的发展水平分析

由本章第二节可知，依据知识资本各方面发展水平的差异，全球130个经济体在整个时期可以划分为三个俱乐部，并且这种划分不仅在类型上具有稳定性，在各自所包含的经济体数量上也具有稳定性。为了便于比较，我们根据整个时期的系统聚类结果进行接下来的分析，即创新领导俱乐部、创新追赶俱乐部和创新缓慢俱乐部的经济体数量分别为22个、77个和31个；在数据来源上，我们首先对三个俱乐部各自内部的经济体数据进行平均，以得到每个俱乐部的知识资本及其各方面在1981—2010年的指数值，然后再对三个俱乐部在整个时期的数据进行平均，以得到每个俱乐部的知识资本及其各方面指数的平均值；在分析方法上，与第四章第五节相似，即以全球水平为参考基准，将各个俱乐部在整个时期的平均值与全球水平进行比较，以判断各个俱乐部在知识资本及其各方面发展水平上的高低。下面结合图5-1至图5-5以及表5-5至表5-9，分别对三个俱乐部的知识资本及其各方面投入在整个时期发展水平的总体状况进行具体分析。

一　研发资本发展水平分析

图5-1是三个俱乐部研发资本指数的动态变化图。可以看出：(1) 1981—2010年，创新领导俱乐部的研发资本总体处于不断上升的趋势，其指数值从1981年的13.79上升到2010年的37.03，年均增长率为3.46%；除在20世纪90年代初期有些许下降外，创新追赶俱乐部的研发资本总体处于缓慢上升的趋势，其指数值从1981年的2.88上升到2010年的4.47，年均增长率为1.53%；创新缓慢俱乐部的研发资本总体处于缓慢上升的趋势，其指数值从1981年的1.07上升到2010年的1.43，年均增长率仅为1.01%。(2) 各俱乐部的研发资本发展水平存在明显差异。1981—2010年，创新领导俱乐部的研发资本指数最高，其在每个时点上的指数值都高于其余两个俱乐部；创新追赶俱乐部的研发资本水平仅次于创新领导俱乐部，且它在每个时点上的研发资本指数值均高于创新缓慢俱乐部；创新缓慢俱乐部的研发资本在整个时期都处于最低的发展水平。

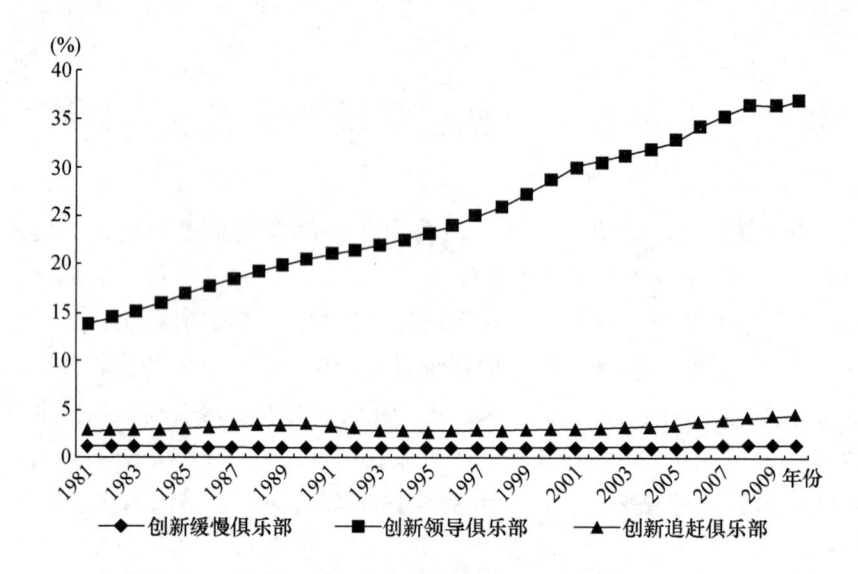

图 5-1　三个俱乐部研发资本指数的动态变化（1981—2010 年）

表 5-5 是按俱乐部划分的各经济体研发资本的平均指数及排名。可以看出：（1）创新领导俱乐部中 22 个经济体的研发资本平均指数值均大于全球水平，也就是说，整个时期创新领导俱乐部的研发资本具有较高的发展水平；创新追赶俱乐部和创新缓慢俱乐部的研发资本发展水平普遍低下。在总共 96 个低研发资本发展水平的经济体中，创新追赶俱乐部就有 65 个，占其 77 个经济体的 84.42%。而对创新缓慢俱乐部来说，其所有 31 个经济体的研发资本平均指数值均小于全球水平。因此，从指数值大于全球水平的经济体数量上看，创新领导俱乐部的研发资本发展水平普遍较高，而创新追赶俱乐部和创新缓慢俱乐部的研发资本发展水平普遍较低。（2）从各俱乐部的平均指数上看，创新领导俱乐部研发资本的平均指数值为 24.91，大于全球水平（6.38），而创新追赶俱乐部和创新缓慢俱乐部的平均指数值分别为 3.21 和 1.11，都小于全球水平。因此，从平均指数值上也可以得出与上面相同的结论：创新领导俱乐部具有较高的研发资本发展水平，而创新追赶俱乐部和创新缓慢俱乐部的研发资本发展水平普遍低下。

二　人力资本发展水平分析

图 5-2 是三个俱乐部人力资本指数的动态变化图。可以看出：（1）1981—2010 年，创新领导俱乐部的人力资本一直处于不断上升的

表5-5　按俱乐部划分的各经济体研发资本的平均指数及排名

俱乐部类型	经济体分布（全球：6.38）
创新领导俱乐部（24.91）	美国（66.55，1）、日本（42.85，2）、德国（33.71，3）、瑞典（33.05，4）、瑞士（31.91，5）、卢森堡（27.72，6）、法国（26.08，7）、以色列（24.56，8）、芬兰（24.3，9）、英国（23.18，10）、荷兰（22.12，11）、挪威（20.83，12）、丹麦（20.22，13）、加拿大（19.98，14）、奥地利（18.62，15）、比利时（18.48，16）、冰岛（17.76，17）、韩国（17.73，18）、新加坡（16.39，19）、澳大利亚（16.26，20）、中国台湾（15.28，21）、爱尔兰（10.54，25）
创新追赶俱乐部（3.21）	意大利（12.55，22）、斯洛文尼亚（12.16，23）、捷克（10.96，24）、俄罗斯（10.22，26）、匈牙利（9.56，27）、新西兰（8.71，28）、西班牙（8.49，29）、中国（8.18，30）、克罗地亚（7.17，31）、斯洛伐克（7.06，32）、保加利亚（6.61，33）、乌克兰（6.40，34）、巴西（6.37，35）、白俄罗斯（5.57，36）、黑山（5.30，37）、波兰（5.29，38）、葡萄牙（5.20，39）、中国香港（5.02，40）、南非（4.45，41）、罗马尼亚（4.27，42）、爱沙尼亚（4.00，44）、塞尔维亚（3.67，45）、古巴（3.58，46）、立陶宛（3.45，47）、希腊（3.28，48）、委内瑞拉（3.21，49）、摩尔多瓦（3.18，50）、马其顿（2.95，51）、伊朗（2.88，52）、拉脱维亚（2.85，54）、智利（2.81，55）、阿根廷（2.79，56）、博茨瓦纳（2.69，57）、格鲁吉亚（2.62，58）、土耳其（2.61，59）、墨西哥（2.58，61）、波黑（2.55，62）、哈萨克（2.22，63）、塞舌尔（2.15，64）、马耳他（2.11，65）、突尼斯（1.95，67）、马来西亚（1.91，68）、约旦（1.79，69）、科威特（1.77，71）、毛里求斯（1.73，72）、摩洛哥（1.64，74）、阿塞拜疆（1.64，75）、哥斯达黎加（1.64，76）、塞浦路斯（1.62，78）、巴拿马（1.46，80）、加蓬（1.45，81）、阿尔及利亚（1.33，84）、哥伦比亚（1.18，86）、亚美尼亚（1.17，88）、牙买加（1.13，89）、乌拉圭（1.12，90）、蒙古（1.09，91）、泰国（1.02，95）、文莱（1.00，96）、萨尔瓦多（0.92，97）、吉尔吉斯（0.89，99）、黎巴嫩（0.88，100）、埃及（0.85，101）、玻利维亚（0.81，102）、利比亚（0.72，104）、特立尼达（0.69，106）、秘鲁（0.68，108）、阿尔巴尼亚（0.68，109）、厄瓜多尔（0.59，113）、斯里兰卡（0.59，114）、菲律宾（0.57，115）、沙特（0.57，116）、土库曼（0.54，117）、巴拉圭（0.53，119）、塔吉克（0.5，120）、乌兹别克（0.48，121）、中国澳门（0.47，122）

续表

俱乐部类型	经济体分布（全球：6.38）
创新缓慢俱乐部（1.11）	印度（4.13，43）、马拉维（2.88，53）、卢旺达（2.59，60）、贝宁（2.09，66）、多哥（1.77，70）、肯尼亚（1.72，73）、塞内加尔（1.63，77）、苏丹（1.59，79）、马里（1.45，82）、越南（1.33，83）、老挝（1.21，85）、坦桑尼亚（1.17，87）、尼日尔（1.07，92）、巴基斯坦（1.03，93）、乌干达（1.03，94）、尼泊尔（0.89，98）、尼加拉瓜（0.74，103）、马达加斯加（0.71，105）、布基纳法索（0.69，107）、加纳（0.66，110）、尼日利亚（0.64，111）、埃塞俄比亚（0.62，112）、印度尼西亚（0.53，118）、布隆迪（0.34，123）、危地马拉（0.34，124）、孟加拉国（0.34，125）、缅甸（0.33，126）、赞比亚（0.29，127）、洪都拉斯（0.22，128）、冈比亚（0.14，129）、伊拉克（0.14，130）

注：经济体右侧括号中的两个数值分别为研发资本指数在 1981—2010 年的平均值以及排名；左侧俱乐部下方括号中的数值为该俱乐部整个时期的平均值；"经济体分布"右侧括号中的数值为全球平均值；表 5-6 至表 5-9 的表示形式与表 5-5 相同，不再赘述。

资料来源：笔者计算并整理。

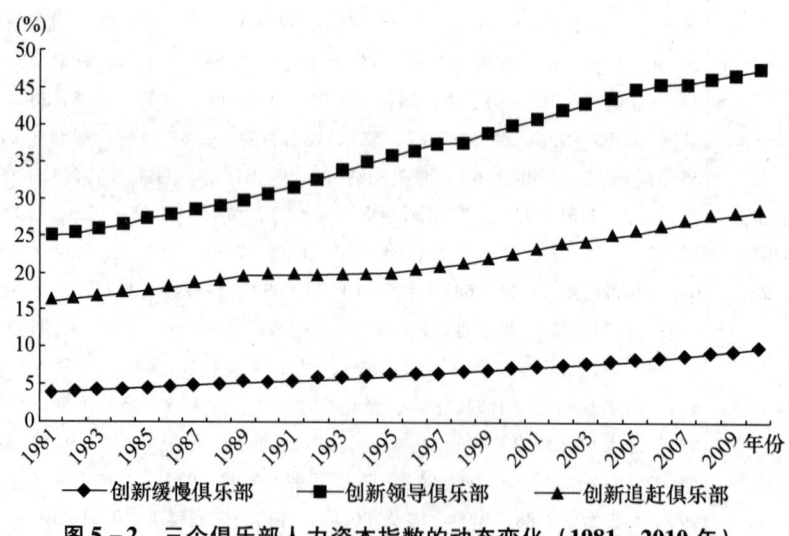

图 5-2 三个俱乐部人力资本指数的动态变化（1981—2010 年）

趋势，其指数值从 1981 年的 24.90 上升到 2010 年的 47.61，年均增长率为 2.26%；创新追赶俱乐部的人力资本总体处于不断上升的趋势，其指数值从 1981 年的 16.45 上升到 2010 年的 28.81，年均增长率为 1.95%；创新缓慢俱乐部的人力资本一直处于不断上升的趋势，其指数值从 1981 年的 3.74 上升到 2010 年的 9.95，年均增长率为 3.43%。（2）各俱乐部的人力资本发展水平存在明显差异。1981—2010 年，创新领导俱乐部的人力资本指数最高，其在每个时点上的指数值都高于其余两个俱乐部；创新追赶俱乐部的人力资本发展水平仅次于创新领导俱乐部，其在每个时点上的人力资本指数值都高于创新缓慢俱乐部；而创新缓慢俱乐部的人力资本发展水平在整个时期都是最低的。

表 5-6 是按俱乐部划分的各经济体人力资本的平均指数及排名。可以看出：（1）在人力资本平均指数大于全球水平的 62 个经济体中，有 22 个属于创新领导俱乐部，表明创新领导俱乐部的人力资本发展水平普遍较高；有 38 个属于创新追赶俱乐部，占其 77 个经济体的 49.35%，接近半数的经济体具有较高的人力资本发展水平，可以认定创新追赶俱乐部的人力资本总体处于中等发展水平；而对创新缓慢俱乐部来说，其 31 个经济体的人力资本平均指数均小于全球水平，表明创新缓慢俱乐部的人力资本发展水平普遍较低。（2）从各俱乐部的平均指数上看，创新领导俱乐部人力资本的平均指数为 36.12，大于全球水平（20.51），从这一点上看，创新领导俱乐部同样具有较高的人力资本发展水平；创新追赶俱乐部的平均指数为 21.70，也大于全球水平，从这一点上看，创新追赶俱乐部具有较高的人力资本发展水平；创新缓慢俱乐部的平均指数为 6.48，小于全球水平，说明从平均指数上看，创新缓慢俱乐部的人力资本也是处于较低发展水平的。因此，根据人力资本发展水平较高的经济体数量与平均指数值，可以总结出：创新领导俱乐部具有较高的人力资本发展水平，创新追赶俱乐部在总体上也具有较高的人力资本发展水平，而创新缓慢俱乐部的人力资本发展水平普遍较低。

表 5-6 按俱乐部划分的各经济体人力资本的平均指数及排名

俱乐部类型	经济体分布（全球：20.51）
创新领导俱乐部（36.12）	美国（68.77，1）、日本（48.72，3）、加拿大（42.50，4）、澳大利亚（40.08，5）、芬兰（39.38，6）、挪威（39.15，7）、瑞典（38.33，9）、韩国（37.07，11）、德国（35.32，13）、丹麦（35.17，14）、冰岛（33.89，16）、荷兰（33.4，17）、以色列（32.94，19）、英国（32.91，20）、比利时（32.41，21）、法国（32.16，24）、中国台湾（31.46，25）、爱尔兰（31.35，26）、瑞士（30.87，28）、奥地利（28.63，33）、新加坡（25.18，45）、卢森堡（24.9，46）

续表

俱乐部类型	经济体分布（全球：20.51）
创新追赶俱乐部（21.70）	俄罗斯（50.61，2）、新西兰（38.38，8）、乌克兰（37.90，10）、格鲁吉亚（35.46，12）、斯洛文尼亚（33.92，15）、捷克（33.00，18）、白俄罗斯（32.32，22）、爱沙尼亚（32.29，23）、立陶宛（30.91，27）、拉脱维亚（30.6，29）、斯洛伐克（30.19，30）、保加利亚（30.09，31）、亚美尼亚（29.89，32）、匈牙利（28.34，34）、波兰（27.97，35）、西班牙（27.78，36）、希腊（27.54，37）、意大利（26.96，38）、罗马尼亚（25.84，39）、阿根廷（25.84，40）、中国（25.81，41）、塞尔维亚（25.57，42）、摩尔多瓦（25.56，43）、哈萨克（25.52，44）、古巴（24.18，47）、克罗地亚（24.14，48）、中国香港（23.63，49）、阿塞拜疆（23.31，50）、吉尔吉斯（22.87，51）、乌兹别克（22.8，52）、土库曼（22.66，53）、黑山（22.34，54）、葡萄牙（22，55）、智利（21.99，56）、乌拉圭（21.88，57）、塔吉克（21.31，58）、蒙古（20.81，59）、巴拿马（20.8，60）、塞浦路斯（20.2，61）、约旦（20.09，62）、马耳他（19.62，63）、阿尔巴尼亚（19.23，64）、秘鲁（19.14，65）、菲律宾（19.07，66）、哥斯达黎加（19.02，67）、黎巴嫩（18.72，68）、中国澳门（18.68，69）、马其顿（18.53，70）、波黑（18.42，71）、玻利维亚（18.24，72）、斯里兰卡（17.67，73）、厄瓜多尔（17.56，74）、委内瑞拉（17.3，75）、马来西亚（17.15，76）、文莱（16.64，77）、南非（16.21，78）、特立尼达（16.16，79）、墨西哥（15.94，80）、牙买加（15.53，81）、塞舌尔（15.23，82）、泰国（14.93，83）、哥伦比亚（14.69，84）、利比亚（14.59，85）、沙特（14.34，86）、科威特（14.32，87）、土耳其（14.09，88）、巴拉圭（13.86，89）、巴西（13.84，90）、博茨瓦纳（13.59，91）、伊朗（13.47，92）、埃及（13.41，93）、毛里求斯（13.03，94）、萨尔瓦多（12.38，95）、突尼斯（12.27，96）、阿尔及利亚（11.3，97）、加蓬（11.15，98）、摩洛哥（8.21，109）
创新缓慢俱乐部（6.48）	洪都拉斯（10.91，99）、印度尼西亚（10.56，100）、加纳（10.40，101）、尼加拉瓜（10.25，102）、赞比亚（10.06，103）、越南（9.86，104）、印度（9.78，105）、肯尼亚（9.23，106）、马达加斯加（9.06，107）、伊拉克（9.04，108）、尼日利亚（7.87，110）、危地马拉（7.7，111）、坦桑尼亚（7.05，112）、塞内加尔（7.03，113）、多哥（7.01，114）、孟加拉国（6.80，115）、老挝（6.64，116）、缅甸（6.24，117）、巴基斯坦（6.09，118）、乌干达（5.95，119）、苏丹（4.84，120）、马拉维（4.64，121）、尼泊尔（4.41，122）、贝宁（4.32，123）、卢旺达（3.55，124）、冈比亚（2.83，125）、布隆迪（2.81，126）、布基纳法索（1.72，127）、埃塞俄比亚（1.5，128）、马里（1.45，129）、尼日尔（1.2，130）

三 创新设施资本发展水平分析

图 5-3 是三个俱乐部创新设施资本指数的动态变化图。可以看出：（1）1981—2010 年，不论是创新领导俱乐部、创新追赶俱乐部还是创新缓慢俱乐部，创新设施资本的发展水平都呈现出不断上升的趋势，它们的指数值分别从 1981 年的 3.69、0.91 和 0.14 快速上升到 2010 年的 23.85、13.43 和 5.71。（2）各俱乐部的创新设施资本发展水平存在明显差异。1981—2010 年，创新领导俱乐部的创新设施资本指数最高，其在每个时点上的指数值都高于其余两个俱乐部；创新追赶俱乐部的创新设施资本发展水平仅次于创新领导俱乐部，其在每个时点上的指数值都高于创新缓慢俱乐部；而创新缓慢俱乐部的创新设施资本发展水平在整个时期都是最低的。

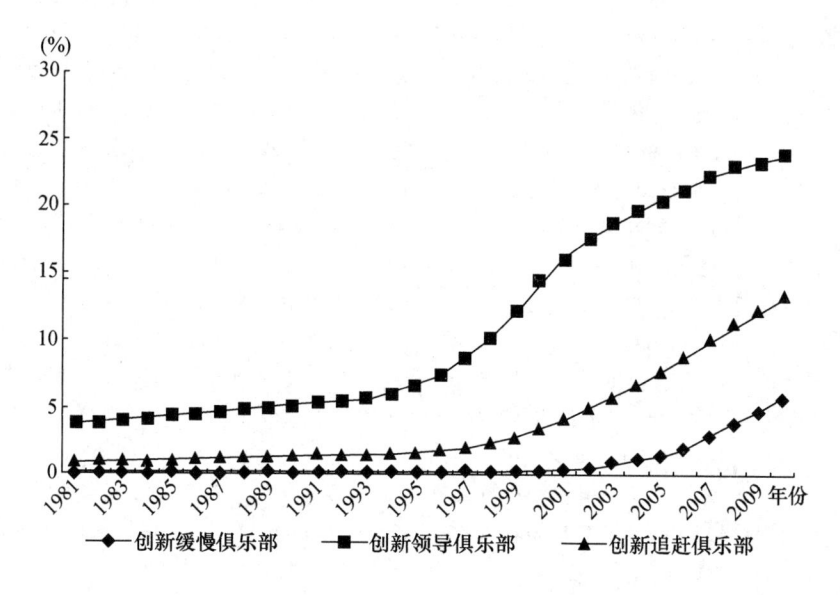

图 5-3 三个俱乐部创新设施资本指数的动态变化（1981—2010 年）

表 5-7 是按俱乐部划分的各经济体创新设施资本的平均指数及排名。可以看出：（1）创新领导俱乐部 22 个经济体的创新设施资本的平均指数均大于全球水平，也就是说，整个时期创新领导俱乐部的创新设施资本具有较高的发展水平；创新追赶俱乐部和创新缓慢俱乐部的创新设施资本发展水平普遍较低。在总共 80 个低创新设施资本发展水平的经济体中，创新追赶俱乐部就有 50 个，占其 77 个经济体的 64.94%。而对创新

表 5-7 按俱乐部划分的各经济体创新设施资本的平均指数及排名

俱乐部类型	经济体分布（全球：4.61）
创新领导俱乐部（11.04）	美国（22.48，1）、冰岛（15.02，2）、挪威（14.88，3）、瑞典（13.30，5）、日本（12.86，6）、加拿大（12.58，7）、德国（11.85，8）、芬兰（11.71，9）、卢森堡（11.28，10）、英国（10.96，11）、瑞士（10.15，12）、澳大利亚（10.03，13）、丹麦（9.81，14）、法国（9.65，15）、荷兰（9.61，16）、韩国（9.26，17）、中国台湾（8.79，19）、奥地利（8.56，22）、比利时（8.18，23）、新加坡（8.15，24）、以色列（6.97，28）、爱尔兰（6.74，30）
创新追赶俱乐部（3.86）	中国（13.74，4）、新西兰（9.20，18）、意大利（8.70，20）、中国香港（8.68，21）、西班牙（7.66，25）、科威特（7.39，26）、俄罗斯（6.99，27）、爱沙尼亚（6.79，29）、斯洛文尼亚（6.54，31）、捷克（6.42，32）、希腊（6.11，33）、葡萄牙（5.90，34）、马耳他（5.87，35）、斯洛伐克（5.82，36）、中国澳门（5.81，37）、巴西（5.38，38）、波兰（5.35，39）、文莱（5.29，40）、黑山（5.17，41）、匈牙利（5.14，42）、立陶宛（5.11，43）、塞浦路斯（5.10，44）、保加利亚（4.91，46）、马来西亚（4.84，47）、拉脱维亚（4.84，48）、克罗地亚（4.81，49）、塞尔维亚（4.71，50）、沙特（4.37，51）、特立尼达（4.29，52）、土耳其（4.17，53）、智利（3.85，54）、阿根廷（3.81，55）、乌克兰（3.80，56）、马其顿（3.78，57）、墨西哥（3.64，58）、南非（3.61，59）、罗马尼亚（3.60，60）、白俄罗斯（3.51，61）、乌拉圭（3.49，62）、塞舌尔（3.28，63）、委内瑞拉（3.24，64）、哈萨克（2.99，67）、波黑（2.87，68）、巴拿马（2.86，69）、泰国（2.75，70）、哥伦比亚（2.73，71）、牙买加（2.73，72）、哥斯达黎加（2.70，73）、毛里求斯（2.65，74）、黎巴嫩（2.52，76）、摩尔多瓦（2.48，77）、约旦（2.32，79）、伊朗（2.32，80）、阿塞拜疆（2.29，81）、利比亚（2.19，84）、摩洛哥（2.12，86）、秘鲁（2.11，87）、突尼斯（2.10，88）、埃及（2.07，89）、亚美尼亚（2.04，90）、格鲁吉亚（1.97，92）、菲律宾（1.92，93）、厄瓜多尔（1.85，94）、阿尔巴尼亚（1.81，97）、吉尔吉斯（1.80，98）、萨尔瓦多（1.73，102）、巴拉圭（1.58，110）、阿尔及利亚（1.56，113）、乌兹别克（1.56，112）、塔吉克（1.53，115）、蒙古（1.5，117）、博茨瓦纳（1.43，121）、加蓬（1.41，122）、玻利维亚（1.23，125）、土库曼（1.17，126）、斯里兰卡（0.98，129）、古巴（0.96，130）

续表

俱乐部类型	经济体分布（全球：4.61）
创新缓慢俱乐部（1.91）	印度（5.02，45）、越南（3.17，65）、印度尼西亚（3.11，66）、危地马拉（2.54，75）、巴基斯坦（2.37，78）、洪都拉斯（2.28，82）、尼日利亚（2.24，83）、冈比亚（2.15，85）、伊拉克（2.03，91）、尼加拉瓜（1.83，95）、老挝（1.81，96）、塞内加尔（1.80，99）、乌干达（1.80，100）、肯尼亚（1.77，101）、加纳（1.70，103）、赞比亚（1.66，104）、马达加斯加（1.65，105）、马里（1.62，106）、卢旺达（1.62，107）、布基纳法索（1.60，108）、孟加拉国（1.59，109）、坦桑尼亚（1.58，111）、马拉维（1.54，114）、苏丹（1.52，116）、尼日尔（1.50，118）、贝宁（1.47，119）、布隆迪（1.47，120）、多哥（1.39，123）、尼泊尔（1.27，124）、埃塞俄比亚（1.09，127）、缅甸（1.06，128）

缓慢俱乐部来说，有30个经济体的创新设施资本平均指数小于全球水平。因此，从指数值大于全球水平的经济体数量上看，创新领导俱乐部的创新设施资本发展水平普遍较高，而创新追赶俱乐部和创新缓慢俱乐部的创新设施资本发展水平普遍偏低。(2) 从各俱乐部的平均指数上看，创新领导俱乐部创新设施资本的平均指数为11.04，大于全球水平（4.61），而创新追赶俱乐部和创新缓慢俱乐部的平均指数分别为3.86和1.91，两者都小于全球水平。因此，从平均指数值上也可以得出与上面相同的结论：创新领导俱乐部具有较高创新设施资本发展水平，而创新追赶俱乐部和创新缓慢俱乐部的创新设施资本发展水平普遍低下。

四 技术资本发展水平分析

图5-4是三个俱乐部技术资本指数的动态变化图。可以看出：(1) 1981—2010年，创新领导俱乐部的技术资本总体处于不断上升的趋势，其指数值从1981年的11.78上升到2010年的33.79，年均增长率为3.70%；创新追赶俱乐部的技术资本总体也处于不断上升的趋势，其指数值从1981年的1.77上升到2010年的6.57，年均增长率达到了4.63%；创新缓慢俱乐部的技术资本总体处于稳步上升的趋势，其指数值从1981年的0.50上升到2010年的1.04，年均增长率为2.56%。(2) 各俱乐部的技术资本发展水平存在明显差异。1981—2010年，创新领导俱乐部的技术资本指数最高，其在每个时点上的指数值都高于其

余两个俱乐部；创新追赶俱乐部的技术资本发展水平仅次于创新领导俱乐部，其在每个时点上的技术资本指数值都高于创新缓慢俱乐部；而创新缓慢俱乐部的技术资本在整个时期都处于最低发展水平。

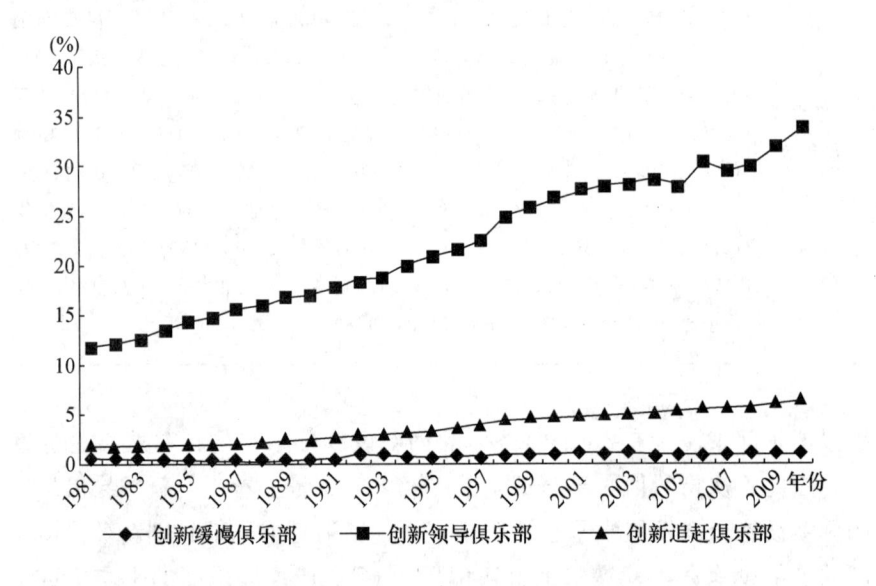

图 5-4　三个俱乐部技术资本指数的动态变化（1981—2010 年）

表 5-8 是按俱乐部划分的各经济体技术资本的平均指数及排名。可以看出：（1）创新领导俱乐部 22 个经济体的技术资本平均指数均大于全球水平，也就是说，整个时期创新领导俱乐部的技术资本具有较高的发展水平；创新追赶俱乐部和创新缓慢俱乐部的技术资本发展水平普遍较低。在总共 95 个低技术资本发展水平的经济体中，创新追赶俱乐部就有 62 个，占其 77 个经济体的 80.52%。而对创新缓慢俱乐部来说，其所有 31 个经济体的技术资本平均指数均小于全球水平。因此，从指数值大于全球水平的经济体数量上看，创新领导俱乐部的技术资本发展水平普遍较高，而创新追赶俱乐部和创新缓慢俱乐部的技术资本发展水平普遍偏低。（2）从各俱乐部的平均指数上看，创新领导俱乐部技术资本的平均指数为 21.84，大于全球水平（6.08），而创新追赶俱乐部和创新缓慢俱乐部的平均指数分别为 3.76 和 0.67，两者都小于全球水平。因此，从平均指数值上也可以得出与上面相同结论：创新领导

俱乐部具有较高的技术资本发展水平，而创新追赶俱乐部和创新缓慢俱乐部的技术资本发展水平普遍低下。

表 5-8　按俱乐部划分的各经济体技术资本的平均指数及排名

俱乐部类型	经济体分布（全球：6.08）
创新领导俱乐部（21.84）	美国（44.52，1）、日本（33.88，2）、瑞士（32.43，3）、中国台湾（27.86，4）、以色列（26.58，5）、瑞典（26.26，6）、新加坡（26.16，7）、英国（24.15，8）、爱尔兰（22.72，9）、芬兰（21.78，10）、德国（21.65，11）、丹麦（20.39，12）、荷兰（19.78，13）、加拿大（19.59，14）、法国（18.47，16）、韩国（18.16，18）、奥地利（14.30，21）、比利时（13.53，22）、澳大利亚（13.08，23）、卢森堡（12.12，24）、挪威（12.09，25）、冰岛（10.87，28）
创新追赶俱乐部（3.76）	菲律宾（18.87，15）、马耳他（18.35，17）、中国香港（17.68，19）、马来西亚（16.43，20）、匈牙利（11.14，26）、新西兰（10.92，27）、意大利（10.41，29）、泰国（9.80，30）、斯洛文尼亚（8.74，31）、中国（8.56，32）、墨西哥（8.47，33）、西班牙（8.23，34）、捷克（7.65，35）、哥斯达黎加（6.70，36）、爱沙尼亚（6.51，37）、斯洛伐克（6.02，38）、塞浦路斯（5.82，39）、希腊（5.21，40）、克罗地亚（5.10，41）、葡萄牙（5.08，42）、波兰（4.80，43）、保加利亚（4.39，44）、约旦（4.10，45）、黑山（3.75，46）、俄罗斯（3.64，47）、塞尔维亚（3.47，48）、萨尔瓦多（2.99，49）、巴西（2.94，50）、立陶宛（2.87，51）、摩洛哥（2.53，53）、马其顿（2.42，54）、格鲁吉亚（2.42，55）、罗马尼亚（2.41，56）、土耳其（2.37，57）、波黑（2.36，58）、南非（2.31，59）、拉脱维亚（2.27，60）、黎巴嫩（2.24，61）、塞舌尔（2.19，63）、摩尔多瓦（2.16，64）、突尼斯（2.06，65）、科威特（1.98，66）、亚美尼亚（1.93，67）、阿根廷（1.84，68）、中国澳门（1.83，70）、乌克兰（1.79，71）、吉尔吉斯（1.67，72）、乌拉圭（1.64，73）、古巴（1.57，74）、白俄罗斯（1.38，76）、巴拿马（1.29，77）、智利（1.24，78）、乌兹别克（1.19，79）、埃及（1.14，80）、加蓬（1.12，81）、阿尔巴尼亚（0.96，87）、斯里兰卡（0.88，89）、沙特（0.81，90）、特立尼达（0.80，91）、毛里求斯（0.80，92）、哥伦比亚（0.78，93）、哈萨克（0.75，94）、牙买加（0.7，95）、文莱（0.67，96）、阿塞拜疆（0.59，99）、博茨瓦纳（0.56，100）、蒙古（0.47，101）、伊朗（0.47，102）、委内瑞拉（0.46，103）、厄瓜多尔（0.34，109）、塔吉克（0.33，110）、巴拉圭（0.30，112）、秘鲁（0.26，116）、土库曼（0.23，121）、玻利维亚（0.17，125）、阿尔及利亚（0.160，126）、利比亚（0.16，128）

续表

俱乐部类型	经济体分布（全球：6.08）
创新缓慢俱乐部（0.67）	印度（2.70，52）、印度尼西亚（2.22，62）、马里（1.84，69）、冈比亚（1.44，75）、越南（1.10，82）、埃塞俄比亚（1.07，83）、危地马拉（1.06，84）、贝宁（1.05，85）、肯尼亚（1.04，86）、塞内加尔（0.92，88）、尼泊尔（0.64，97）、加纳（0.61，98）、布基纳法索（0.43，104）、马拉维（0.40，105）、坦桑尼亚（0.39，106）、巴基斯坦（0.38，107）、乌干达（0.37，108）、老挝（0.31，111）、孟加拉国（0.29，113）、多哥（0.29，114）、卢旺达（0.29，115）、尼加拉瓜（0.25，117）、苏丹（0.25，118）、布隆迪（0.24，119）、洪都拉斯（0.24，120）、尼日尔（0.21，122）、赞比亚（0.19，123）、缅甸（0.18，124）、尼日利亚（0.16，127）、马达加斯加（0.14，129）、伊拉克（0.12，130）

五 知识资本发展水平分析

图5-5是三个俱乐部知识资本指数的动态变化图。可以看出：（1）1981—2010年，不论是创新领导俱乐部、创新追赶俱乐部还是创新缓慢俱乐部，知识资本的发展水平都呈现出不断上升的趋势，它们的指数值分别从1981年的13.53、5.75和1.41上升到2010年的35.50、13.99和4.83，整个时期的年均增长率分别为2.89%、3.11%和4.34%。（2）各俱乐部的知识资本发展水平存在明显差异。1981—2010年，创新领导俱乐部的知识资本指数最高，其在每个时点上的指数值都高于其余两个俱乐部；创新追赶俱乐部的知识资本发展水平仅次于创新领导俱乐部，其在每个时点上的知识资本指数值都高于创新缓慢俱乐部；而创新缓慢俱乐部的知识资本在整个时期都处于最低的发展水平。

表5-9是按俱乐部划分的各经济体知识资本的平均指数及排名。可以看出：（1）创新领导俱乐部22个经济体的知识资本平均指数均大于全球水平，也就是说，整个时期创新领导俱乐部的知识资本具有较高的发展水平；创新追赶俱乐部和创新缓慢俱乐部的知识资本发展水平普遍较低。在总共83个低知识资本发展水平的经济体中，创新追赶俱乐部就有52个，占其77个经济体的67.53%。而对创新缓慢俱乐部来说，其所有31个经济体的知识资本平均指数值均小于全球水平。因此，

从指数值大于全球水平的经济体数量上看，创新领导俱乐部的知识资本发展水平普遍较高，而创新追赶俱乐部和创新缓慢俱乐部的知识资本发展水平普遍偏低。（2）从各俱乐部的平均指数上看，创新领导俱乐部的知识资本平均指数为 23.40，大于全球水平（9.57），而创新追赶俱乐部和创新缓慢俱乐部的平均指数分别为 8.50 和 2.40，两者都小于全球水平。因此，从平均指数上也可以得出与上面相同的结论：创新领导俱乐部具有较高的知识资本发展水平，而创新追赶俱乐部和创新缓慢俱乐部的知识资本发展水平普遍偏低。

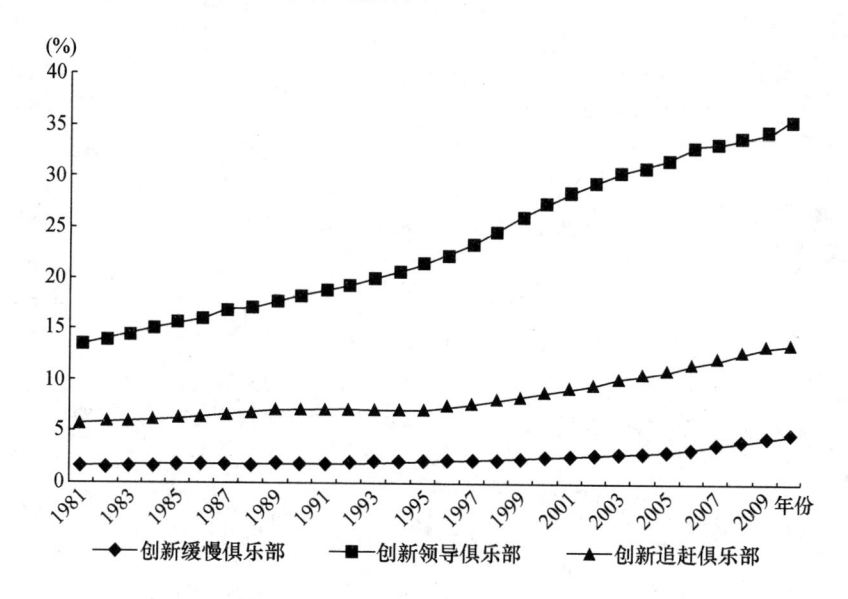

图 5-5 三个俱乐部知识资本指数的动态变化（1981—2010 年）

表 5-9   按俱乐部划分的各经济体知识资本的平均指数及排名

俱乐部类型	经济体分布（全球：9.57）
创新领导俱乐部（23.40）	美国（50.00，1）、日本（34.10，2）、瑞典（27.48，3）、瑞士（25.70，4）、德国（25.38，5）、芬兰（24.31，6）、加拿大（23.91，7）、英国（22.62，8）、以色列（22.38，9）、挪威（22.17，10）、法国（21.46，11）、丹麦（21.40，12）、荷兰（21.17，13）、韩国（20.69，14）、中国台湾（20.64，15）、澳大利亚（20.25，16）、冰岛（19.82，17）、卢森堡（18.92，18）、新加坡（18.65，20）、比利时（18.28，21）、爱尔兰（17.81，22）、奥地利（17.56，23）

续表

俱乐部类型	经济体分布（全球：9.57）
创新追赶俱乐部（8.50）	俄罗斯（18.75，19）、新西兰（17.34，24）、斯洛文尼亚（15.71，25）、捷克（14.91，26）、意大利（14.89，27）、中国（14.56，28）、中国香港（13.88，29）、匈牙利（13.75，30）、西班牙（13.41，31）、乌克兰（13.15，32）、爱沙尼亚（12.96，33）、斯洛伐克（12.72，34）、保加利亚（11.98，35）、马耳他（11.5，36）、波兰（11.32，37）、白俄罗斯（11.28，38）、格鲁吉亚（11.25，39）、立陶宛（11.19，40）、希腊（11.04，41）、拉脱维亚（10.76，42）、克罗地亚（10.63，43）、马来西亚（10.07，44）、菲律宾（10.01，45）、葡萄牙（9.90，46）、塞尔维亚（9.82，47）、黑山（9.52，48）、罗马尼亚（9.49，49）、亚美尼亚（9.33，50）、阿根廷（9.08，51）、摩尔多瓦（8.80，52）、塞浦路斯（8.54，53）、哈萨克（8.39，54）、古巴（7.96，55）、智利（7.92，56）、墨西哥（7.79，57）、哥斯达黎加（7.75，58）、乌拉圭（7.49，59）、阿塞拜疆（7.43，60）、约旦（7.39，61）、巴西（7.35，62）、马其顿（7.26，63）、吉尔吉斯（7.25，64）、泰国（7.21，65）、中国澳门（7.17，66）、巴拿马（7.03，67）、乌兹别克（6.96，68）、南非（6.91，69）、波黑（6.88，70）、科威特（6.76，71）、土库曼（6.61，72）、黎巴嫩（6.45，73）、委内瑞拉（6.41，74）、蒙古（6.39，75）、塔吉克（6.36，76）、文莱（6.34，77）、土耳其（6.09，78）、阿尔巴尼亚（6.06，79）、塞舌尔（6，80）、秘鲁（5.96，81）、特立尼达（5.89，82）、玻利维亚（5.49，83）、厄瓜多尔（5.46，84）、沙特（5.39，85）、斯里兰卡（5.37，86）、牙买加（5.36，87）、哥伦比亚（5.17，89）、伊朗（5.04，90）、毛里求斯（4.83，91）、博茨瓦纳（4.80，92）、突尼斯（4.80，93）、利比亚（4.74，94）、萨尔瓦多（4.70，95）、埃及（4.64，96）、巴拉圭（4.37，97）、加蓬（3.98，99）、阿尔及利亚（3.82，100）、摩洛哥（3.75，102）
创新缓慢俱乐部（2.40）	印度（5.31，88）、印度尼西亚（4.05，98）、越南（3.82，101）、洪都拉斯（3.40，103）、肯尼亚（3.33，104）、加纳（3.29，105）、尼加拉瓜（3.22，106）、赞比亚（3.00，107）、马达加斯加（2.82，108）、危地马拉（2.82，109）、伊拉克（2.78，110）、塞内加尔（2.70，111）、尼日利亚（2.65，112）、多哥（2.47，113）、坦桑尼亚（2.42，114）、老挝（2.36，115）、巴基斯坦（2.35，116）、马拉维（2.15，117）、乌干达（2.14，118）、孟加拉国（2.14，119）、贝宁（2.01，120）、苏丹（1.87，121）、缅甸（1.81，122）、卢旺达（1.79，123）、尼泊尔（1.61，124）、冈比亚（1.44，125）、马里（1.31，126）、布隆迪（1.02，127）、布基纳法索（0.88，128）、埃塞俄比亚（0.81，129）、尼日尔（0.75，130）

第四节 各俱乐部知识资本的比较优势分析

本节引入"比较优势"这一术语，来分析各俱乐部在知识资本各方面投入上的国内和国际比较优势。国内比较优势的定义是：以知识资本指数作为参考标准，将某个俱乐部的某一方面指数在整个时期的平均值与知识资本指数的平均值进行比值，如果该比值大于1，则定义该俱乐部在该方面具有国内比较优势；如果该比值小于1，则定义该俱乐部在该方面不具有国内比较优势。国际比较优势的定义是：首先将创新领导俱乐部在整个时期各方面指数的平均值分别与其余两个俱乐部进行比值，比值明显较大的方面可以认定是创新领导俱乐部具有国际比较优势的方面，而比值明显较小的方面可以认定是其余两个俱乐部具有国际比较优势的方面；接着将创新追赶俱乐部在整个时期各方面指数的平均值分别与创新缓慢俱乐部进行比值，在除去创新领导俱乐部具有国际比较优势后，比值明显较大的方面可以认定是创新追赶俱乐部具有国际比较优势的方面，而比值明显较小的方面可以认定是创新缓慢俱乐部具有国际比较优势的方面。下面根据表5-10和表5-11分别对三个俱乐部在知识资本各方面上所具有的国内和国际比较优势进行具体分析。

一 国内比较优势分析

表5-10反映了三个俱乐部各方面指数与其知识资本指数的比值，依据该指标可以判断出各俱乐部具有国内比较优势的知识资本方面。可以看出：（1）1981—2010年，创新领导俱乐部的研发资本和人力资本平均指数（24.91和36.12）与知识资本平均指数（23.40）的比值都大于1，而创新设施资本和技术资本的平均指数（11.04和21.84）与知识资本平均指数的比值都小于1。表明整个时期，创新领导俱乐部在研发资本和人力资本方面具有国内比较优势，但在创新设施资本和技术资本方面不具有国内比较优势。也就是说，在知识资本的四个方面中，创新领导俱乐部相对重视研发资本和人力资本的发展，相对忽视创新设施资本和技术资本的发展。（2）1981—2010年，创新追赶俱乐部的人力资本平均指数（21.70）与知识资本平均指数（8.50）的比值大于1，而研发资本、创新设施资本和技术资本平均指数（3.21、3.86和

3.76）与知识资本平均指数的比值都小于1。表明整个时期，创新追赶俱乐部在人力资本方面具有国内比较优势，但在研发资本、创新设施资本和技术资本方面不具有国内比较优势。也就是说，在知识资本的四个方面中，创新追赶俱乐部相对重视人力资本的发展，相对忽视研发资本、创新设施资本和技术资本的发展。（3）1981—2010年，创新缓慢俱乐部的人力资本平均指数（6.48）与知识资本平均指数（2.40）的比值大于1，而研发资本、创新设施资本和技术资本的平均指数（1.11、1.91和0.67）与知识资本平均指数的比值都小于1。表明整个时期，创新缓慢俱乐部在人力资本方面具有国内比较优势，但在研发资本、创新设施资本和技术资本方面不具有国内比较优势。也就是说，在知识资本的四个方面中，创新缓慢俱乐部相对重视人力资本的发展，相对忽视研发资本、创新设施资本和技术资本的发展。

表 5-10　　三个俱乐部各方面指数与其知识资本指数的比值（1981—2010年）

俱乐部	研发资本 指数	比值	判断	人力资本 指数	比值	判断	创新设施资本 指数	比值	判断	技术资本 指数	比值	判断	知识资本 指数
创新领导俱乐部	24.91	1.06	有	36.12	1.54	有	11.04	0.47	无	21.84	0.93	无	23.40
创新追赶俱乐部	3.21	0.38	无	21.70	2.55	有	3.86	0.45	无	3.76	0.44	无	8.50
创新缓慢俱乐部	1.11	0.46	无	6.48	2.70	有	1.91	0.80	无	0.67	0.28	无	2.40

注："有"代表具有国内比较优势，"无"代表不具有国内比较优势。

资料来源：笔者计算整理。

二　国际比较优势分析

表 5-11 反映了各俱乐部知识资本各方面指数的比值，依据该比值可以判断出各俱乐部具有国际比较优势的知识资本方面。从表中可以看出：（1）创新领导俱乐部研发资本、人力资本、创新设施资本和技术资本的平均指数与创新追赶俱乐部和创新缓慢俱乐部的比值分别为7.76、1.66、2.86和5.81以及22.44、5.57、5.78和32.60，发现创

新领导俱乐部在研发资本和技术资本方面与其余两个俱乐部的比值要明显大于人力资本和创新设施资本方面，表明整个时期，创新领导俱乐部在研发资本和技术资本方面具有国际比较优势，但在人力资本和创新设施资本方面上的国际比较优势则要属于其余两个俱乐部。（2）在人力资本和创新设施资本方面中，创新追赶俱乐部的人力资本和创新设施资本指数与创新缓慢俱乐部的比值分别是3.35和2.02，发现创新追赶俱乐部在人力资本方面与创新缓慢俱乐部的比值要明显大于创新设施资本，也就是说，创新缓慢俱乐部在创新设施资本方面与创新追赶俱乐部的差距要相对小于人力资本，表明整个时期，创新追赶俱乐部在人力资本方面具有国际比较优势，而创新缓慢俱乐部则在创新设施资本方面具有国际比较优势。

表 5-11　　　　各俱乐部知识资本各方面指数的比值

时期（年）	俱乐部类型	研发资本（指数比值）	人力资本（指数比值）	创新设施资本（指数比值）	技术资本（指数比值）
1981—2010	L/F	7.76L	1.66	2.86	5.81L
	L/S	22.44L	5.57	5.78	32.60L
	F/S	2.89	3.35F	2.02S	5.61

注：L、F和S分别代表创新领导俱乐部、创新追赶俱乐部和创新缓慢俱乐部中具有国际比较优势的方面。

资料来源：笔者计算整理。

本章小结

本章先介绍系统聚类分析法的基本思想和基本步骤，然后选取研发资本、人力资本、创新设施资本和技术资本指数作为系统聚类的输入变量，选择欧氏距离和Ward最小方差法作为样本间距离和类间距离的计算方法，选用R^2、半偏R^2、伪F和伪t^2四个统计量作为判断知识资本俱乐部类型标准，确定20世纪90年代中期以前、20世纪90年代中期以后以及整个时期的知识资本全球分布的俱乐部类型，发现依据知识资本各方面发展水平的不同，整个世界可以稳定地划分为三个俱乐部，分别称为创新领导俱乐部、创新追赶俱乐部和创新缓慢俱乐部；接着分析了三个俱乐部各自所包含的经济体及其经济体数量的动态演变；随后对三个俱乐部的知识资本及其研发资本、人力资本、创新设施资本和研发资本方面在整个时期发展水平的总体状况进行了具体分析；最后对各俱乐部在知识资本各方面上所具有的国内和国际比较优势状况进行了判断，并总结出以下几点结论：

（1）从发展水平上看，1981—2010年，创新领导俱乐部在研发资本、人力资本、创新设施资本和技术资本四个方面都具有较高的发展水平，因而带动了其知识资本也具有较高的发展水平；创新追赶俱乐部在人力资本方面具有较高发展水平，但在研发资本、创新设施资本和技术资本方面的发展水平普遍偏低；创新缓慢俱乐部的研发资本、人力资本、创新设施资本和技术资本在整个时期都处于较低的发展水平，从而导致了其知识资本也具有较低的发展水平。

（2）从国内比较优势看，创新领导俱乐部在知识资本四个方面都具有较高的发展水平，但只有研发资本和人力资本具有国内比较优势，而创新设施资本和技术资本并不具有国内比较优势；创新追赶俱乐部不仅在人力资本方面具有较高的发展水平，而且在该方面也具有国内比较优势，但在研发资本、创新设施资本和技术资本方面的发展水平总体偏低且不具有国内比较优势；创新缓慢俱乐部虽然在知识资本四个方面的发展水平都较低，但它在人力资本方面具有国内比较优势，只在研发资本、创新设施资本和技术资本方面不具有国内比较优势。

（3）从国际比较优势看，发现创新领导俱乐部在研发资本和技术资本方面具有国际比较优势，创新追赶俱乐部在人力资本方面具有国际比较优势，创新缓慢俱乐部在创新设施资本方面具有国际比较优势。

（4）各俱乐部知识资本及其发展水平存在较大差异。1981—2010年，创新领导俱乐部不论是在知识资本，还是在研发资本、人力资本、创新设施资本和技术资本四个方面，其在每个时点上的指数都要高于其余两个俱乐部；同样，创新追赶俱乐部的知识资本及其各方面在每个时点上的指数也都要高于创新缓慢俱乐部；而创新缓慢俱乐部的知识资本及其各方面在整个时期都处于最低的发展水平。

第六章　全要素生产率测算与趋同分析

第四章分析了全球整体的知识资本及其各方面投入发展水平的历史演变，而在第五章我们也分析了俱乐部层面的相同情况。为了更准确地检验知识资本投入与产出间的相关性，在本章中我们对全球以及俱乐部层面知识资本产出水平的发展趋势和趋同性问题进行研究，以便为第七章的实证分析做前期准备。首先，在对知识资本产出水平的衡量上，现有文献主要集中于专利数量和全要素生产率两种指标上，本章将知识资本产出的着力点放在对全要素生产率的分析上，原因在于：第一，现有文献对专利数量的分析一般都是以知识生产函数为基础的，主要专注于对国家层面的研究。而对全要素生产率的分析一般是以科和赫尔普曼（1995）提出的国际研发溢出回归方程为基础的，主要专注于对跨国层面的研究。由于本书使用的是130个经济体1981—2010年的面板数据，属于跨国层面的范畴，并且还涉及国际知识资本溢出的内容，因此选择全要素生产率作为知识资本产出的代理变量更加适合本书的研究。第二，本书所划分的知识资本是由研发资本、人力资本、创新设施资本和技术资本四个方面投入构成，在技术资本中已经包括了专利申请、科技论文数和新产品销售等指标，如果再用专利数量作为知识资本的产出指标，会造成重复性，影响计量检验的效果。其次，第五章分析发现，各俱乐部在知识资本及其各方面的发展水平上存在较大差异。创新领导俱乐部具有最高的知识资本及其各方面发展水平，创新追赶俱乐部次之，而创新缓慢俱乐部的知识资本及其各方面的发展一直处于最低水平。另外，从第三章理论模型的推导结果中发现，国内外技术差距是影响技术进步的重要因素，而且这种影响效应还存在不确定性，即技术差距的扩大可能有利于后发国家实现技术追赶甚至赶超（后发优势效应），也可能会进一步拉大与技术前沿国家的差距（持续落后效应）。两种效应究竟哪种效应会发生，在很大程度上取决于整个时期各经济体与前沿国家之间技术差距的演变状况,而对于这一问题的解答需要运用趋同分析进行检验。基于此,在本章中,我们使用 130 个经济体 1981—2010 年的面板数据,运用跨时跨国收入份额法对各经济体的全要素生产率进行测算,然后对全球以及俱乐部层面的全要素生产率发展水平和趋同性状况进行分析。

第一节 全要素生产率测算方法研究综述

近年来,国内外关于全要素生产率的文献层出不穷,但在全要素生产率测算方法的选择上,不同学者采用的方法往往不同。因此,本节对近年来发表在国际权威和重要期刊上关于全要素生产率的文献作一综述,以方便研究之用。鉴于本书研究的是开放经济下知识资本投入产出的国际比较问题,因此,选取的国际权威和重要期刊应符合以下四个条件:

第一,文献中关于全要素生产率的测算必须是基于跨国层面的。目前关于单一国家的全要素生产率测算文献比较多,如卡梅伦等(Cameron et al., 2005)、阿迪和乔茨(Abdih and Joutz, 2006)、Yang (2009)、赫泽(Herzer, 2012)等学者分别对英国、美国、中国和德国的全要素生产率的测算都是基于单一国家层面的,但这些并不属于本书的研究范畴。

第二,文献中关于全要素生产率的测算必须是针对宏观层次的。去掉关于单一国家全要素生产率测算的文献,仅仅研究跨国层面,我们发现,还有很多关于宏观之外的其他层次——包括企业、行业等微观和中观层次的文献。如弗兰岑(Frantzen, 2002)对 14 个 OECD 国家 22 个制造业的研究、古铁雷斯夫妇(Gutierrez and Gutierrez, 2003)对 47 个国家农业部门的研究、Damijan 等(2013)对 10 个转型国家近 9 万家企业的研究等,这些学者对全要素生产率的测算都是基于微观或中观层次进行的,也都不属于本书的探讨范围。

第三,文献中关于全要素生产率的测算还必须涉及与知识资本的关系。在去掉与以上两点无关的文献后,我们发现,还有不少文献仅仅只是单纯地对全要素生产率进行测算,并没有随着考察知识资本与全要素生产率的相关性,如 Arcelus 和 Arocena(2000)对 1970—1990 年 14 个 OECD 国家的研究、Miller 和 Upadhyay(2002)对 1960—1989 年 83 个国家的研究以及阿吉翁和豪伊特（2007）对 1960—2000 年 22 个 OECD 国家的研究等，这些文献都只是单纯地对全要素生产率进行测算，并没有探讨知识资本与全要素生产率间的关系。由于本书研究的是知识资本投入与全要素生产率间的关系问题，为使实证分析更具可行性，不论是在国家数目的选择上还是在时间跨度的选取上，对全要素生产率的测算必须要与知识资本的测度相对应，否则会影响到测算出的全要素生产率指数在实证分析中的适用性。

（4）在用"跨国层面""宏观层次"和"涉及知识资本"三个条件对有关全要素生产率测算的文献做了筛选之后，我们还有必要应用另一个条件进行鉴别，以使我们的研究范围进一步集聚，那就是：本节选择的文献必须要有全要素生产率具体的测算方法和测算过程的介绍。由此将另一些直接使用他人全要素生产率测算结果的文献排除在外。

根据这四个条件，我们对本章的研究范围进行了进一步界定。由于开放经济下知识资本与全要素生产率的相关研究主要是从科和赫尔普曼（1995）后才开始大量出现的，因此我们以 1995 年为基期，将 1995—2014 年间发表在《国际经济学》《发展经济学》《欧洲经济评论》和《应用经济学》等国际权威和重要期刊上的 34 篇论文，进行分类编码后列示（见表 6 - 1）。这些文献都符合上述四个条件的要求，同时在本领域较有影响力，研究方法也具有一定的创新性和代表性。

一　现有全要素生产率测算方法的综述

关于全要素生产率的测算方法有哪些，目前国内外学者说法不一，通过对相关文献的总结（见表 6 - 1），我们认为，全要素生产率的测算方法主要分为收入份额法、生产函数法、指数法、随机前沿分析法和数据包络分析法五种。其中，第一种、第二种和第四种为参数方法，第三种和第五种为非参数方法。参数法涉及参数函数的估计，并且假设研究对象在技术上是有效率的，能够解释随机噪声；而非参数法没有涉及参数函数的估计，也不需要假设研究对象在技术上是有效率的，但不能解释随机噪声（朱钟棣和李小平，2005）。

收入份额法（Imcome Share，IS）测算全要素生产率的基本思路是：以新古典增长模型为基础，在规模报酬不变、利润最大化和完全竞争假设条件下，得出资本和劳动等要素的产出弹性等于它们各自在国民收入中所占的份额，然后根据统计资料的数据或是经验方法确定各要素的收入份额，进而测算出全要素生产率。在要素收入份额的确定上，收入份额法最常用的估算方法主要有三种，分别是统计资料法、经验法和比例法。从文献中发现，收入份额法是目前最常见的测算全要素生产率的方法。在34篇文章中，该方法总共被24篇文章采用，编码后，分别是01—06、09—12、14—17、19—20、23、25—27、30和32—34，在资本和劳动收入份额的确定上，其中有13篇文章是根据统计资料进行计算的，分别是01、03、06、12、16—17、19—20、23、25—27和33，有14篇文章是根据经验法进行计算的，分别是02、04—05、09—11、14—16、25、27、30和32、34。

生产函数法（Production Function，PF）测算全要素生产率的基本思路是：在新古典增长模型的基础上，通过建立某种具体形式的生产函数，利用计量回归方法直接估计出各投入要素的产出弹性，进而测算出全要素生产率。在全要素生产率的测算中，生产函数法最常用的函数形式主要有三种，分别是柯布—道格拉斯（C—D）生产函数、不变替代弹性生产函数和超越对数生产函数。在34篇文章中，生产函数法仅被两篇文章采用，分别是07和29，而函数形式均是利用C—D生产函数。

指数法（Index Numbers，IN）测算全要素生产率的基本思路是：首先通过将一个经济单位在某一时期内的总产出与总投入进行比值得到一个统计指标，然后将两个不同时期的该统计指标再进行比值得到全要素生产率指数，以此来衡量全要素生产率。在全要素生产率的测算中，指数法最常用的形式主要有两种，分别是Törnqvist指数和Superlative指数。在34篇文章中，指数法被4篇文章采用，分别是08、18、21和22，在指数形式的选择上，有1篇文章使用Superlative指数进行测算，为08，有3篇文章使用Törnqvist指数进行测算，分别为18、21和22。

随机前沿分析法（Stochastic Frontier Analysis，SFA）测算全要素生产率的基本思路是：首先利用观测样本估计出随机前沿生产函数中的待估计参数，然后根据孔布哈卡尔和洛弗尔（Kumbhakar and Lovell，2000）提出的方法将全要素生产率进行分解，进而测算出全要素生产率。在34篇文章中，随机前沿分析法被4篇文章采用，分别是24、28、31和34，在函数形式的选择上，有1篇文章使用C—D生产函数进行测算，为34，有3篇文章使用超越对数生产函数进行测算，分别是24、28和31。

表6-1 1995—2014年国际权威和重要期刊上关于全要素生产率测算的主要论文与工作文稿

编码	作者	测算方法	时期（年）	经济体数	关键步骤
01	科利赫尔普曼（1995）	IS	1971—1990	22 OECD	资本和劳动收入份额根据统计资料计算，并取样本均值
02	科等，波特和斯特恩（1997）	IS	1971—1990	77 LDC	用经验法确定各要素的收入份额：资本份额0.4和劳动份额0.6
03	弗兰岑（1998）	IS	1965—1991	21 OECD	资本和劳动收入份额根据统计资料计算
04	波特和斯特恩（2000）	IS	1973—1993	17 OECD	用经验法确定各要素的收入份额：资本份额0.33和劳动份额0.67
05	Xu（2000）	IS	1966—1994	40 OECD/LDC	用经验法确定各要素的收入份额：资本份额0.35和劳动份额0.65
06	del Barrio - Castro等（2002）	IS	1966—1995	21 OECD	资本和劳动收入份额根据统计资料计算，并取样本均值
07	格瑞里菲斯等（2004a）	PF	1988—1998	28 OECD	用回归方法确定各要素的收入份额：资本份额0.35和劳动份额0.63
08	Griffith等（2004）	IN	1971—1990	12 OECD	采用的指数形式：Superlative
09	Luintel和Khan（2004）	IS	1965—1999	10 OECD	用经验法确定各要素的收入份额：资本份额0.3，劳动份额0.7
10	Ciruelos和Wang（2005）	IS	1988—2001	47 OECD/LDC	用经验法确定各要素的收入份额：资本份额0.35和劳动份额0.65
11	Crispolti和Marconi（2005）	IS	1980—2000	45 LDC	用经验法确定各要素的收入份额：资本份额0.35和劳动份额0.65
12	Lee（2005）	IS	1971—2000	17 OECD	资本和劳动收入份额根据统计资料计算，并取样本均值
13	Lee和Park（2005）	DEA	1994—1998	27 OECD/Asia	采用的指数形式：Malmquist
14	Luintel和Khan（2005）	IS	1981—2000	19 OECD	用经验法确定各要素的收入份额：资本份额0.3和劳动份额0.7
15	Xu和Chiang（2005）	IS	1980—2000	48 DC/LDC	用经验法确定各要素的收入份额：资本份额0.4和劳动份额0.6
16	Kwark和Shyn（2006）	IS	1970—1995	103 OECD/LDC	OECD国家：资本和劳动收入份额根据统计资料计算，并取样本均值；LDC国家：经验法确定资本收入份额0.4和劳动收入份额0.6
17	Lee（2006）	IS	1981—2000	16 OECD	资本和劳动收入份额根据统计资料计算，并取样本均值
18	马德森（2007）	IN	1987—2004	16 OECD	采用的指数形式：Törnqvist
19	Mendi（2007）	IS	1971—1995	16 OECD	资本和劳动收入份额根据统计资料计算，并取样本均值

续表

编码	作者	测算方法	时期（年）	经济体数	关键步骤
20	Lee（2008）	IS	1981—1999	13 OECD	资本和劳动收入份额根据统计资料计算，并取样本均值
21	马德森（2008）	IN	1883—2004	16 OECD	采用的指数形式：Törnqvist
22	Venturini（2008）	IN	1980—2003	16 OECD	采用的指数形式：Törnqvist
23	科等	IS	1971—2004	24 OECD	资本和劳动收入份额根据统计资料计算，并取样本均值
24	亨利等（Henry et al., 2009）	SFA	1970—1998	57 LCD	采用的函数形式：超越对数生产函数形式
25	Koske（2009）	IS	1981—2005	72 OECD/LDC	OECD 国家：资本和劳动收入份额根据统计资料计算，并取样本均值；LDC 国家：经验法确定资本份额 0.4 和劳动份额 0.6
26	Lee（2009）	IS	1981—2000	17 OECD	资本和劳动收入份额根据统计资料计算，并取样本均值
27	克雷默（2010）	IS	1990—2006	47 OECD/Trans	Ⅰ 用经验法确定各要素的收入份额：资本份额 0.35 和劳动份额 0.65 Ⅱ 资本和劳动收入份额根据统计资料计算，并取样本均值
28	Castillo 等（2011）	SFA	1996—2006	16 LATAM	采用的函数形式：超越对数生产函数
29	Le（2012）	PF	1998—2006	41 Africa	用回归法确定各要素的收入份额
30	Le 和 Cheong（2012）	IS	1973—2005	15 OECD	用经验法确定各要素的收入份额：资本份额 0.3 和劳动份额 0.7
31	Wang 和 Wong（2012）	SFA	1986—2007	77 OECD/LDC	采用的函数形式：超越对数生产函数
32	安格和马德森（2013）	IS	1955—2006	26 OECD/Asia	用经验法确定各要素的收入份额：资本份额 0.3 和劳动份额 0.7
33	Schiff 和 Wang（2013）	IS	1976—2000	50 LDC/Trans	资本和劳动收入份额根据统计资料计算，并取样本均值
34	克雷默（2014）	IS SFA	1990—2009	47 OECD/Trans	Ⅰ 用经验法确定各要素的收入份额：资本份额 0.35 和劳动份额 0.65 Ⅱ 采用的函数形式：C—D 生产函数

注：IS、PF、IN、DEA 和 SFA 等字母分别代表收入份额法、生产函数法、指数法、数据包络分析法和随机前沿分析法；LDC、DC、Trans、Asia、LATAM、Africa 和 OECD 等字母分别代表发展中国家、发达国家、转型国家、亚洲国家、拉美国家、非洲国家和经合组织国家。

资料来源：笔者整理。

数据包络分析法（Data Envelopment Analysis，DEA）是一种能够用于多输入和多输出系统的相对效率评价方法，它在全要素生产率的测算中经常与 Malmquist 指数相结合，形成 DEA - Malmquist 指数，其测算的基本思路是：首先根据各观测单元的投入产出数据，利用 DEA 法的线性规划技术构造出有效生产前沿面，然后将每个观测单元的实际产出与有效生产前沿面进行比较构造出距离函数，最后基于两期的距离函数测算出 Malmquist 生产率变动指数。可以发现，在跨国宏观层面，采用数据包络分析法测算全要素生产率的文章非常少，在34篇文章中，该方法只有被1篇文章采用，为13。

二　已有全要素生产率测算方法的缺陷

就收入份额法而言，岳书敬和刘朝明（2006）指出，收入份额法在计算全要素生产率时，需要提出行为和制度假设，如完全竞争和利润最大化等，这一点对于发展中国家尤其是处于转型期的国家是不合适的；Ozyurt（2009）也认为，在转型经济或中央计划经济中，收入份额法所主张的完全竞争市场和利润最大化假设和现实有些出入，特别是在价格扭曲的情况下，如果将要素收入份额作为其产出弹性就不再合适，这样会使相关估计出现偏差。

就生产函数法而言，李宾和曾志雄（2009）指出，生产函数法假设要素的产出弹性为常数，较为适用于成熟的市场经济体，对于那些增长较快的发展中国家或转型国家来说，允许系数项随时间可变，将更易于接受。蔡晓陈（2012）对生产函数法估计全要素生产率会出现的问题进行了总结，即所估计的要素报酬份额严重偏离实际值、要素份额固定不变与事实不符以及数据时间增长会改变估计结果等。

就指数法而言，吴军（2009）指出，指数法暗含着资本和劳动力可以完全替代、边际生产率不变的严格假设，这显然缺乏合理性，因而它更多的是一种概念化方法，较少用于具体的实证分析；此外，指数法对于价格指标和数量指标的全面性、真实性要求严格，而且还忽视了随机因素对全要素生产率的影响作用（郝然，2011）。

就随机前沿分析法（SFA）而言，郭庆旺等（2005）指出，SFA 法虽然可以很好地处理度量误差，但需要给出生产函数形式和非效率项分布的明确假设，对于样本量较少的经验研究而言，会存在较大问题，而且错误设定函数形式往往会导致结果与实际偏差较大。涂正革和肖耿

(2006) 也认为，SFA 法的缺点在于模型的函数形式上，如技术是否中性、技术非效率是否存在、规模报酬、动态变化等假设等都可能限制数据与模型的匹配效率。

就数据包络分析法（DEA）而言，蒋萍和谷彬（2009）指出，DEA 法没有考虑随机误差对效率的影响，在研究时期较长和数据规模庞大的经验研究中，随机误差也会相应较多，DEA 法是一种数据驱动方法，对数据敏感性较高，其稳健性易受数据误差的影响。

此外，DEA 法建立的不是统计模型，不能做出更多的统计分析（金剑，2007）。

虽然历年文献中测算全要素生产率的方法多种多样，但从上面的评价中可以发现，各种测算方法都或多或少地存在一些缺陷，如果直接利用上述某一种方法来测算全要素生产率，可能就会得出不太准确的结果。我们通过对各种方法的仔细分析发现，前沿分析法（DEA 法和 SFA 法）实际上只是测算了全要素生产率的变动状况。也就是说，这两种方法的测算结果只能得到全要素生产率的增长率，并不能得到全要素生产率的水平值，这就无法反映各经济体历年全要素生产率的发展水平，也就无法进一步对全要素生产率的趋同性进行分析。正因为前沿分析法这一缺陷的存在，使徐盈之和赵玥（2009）在运用 DEA 法测算了 Malmquist 生产率指数后，只能再运用生产函数法重新测算了一遍全要素生产率，以使得到的新数据便于进行随后的趋同性分析。郭庆旺和贾俊雪（2005）还进一步指出，DEA 法和 SFA 法都是建立在产出缺口估算的基础上，无论用何种方法估算产出缺口，都会存在估算误差，从而导致全要素生产率增长率的估算偏差。此外，生产函数法的缺陷也十分明显，就是用该方法测算出的各要素产出弹性只是固定常数，它反映的只是整个研究时期的平均水平，未能反映不同时期各要素收入份额的变化，因此该方法仅适用于估计整个研究时期各要素的平均贡献率，如果用于估计逐期贡献率很可能是有偏甚至是错误的（章上峰和许冰，2009）。

对于收入份额法来说，虽然完全竞争和规模报酬不变假设在某种程度上具有限制性。但由于该方法不使用计量回归，直接根据经济含义和可得数据计算全要素生产率，有效地避免了平稳性、多重共线性和虚假回归等问题（王曦等，2006）。此外，收入份额法还具有以理论模型为基础、测算过程相对简便和实用性强等优点，成为目前国内外学者使用最为广泛的测算全要素生产率的方法。这一点从表 6-1 就可以得到证实。孙琳琳和任若恩（2005）也认为，收入份额法要优于其他测算方法，原因在于该方法是国际上普遍接受的全要素生产率测算方法，选用该方法有利于估计结果的国际比较。此外，OECD 在其生产率手册中也推荐使用收入份额法进行全要素生产率的测算[1]。因此，我们认为，收入份额法更适合本章对各经济体全要素生产率的测算。但同时也发现，在用收入份额法确定各投入要素收入份额的过程中，其中的经验法和比例法并没有解决生产函数法中各要素产出弹性为常数的问题，它们将各经济体中各要素占产出的份额看成是固定的，忽视了各要素产出弹性在不同截面的异质性，而且这两种估计法还存在一定的主观随意性，不同产出弹性值的选取对结论的影响比较大；而统计资料法虽然考虑到了不同截面的异质性问题，但由于数据限制，几乎所有学者在要素收入份额的计算上都对样本时期取了平均值，忽视了各要素产出弹性在不同时期的异质性。事实上，各要素间的相互影响及其对经济增长的作用，是一个动态的、复杂的和多变的相互制约与促进过程，这一过程的明显特点就是时变性（金锡万和陈世菊，1991）。汤兵勇和宋家第（1988）也指出：我们讨论研究的科技经济系统是动态时变的，不仅是过去与将来不同年份的产值、资金与劳动在不断变化，每一年的综合科技水平（或称全要素生产率）也在不断变化，而且资本和劳动的产出弹性也应该是时变的，它们都是时间的函数。虽然高宇明和齐中英（2008）应用时变收入份额法测算了中国 1953—2005 年的全要素生产率，但他们并没有将研究扩展到跨国层面，限制了时变收入份额法的适用范围。

第二节 测算方法、数据来源及处理

一 全要素生产率测算方法的确定

上一节综述了近年来文献中关于全要素生产率的测算方法以及各方

---

[1] 对指数法来说，卡洛和利普西（Carlaw and Lipsey, 2003）认为，指数法可以被当作是收入份额法的扩展和补充，两种方法是相似的；郭庆旺和贾俊雪（2005）指出，收入份额法的本质也是一种指数法，因而指数法的优势相似于收入份额法。

法的优缺点，发现收入份额法由于可以有效地避免平稳性、多重共线性和虚假回归等问题，以及以理论模型为基础、测算过程简便、实用性强和有利于国际比较等优势，成为目前国内外学者使用最为广泛的测算全要素生产率的方法。但我们还发现，由于收入份额法中的经验法和分配法在要素产出弹性选取上的主观随意性和取值的固定性，以及统计资料法在要素收入份额计算上的数据限制，使收入份额法在考察各要素产出弹性的时期和截面异质性问题上还存在诸多不足之处。基于此，本章通过对相关统计数据的收集，利用跨时跨国收入份额法测算各经济体的全要素生产率指数，以克服各测算方法的不足之处，从而更真实、准确地反映各经济体全要素生产率发展水平的实际情况。

为了测算各经济体的全要素生产率指数，我们根据索洛（1957）总量生产函数的框架，假定产出只使用资本和劳动两种投入要素，并在引入跨时跨国效应的基础上，将全要素生产率表示为：

$$TFP_{it} = Y_{it}/L_{it}^{\alpha_{it}} K_{it}^{\beta_{it}} \tag{6.1}$$

在式（6.1）中，i 表示经济体，t 表示时间，TFP_{it} 表示全要素生产率，代表除资本和劳动投入之外的所有其他对经济增长有所贡献的因素，Y_{it} 表示经济体 i 在第 t 年的实际 GDP，K_{it} 表示资本存量，L_{it} 表示劳动力投入，α_{it} 和 β_{it} 分别表示劳动和资本的产出弹性。在这里，我们将资本和劳动产出弹性的符号中加入下标 it，表明资本和劳动的产出弹性会随时间和经济体的不同而发生变化。在完全竞争和利润最大化的假设条件下，劳动产出弹性 α_{it} 和资本产出弹性 β_{it} 分别等于产出中的资本和劳动收入份额，即：

$$\alpha_{it} = \frac{w_{it} \times L_{it}}{Y_{it}}, \quad \beta_{it} = \frac{r_{it} \times K_{it}}{Y_{it}} \tag{6.2}$$

在式（6.2）中，w_{it}、r_{it} 分别表示劳动力和资本存量的价格。在规模报酬不变的假设条件下，则有 $\alpha_{it} + \beta_{it} = 1$，因而式（6.1）就可以进一步转换为：

$$TFP_{it} = Y_{it}/L_{it}^{\alpha_{it}} K_{it}^{1-\alpha_{it}} \tag{6.3}$$

二　数据来源与处理

为了与第四章得到的知识资本相对应，本章对全要素生产率的测算也使用全球 130 个经济体 1981—2010 年的面板数据。从式（6.3）中可以看出，全要素生产率的测算涉及实际产出（Y）、劳动力投入（L）、物质资本存量（K）、劳动收入份额（α）和资本收入份额（$1-\alpha$）5项指标的选择。各指标的具体数据来源与处理如下：

（1）实际产出。根据绝大多数文献的做法，选取国内生产总值（GDP）的实际值作为实际产出的代理指标。为保证数据的可比性，与第四章相同，我们将各经济体的 GDP 数据按购买力平价（PPP）汇率换算成以 2005 年为基期的美元计价，数据的具体来源及缺失数据的处理方式可参见第四章第三节。

（2）劳动力投入。选择就业人数作为劳动力投入的代理变量，各经济体历年的数据主要来自 PWT8.0 数据库。另外，苏联 15 国、南斯拉夫 6 国、捷克斯洛伐克 2 国以及缅甸和阿尔及利亚的数据来自世界经济总量数据库；古巴、利比亚、尼加拉瓜和塞舌尔的数据来自 KILM8.0 数据库。

（3）物质资本存量。与研发资本存量的计算过程一样，各经济体历年物质资本存量的计算也使用永续存盘法。该方法的计算涉及对物质资本流量不变价的计算、折旧率的选择和初始物质资本存量的确定。

首先，选择固定资本形成总额作为物质资本流量的代理变量。由于固定资本形成总额占 GDP 比重的数据相对完整，所以我们先收集固定资本形成总额占 GDP 的比重数据，然后再将该比重乘以相应 GDP 不变价，以得到各经济体历年固定资本形成总额不变价数据。数据主要来自联合国贸发会议统计数据库，此外，苏联 15 国在 1981—1990 年的数据分别根据各经济体在 1991 年占苏联的比重计算，南斯拉夫 6 国和前捷克斯洛伐克 2 国数据的处理方式与苏联各国相同。这里 GDP 不变价数据的来源参见第四章第三节。

其次，在折旧率的选择上，由于研发资本折旧率通常要高于物质资本折旧率，所以我们根据弗兰岑（2002）、Xu 和 Chiang（2005）等学者的做法，采用 10% 作为计算物质资本存量的折旧率，原因在于：一方面是由于本书选取的研发资本存量折旧率为 15%，因此，物质资本折旧率的选取要小于该数值；另一方面是由于绝大多数学者在文献中倾向于使用 10% 作为计算物质资本存量的折旧率。

最后，初始物质资本存量的计算根据式 $K_0 = k_0/(g+\delta)$。其中，k_0 表示初始年份固定资本形成总额，g 表示样本时期固定资本形成总额的平均增长率，K_0 表示初始年份的物质资本存量，与研发资本存量一样，这里的初始年份选择1981年。至此，根据永续存盘法的公式就可以计算出各经济体在1981—2010年的物质资本存量的数据。

（4）劳动收入份额和物质资本收入份额。为了克服现有全要素生产率测算方法的缺陷，我们采用跨时跨国收入份额法测算全要素生产率，该方法的重点在于对随时间和随经济体变化的劳动收入份额和物质资本收入份额的相关数据的收集。假定劳动和物质资本在生产中具有规模报酬不变性，因此一旦确定了劳动收入份额，物质资本收入份额也随之确定。各经济体历年劳动收入份额的数据主要来自PWT8.0数据库。另外，苏联15国和南斯拉夫6国在1981—1990年数据使用各经济体在1991年的数据进行替代。各经济体历年物质资本收入份额的数据根据，1减去相应的劳动收入份额的数据计算得到。

第三节　全要素生产率发展水平分析

基于上述得到的实际GDP、就业人数、物质资本存量、劳动收入份额和资本收入份额5项指标的数据，再根据式（6.3），就可以测算出全球130个经济体在1981—2010年间的全要素生产率指数。本节在分析方法上与第四章和第五章相同，即首先对130个经济体和三个俱乐部历年的数值进行平均，以得到各经济体和各俱乐部在整个时期全要素生产率的平均指数；然后对各经济体的平均指数再进行平均，以得到全球整体在整个时期全要素生产率的平均指数；最后，以全球平均水平作为参考基准，分别将各经济体以及三个俱乐部在整个时期的平均值与全球水平进行比较，依据比较结果可以将经济体或俱乐部划分为全要素生产率发展水平较高经济体和较低经济体。下面根据图6-1和图6-2以及表6-1，分别对全球以及俱乐部层面全要素生产率在整个时期发展水平的总体状况进行具体分析。

一　全球整体分析

图6-1是全球整体全要素生产率指数的动态变化图。可以看出：（1）1981—2010年，全球全要素生产率的发展水平呈现两个明显的阶段：一个是20世纪90年代中期以前的缓慢下降阶段，其指数值从1981年的1.19下降到1995年的1.15，年均增长率为-0.53%；另一

个是20世纪90年代中期以后的缓慢增长阶段，其指数值从1996年的1.17上升到2010年的1.34，年均增长率为1.06%，整个时期的年均增长率仅为0.27%。(2) 1981—2010年，全要素生产率指数大于全球平均水平即具有较高全要素生产率发展水平的经济体共有50个，集中于发达经济体（32个）、发展经济体（15个）和转型经济体（3个）；全要素生产率处于低水平的经济体共有80个，集中于发展经济体（61）、转型经济体（15个）和发达经济体（4个）。(3) 全要素生产率发展水平总体低下。全要素生产率处于低水平的经济体占经济体总数的61.54%，超过半数的经济体具有较低的全要素生产率发展水平。(4) 各经济体的全要素生产率发展水平存在较大差异。可以看出，全要素生产率具有较高水平的经济体共有50个，仅占经济体总数的38.46%，但却占全球半数以上的知识资本产出（62.08%）。

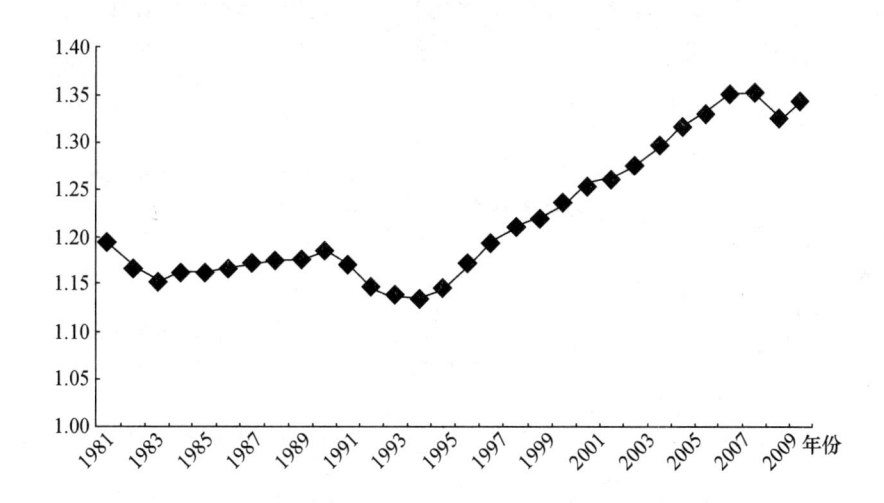

图 6-1　全球整体全要素生产率指数的动态变化（1981—2010年）

二　俱乐部层面分析

图 6-2 是三个俱乐部全要素生产率指数的动态变化图。可以看出：(1) 1981—2010年，创新领导俱乐部的全要素生产率总体处于缓慢上升的趋势，其指数值从1981年的2.02上升到2010年的2.55，年均增长率为0.80%；创新追赶俱乐部的全要素生产率水平呈现两个明显的阶段：一个是20世纪90年代中期以前的缓慢下降阶段，其指数值从

1981 年的 1.23 下降到 1995 年的 1.08，年均增长率为 -1.25%。另一个是 20 世纪 90 年代中期以后的缓慢增长阶段，其指数值从 1996 年的 1.10 上升到 2010 年的 1.32，年均增长率为 1.37%，整个时期的年均增长率仅为 0.06%；与创新追赶俱乐部相似，创新缓慢俱乐部的全要素生产率水平也呈现出两个明显的阶段：一个是 20 世纪 90 年代中期以前的缓慢下降阶段，其指数值从 1981 年的 0.52 下降到 1995 年的 0.45，年均增长率为 -1.23%。另一个阶段是 20 世纪 90 年代中期以后的缓慢增长阶段，其指数值从 1996 年的 0.47 上升到 2010 年的 0.55，年均增长率为 1.29%，整个时期的年均增长率仅为 0.03%。（2）各俱乐部全要素生产率的发展水平存在明显差异。1981—2010 年，创新领导俱乐部的全要素生产率指数最高，其在每个时点的指数值均高于其余两个俱乐部；创新追赶俱乐部的全要素生产率水平仅次于创新领导俱乐部，并且其在每个时点上的全要素生产率指数值都高于创新缓慢俱乐部；而创新缓慢俱乐部的全要素生产率水平在整个时期都是最低的。

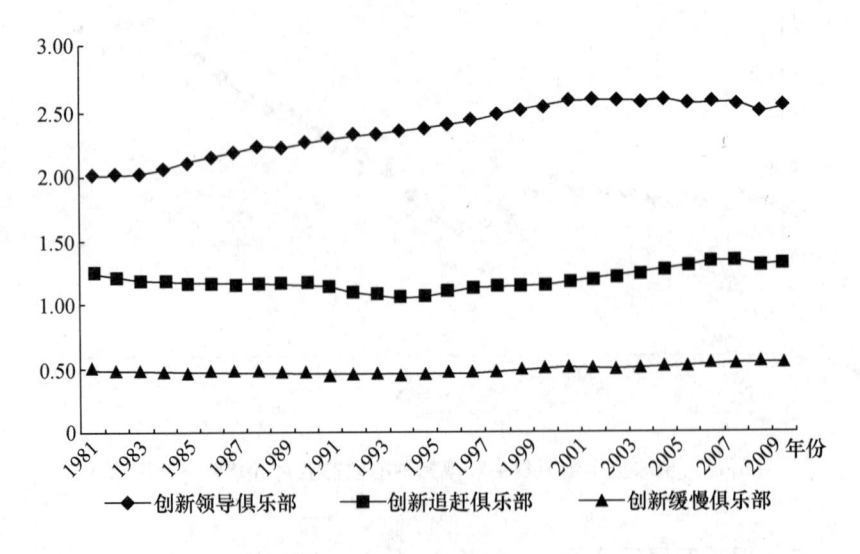

图 6-2　三个俱乐部全要素生产率指数的动态变化（1981—2010 年）

表 6-2 是按俱乐部划分的各经济体全要素生产率的平均指数及排名。可以看出：（1）创新领导俱乐部中 22 个经济体的全要素生产率平均指数值均大于全球水平。也就是说，整个时期创新领导俱乐部的全要素生产率具有较高的发展水平；创新追赶俱乐部和创新缓慢俱乐部的全

表6-2 按俱乐部划分的各经济体全要素生产率的平均指数及排名

俱乐部	经济体分布（全球：1.22）
创新领导俱乐部（2.37）	卢森堡（3.04，2）、美国（2.92，3）、瑞士（2.86，4）、比利时（2.71，5）、法国（2.70，6）、冰岛（2.61，7）、英国（2.61，8）、瑞典（2.60，9）、荷兰（2.59，10）、德国（2.58，11）、丹麦（2.58，12）、奥地利（2.50，14）、加拿大（2.38，15）、挪威（2.36，16）、澳大利亚（2.29，17）、芬兰（2.27，18）、以色列（2.25，19）、爱尔兰（1.96，23）、日本（1.70，29）、中国台湾（1.67，31）、新加坡（1.48，36）、韩国（1.46，39）
创新追赶俱乐部（1.19）	文莱（3.75，1）、西班牙（2.56，13）、意大利（2.16，20）、克罗地亚（1.99，21）、斯洛文尼亚（1.98，22）、葡萄牙（1.95，24）、塞浦路斯（1.90，25）、马耳他（1.81，26）、马其顿（1.77，27）、中国香港（1.76，28）、利比亚（1.67，30）、新西兰（1.66，32）、希腊（1.64，33）、塞尔维亚（1.59，34）、中国澳门（1.49，35）、捷克（1.47，37）、匈牙利（1.47，38）、沙特（1.45，40）、波兰（1.43，41）、科威特（1.37，42）、南非（1.37，43）、特立尼达（1.35，44）、哥斯达黎加（1.33，45）、巴拿马（1.3，46）、乌拉圭（1.29，47）、斯洛伐克（1.28，48）、爱沙尼亚（1.26，49）、塞舌尔（1.23，50）、塔吉克（1.21，51）、智利（1.21，52）、阿根廷（1.20，53）、拉脱维亚（1.19，54）、土耳其（1.19，55）、黑山（1.18，56）、古巴（1.17，57）、墨西哥（1.15，58）、黎巴嫩（1.12，59）、立陶宛（1.10，60）、波黑（1.09，61）、牙买加（1.07，62）、巴西（1.07，63）、马来西亚（1.06，65）、加蓬（1.06，66）、俄罗斯（1.06，67）、阿尔及利亚（1.05，68）、萨尔瓦多（1.05，69）、哥伦比亚（1.03，70）、毛里求斯（1.02，71）、突尼斯（0.95，72）、罗马尼亚（0.94，73）、玻利维亚（0.93，74）、委内瑞拉（0.93，75）、秘鲁（0.92，77）、白俄罗斯（0.91，78）、保加利亚（0.9，79）、约旦（0.87，80）、厄瓜多尔（0.86，81）、伊朗（0.86，82）、中国（0.85，83）、阿尔巴尼亚（0.85，84）、格鲁吉亚（0.81，85）、埃及（0.79，86）、博茨瓦纳（0.78，88）、斯里兰卡（0.76，91）、乌克兰（0.76，92）、哈萨克（0.74，94）、巴拉圭（0.72，95）、摩洛哥（0.7，96）、阿塞拜疆（0.65，98）、土库曼（0.64，99）、泰国（0.63，101）、摩尔多瓦（0.61，103）、菲律宾（0.61，104）、亚美尼亚（0.57，106）、吉尔吉斯（0.50，108）、蒙古（0.47，112）、乌兹别克（0.47，113）

续表

俱乐部	经济体分布（全球：1.22）
创新缓慢俱乐部 (0.49)	伊拉克（1.07, 64）、危地马拉（0.92, 76）、苏丹（0.79, 87）、巴基斯坦（0.77, 89）、尼加拉瓜（0.77, 90）、洪都拉斯（0.75, 93）、尼日利亚（0.68, 97）、加纳（0.63, 100）、印度尼西亚（0.62, 102）、塞内加尔（0.59, 105）、冈比亚（0.51, 107）、越南（0.49, 109）、赞比亚（0.48, 110）、印度（0.48, 111）、肯尼亚（0.45, 114）、老挝（0.45, 115）、贝宁（0.44, 116）、孟加拉国（0.40, 117）、马里（0.37, 118）、尼日尔（0.36, 119）、乌干达（0.35, 120）、尼泊尔（0.34, 121）、马达加斯加（0.33, 122）、坦桑尼亚（0.33, 123）、卢旺达（0.31, 124）、缅甸（0.30, 125）、布基纳法索（0.29, 126）、马拉维（0.28, 127）、埃塞俄比亚（0.28, 128）、多哥（0.25, 129）、布隆迪（0.21, 130）

注：经济体右侧括号中的两个数值分别为全要素生产率指数在 1981—2010 年的平均值以及排名；左侧俱乐部下方括号中的数值为该俱乐部整个时期的平均值；"经济体分布"右侧括号中的数值为全球平均值。

资料来源：笔者计算整理。

要素生产率发展水平普遍低下。在总共 80 个低全要素生产率发展水平的经济体中，创新追赶俱乐部就有 49 个，占其 77 个经济体的 63.64%；而对创新缓慢俱乐部来说，其所有 31 个经济体全要素生产率的平均指数值均小于全球水平。因此，从指数值大于全球水平的经济体数量上看，创新领导俱乐部的全要素生产率发展水平普遍较高，而创新追赶俱乐部和创新缓慢俱乐部的全要素生产率发展水平普遍较低。(2) 从各俱乐部的平均指数上看，创新领导俱乐部全要素生产率的平均指数为 2.37，大于全球水平（1.22），而创新追赶俱乐部和创新缓慢俱乐部的平均指数分别为 1.19 和 0.49，都小于全球水平。因此，从平均指数值上也可以得出与上面相同的结论：创新领导俱乐部具有较高的全要素生产率发展水平，而创新追赶俱乐部和创新缓慢俱乐部的全要素生产率发展水平普遍低下。

第四节 全要素生产率趋同性检验

从第三节发现，不论是全球整体还是各个俱乐部，全要素生产率的发展水平都呈现出明显的差异性。如果要动态、全面地反映全球以及俱乐部层面全要素生产率发展水平差异的演变轨迹和趋势特征，就需要对此进行趋同性分析。本节将引入趋同理论，根据巴罗和萨拉·伊·马丁（1990）的分类，分别从 σ 趋同和 β 趋同两个概念着手来检验全要素生产率在全球整体、俱乐部内部和俱乐部间的趋同性。需要指出的是，在俱乐部间的趋同性检验中，我们将创新领导俱乐部和创新追赶俱乐部经济体合并在一起形成高级俱乐部、将创新追赶俱乐部和创新缓慢俱乐部经济体合并在一起形成低级俱乐部、将创新领导俱乐部和创新缓慢俱乐部经济体合并在一起形成两极俱乐部，以分别检验全要素生产率在高级俱乐部间、低级俱乐部间和两极俱乐部间的趋同性。

一 σ 趋同检验

（一）检验方法的确定

σ 趋同的概念最早是由巴罗和萨拉·伊·马丁（1990）提出，其定义为：如果不同经济体间的人均收入或产出的离散程度随时间推移而趋于下降，则表明存在 σ 趋同。在检验指标的选择上，有两种指标广泛应用于实证分析中，即标准差法和变异系数法。在这两种指标的选择上，诺伊迈耶（Neumayer，2003）指出，标准差法只在变量的均值随时间推移维持不变时才有效，而一旦均值发生变化，标准差法的应用将变得没有意义，而变异系数法能够提供关于某一变量随时间变化的更容易理解的信息，克服了标准差法的不足之处，因而更适合于对 σ 趋同的检验。变异系数的计算公式如下：

$$VC_{it} = \sqrt{\frac{1}{n}\sum_{j=1}^{n}\left(\frac{TFP_{ij,t} - \overline{TFP}_{it}}{\overline{TFP}_{it}}\right)^2} \qquad (6.4)$$

在式（6.4）中，i 表示检验对象，取值范围设定在 1—7，分别表示全球整体、创新领导俱乐部、创新追赶俱乐部、创新缓慢俱乐部、高级俱乐部间、低级俱乐部间和两极俱乐部间；j 表示经济体；t 表示时间点；n 表示经济体数量；$TFP_{ij,t}$ 表示某一检验对象中的某个经济体在某个时间点的全要素生产率指数；$\overline{TFP}_{it}$ 表示某一检验对象在某个时间点全要素生产率指数的平均值；VC_{it} 表示某一检验对象在某个时间点全要素生产率的变异系数。如果 VC_{it} 随着时间推移而趋于下降，即 $VC_{i,t+\tau} < VC_{it}$，则表明存在着 σ 趋同；反之，如果 VC_{it} 随着时间推移而趋于上升，即 $VC_{i,t+\tau} > VC_{it}$，则表明存在 σ 趋异。

（二）数据说明

在对全要素生产率 σ 趋同的分析中，样本时间跨度为 1981—2010 年，数据来自本章第二节对全要素生产率指数的测算。其中，对全球整体的分析选择 130 个经济体；在对各俱乐部的分析中，三个俱乐部各自内部经济体数量的划分依据第五章对整个时期系统聚类的结果，即创新领导俱乐部、创新追赶俱乐部和创新缓慢俱乐部的经济体数量分别为 22 个、77 个和 31 个；在俱乐部间的分析中，高级俱乐部是由创新领导俱乐部和创新追赶俱乐部合并而成，经济体数量为 99 个，低级俱乐部是由创新追赶俱乐部和创新缓慢俱乐部合并而成，经济体数量为 108 个，两极俱乐部是创新领导俱乐部和创新缓慢俱乐部合并而成，经济体数量为 53 个。

（三）σ 趋同检验的结果分析

图 6-3 是全球及三个俱乐部全要素生产率变异系数的动态变化图。可以看出：（1）1981—2010 年，全要素生产率的变异系数总体处于不断下降的趋势，表明全要素生产率在整个时期存在 σ 趋同性。再来看各俱乐部，可以发现创新领导俱乐部全要素生产率的变异系数总体也呈现下降的趋势，表明创新领导俱乐部的全要素生产率在整个时期同样存在 σ 趋同性；创新追赶俱乐部全要素生产率的变异系数一直处于不断下降的趋势，表明创新追赶俱乐部的全要素生产率在整个时期也存在 σ 趋同性；创新缓慢俱乐部全要素生产率的变异系数在整个时期呈现出先趋同后趋异再趋同的阶段性特征，但由于 1981 年的变异系数要大于 2010 年，因此可以认定创新缓慢俱乐部的全要素生产率在整个时期总体也存在 σ 趋同性。（2）从变异系数的大小上看，创新追赶俱乐部和创新缓慢俱乐部全要素生产率的变异系数比较接近，并且两者的数值都大于创新领导俱乐部，表明创新追赶俱乐部各经济体间以及创新缓慢俱乐部各经济体间的全要素生产率发展水平的差距依然较大，而创新领导俱乐部各经济体间全要素生产率的发展较为均衡。

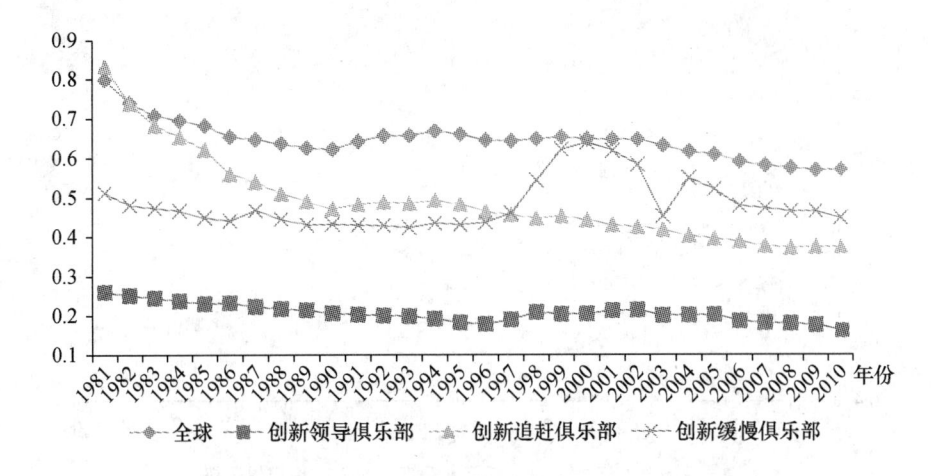

```
0.9
0.8
0.7
0.6
0.5
0.4
0.3
0.2
0.1
    1981 1982 1983 1984 1985 1986 1987 1988 1989 1990 1991 1992 1993 1994 1995 1996 1997 1998 1999 2000 2001 2002 2003 2004 2005 2006 2007 2008 2009 2010 年份
    ──◆── 全球  ──■── 创新领导俱乐部  ──▲── 创新追赶俱乐部  ──×── 创新缓慢俱乐部
```

**图 6 – 3　全球及三个俱乐部全要素生产率变异系数的
动态变化（1981—2010 年）**

图 6 – 4 是俱乐部间全要素生产率变异系数的动态变化图。可以看出：（1）1981—2010 年，高级俱乐部全要素生产率的变异系数总体呈现不断下降的趋势，表明创新领导俱乐部和创新追赶俱乐部间的全要素生产率在整个时期存在 σ 趋同性；低级俱乐部全要素生产率的变异系数一直处于不断下降的趋势，表明创新追赶俱乐部和创新缓慢俱乐部间的全要素生产率在整个时期也存在 σ 趋同性；1981—2010 年，两极俱乐部全要素生产率的变异系数呈现出先趋异再趋同的阶段性特征，但由于 1981 年的变异系数与 2010 年的数值比较接近，而且整个时期变异系数的波动也较稳定，因此可以认定创新领导俱乐部和创新缓慢俱乐部在整个时期没有出现明显的 σ 趋同或趋异性。（2）从变异系数的大小上看，高级俱乐部和低级俱乐部全要素生产率的变异系数不论是从数值上还是走势上总体来说都比较接近，且两者的数值均小于两极俱乐部，表明创新领导俱乐部和创新追赶俱乐部间以及创新追赶俱乐部和创新缓慢俱乐部间全要素生产率的发展较为均衡，而创新领导俱乐部和创新缓慢俱乐部间全要素生产率发展水平的差距依然较大。

二　β 趋同检验

（一）估计模型的设定

由于 σ 趋同只能揭示全要素生产率水平的跨国分布状况，不能反映某一特定经济体在追赶全要素生产率的平均水平上所体现的速度和程度。

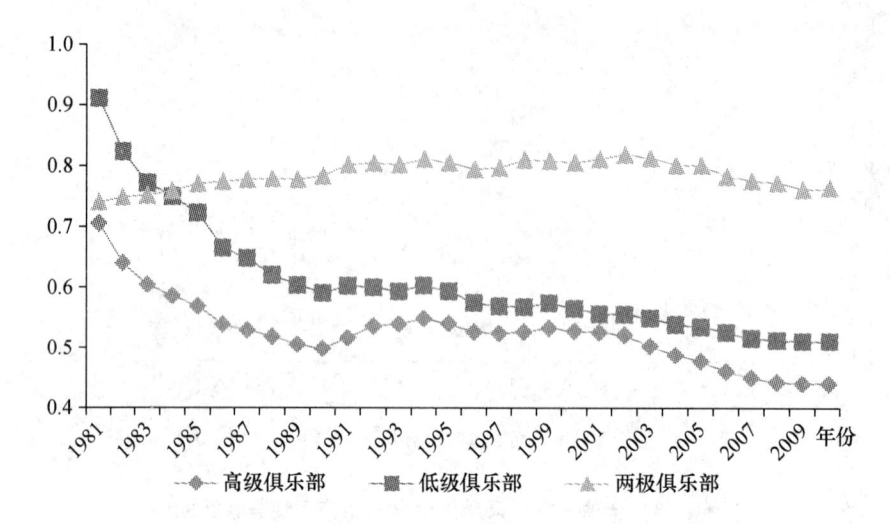

图 6-4　俱乐部间全要素生产率变异系数的动态变化（1981—2010 年）

因此，巴罗和萨拉·伊·马丁（1990）在提出 σ 趋同概念的同时，还提出了 β 趋同概念，定义为：在资本边际收益递减规律的作用下，贫穷经济体往往会比富裕经济体拥有更高的增长率。也就是说，经济增长率和初始经济发展水平间存在着负相关性。接着，萨拉·伊·马丁（1996a）又进一步将 β 趋同区分为绝对 β 趋同和条件 β 趋同。如果不考虑其他影响因素，就能得出一国人均收入的增长率与初始人均收入水平的负相关性，则可称为绝对 β 趋同；如果需要控制一系列其他影响因素，才能得出人均收入的增长率与初始人均收入水平的负相关性，则可称为条件 β 趋同。

为此，可以进一步检验全要素生产率的 β 趋同，即全要素生产率发展水平较低的经济体，是否会比发展水平较高经济体具有更快的增长速度。由于本章的目的只在于检验全要素生产率是否具有趋同性，而不去过多地关注影响趋同性的其他影响因素，因此我们借鉴 Castellacci（2011）的做法，将各经济体期初的全要素生产率作为唯一解释变量，这也就意味着本节所检验的全要素生产率属于绝对 β 趋同检验。通过对萨拉·伊·马丁（1996b）的 β 趋同检验模型进行适当修正，则全要素生产率的绝对 β 趋同模型可表示为如下形式[①]：

[①] 为了缓解模型中可能存在的异方差问题，我们的模型设定均以自然对数来表示。

$$\ln(TFP_{ij,T}/TFP_{ij,t})/(T-t) = a - [(1-e^{-\beta(T-t)})/(T-t)] \times \ln(TFP_{ij,t}) + u_{ij,t,T} \tag{6.5}$$

在式（6.5）中，$TFP_{ij,t}$表示某一检验对象中某个经济体全要素生产率的期初数值；$TFP_{ij,T}$表示某一检验对象中某个经济体全要素生产率的期末数值，这里$T>t$；$\ln(TFP_{ij,T}/TFP_{ij,t})(T-t)$为时间$t$到$T$的年均增长率；$T-t$为时间跨度；$a$为截距项；$u$为分布滞后误差项；$-(1-e^{-\beta(T-t)})(T-t)$为趋同系数，如果该系数为负，则说明存在绝对$\beta$趋同，如果该系数为正，则说明存在绝对$\beta$趋异；$\beta$为趋同速度。

由于式（6.5）是非线性形式，为了简化估计难度，我们根据鲍莫尔（Baumol，1986）的处理方法，将式（6.5）转化为线性表示，进而可以得到如下方程：

$$\ln(TFP_{ij,T}/TFP_{ij,t})/(T-t) = a + b\ln(TFP_{ij,t}) + u_{ij,t,T} \tag{6.6}$$

在式（6.6）中，趋同系数$b = -(1-e^{-\beta(T-t)})(T-t)$，如果回归结果出现$b<0$，则表明检验对象在时间段$T-t$内存在绝对$\beta$趋同；反之则趋异。另外，许多实证文献在检验$\beta$趋同的同时，还计算了相应的趋同速度和半衰期[①]。为此，本节除检验全要素生产率的绝对β趋同外，还分别计算了趋同速度和半衰期，用以分析全要素生产率发展水平较低经济体（或俱乐部）对发展水平较高经济体（或俱乐部）的追赶速度快慢和追赶时间长短。根据趋同系数的关系式，可以推导出趋同速度的计算公式，即$\beta = -\ln[1+b(T-t)]/(T-t)$；根据趋同系数的关系式和曼基夫等（Mankiw et al.，1992）的计算方法，我们可以推算出半衰期的计算公式，即$\eta = -\ln(0.5)/\beta$。

需要指出的是，在全要素生产率趋同问题的经验研究中，现有文献在估计方法的选择上主要集中于横截面回归法、时间序列分析法和面板数据回归法。然而，前两种方法在实际应用中存在较大缺陷。因此，一些学者开始运用面板数据回归法来分析全要素生产率的趋同性。面板数据回归法结合了时间序列和横截面数据，较好地克服了横截面回归法和时间序列分析法中的不足，不仅能够显著减少遗漏变量的影响，而且还能解决回归过程中的测量误差和内生性问题以及多重共线性和异方差问题（Temple，1999）。基于以上原因，我们运用面板数据回归法来检验

[①] 半衰期是指消除落后地区与富裕地区之间差距的一半所需要的时间。

全要素生产率的绝对β趋同。由于采用了面板数据，便有$T-t=1$，这样式（6.6）最终就简化为了如下形式：

$$\ln(TFP_{ij,t}/TFP_{ij,t-1}) = a + b\ln(TFP_{ij,t-1}) + u_{ij,t,t+1} \tag{6.7}$$

在式（6.7）中，$TFP_{ij,t}$现在可以表示全要素生产率的当期数值；$TFP_{ij,t-1}$可以表示全要素生产率的下一期数值；趋同系数的计算公式就转变为$b = -(1-e^{-\beta})$；趋同速度的计算公式就转变为$\beta = -\ln(1+b)$；半衰期的计算公式保持不变，依然为$\eta = -\ln(0.5)/\beta$；其他字母的含义与上小节相同。

（二）数据说明

本节在变量选取、数据来源、俱乐部划分以及对俱乐部间的数据处理上，都与上一小节相同。此外，由于本节运用的是面板数据回归法，因此需要在混合效应、固定效应和随机效应模型中进行选择。为此，我们分别利用豪斯曼检验和似然比检验来判断固定效应模型和随机效应模型的合适性以及固定效应模型和混合效应模型的合适性。

（三）绝对β趋同的估计结果分析

表6-3是全球以及俱乐部层面的绝对β趋同回归结果。可以看出：（1）全球模型的系数显著为负，表明全球整体的全要素生产率存在绝对β趋同，而且全要素生产率发展水平较低经济体与较高经济体间的差距以年均5.62%的速度在缩小，且这种差距缩小一半的时间需要12.34年。（2）创新领导俱乐部模型的系数显著为负，表明创新领导俱乐部的全要素生产率存在绝对β趋同，而且全要素生产率发展水平较低经济体与较高经济体间的差距以年均6.13%的速度在缩小，且这种差距缩小一半的时间需要11.31年。（3）创新追赶俱乐部模型的系数显著为负，表明创新追赶俱乐部的全要素生产率存在绝对β趋同，而且全要素生产率发展水平较低经济体与较高经济体间的差距以年均5.36%的速度在缩小，且这种差距缩小一半的时间需要12.93年。（4）创新缓慢俱乐部模型的系数显著为负，表明创新缓慢俱乐部的全要素生产率存在绝对β趋同，而且全要素生产率发展水平较低经济体与较高经济体间的差距以年均5.72%的速度在缩小，且这种差距缩小一半的时间需要12.12年。

表 6-3　　　　绝对 β 趋同的回归结果：全球整体及俱乐部层面

	全球整体	创新领导俱乐部	创新追赶俱乐部	创新缓慢俱乐部
常数项	0.0038*** (2.7720)	0.0580*** (4.7512)	0.0079*** (4.7206)	-0.0433*** (-4.7529)
趋同系数	-0.0546*** (-5.7238)	-0.0594*** (-4.0606)	-0.0522*** (-4.6196)	-0.0556*** (-5.0650)
趋同类型（%）	趋同	趋同	趋同	趋同
趋同速度	5.62	6.13	5.36	5.72
半衰期（年）	12.34	11.31	12.93	12.12
R^2	0.1339	0.1457	0.1205	0.1415
F 统计量	4.4926***	2.5113***	3.6048***	4.1329***
豪斯曼统计量	13.1553***	5.3462**	5.2478**	5.7151**
模型	FE	FE	FE	FE
样本容量	3900	660	2310	930

注：*、**和***分别表示有关变量的系数在10%、5%和1%水平上显著异于零（以下各表相同）；括号中的数值为 t 统计值（以下各表相同）；F 统计量用于判断混合效应和固定效应模型的选择，原假设为选择混合效应模型；豪斯曼统计量用于判断固定效应和随机效应模型的选择，原假设为选择随机效应模型；FE 表示固定效应模型。

表 6-4 是各俱乐部间绝对 β 趋同的回归结果。可以看出：(1) 高级俱乐部模型的系数显著为负，表明创新领导俱乐部和创新追赶俱乐部间的全要素生产率存在绝对 β 趋同，而且创新追赶俱乐部的全要素生产率与创新领导俱乐部的差距以年均 5.61% 的速度在缩小，且这种差距缩小一半的时间需要 12.35 年。(2) 低级俱乐部模型的系数显著为负，表明创新追赶俱乐部和创新缓慢俱乐部间的全要素生产率存在绝对 β 趋同，而且创新缓慢俱乐部的全要素生产率与创新追赶俱乐部的差距以年均 5.44% 的速度在缩小，且这种差距缩小一半的时间需要 12.75 年。(3) 两极俱乐部模型的系数显著为负，表明创新领导俱乐部和创新缓慢俱乐部间的全要素生产率存在绝对 β 趋同，而且创新缓慢俱乐部的全要素生产率与创新领导俱乐部的差距以年均 5.95% 的速度在缩小，且这种差距缩小一半的时间需要 11.64 年。

表6-4　　　　　　　绝对β趋同的回归结果：各俱乐部间

	高级俱乐部 （领导+追赶）	低级俱乐部 （追赶+边缘）	两极俱乐部 （领导+边缘）
常数项	0.0182*** (6.5569)	-0.0062** (-2.5289)	-0.0028 (-1.4686)
趋同系数	-0.0546*** (-5.2116)	-0.0529*** (-5.2568)	-0.0578*** (-5.6658)
趋同类型	趋同	趋同	趋同
趋同速度(%)	5.61	5.44	5.95
半衰期（年）	12.35	12.75	11.64
R^2	0.1264	0.1300	0.1518
F统计量	3.9285***	4.2878***	5.2600***
豪斯曼统计量	8.9371***	10.2630**	11.9132**
模型	FE	FE	FE
样本容量	2970	3240	1590

注：F统计量用于判断混合效应和固定效应模型的选择，原假设为选择混合效应模型；豪斯曼统计量用于判断固定效应和随机效应模型的选择，原假设为选择随机效应模型；FE表示固定效应模型。

本章小结

本章首先总结了国内外文献中关于全要素生产率测算方法的选取情况，然后在对各种测算方法的优缺点进行评价的基础上确定了跨时跨国收入份额法作为本章对全要素生产率的测算方法。接着在相关变量选取、数据来源介绍和缺失数据处理的基础上测算了全球130个经济体1981—2010年的全要素生产率指数，并据此对全球以及俱乐部层面的全要素生产率在整个时期的发展水平和差异状况作了具体分析。最后运用变异系数法和面板数据回归法分别对全球整体、各俱乐部内部以及各俱乐部间全要素生产率的σ趋同和绝对β趋同进行了检验，得出以下几点结论：

（1）从发展水平看，1981—2010 年，全球整体全要素生产率的发展水平总体低下，年均增长率仅为 0.27%。但这种低下的发展水平主要体现在创新追赶俱乐部和创新缓慢俱乐部，它们的年均增长率都低于全球水平，分别仅为 0.06% 和 0.03%，而创新领导俱乐部的全要素生产率在整个时期则具有较高的发展水平，年均增长率达到了 0.80%。

（2）从指数的比较看，1981—2010 年，各经济体全要素生产率的发展水平存在较大差异，近 1/3 全要素生产率发展水平较高的经济体占据了全球半数以上的知识资本产出；此外，各俱乐部全要素生产率的发展水平也存在较明显差异：在整个时期，创新领导俱乐部的全要素生产率指数最高，其在每个时点上的指数值均高于其余两个俱乐部；创新追赶俱乐部的全要素生产率水平仅次于创新领导俱乐部，其在每个时点上的指数值都高于创新缓慢俱乐部；而创新缓慢俱乐部的全要素生产率发展水平在整个时期都是最低的。

（3）从趋同性看，1981—2010 年，不论是全球内部，还是俱乐部内部（创新领导俱乐部、创新追赶俱乐部和创新缓慢俱乐部），或是俱乐部间（高级俱乐部、低级俱乐部和两极俱乐部），全要素生产率不仅都存在 σ 趋同，而且也都存在 β 趋同。也就是说，在任一检验对象中，全要素生产率发展水平较低经济体与较高经济体间的差距都在不断缩小。

从以上结论中可知，现阶段全球整体的全要素生产率发展水平并不高，即便是存在发展水平较高的经济体也基本上属于创新领导俱乐部，而占了全球 80% 以上经济体数量的创新追赶俱乐部和创新缓慢俱乐部，全要素生产率普遍处于较低的发展水平。由于这两个俱乐部集中了全球绝大多数发展经济体，因此要想提升发展经济体尤其是中国在全球的经济地位和话语权，缩小与创新领导俱乐部的差距，必须要提高经济增长的质量和技术含量，实现增长方式从粗放型向集约型转变，进而提升全要素生产率的发展水平，最好的途径就是通过加大知识资本的投入来实现。下一章将通过实证检验来分析开放经济下知识资本投入对全要素生产率的影响情况。

第七章　知识资本与全要素生产率：实证分析

从第四章和第六章的分析发现，现阶段全球知识资本的发展以人力资本方面为主，而研发资本、创新设施资本和技术资本方面的发展水平都较低，同时还发现全要素生产率的发展水平也偏低。那么我们不禁要问，现阶段全球以人力资本为主要方面的发展模式对全要素生产率到底起到一个什么样的作用？是促进还是抑制？全要素生产率发展水平的低下是否与这种以人力资本为主的发展模式有关联？研发资本、创新设施资本和技术资本等方面对全要素生产率的提升又起到一个什么样的作用？它们的作用与人力资本比起来，是更大还是更小？从不同阶段上看，知识资本各方面投入对全要素生产率的影响是增强还是减弱了？

从第五章的分析发现，不同知识资本密集度经济体所倚重的知识资本方面也是不同的：创新领导俱乐部在知识资本的四个方面上均具有较高的发展水平，创新追赶俱乐部只在人力资本方面上具有较高的发展水平，而创新缓慢俱乐部也相对重视人力资本方面的发展，但这其中只有创新领导俱乐部的全要素生产率具有较高的发展水平，而创新追赶俱乐部和创新缓慢俱乐部的全要素生产率水平都处于较低位置，因此我们又要问：知识资本的不同方面对不同知识资本密集度经济体的全要素生产率又存在一个什么样的影响？创新领导俱乐部较高的全要素生产率是否在很大程度上取决于其各方面较高的发展水平，而创新追赶俱乐部和创新缓慢俱乐部较低的全要素生产率是否也是由于其忽视的那些知识资本方面所引起的呢？

再者，在开放经济下，国外知识资本对全要素生产率的发展又起到一个什么样的作用？是促进还是抑制？作为国际知识资本主要溢出渠道的进口贸易和外国直接投资（FDI）对全要素生产率的影响有何差异？与国内知识资本的作用相比，它们的影响程度是更强还是更弱？另外，在对国际知识资本溢出的吸收上,国内知识资本又扮演着一个什么样的角色,其对全要素生产率的影响是否具有两面性?同时,对不同知识资本密集度的经济体来说,国外知识资本与国内知识资本的吸收能力对各自全要素生产率的影响程度和方向又是如何?是否存在差异性?

为了得到上述问题的答案,本章将以实证的方式来对开放经济下知识资本投入与全要素生产率间的关系进行分析。

第一节 知识资本与全要素生产率:全球整体的实证研究

一 模型的设定

在第三章的理论模型中我们推导出了知识资本各投入变量对稳态技术进步的影响效应,本节将进一步利用跨国面板数据对各命题进行检验。根据第四章,我们得到了衡量各经济体知识资本发展水平的四个方面指数,即研发资本、人力资本、创新设施资本和技术资本指数;根据第六章,也已得到了衡量各经济体知识资本产出的全要素生产率指数,接下来的重点将放在知识资本各方面投入对全要素生产率的影响研究上。我们以科和赫尔普曼(1995,CH)提出的国际研发溢出模型(以下简称 CH 模型)作为分析基础,通过对此进行相应的修正和扩展来检验理论模型的推导结论。CH 模型将全要素生产率作为衡量技术进步的代理变量,并将其定义为:

$$TFP = A(KC)^{\gamma} \tag{7.1}$$

其中,TFP 表示全要素生产率,代表技术进步水平;A 表示常数;KC 表示知识资本。在封闭经济中,一国的技术进步只取决于国内知识资本发展水平,因而式(7.1)中的变量 KC 仅表示国内知识资本。由于国内知识资本是由研发资本、人力资本、创新设施资本和技术资本四方面构成:$KC = (RC)^{\beta_1}(HC)^{\beta_2}(IC)^{\beta_3}(TC)^{\beta_4}$,通过对式(7.1)两边取自然对数,那么式(7.1)就可以转化为式(7.2):

$$\ln TFP_{it} = \beta_{0i} + \beta_1 \ln RC_{it} + \beta_2 \ln HC_{it} + \beta_3 \ln IC_{it} + \beta_4 \ln TC_{it} + \varepsilon_{it} \tag{7.2}$$

其中,i 表示经济体,t 表示时间点,RC 表示研发资本,HC 表示人力资本,IC 表示创新设施资本,TC 表示技术资本,β_{0i} 表示经济体特定的常数项，β_1 - β_4 表示国内知识资本各方面变量的产出弹性，ε 表示随机误差项，ln 表示自然对数。

在开放经济下，国内知识资本并不是一国技术进步的唯一来源，国外知识资本也可以通过一系列国际经济活动对国内技术水平产生作用。基于 CH 的思路，我们将式 (7.1) 中的 KC 分解为 KC^d 和 KC^f 两部分，其中，KC^d 为国内知识资本，由研发资本 RC、人力资本 HC、创新设施资本 IC 和技术资本 TC 构成；KC^f 表示国外知识资本，由物化溢出渠道（进口贸易 KC^{im} 和外国直接投资 KC^{fdi}）以及非物化溢出渠道（技术差距 GAP）构成。在这种情况下，式 (7.1) 又可以进一步转变为式 (7.3) 至式 (7.5)，即：

$$\ln TFP_{it} = \beta_{0i} + \beta_1 \ln RC_{it} + \beta_2 \ln HC_{it} + \beta_3 \ln IC_{it} + \beta_4 \ln TC_{it} + \beta_5 \ln KC_{it}^{im} + \varepsilon_{it} \quad (7.3)$$

$$\ln TFP_{it} = \beta_{0i} + \beta_1 \ln RC_{it} + \beta_2 \ln HC_{it} + \beta_3 \ln IC_{it} + \beta_4 \ln TC_{it} + \beta_6 \ln KC_{it}^{fdi} + \varepsilon_{it} \quad (7.4)$$

$$\ln TFP_{it} = \beta_{0i} + \beta_1 \ln RC_{it} + \beta_2 \ln HC_{it} + \beta_3 \ln IC_{it} + \beta_4 \ln TC_{it} + \beta_7 \ln GAP_{it} + \varepsilon_{it} \quad (7.5)$$

其中，im 为进口符号，KC^{im} 表示基于进口溢出的国外知识资本，fdi 表示外国直接投资符号，KC^{fdi} 表示基于 FDI 溢出的国外知识资本，GAP 表示技术差距，β_{0i} 表示经济体特定的常数项，β_1 - β_7 表示国内知识资本各方面投入变量以及国外知识资本各溢出渠道变量的产出弹性。在这里，我们将国际知识资本溢出的三种渠道分别通过三个模型进行研究，目的是检验国内知识资本的四个方面变量在不同设定形式下对全要素生产率的影响是否具有稳定性。

为了能够准确地估算出国内知识资本各方面变量对全要素生产率的实际影响，以及更方便地比较国内外知识资本技术进步效应的大小和方向，我们最后将国内知识资本的四个方面变量以及国外知识资本的三个溢出变量纳入同一个方程中，设定了式 (7.6)，即：

$$\ln TFP_{it} = \beta_{0i} + \beta_1 \ln RC_{it} + \beta_2 \ln HC_{it} + \beta_3 \ln IC_{it} + \beta_4 \ln TC_{it} + \beta_5 \ln KC_{it}^{im} + \beta_6 \ln KC_{it}^{fdi} + \beta_7 \ln GAP_{it} + \varepsilon_{it} \quad (7.6)$$

二 变量选取和数据来源

本节模型使用的样本为 130 个经济体 1981—2010 年的面板数据。被解释变量为全要素生产率 TFP。解释变量包括 KC^d（RC、HC、IC 和

TC) 以及 KC^f(KC^{im}、KC^{fdi} 和 GAP)。其中，KC^d 表示国内知识资本变量，包括研发资本 RC、人力资 HC、创新设施资本 IC 和技术资本 TC，分别表示国内知识资本的四个方面投入；KC^f 表示国外知识资本变量，包括基于进口溢出的国外知识资本 KC^{im}、基于 FDI 溢出的国外知识资本 KC^{fdi} 和技术差距 GAP，分别表示国际知识资本溢出的物化和非物化渠道。在这里我们加入除国内知识资本以外的国际知识资本溢出变量，一方面是因为第三章理论模型推导中得出的国际知识资本的物化溢出渠道（进口贸易和 FDI）以及非物化溢出渠道（技术差距）都是全要素生产率的重要影响因素；另一方面是为了比较国内外知识资本对全要素生产率影响的差异性。由于第四章和第六章已经测度了国内知识资本四个方面变量和全要素生产率变量，因此在接下来的分析中，我们将重点介绍国外知识资本三个变量的构建与数据来源。

（一）全要素生产率和知识资本各方面变量

全要素生产率 TFP 的数据来源于第六章测算得到的全要素生产率指数；国内知识资本的四个方面变量，即研发资本 RC、人力资本 HC、创新设施资本 IC 和技术资本 TC 的数据来源于第四章测度得到的研发资本指数、人力资本指数、创新设施资本指数和技术资本指数。从第三章理论模型推导结果中的命题 2 可知，国内知识资本及其各方面投入不仅可以直接提高技术进步率，而且还可以通过增加研发部门知识资本的比重而间接促进技术进步的提升。因此，预期变量 RC、HC、IC 和 TC 的系数应该都为正。

（二）基于进口的国外知识资本变量

对基于进口的国外知识资本变量 KC^{im} 的衡量，现有文献通常只专注于国外研发资本的溢出上，同时在加权方法的选择上主要集中于 CH 加权法和 LP 加权法。CH 将 KC^{im} 定义为进口份额加权的贸易伙伴国的国内研发资本存量之和，其计算公式为：

$$RD_{it}^{im-CH} = \sum_{j \neq i} (M_{ijt}/M_{it}) RD_{jt} \tag{7.7}$$

其中，RD_{it}^{im-CH} 表示运用 CH 加权法测算得到的基于进口的国外研发资本存量，M_{ijt} 表示国家 i 在时期 t 从国家 j 的进口，M_{it} 表示国家 i 在时期 t 从贸易伙伴国的总进口，RD_{jt} 表示国家 j 在时期 t 的研发资本存量。在该加权法下，溢出接收国 i 的国外研发资本存量 RD_{it}^{im-CH} 是其贸易伙伴国研发资本存量的加权平均和，而权重是由该国与各贸易伙伴国的双边进口份额 M_{ijt}/M_{it} 决定的。但利希滕伯格和德拉波特里（1998，即 LP）指出 CH 加权法存在加总偏误问题，即贸易伙伴国合并通常会增加东道国的国外研发资本存量。为了纠正这种偏误，他们提出用 LP 加权法来测算基于进口的国外研发资本存量，其计算公式为：

$$RD_{it}^{im-LP} = \sum_{j \neq i} (M_{ijt}/Y_{jt}) RD_{jt} \tag{7.8}$$

其中，RD_{it}^{im-LP} 表示运用 LP 加权法测算得到的国外研发资本存量，Y_{jt} 表示国家 j 在时期 t 的 GDP，其他变量的含义与式（7.7）相同。LP 认为这样设定从理论上来说偏误性更小，而且从某种程度上也更符合实际情况。但是，Kwark 和 Shyn（2006，KS）随后指出 LP 加权法存在着拥挤效应问题，即如果越多国家与第三方国家发生贸易往来，第三方国家的研发资本存量溢出给每一接收国的数量就会减少，LP 加权法更多的是反映溢出来源国的贸易模式而不是接收国的贸易强度。他们主张用来源国的出口份额作为权重系数来测算基于进口的国外研发资本存量（即 KS 加权法），这样不仅可以解决加总偏误问题，而且还可以不受溢出来源国贸易模式的束缚，其计算公式为：

$$RD_{it}^{im-KS} = \sum_{j \neq i} (X_{jit}/X_{jt}) RD_{jt} \tag{7.9}$$

其中，RD_{it}^{im-KS} 表示用 KS 加权法测算得到的基于进口的国外研发资本存量，X_{jt} 表示国家 j 在时期 t 对贸易伙伴国的总出口；X_{jit} 表示国家 j 在时期 t 对溢出接收国 i 的出口。

基于以上分析，本节借鉴 KS 加权法测算基于进口的国外知识资本变量。所不同的是，我们研究的溢出内容是知识资本，而不是研发资本存量，计算公式可以表示为：

$$KC_{it}^{im} = \sum_{j \neq i} (X_{jit}/X_{jt}) KC_{jt} \tag{7.10}$$

其中，i 和 j 都表示经济体；t 表示时间；im 表示进口符号，KC_{it}^{im} 表示使用 KS 加权法测算得到的基于进口的国外知识资本变量；KC_{jt} 表示经济体 j 在时期 t 的国内知识资本变量；X_{jt} 表示经济体 j 在时期 t 对贸易伙伴国的总出口；X_{jit} 表示经济体 j 在时期 t 对经济体 i 的出口。

在双边出口 X_{jit} 的数据来源问题上，由于本节的实证研究需要用到 130 个经济体 1981—2010 年的数据，但目前与贸易相关的数据库在对双边出口数据的收录上存在较多缺失,而对双边进口数据的收录则较为完整。考虑到经济体 j 对经济体 i 的出口实际上也就是经济体 i 对经济体 j 的进口,因此我们参照克雷默(2010)的处理方法,从双边进口的角度来收集贸易数据,这样一来,公式中的 X_{jit}/X_{jt} 就变成了经济体 i 对经济体 j 的进口与贸易伙伴国对经济体 j 的进口之和的比值。各经济体历年的双边进口数据主要来自国际货币基金组织的贸易方向数据库(DOT);苏联 15 国、南斯拉夫 6 国和捷克斯洛伐克 2 国 1981—1990 年的数据根据 1991 年各经济体占相应联盟的比重计算得到;中国台湾数据来自中国台湾财政当局的进出口统计数据库。此外,在 X_{jt} 的数据来源上,我们将其余 129 个贸易伙伴国对某一经济体的进口数据进行加总,以得到该经济体对贸易伙伴国的总出口数据。

从第三章理论模型推导结果的命题 3 可知,基于进口溢出的国外知识资本的增加一方面可以直接提高研发部门的知识产出率,进而促进技术进步率的提升;另一方面还会通过提高研发部门知识资本的报酬率,引起知识资本从最终品部门向研发部门转移,从而间接提高整个经济的技术进步水平。因此,预期变量 KC^{im} 的系数应该为正。

(三)基于 FDI 的国外知识资本变量

对基于 FDI 的国外知识资本变量的测算,我们借鉴 Ciruelos 和 Wang(2005,CW)的方法进行处理。他们的方法也是以 KS 加权法为测算基础的,只不过是将其应用到基于 FDI 的国外研发资本存量的衡量中,与 KC_{it}^{im} 变量的构建相似,我们研究的溢出内容是知识资本,而不是研发资本存量,计算公式的具体形式可以表示如下:

$$KC_{it}^{fdi} = \sum_{j \neq i} (OFDI_{jit}/OFDI_{jt}) KC_{jt} \qquad (7.11)$$

其中,KC_{it}^{fdi} 表示使用 CW 加权法测算得到的基于 FDI 的国外知识资本变量;KC_{jt} 表示经济体 j 在时期 t 的国内知识资本变量;$OFDI_{jit}$ 表示经济体 j 在时期 t 对经济体 i 的直接投资存量;$OFDI_{jt}$ 表示经济体 j 在时期 t 对各投资伙伴国直接投资存量的总和。我们参照 Zhu 和 Jeon(2007)、Bodman 和 Le(2013)等的做法,使用 FDI 存量数据而不是流量数据来测算基于 FDI 的国外知识资本变量,原因在于:一是由于 FDI 流量数据随时间波动性较大,较易使估计结果产生有偏和不稳定性;二是由于基于 FDI 的国际知识资本溢出具有累计性,存量数据可以反映出中长期的知识扩散效应。虽然也有学者如德拉波特里和利希滕伯格（2001）、Lee（2006）等，使用 FDI 流量数据来测算基于 FDI 的国外研发资本存量，但他们自己也承认，由于 FDI 流量数据更易于波动，使用存量数量要好于流量数据，但由于存量数据的缺乏，他们只能使用流量数据进行替代。

在 OFDI$_{jit}$ 的数据来源问题上，由于数据限制，现阶段并不能完全得到 130 个经济体在 1981—2010 年的双边对外直接投资数据，为了数据统一和完整性，我们参照 Tang 和 Koveos（2008）的做法，选择七国集团国家（美国、日本、英国、加拿大、德国、法国和意大利）作为 FDI 的溢出来源国，原因在于：第一，这七个经济体的对外直接投资存量数据不论是在国际数据库上还是在国内数据库里，都具有可靠和完整的数据来源；第二，这七个经济体是全球最大的七个工业化国家，它们整个时期（1981—2010）对外直接投资的平均比重占全球的 70.67%[①]；第三，这七个经济体也是全球创新资源最丰富的国家，它们的研发支出存量、研发研究人员数、专利授权数、科技论文发表数分别占全球的 72.34%、45.83%、85.73% 和 64.49%。因此，以七国集团国家的知识资本数据和对外直接投资数据作为知识资本的溢出来源，具有代表性和合理性。

七国集团国家对 130 个经济体对外直接投资的数据主要来自 OECD 的国际直接投资统计数据库以及七国集团国家的专用数据库，包括美国经济分析局（BEA）的国际投资和跨国公司数据库、加拿大的 CANSIM 数据库、日本的贸易振兴数据库和中央银行数据库、德国中央银行数据库以及法国中央银行数据库等；苏联 15 国、南斯拉夫 6 国和捷克斯洛伐克 2 国的数据处理方法同进口溢出渠道。此外，参照克雷默（2010）的处理方法，将数据中有负数的值替换为 0 值。在 OFDI$_{jt}$ 的数据来源上，我们将每个七国集团国家对其余 129 个经济体的直接投资存量数据进行加总，得到该经济体对投资伙伴国的对外直接投资存量总和数据。

与基于进口的国外知识资本变量 KC^{im} 相似，第三章理论模型推导结果中的命题 3 同样得出基于 FDI 的国外知识资本变量 KC^{fdi} 的增加，一方面可以直接提高研发部门的知识产出率，进而促进技术进步率的提

---

① 根据联合国贸发会议数据库计算。

升；另一方面还会通过提高研发部门知识资本的报酬率，引起知识资本从最终产品部门向研发部门转移，从而间接地提高整个经济的技术进步水平。因此，预期变量 KC^{fdi} 的系数应该为正。

（四）技术差距变量

技术差距的测度涉及基础衡量指标的选取和参照国的确定。

首先，在基础衡量指标的选取上，现有文献主要集中于人均 GDP 和全要素生产率两种指标上。我们认为全要素生产率更适合作为技术差距的基础衡量指标，原因在于：一是根据第三章理论模型可知，一国的技术进步取决于技术差距 GAP，而 GAP 代表了内外资企业技术水平的比值（N^*/N）；二是从第四章的小结部分发现，经济发展水平（人均 GDP）并不等同于知识资本发展水平或技术水平，两者并不存在必然的联系，全要素生产率更适合对技术水平的衡量。

其次，在参照国的确定上，现有文献主要集中于两种形式：一种是将美国作为参照国，另一种是将各期数值最大的经济体作为参照国。我们选择美国作为测算技术差距的参照国，一是由于绝大多数文献都选用美国作为参照国；二是由于在本书的测算结果中，文莱的全要素生产率指数在 20 世纪 90 年代以前的绝大多数时间里都是最大的，而它的知识资本发展水平在整个时期的平均排名仅为 77 位，两项指标的排名相差悬殊，显而易见，文莱并不是技术水平最高的经济体，如果将其作为参照国，将会使结果产生较大偏差。而美国全要素生产率指数的排名虽然在绝大多数时间里都不是最大的，但它在整个时期的平均排名也有第 3 位，而且其知识资本发展水平的平均排名为第 1 位，显然美国是技术水平或知识资本发展水平较高的经济体，将美国作为参照国具有合理性。

基于上述分析，我们选择全要素生产率和美国分别作为测算技术差距的基础衡量指标和参照国。在计算公式的使用上，我们参考 Castellacci（2002）的做法，将技术差距表示为美国与各经济体全要素生产率比值的自然对数，计算公式如下：

$$GAP_{it} = \ln(TFP_{US,t}/TFP_{it}) \qquad (7.12)$$

其中，i 表示经济体；t 表示时间；GAP_{it} 表示经济体 i 在时期 t 的技术差距变量；$TFP_{US,t}$ 表示美国在时期 t 的全要素生产率；TFP_{it} 表示各经济体在时期 t 的全要素生产率，当 $i = US$ 时，就代表美国与自身的比值。如果 GAP_{it} 较大，则表明各经济体与美国的技术差距较大，而如果

GAP$_{it}$较小,则表明各经济体与美国的技术差距较小。在实证分析中,如果 GAP$_{it}$变量的系数为正,就表明各经济体与美国技术差距的扩大有利于各经济体技术水平的提升,而如果 GAP$_{it}$变量的系数为负,就表明各经济体与美国技术差距的扩大阻碍了各经济体的技术进步。

从第三章理论模型推导结果的命题 5 可知,技术差距对技术进步的影响是不确定的,这是由技术差距对国际知识溢出的双重效应所决定的:一方面是格申克龙(1962)和库兹涅茨(1973)等提出的"后发优势"效应,即技术差距越大意味着技术落后国家拥有的可供模仿的国外技术存量越多,也越可能利用技术后发优势获取更多的国外技术模仿的收益,进而促进技术水平的提升;另一方面是马修斯(1969)、拉潘和巴丹(1973)等提出的"持续落后"效应,即技术差距的扩大,会造成技术落后国家没有足够能力来吸收和模仿溢出的国外技术,反而不利于国内技术水平的提升。因此,我们认为,模型中的技术差距变量 GAP 的符号是不确定的,只能通过实证分析来决定。

三 模型的预检验

在估计模型之前,还需要对两个估计问题进行预检验,因为它们会影响到估计结果的准确性。这两个估计问题是:(1)面板单位根检验。由于解释变量和被解释变量在面板数据模型中通常具有非平稳性,为避免虚假回归问题的出现,我们将利用面板单位根检验来对各变量的平稳性进行预检验,以确保模型的估计产生有意义的结果。(2)面板协整检验。当所有变量都呈现出非平稳性特征时,还需要对变量间的协整关系进行预检验。如果变量间被证明具有协整关系,那么估计结果对变量间的长期关系将会产生一个有意义的解释。

(一)面板单位根检验

由于本节使用的是 130 个经济体 1981—2010 年的面板数据,模型所选用的解释变量和被解释变量可能会存在非平稳性。所以在进行模型的估计之前,还需要利用面板单位根检验来对这些变量的平稳性进行预检验,以避免模型出现虚假回归问题。到目前为止,对面板数据的单位根检验主要包括六种方法,分别为 LLC 检验(Levin et al.,2002)、B 检验(Breitung,2001)、IPS 检验(Im et al.,2003)、Fisher - ADF 检验和 Fisher - PP 检验(Maddala and Wu,1999;Choi,2001)以及 H 检验(Hadri,2000)。其中,LLC 检验、B 检验和 H 检验适用于截面间存在相同单位根的情形，而 IPS 检验、Fisher-ADF 检验和 Fisher-PP 检验则适用于截面间存在不同单位根的情形。为了提高检验的可信度，我们将同时运用上述六种方法对各变量进行面板单位根检验。需要注意的是，除 H 检验的原假设为不存在单位根外，其余五种检验的原假设都为存在单位根。

表 7-1 显示了全球整体模型中六种面板单位根检验的结果。可以看出，LLC 检验、B 检验、IPS 检验和 Fisher-ADF 检验均表明，所有变量都是非平稳的，因为这些变量的非平稳性原假设即使在 10% 的显著性水平下也不能被拒绝；H 检验也表明，所有变量都是非平稳的，因为这些变量的平稳性原假设在 1% 的显著性水平上被拒绝；对 Fisher-PP 检验来说，除基于进口的国外知识资本 KC^{im}、研发资本 RC 和技术资本 TC 三个变量的非平稳性原假设分别需要在 10%、5% 和 1% 显著性水平下不能被拒绝外，其余变量经检验均是非平稳的。因此，综合以上面板单位根检验结果，可以得出本节模型中使用的所有变量都是非平稳的。

表 7-1　　　　　　　　　面板单位根检验：全球整体

变量	LLC	B	IPS	Fisher-ADF	Fisher-PP	H
lnTFP	7.333	2.086	2.342	5.354	1.957	18.541***
lnRC	1.759	2.299	-1.232	1.680	-1.912**	17.960***
lnHC	3.003	0.789	-0.489	2.195	1.892	18.779***
lnIC	1.444	11.521	6.168	9.066	17.574	27.788***
lnTC	6.146	1.240	-0.420	1.999	-6.677***	16.918***
lnKC^{im}	6.954	4.190	1.487	4.333	-1.536*	17.444***
lnKC^{fdi}	4.035	12.512	2.127	3.585	4.047	24.165***
lnGAP	11.964	5.351	5.846	9.178	7.691	18.094***

注：面板单位根检验包含截距项和趋势项；表中数值为检验统计值；滞后阶数选择 4 阶滞后；面板单位根检验根据 Eviews 8.0 得出。下同。

（二）面板协整检验

由于全要素生产率、国内知识资本四个方面投入以及国外知识资本三个渠道变量都是非平稳的，为避免虚假回归问题的出现，在估计模型之前还需要进一步利用面板协整检验来对变量间的协整关系进行预检验。在面板协整检验方法的选择上，早期检验主要集中于 LLC 法和 Levin 和 Lin（1993，即 LL 法）。由于当时面板计量技术发展得不完善，致使这些方法不免存在某些缺陷，比如科和赫尔普曼（1995，即 CH）在利用 LLC 法和 LL 法检验全要素生产率与国内外研发资本存量的长期关系时出现了相互矛盾的结果，他们发现模型在 LLC 法下是协整的，但在 LL 法下又不存在协整关系。此后，随着计量技术的不断发展，Pedroni（1999，即 P 法）和 Kao（1999，即 K 法）以及其他许多学者都提出了比 LLC 法和 LL 法更加合适并且更加具有解释力的面板数据协整检验方法。其中，P 法基于先前的检验提出了 7 个统计量以对残差进行平稳性检验，包括 4 个面板统计量和 3 个组均统计量。由于 P 法考虑到了协整模型中截距和斜率的异质性问题，因而被广泛应用于实证研究中。基于以上原因，我们将同时利用 P 法提出的 7 个统计量来对本节的模型进行协整检验。需要指出的是，这 7 个统计量的原假设均为不存在协整关系。

表 7-2 显示了全球整体模型中 7 种面板协整检验的结果。[①] 可以看出，在 1% 显著性水平上，7 种统计量中有 4 种统计量表明估计模型是协整的。特别是在各模型中，Panel ADF 统计量和 Group ADF 统计量都拒绝了模型中没有协整关系的原假设。根据 Pedroni（2004）蒙特卡罗模拟的结论：在小样本情况下，Panel ADF 统计量和 Group ADF 统计量具有最好的检验效果，而其余统计量的检验效果较差，当检验结果出现不一致时，要以这两个统计量的结果为准。在本节模型的样本规模下，Panel ADF 统计量和 Group ADF 统计量的检验结果比其他统计量提供了更好的解释力。综合以上面板协整检验的结果，我们认为，式（7.2）至式（7.5）都是面板协整的，模型中的估计系数代表了变量间的长期均衡关系。

四 估计方法的选择

从第二章文献回顾中可知，在知识资本与全要素生产率关系的研究

[①] 利用 P 法对模型进行协整检验有一个限制性条件，就是变量的个数不能超过 7 个，而式（7.6）中的变量有 8 个，超出了 P 法的限制，因此我们使用 K 法对式（7.6）进行协整检验。K 法检验的统计值为 -7.436，边际概率为 0.000。由于 K 法的原假设也是不存在协整关系的，因此我们认为式（7.6）存在协整关系。

中，绝大多数文献在面板协整估计方法的选择上主要集中于最小二乘法（OLS），包括固定效应最小二乘法（FEOLS）、随机效应最小二乘法（REOLS）和广义最小二乘法（GLS）等。虽然 OLS 估计量在面板协整模型中也具有超相容性，但由于变量的内生性以及误差项序列相关性问题的存在，使得 OLS 估计量只是一个二阶渐近有偏分布，以致它的标准误是无效的。为了构造有效的 t 统计值，不少学者开始运用诸如完全修正最小二乘法（FMOLS）和动态最小二乘法（DOLS）等组内估计法来估计面板协整模型。Kao 和 Chiang（2001）就指出传统的 OLS 估计量在面板协整的小样本环境下具有较大有偏性，他们提出用组内 FMOLS 和 DOLS 估计量作为替代估计量。此外，他们还利用蒙特卡罗模拟比较了这两种估计量的小样本属性，结果发现组内 FMOLS 估计量并没有改进 OLS 估计量的估计效果，而组内 DOLS 估计量则拥有更好的小样本属性。然而，组内 FMOLS 和 DOLS 估计量都存在严重的小样本扭曲性（Pedroni，2000），而且它们都假定变量的斜率系数都具有跨国同质性，当协整向量具有异质性特征时，对这两种估计量的点估计进行经济意义上的解释是相当困难的，因为它们不能反映出变量间的长期平均关系（Pedroni，2001）。

表 7-2　　　　　　　　　面板协整检验：全球整体

检验	式 (7.2)	式 (7.3)	式 (7.4)	式 (7.5)
Panel v 统计量	-5.264	-6.886	-7.041	0.591
Panel rho 统计量	7.825	10.084	10.025	5.919
Panel PP 统计量	-3.162***	-4.869***	-3.140***	-2.564***
Panel ADF 统计量	-9.460***	-8.996***	-7.911***	-2.372***
Group rho 统计量	10.861	12.945	12.814	9.034
Group PP 统计量	-4.441***	-7.469***	-9.318***	-2.389***
Group ADF 统计量	-8.576***	-8.247***	-10.035***	-3.069***

注：协整检验包括截距项，原假设为变量间不存在协整关系；表中的数值为检验统计值；滞后阶数选取依据 SIC 准则自动确定；面板协整检验根据 Eviews 8.0 得出。下同。

为了克服传统 OLS 估计法和组内 FMOLS 和 DOLS 法的不足之处，我们运用 Pedroni（2001）提出的组均 FMOLS 法来估计式（7.2）至式

(7.6)，以得到各模型的长期协整向量。原因主要在于：首先，与组内估计量不同，组均 FMOLS 估计量合并数据的方式具有更大灵活性，它考虑了面板数据每个横截面成员的参数异质性而不是给它们强加相同的斜率系数。这对估计本节的协整模型具有巨大优势，因为我们有理由相信，在开放经济下，国内外知识资本各变量对全要素生产率的影响具有跨国异质性。其次，在协整向量存在异质性的情况下，组均 FMOLS 估计量产生的点估计能够被理解为协整向量的平均值，因而对其进行解释就会更加有意义。最后，与组内估计量相比，组均 FMOLS 估计量在小样本情况下具有相对较小的规模扭曲性，因而能够得到参数的一致性估计。

基于 Pedroni（2001）的思路，并结合式（7.2）至式（7.6），我们考虑如下的面板数据协整模型：

$$Y_{it} = \alpha_i + \beta_i X_{it} + \mu_{it} \tag{7.13}$$

其中，i 和 t 分别表示经济体和时间点；Y_{it} 表示全要素生产率的对数，即 $Y_{it} = \ln(TFP)$；X_{it} 表示国内外知识资本各变量的对数，Y_{it} 和 X_{it} 具有协整关系，即 $(Y_{it}, X_{it})' \sim I(1)$，它们的斜率系数 β_i 对每个经济体来说可能是同质的也可能是异质的，此外，我们设定 ξ_{it} 是一个由协整回归的估计残差 $\hat{\mu}_{it}$ 和 ΔX_{it} 的差分所构成的平稳向量，即 $\xi_{it} = (\hat{\mu}_{it}, \Delta X_{it})' \sim I(0)$；设定 Ω_{it} 为 ξ_{it} 的长期协方差矩阵，即 $\Omega_i = \lim_{T \to \infty} E[T^{-1}(\sum_{t=1}^{T} \xi_{it})(\sum_{t=1}^{T} \xi_{it}')]$，它可以进一步分解为 $\Omega_i = \Omega_i^0 + \Gamma_i + \Gamma_i'$，其中，$\Omega_i^0$ 是当期的协方差，Γ_i 为自协方差的加权和。通过以上设定，组均 FMOLS 估计量的斜率系数就可以表示为：

$$\hat{\beta}_{GMFM}^* = \frac{1}{N} \sum_{i=1}^{N} \left[\sum_{t=1}^{T} (X_{it} - \bar{X}_i)^2 \right]^{-1} \left[\sum_{t=1}^{T} (X_{it} - \bar{X}_i) Y_{it}^* - T\hat{\gamma}_i \right]$$

$$Y_{it}^* = (Y_{it} - \bar{Y}_i) - \frac{\hat{\Omega}_{21i}}{\hat{\Omega}_{22i}} \Delta X_{it},$$

$$\hat{\gamma}_i = \hat{\Gamma}_{21i} + \hat{\Omega}_{21i}^0 - \frac{\hat{\Omega}_{21i}}{\hat{\Omega}_{22i}} (\hat{\Gamma}_{22i} + \hat{\Omega}_{22i}^0) \tag{7.14}$$

从式（7.14）可以看出，由于组均 FMOLS 估计量对各经济体的加总方式相似于传统组内 FMOLS 估计量，因此组均 FMOLS 估计量就可以简单表示为：$\hat{\beta}_{GMFM}^* = N^{-1} \sum_{i=1}^{N} \hat{\beta}_{FM,i}^*$，其中，$\hat{\beta}_{FM,i}^*$ 为面板数据中第 i 个经济

体的组内 FMOLS 估计量。同样，组均 FMOLS 估计量相应的 t 统计值就可以表示为：

$$t_{\hat{\beta}^*_{\hat{C}MFM}} = \frac{1}{\sqrt{N}} \sum_{i=1}^{N} t_{\hat{\beta}^*_{FM,i}}$$

$$t_{\hat{\beta}^*_{FM,i}} = (\hat{\beta}^*_{FM,i} - \beta_0) \left(\hat{\Omega}_{11i}^{-1} \sum_{t=1}^{T} (X_{it} - X_i)^2 \right)^{1/2} \quad (7.15)$$

五 计量检验结果

表 7-3 是全球整体组均 FMOLS 法的估计结果。我们对模型估计的进程如下：首先，在式 (7.2) 中，我们仅使用研发资本 RC、人力资本 HC、创新设施资本 IC 和技术资本 TC 作为解释变量来考察国内知识资本对全要素生产率的影响程度和显著性；其次，在式 (7.3) 至式 (7.5) 中，除国内知识资本四个方面投入变量外，还分别通过增加进口贸易、FDI 和技术差距等溢出渠道作为解释变量来考察国外知识资本各变量对全要素生产率的影响程度和显著性；最后，同时将国内知识资本四方面投入变量以及国外知识资本三个溢出变量纳入式 (7.6) 中，以考察各变量对全要素生产率的影响程度和显著性。回归结果显示，模型的拟合优度 R^2 为 0.7465—0.9765，说明 1981—2010 年，全球整体全要素生产率变化的 74.65%—97.65% 可以用各解释变量的变化来解释。下面将具体介绍各解释变量的影响。

首先，国内知识资本的四个方面变量对全要素生产率的影响在所有模型中都具有稳定性。其中，研发资本变量 RC 的系数显著为正，其值为 0.006—0.022，表明研发资本指数每增长 1%，就会促进全要素生产率指数增长 0.006%—0.022%；人力资本变量 HC 的系数为正，而且非常显著，其值为 0.124—0.150，表明人力资本指数每增长 1%，会导致全要素生产率指数增长 0.124%—0.150%；创新设施资本变量 IC 的系数为显著的正值，其值为 0.046—0.063，表明创新设施资本指数每增长 1%，就会促使全要素生产率指数增长 0.046%—0.063%；技术资本变量 TC 的系数显著为正，其值为 0.023—0.050，表明技术资本指数每增长 1%，会带动全要素生产率指数增长 0.023%—0.050%。

其次，来看国外知识资本三个溢出变量对全要素生产率的影响。在式 (7.3) 中，进口溢出变量的系数显著为正，其值为 0.015，也就是说，全要素生产率对进口溢出渠道的弹性为 0.015，即基于进口溢出的国外

表 7-3　　　　　　　组均 FMOLS 的估计结果：全球整体

解释变量	式 (7.2)	式 (7.3)	式 (7.4)	式 (7.5)	式 (7.6)
lnRC	0.006*** (2.996)	0.009*** (3.570)	0.022*** (4.708)	0.016*** (8.149)	0.013*** (3.534)
lnHC	0.150*** (30.980)	0.124** (23.592)	0.150*** (17.993)	0.144*** (45.243)	0.136*** (15.705)
lnIC	0.063*** (17.358)	0.050*** (12.827)	0.046*** (7.549)	0.061*** (87.061)	0.052*** (7.737)
lnTC	0.032*** (20.849)	0.039*** (27.276)	0.023*** (6.270)	0.050*** (74.704)	0.025*** (9.473)
lnKC^{im}		0.015*** (13.734)			0.012*** (4.931)
lnKC^{fdi}			-0.005*** (-3.192)		-0.007*** (-3.609)
lnGAP				-0.703*** (-110.657)	-0.672*** (-99.580)
R^2	0.7465	0.8697	0.7833	0.9765	0.9494
样本容量	3900	3900	3900	3900	3900

知识资本指数每增长 1%，会促进全要素生产率指数增长 0.015%；在式 (7.4) 中，FDI 溢出变量的系数为 -0.005，而且非常显著，也就是说，全要素生产率对 FDI 溢出渠道的弹性为 -0.005，即基于 FDI 溢出的国外知识资本指数每增长 1%，会导致全要素生产率指数下降 0.005%；在式 (7.5) 中，技术差距变量的系数显著为负，其值为 -0.703，也就是说，全要素生产率对技术差距溢出渠道的弹性为 -0.703，即各经济体与美国的技术差距每缩小 1%，会带来这些经济体的全要素生产率指数增长 0.703%；式 (7.6) 是同时包含国内知识资本四个方面变量以及国外知识资本三个溢出变量的回归结果。我们发现，虽然每种溢出变量的影响系数相较于它们各自进行估计时有些许变化，但三个溢出变量对全要素生产率的影响方向并未发生改变，系数分别为 0.012、-0.007 和 -0.672，也就是说，全要素生产率对三种溢出变量的弹性分别为 0.012、-0.007 和 -0.672，即基于进口溢出的国外

知识资本指数每增长1%，会促进全要素生产率指数增长0.012%，基于FDI溢出的国外知识资本指数每增长1%，会导致全要素生产率指数下降0.007%，而各经济体与美国的技术差距每缩小1%，会带动这些经济体的全要素生产率指数增长0.672%。在接下来的分析中，我们选择式（7.6）作为基准模型来对实证结果作进一步分析。

六 实证结果的进一步分析与结论

（1）就国内知识资本各方面投入而言，从影响方向上看，研发资本、人力资本、创新设施资本和技术资本对全要素生产率都具有显著的促进作用。这一结果与第三章理论模型推导结果中的命题2相吻合，也与我们的预期相一致。也就是说，全球知识资本发展水平的低下并没有成为技术进步的阻碍，反而有利于技术水平的提升。此外，从影响程度上看，知识资本各方面投入的技术进步效应存在差异性，其中人力资本对全要素生产率的促进效果要大于研发资本、创新设施资本和技术资本，这一结果与第四章得出的全球知识资本以人力资本为主要方面的发展模式是相一致的。也就是说，全球整体很好地利用了其人力资本发展水平较高的优势来推动全要素生产率的提升。

（2）模型得出基于进口的国外知识资本 KC^{im} 的增加有利于全要素生产率的提升，这一结果与第三章理论模型推导结果中的命题3是相吻合的，也与我们的预期相一致。另外，我们也发现，进口溢出渠道对全要素生产率的影响效应还较小，并不是全球技术进步的主要来源。

（3）基于FDI溢出的国外知识资本 KC^{fdi} 的增加并没有促进全要素生产率的提高，反而抑制了全球技术水平的提升。这一结果与第三章理论模型推导结果中的命题3并不吻合。我们认为，原因可能有以下两点：一是由于数据限制，我们在模型中使用的 KC^{fdi} 变量是基于七国集团国家的数据计算得到的，而不是使用130个经济体的双边对外直接投资数据。通过计算，我们发现七国集团国家对外直接投资更多的是集中于发达经济体，它们在整个时期对发达经济体直接投资的金额占其对外直接投资总额的83.22%，而对其他经济体的直接投资比重只占剩下的16.78%。由于其他经济体的数量占全球经济体的绝大多数（72.31%），因此这种偏向性可能会影响到 KC^{fdi} 对全要素生产率的促进作用；二是由于内含在FDI中的国际知识资本溢出的发生可能并不会自动实现，它还依赖东道国具备相应的技术能力进行吸收，只有当东道国的技术能力达到或超过某一门槛时，才会促使 FDI 国际知识资本溢出效应的发生。

（4）模型得出技术差距变量 GAP 的系数为显著的负值，这一结果支持了马修斯（1969）、拉潘和巴丹（1973）等提出的"持续落后"假说。由于本书第六章的分析发现，在全球内部，各经济体全要素生产率的发展水平在整个时期存在趋同性，也就是说全要素生产率发展水平较低的经济体与较高经济体间的差距是不断在缩小的。因此，模型中的技术差距影响系数为负也就意味着各经济体与美国技术差距的缩小有利于各经济体技术水平的提升。此外，我们还发现，技术差距变量的系数在所有解释变量中是最大的，这表明目前全球整体全要素生产率发展水平的提升，技术差距起了最主要的作用。

第二节 实证分析扩展（1）：全球整体的动态演变

在分析了全球整体的知识资本投入对全要素生产率的影响效应后，本节将进一步从动态演变的视角出发，来分析和比较国内知识资本各方面变量以及国外知识资本各溢出变量对全要素生产率影响的动态演变。综观已有的国内外文献，几乎还没有学者能真正做到从这一视角出发来研究知识资本的投入与产出间的相互关系，目前只有德拉波特里和利希滕伯格（2001，PL）对这一问题进行过初步的探索。他们使用 13 个 OECD 国家 1971—1990 年的面板数据，并将样本时期划分为 20 世纪 70 年代和 20 世纪 80 年代两个阶段，以进口贸易作为溢出渠道，分析了国内外研发资本的技术进步效应在两个阶段的动态演变。结果发现，国内研发资本在两个阶段对全要素生产率均具有显著的正影响，并且其影响程度在两个阶段中保持稳定；而基于进口溢出的国外研发资本在两个阶段对全要素生产率的影响也都显著为正，但其在 20 世纪 80 年代的影响程度要明显小于 20 世纪 70 年代。尽管如此，PL 的研究只分析了知识资本中的一个方面（即国内研发资本）和国外知识资本的一种溢出渠道（即进口贸易）的情形。因此，在本节的实证分析中，我们将知识资本的四个方面以及国外知识资本的三种溢出渠道纳入同一框架中,来考察开放经济下知识资本投入对全要素生产率影响效应的动态演变,以弥补现有文献的不足之处。

一 模型的设定

本节的模型设定涉及对样本时期的划分,我们将1981—2010年的样本时期划分为两个阶段:一个是20世纪90年代中期以前阶段(1981—1995年),另一个是20世纪90年代中期以后阶段(1996—2010年)。之所以这样划分,原因在于信息技术特别是互联网技术是从1995年开始迅速发展的,这一点从各经济体历年的原始数据(互联网用户数)中可以看出。虽然互联网的兴起也有相当长的一段时间,但直到世界万维网(World Wide Web)和微软Windows 95操作系统的出现,才引发世界范围内互联网的大规模使用,因此,从1995年开始才是真正互联网时代的来临。Lee(2006)就将这种思想引入实证模型中,它以1995年为"分水岭"建立了一个虚拟变量,考察了互联网时代前后国际研发溢出对全要素生产率的动态影响。基于以上讨论,在本节中,我们将整个样本时期划分为1981—1995年和1996—2010年两个阶段,并以式(7.6)为基础,设定出如下形式的模型:

$$\ln TFP_{it_1} = \beta_{0i} + \beta_1 \ln RC_{it_1} + \beta_2 \ln HC_{it_1} + \beta_3 \ln IC_{it_1} + \beta_4 \ln TC_{it_1} + \\ \beta_5 \ln KC_{it_1}^{im} + \beta_6 \ln KC_{it_1}^{fdi} + \beta_7 \ln GAP_{it_1} + \varepsilon_{it} \quad (7.16)$$

$$\ln TFP_{it_2} = \beta_{0i} + \beta_1 \ln RC_{it_2} + \beta_2 \ln HC_{it_2} + \beta_3 \ln IC_{it_2} + \beta_4 \ln TC_{it_2} + \\ \beta_5 \ln KC_{it_2}^{im} + \beta_6 \ln KC_{it_2}^{fdi} + \beta_7 \ln GAP_{it_2} + \varepsilon_{it} \quad (7.17)$$

其中,t_1和t_2都表示时间点,其中,t_1的取值范围是1981—1995年,而t_2的取值范围是1996—2010年,其余变量的含义都与式(7.6)相同。

二 变量选取和数据来源

在各变量的选取上,本节的实证模型都与第一节相同,即被解释变量为全要素生产率TFP。解释变量包括研发资本RC、人力资本HC、创新设施资本IC和技术资本TC四个方面变量,以及基于进口溢出的国外知识资本KC^{im}、基于FDI溢出的国外知识资本KC^{fdi}和技术差距GAP三个溢出变量。各变量的数据来源也与第一节相同,所不同的是,式(7.16)使用的是130个经济体在1981—1995年的数据,而式(7.17)使用的是130个经济体在1996—2010年的数据。

三 模型的预检验

(一) 面板单位根检验

对式 (7.16) 和式 (7.17) 中各变量面板数据的单位根检验,仍然使用目前主流的六种方法。表 7-4 显示了全球整体第一阶段 (1981—1995) 模型中的六种面板单位根检验结果。可以看出:LLC 检验、IPS 检验和 Fisher - ADF 检验均表明所有变量都是非平稳的,因为这些变量的非平稳性原假设即使在 10% 的显著性水平下也不能被拒绝;H 检验也表明所有变量都是非平稳的,因为这些变量的非平稳性原假设在 1% 的显著性水平下被拒绝;对于 B 检验,除全要素生产率 TFP、研发资本 RC 和人力资本 HC 三个变量的非平稳性原假设都需要在 1% 的显著性水平下不能被拒绝外,其余变量经检验均是非平稳的;对于 Fisher - PP 检验,除技术资本变量 TC 的非平稳性原假设需要在 1% 的显著性水平下不能被拒绝外,其余变量经检验均是非平稳的。综合以上面板单位根检验结果,可以得出式 (7.16) 使用的所有变量都是非平稳的。

表 7-4 面板单位根检验:全球整体 (1981—1995)

变量	LLC	B	IPS	Fisher - ADF	Fisher - PP	H
lnTFP	15.172	-8.768***	0.069	6.224	1.883	16.143***
lnRC	-0.245	-11.607***	-0.246	7.658	1.091	22.619***
lnHC	9.540	-7.084***	2.624	10.197	3.988	20.703***
lnIC	9.234	2.008	3.960	11.991	13.724	20.318***
lnTC	16.767	1.314	0.215	5.442	-6.389***	20.831***
lnKC^{im}	25.633	2.823	3.253	11.247	0.353	23.710***
lnKC^{fdi}	12.115	9.732	0.740	3.621	2.058	21.440***
lnGAP	19.684	5.392	1.080	7.217	-0.342	17.814***

表 7-5 显示了全球整体第二阶段 (1996—2010) 模型中的六种面板单位根检验结果。可以看出:IPS 检验和 Fisher - ADF 检验均表明所有变量都是非平稳的,因为这些变量的非平稳性原假设即使在 10% 显著性水平下也不能被拒绝;H 检验也表明所有变量都是非平稳的,因为这些变量的非平稳性原假设在 1% 显著性水平下被拒绝;对于 LLC 检

验，除全要素生产率变量 TFP 的非平稳性原假设需要在 1% 的显著性水平下不能被拒绝外，其余变量经检验均是非平稳的；对于 B 检验，除研发资本 RC、人力资本 HC 和技术资本 TC 三个变量的非平稳性原假设都需要在 1% 的显著性水平下不能被拒绝外，其余变量经检验均是非平稳的；对于 Fisher – PP 检验，除技术资本 TC 和基于进口溢出的国外知识资本 KC^{im} 两个变量的非平稳性原假设需要在 1% 显著性水平下不能被拒绝外，其余变量经检验均是非平稳的。综合以上面板单位根检验结果，可以得出式（7.17）使用的所有变量都是非平稳的。

表 7 – 5　　　　　面板单位根检验：全球整体（1996—2010）

变量	LLC	B	IPS	Fisher – ADF	Fisher – PP	H
lnTFP	-3.644***	2.342	-0.546	4.327	0.980	20.395***
lnRC	8.356	-3.620***	2.117	6.910	1.117	18.425***
lnHC	3.813	-5.165***	1.273	5.955	6.072	18.483***
lnIC	2.832	14.998	0.821	5.026	8.195	18.519***
lnTC	-0.497	-7.178***	-1.034	3.085	-6.835***	24.017***
$lnKC^{im}$	2.356	2.181	-0.881	3.723	-5.074***	24.517***
$lnKC^{fdi}$	2.207	3.270	0.240	4.938	3.280	26.272***
lnGAP	-0.263	6.943	2.730	8.711	6.265	21.927***

（二）面板协整检验和估计方法选择

在面板协整检验方法的选择上，由于 P 检验法只适用于模型中变量个数不多于 7 个的情形，而本节式（7.16）和式（7.17）使用的变量个数均为 8 个，超过了 P 检验法 7 个变量的限制。基于此，我们对式（7.16）和式（7.17）的面板协整检验利用 K 法进行，K 法的原假设是变量间不存在协整关系。为了节省空间，我们将 K 法得到的面板协整检验结果显示在表 7 – 6 中。可以看出，式（7.16）和式（7.17）的 K 法检验值分别是 – 11.438 和 – 16.889，都在 1% 水平上具有显著性。因此我们认为，式（7.16）和式（7.17）均具有面板协整关系，模型中的估计系数代表了变量间的长期均衡关系。另外，在估计方法的选择上，与本章第一节相同，运用组均 FMOLS 法来估计式（7.16）和式（7.17）。

四 计量检验结果

表 7-6 是全球整体在两个阶段的组均 FMOLS 法的估计结果。其中，式 (7.16) 是 1981—1995 年的回归结果，式 (7.17) 是 1996—2010 年的回归结果。首先来看式 (7.16)，可以发现，模型的拟合优度 R^2 为 0.9658，说明在 1981—1995 年间，全要素生产率变化的 96.58% 可以用各解释变量的变化来解释。研发资本变量 RC 的系数非常显著，其值为 0.012，即全要素生产率对研发资本的弹性为 0.012，表明研发资本指数每增长 1%，就会促进全要素生产率指数增长 0.012%；人力资本变量 HC 的系数显著为正，其值为 0.118，即全要素生产率对人力资本的弹性为 0.118，表明人力资本指数每增长 1%，就会促使全要素生产率指数增长 0.118%；创新设施资本变量 IC 的系数为显著的正值，其值为 0.107，即全要素生产率对创新设施资本的弹性为 0.107，表明创新设施资本指数每增长 1%，就会导致全要素生产率指数增长 0.107%；技术资本变量 TC 的系数为 0.021，并且非常显著，即全要素生产率对技术资本的弹性为 0.021，表明技术资本指数每增长 1%，就会带动全要素生产率指数增长 0.021%；基于进口溢出的国外知识资本变量 KC^{im} 的系数显著为正，其值为 0.025，即全要素生产率对进口溢出渠道的弹性为 0.025，表明基于进口溢出的国外知识资本指数每增长 1%，就会促进全要素生产率指数增长 0.025%；基于 FDI 溢出的国外知识资本变量 KC^{fdi} 的系数非常显著，其值为 -0.017，即全要素生产率对 FDI 溢出渠道的弹性为 -0.017，表明基于 FDI 溢出的国外知识资本指数每增长 1%，就会导致全要素生产率下降 0.017%；技术差距变量 GAP 的系数为 -0.852，并且非常显著，即全要素生产率对技术差距溢出渠道的弹性为 -0.852，表明各经济体与美国的技术差距每缩小 1%，就会带来各经济体全要素生产率指数增长 0.852%。

其次再来分析式 (7.17)。可以发现，模型的拟合优度 R^2 为 0.9081，说明在 1996—2010 年间，全要素生产率变化的 90.81% 可以用各解释变量的变化来解释。研发资本变量 RC 的系数非常显著，其值为 0.017，即全要素生产率对研发资本的弹性为 0.017，表明研发资本指数每增长 1%，就会促进全要素生产率指数增长 0.017%；人力资本变量 HC 的系数显著为正，其值为 0.146，即全要素生产率对人力资本的弹性为 0.146，表明人力资本指数每增长 1%，就会导致全要素生产率指数增长 0.146%；创新设施资本变量 IC 的系数为显著的正值，其值为 0.030，即全要素生产率对创新设施资本的弹性为 0.030，表明创新设施资本指数每增长 1%，就会导致全要素生产率指数增长 0.030%；技术资本变量 TC 的系数为 0.002，并且非常显著，即全要素生产率对技术资本的弹性为 0.002，表明技术资本指数每增长 1%，就会导致全要素生产率指数增长 0.002%；基于进口溢出的国外知识资本变量 KC^{im} 的系数显著为正，其值为 0.007，即全要素生产率对进口溢出渠道的弹性为 0.007，表明基于进口溢出的国外知识资本指数每增长 1%，就会促进全要素生产率指数增长 0.007%；基于 FDI 溢出的国外知识资本变量 KC^{fdi} 的系数非常显著，其值为 -0.007，即全要素生产率对 FDI 溢出渠道的弹性为 -0.007，表明基于 FDI 溢出的国外知识资本指数每增长 1%，就会导致全要素生产率下降 0.007%；技术差距变量 GAP 的系数为 -0.597，并且非常显著，即全要素生产率对技术差距溢出渠道的弹性为 -0.597，表明各经济体与美国的技术差距每缩小 1%，就会带来各经济体的全要素生产率指数增长 0.597%。

表 7-6　组均 FMOLS 的估计结果：全球整体的动态演变

解释变量	1981—2010 年 式 (7.6)	1981—1995 年 式 (7.16)	1996—2010 年 式 (7.17)
lnRC	0.013*** (3.534)	0.012*** (3.012)	0.017*** (8.595)
lnHC	0.136*** (15.705)	0.118*** (12.254)	0.146*** (38.636)
lnIC	0.052*** (7.737)	0.107*** (13.939)	0.030*** (11.153)
lnTC	0.025*** (9.473)	0.021*** (6.554)	0.002*** (1.883)
$lnKC^{im}$	0.012*** (4.931)	0.025*** (11.780)	0.007*** (7.084)
$lnKC^{fdi}$	-0.007*** (-3.609)	-0.017*** (-8.462)	-0.007*** (-10.220)

续表

解释变量	1981—2010年 式（7.6）	1981—1995年 式（7.16）	1996—2010年 式（7.17）
lnGAP	-0.672***	-0.852***	-0.597***
	(-99.580)	(-106.100)	(-179.221)
R^2	0.9494	0.9658	0.9081
样本容量	3900	1950	1950
K法检验值	-7.436***	-11.438***	-16.889***
协整判断	协整	协整	协整

注：面板协整检验包括截距项，K检验法的原假设为不存在协整关系。

五 实证结果的进一步分析与结论

就国内知识资本各方面投入而言，从影响方向上看，研发资本、人力资本、创新设施资本和技术资本在两个阶段对全要素生产率均具有显著的促进作用。这一结果与式（7.6）的估计结果是一致的，表明知识资本各方面投入对全球技术进步的影响具有时间上的稳定性。从动态变化上看，研发资本和人力资本在1996—2010年对全要素生产率的促进作用较1981—1995年都所有增强，其影响系数分别从前一阶段的0.012和0.118增加到后一阶段的0.017和0.146；而创新设施资本和技术资本在1996—2010年对全要素生产率的促进作用较1981—1995年都所有下降，其影响系数分别从前一阶段的0.107和0.021下降到后一阶段的0.030和0.002。从影响程度的比较上看，人力资本在两个阶段对全要素生产率的促进作用都要大于研发资本、创新设施资本和技术资本，表明全球知识资本存在以人力资本为主要方面的发展模式具有时间上的稳定性。

就物化溢出渠道（进口和FDI）而言，从影响方向上看，基于进口溢出的国外知识资本在两个阶段对全要素生产率都具有显著的促进作用，而基于FDI溢出的国外知识资本在两个阶段对全要素生产率的影响作用都显著为负。这一结果与式（7.6）的估计结果也是一致的，表明基于物化渠道溢出的国外知识资本对全要素生产率的影响具有时间上的稳定性。从动态变化上看，基于进口溢出的国外知识资本在1996—2010年对全要素生产率的促进作用较1981—1995年所有下降，其影响系数从前一阶段的 0.025 下降到后一阶段的 0.007；而基于 FDI 溢出的国外知识资本在 1996—2010 年对全要素生产率的抑制作用较 1981—1995 年有所减弱，其影响系数从前一阶段的 -0.017 减弱到后一阶段的 -0.007。

就非物化溢出渠道（技术差距）而言，从影响方向上看，在两个阶段，各经济体与美国技术差距的缩小，都有助于各经济体全要素生产率的提升，这一结果与式（7.6）的估计结果也是一致的，表明基于技术差距溢出的国外知识资本对全要素生产率的影响也具有时间上的稳定性。从动态变化上看，技术差距在 1996—2010 年对全要素生产率的影响要比 1981—1995 年有所下降，即影响系数从前一阶段的 0.852 下降到后一阶段的 0.597。也就是说，随着各经济体与美国技术差距的进一步缩小，其对各经济体全要素生产率的影响程度也会趋于下降。即便如此，我们依然可以发现，技术差距变量对全要素生产率的影响在所有解释变量中还是最大的，表明非物化溢出渠道作为全球技术进步的最主要来源具有时间上的稳定性。

第三节 实证分析扩展（2）：俱乐部层面的研究

在从动态演变的视角分析和比较了不同阶段国内外知识资本对全球整体全要素生产率的影响之后，本节将进一步从知识资本密集度的视角来分析和比较各俱乐部的知识资本对全要素生产率的影响。综观已有的国内外文献，还没有学者能真正做到从这一视角出发来研究知识资本投入与全要素生产率间的关系。只有少数学者从经济发展水平的视角分析和比较了不同收入国家的研发资本投入对全要素生产率的影响。比如，Xu（2000）使用 20 个发达国家和 20 个发展中国家 1966—1994 年的数据，比较了美国对外直接投资对发达和发展中国家的技术进步效应。结果发现，美国跨国公司的研发活动对发达国家的全要素生产率具有显著的正影响，但对发展中国家的影响并不显著；Ciruelos 和 Wang（2005）分别对 20 个 OECD 国家和 27 个发展中国家 1988—2001 年的面板数据进行了回归。结果发现，对发达国家来说，国内人力资本、基于进口和

FDI 溢出的国外研发资本均显著促进了发达国家技术水平的提升。但对发展中国家来说，只有国内人力资本和基于进口溢出的国外研发资本对全要素生产率具有显著的促进作用，而 FDI 溢出渠道的影响效果并不显著。此外，从影响程度上看，基于物化渠道溢出的国外研发资本对发达国家的影响程度要大于发展中国家，而国内人力资本对发展中国家的影响程度要大于发达国家；克雷默（2010）对 20 个西欧国家和 27 个转型国家 1990—2006 年的面板数据进行了回归。结果发现，国内研发资本、基于进口和 FDI 溢出的国外研发资本对西欧国家和转型国家的全要素生产率均具有显著的正影响，但国内人力资本对两种类型国家的影响均不显著。此外，从影响程度上看，国内研发资本和基于物化渠道溢出的国外研发资本对转型国家的影响程度均要大于西欧国家。遗憾的是，上述学者除了从经济发展水平视角分析和比较了知识资本投入对全要素生产率的影响之外，在国内外知识资本变量的选择上也只涉及一两个方面以及一两种溢出渠道。因此，在本节的实证分析中，我们不仅将国内知识资本各方面投入变量以及国外知识资本各溢出变量纳入同一框架中，而且还从知识资本要素密集度的视角来考察开放经济下各俱乐部的知识资本投入对全要素生产率的影响，以弥补现有研究的不足之处。

一 模型的设定

本节模型的设定涉及对样本经济体按知识资本密集度进行划分。从第五章的分析可知，全球 130 个经济体依据知识资本各方面发展水平的差异可以稳定地划分为三个知识资本俱乐部，分别为创新领导俱乐部、创新追赶俱乐部和创新缓慢俱乐部。我们之所以对依据知识资本密集度进行划分的俱乐部进行考察，而不是对按照经济发展水平进行划分的经济体进行考察，原因已经在第四章小结部分中讨论过，即知识资本发展水平与经济发展水平并不存在必然的联系，经济发展水平较高的经济体其知识资本发展水平可能会较低，而经济发展水平较低的经济体也有可能具有较高的知识资本发展水平。因此，如果将经济发展水平等同于知识资本发展水平，然后对知识资本投入与产出间的关系进行研究，容易使实证结果产生偏差。基于以上分析，我们依据第五章的划分标准，将全球 130 个经济体按照知识资本密集度划分为三个俱乐部，并以式（7.6）为基础，设定出如下形式的公式：

$$\ln TFP_{l,it} = \beta_{0i} + \beta_1 \ln RC_{l,it} + \beta_2 \ln HC_{l,it} + \beta_3 \ln IC_{l,it} + \beta_4 \ln TC_{l,it} +$$

$$\beta_5 \ln KC_{l,it}^{im} + \beta_6 \ln KC_{l,it}^{fdi} + \beta_7 \ln GAP_{l,it} + \varepsilon_{it} \qquad (7.18)$$

$$\ln TFP_{f,it} = \beta_{0i} + \beta_1 \ln RC_{f,it} + \beta_2 \ln HC_{f,it} + \beta_3 \ln IC_{f,it} + \beta_4 \ln TC_{f,it} +$$
$$\beta_5 \ln KC_{f,it}^{im} + \beta_6 \ln KC_{f,it}^{fdi} + \beta_7 \ln GAP_{f,it} + \varepsilon_{it} \qquad (7.19)$$

$$\ln TFP_{s,it} = \beta_{0i} + \beta_1 \ln RC_{s,it} + \beta_2 \ln HC_{s,it} + \beta_3 \ln IC_{s,it} + \beta_4 \ln TC_{s,it} +$$
$$\beta_5 \ln KC_{s,it}^{im} + \beta_6 \ln KC_{s,it}^{fdi} + \beta_7 \ln GAP_{s,it} + \varepsilon_{it} \qquad (7.20)$$

其中，l、f 和 s 分别表示创新领导俱乐部（leaders）、创新追赶俱乐部（followers）和创新缓慢俱乐部（slow）；创新领导俱乐部包括 22 个经济体，创新追赶俱乐部包括 77 个经济体，创新缓慢俱乐部包括 31 个经济体。其余变量和符号的含义都与式（7.6）相同。

二 变量选取和数据来源

在各变量的选取上，本节实证模型仍然与第一节相同，即被解释变量为全要素生产率 TFP。解释变量包括研发资本 RC、人力资本 HC、创新设施资本 IC 和技术资本 TC 四个方面变量，以及基于进口溢出的国外知识资本 KC^{im}、基于 FDI 溢出的国外知识资本 KC^{fdi} 和技术差距 GAP 三个溢出变量。各变量的数据来源也与第一节相同，所不同的是，式（7.18）是创新领导俱乐部模型，使用的是 22 个经济体 1981—2010 年的数据；式（7.19）是创新追赶俱乐部模型，使用的是 77 个经济体 1981—2010 年的数据；式（7.20）是创新缓慢俱乐部模型，使用的是 31 个经济体 1981—2010 年的数据。

三 模型的预检验

（一）面板单位根检验

对式（7.18）至式（7.20）中各变量面板数据的单位根检验，仍然使用目前主流的六种方法。表 7－7 显示了创新领导俱乐部模型的六种面板单位根检验结果。可以看出：B 检验和 Fisher－PP 检验均表明所有变量都是非平稳的，因为这些变量的非平稳性原假设即使在 10% 显著性水平下也不能被拒绝；H 检验也表明所有变量都是非平稳的，因为这些变量的非平稳性原假设在 1% 显著性水平下被拒绝；对于 LLC 检验、IPS 检验和 Fisher－ADF 检验来说，除创新设施资本变量 IC 的非平稳性原假设分别需要在 1%、5% 和 10% 的显著性水平下不能被拒绝外，其余变量经检验都是非平稳的。综合以上面板单位根检验结果，可以得出式（7.18）中使用的所有变量都是非平稳的。

表7-7　　　　　　　　面板单位根检验：创新领导俱乐部

变量	LLC	B	IPS	Fisher-ADF	Fisher-PP	H
lnTFP	3.345	-0.313	1.397	2.663	2.289	8.526***
lnRC	3.235	2.002	0.003	1.128	1.252	7.227***
lnHC	3.484	1.709	1.263	2.349	3.669	7.928***
lnIC	-3.293***	1.986	-2.098**	-1.420*	2.934	9.745***
lnTC	2.883	-0.302	-1.176	-0.263	0.571	6.491***
lnKC^{im}	2.873	1.444	0.142	1.222	-0.606	5.764***
lnKC^{fdi}	5.809	0.711	0.909	2.063	-0.340	7.720***
lnGAP	3.887	0.445	1.795	2.984	1.099	6.747***

表7-8显示了创新追赶俱乐部模型的六种面板单位根检验结果。可以看出，LLC检验、B检验和Fisher-ADF检验均表明所有变量都是非平稳的，因为这些变量的非平稳性原假设即使在10%显著性水平下也不能被拒绝；H检验也表明所有变量都是非平稳的，因为这些变量的非平稳性原假设在1%显著性水平下被拒绝；对于IPS检验，除人力资本变量的非平稳性原假设需要在10%显著性水平下不能被拒绝外，其余变量经检验均是非平稳的；对于Fisher-PP检验，除研发资本变量和技术资本变量的非平稳性原假设分别需要在10%和1%显著性水平下不能被拒绝外，其余变量经检验都是非平稳的。综合以上面板单位根检验结果，可以得出式（7.19）中使用的所有变量都是非平稳的。

表7-9显示了创新缓慢俱乐部模型的六种面板单位根检验结果。可以看出，B检验和Fisher-ADF检验均表明所有变量都是非平稳的，因为这些变量的非平稳性原假设即使在10%显著性水平下也不能被拒绝；H检验也表明所有变量都是非平稳的，因为这些变量的非平稳性原假设在1%显著性水平下被拒绝；对于LLC检验，除基于FDI溢出的国外知识资本变量KC^{fdi}的非平稳性原假设需要在1%显著性水平下不能被拒绝外，其余变量经检验都是非平稳的；对于IPS检验，除研发资本变量RC和技术资本变量TC的非平稳性原假设分别需要在1%和10%显著性水平下不能被拒绝外，其余变量经检验都是非平稳的；对于Fisher-PP检验，除研发资本变量RC、人力资本变量HC和技术资本变量TC的非平稳性原假设均需要在1%显著性水平下不能被拒绝外，其

余变量经检验都是非平稳的。综合以上面板单位根检验结果，可以得出式（7.20）中使用的所有变量都是非平稳的。

表 7-8　　　　　面板单位根检验：创新追赶俱乐部

变量	LLC	B	IPS	Fisher – ADF	Fisher – PP	H
lnTFP	6.641	0.920	2.390	4.875	1.459	14.079***
lnRC	2.849	1.426	0.215	2.582	-1.567*	13.227***
lnHC	1.670	1.388	-1.561*	0.530	2.794	13.146***
lnIC	3.489	10.601	7.670	9.972	18.561	22.208***
lnTC	6.312	1.761	0.954	2.913	-2.896***	12.610***
lnKC^{im}	6.713	1.859	1.182	3.404	-1.212	12.815***
lnKC^{fdi}	3.745	2.735	-0.454	1.824	3.841	21.289***
lnGAP	8.924	3.267	4.055	6.633	5.801	13.773***

表 7-9　　　　　面板单位根检验：创新缓慢俱乐部

变量	LLC	B	IPS	Fisher – ADF	Fisher – PP	H
lnTFP	1.613	2.515	-0.146	1.037	-0.220	8.596***
lnRC	0.001	-0.183	-2.864***	0.420	-2.501***	9.845***
lnHC	1.155	-0.176	0.394	1.681	-3.619***	11.060***
lnIC	0.529	4.795	2.467	4.044	4.265	13.694***
lnTC	-1.022	-0.226	-1.372*	-0.277	-9.590***	9.304***
lnKC^{im}	1.293	3.933	1.063	2.479	-0.723	10.670***
lnKC^{fdi}	-2.648***	10.641	2.302	3.167	2.629	9.273***
lnGAP	7.350	4.338	4.059	5.813	5.641	9.650***

（二）面板协整检验和估计方法选择

在面板协整检验方法的选择上，由于本节实证式（7.18）至式（7.20）使用的变量个数均为 8 个，超过了 P 检验法 7 个变量的限制。基于此，与第二节相同，利用 K 检验法来对式（7.18）至式（7.20）进行面板协整检验。为节省空间，我们将 K 检验法得到的结果显示在表 7-10 中。可以看出，式（7.18）至式（7.20）的 K 法检验值分别是 -5.317、-5.595 和 -4.095，都在 1% 水平上具有显著性。因此我们认为，式（7.18）至式（7.20）都具有面板协整关系，式中的估计系数代表了变量间的长期均衡关系。另外，在估计方法的选择上，与第一节相同，运用组均 FMOLS 法来估计式（7.18）至式（7.20）。

四 计量检验结果

表 7-10 是俱乐部层面的组均 FMOLS 法的回归结果。首先来看创新领导俱乐部式（7.18）的回归结果，可以发现，模型的拟合效果很好，R^2 达到了 0.9541，说明在整个时期，创新领导俱乐部全要素生产率变化的 95.41% 可以用各解释变量的变化来解释。研发资本变量 RC 的系数非常显著，其值为 0.065，即创新领导俱乐部的全要素生产率对研发资本的弹性为 0.065，表明创新领导俱乐部的研发资本指数每增长 1%，就会促进全要素生产率指数增长 0.065%；人力资本变量 HC 的系数显著为正，其值为 0.087，即创新领导俱乐部的全要素生产率对人力资本的弹性为 0.087，表明创新领导俱乐部的人力资本指数每增长 1%，就会导致全要素生产率指数增长 0.087%；创新设施资本变量 IC 的系数为显著的正值，其值为 0.024，即创新领导俱乐部的全要素生产率对创新设施资本的弹性为 0.024，表明创新领导俱乐部的创新设施资本指数每增长 1%，就会促使全要素生产率指数增长 0.024%；技术资本变量 TC 的系数为 0.058，并且非常显著，即创新领导俱乐部的全要素生产率对技术资本的弹性为 0.058，表明创新领导俱乐部的技术资本指数每增长 1%，就会带动全要素生产率指数增长 0.058%；基于进口溢出的国外知识资本变量 KC^{im} 的系数显著为正，其值为 0.015，即创新领导俱乐部的全要素生产率对进口溢出渠道的弹性为 0.015，表明基于进口溢出的国外知识资本指数每增长 1%，就会促进创新领导俱乐部的全要素生产率指数增长 0.015%；基于 FDI 溢出的国外知识资本变量 KC^{fdi} 的系数非常显著，其值为 0.057，即创新领导俱乐部的全要素生产率对 FDI 溢出渠道的弹性为 0.057，表明基于 FDI 溢出的国外知识资本指数每增长 1%，就会促进创新领导俱乐部的全要素生产率增长 0.057%；技术差距变量 GAP 的系数为 -0.699，并且非常显著，即创新领导俱乐部的全要素生产率对技术差距的弹性为 -0.699，表明创新领导俱乐部的各经济体与美国的技术差距每缩小 1%，就会带动其全要素生产率指数增长 0.699%。

表 7-10　　　　　　　组均 FMOLS 估计结果：俱乐部层面

解释变量	创新领导俱乐部 式（7.18）	创新追赶俱乐部 式（7.19）	创新缓慢俱乐部 式（7.20）
lnRC	0.065*** (6.306)	0.017*** (5.890)	-0.048*** (-10.102)
lnHC	0.087*** (9.683)	0.176*** (19.763)	0.117*** (4.835)
lnIC	0.024** (3.283)	0.049*** (7.105)	0.079*** (6.687)
lnTC	0.058*** (13.117)	0.013*** (4.411)	0.008*** (3.972)
$lnKC^{im}$	0.015*** (5.244)	0.025*** (47.346)	0.023*** (10.717)
$lnKC^{fdi}$	0.057*** (25.703)	-0.005*** (-2.705)	-0.016*** (-6.681)
lnGAP	-0.699*** (-65.735)	-0.726*** (-83.039)	-0.772*** (-28.831)
R^2	0.9541	0.9138	0.9897
样本容量	660	2310	930
K 法检验值	-5.317***	-5.595***	-4.095***
协整判断	协整	协整	协整

注：面板协整检验包括截距项，K 检验法的原假设为不存在协整关系；各解释变量括号中的数值为 t 统计值。

再来看创新追赶俱乐部式（7.19）的回归结果。模型的拟合效果很好，R^2 达到了 0.9138，说明在整个时期，创新追赶俱乐部全要素生产率变化的 91.38% 可以用各解释变量的变化来解释。研发资本变量 RC 的系数非常显著，其值为 0.017，即创新追赶俱乐部的全要素生产率对研发资本的弹性为 0.017，表明创新追赶俱乐部的研发资本指数每增长 1%，就会促进全要素生产率指数增长 0.017%；人力资本变量 HC 的系数显著为正，其值为 0.176，即创新追赶俱乐部的全要素生产率对人力资本的弹性为 0.176，表明创新追赶俱乐部的人力资本指数每增长 1%，就会促使全要素生产率指数增长 0.176%；创新设施资本变量 IC

的系数为显著的正值，其值为 0.049，即创新追赶俱乐部的全要素生产率对创新设施资本的弹性为 0.049，表明创新追赶俱乐部的创新设施资本指数每增长 1%，就会带动全要素生产率指数增长 0.049%；技术资本变量 TC 的系数为 0.013，并且非常显著，即创新追赶俱乐部的全要素生产率对技术资本的弹性为 0.013，表明创新追赶俱乐部的技术资本指数每增长 1%，就会促进全要素生产率指数增长 0.013%；基于进口溢出的国外知识资本变量 KC^{im} 的系数显著为正，其值为 0.025，即创新追赶俱乐部的全要素生产率对进口溢出渠道的弹性为 0.025，表明基于进口溢出的国外知识资本指数每增长 1%，就会促进创新追赶俱乐部的全要素生产率指数增长 0.025%；基于 FDI 溢出的国外知识资本变量 KC^{fdi} 的系数非常显著，其值为 -0.005，即创新追赶俱乐部的全要素生产率对 FDI 溢出渠道的弹性为 -0.005，表明基于 FDI 的国外知识资本指数每增长 1%，就会导致创新追赶俱乐部的全要素生产率下降 0.005%；技术差距变量 GAP 的系数为 -0.726，并且非常显著，即创新追赶俱乐部的全要素生产率对技术差距的弹性为 -0.726，表明创新追赶俱乐部中各经济体与美国的技术差距每缩小 1%，就会带动其全要素生产率指数增长 0.726%。

最后来看创新缓慢俱乐部式（7.20）的回归结果。模型的拟合效果很好，R^2 达到了 0.9897，说明在整个时期，创新缓慢俱乐部全要素生产率变化的 98.97% 可以用各解释变量的变化来解释。研发资本变量 RC 的系数非常显著，其值为 -0.048，即创新缓慢俱乐部的全要素生产率对研发资本的弹性为 -0.048，表明创新缓慢俱乐部的研发资本指数每增长 1%，就会导致全要素生产率指数下降 0.048%；人力资本变量 HC 的系数显著为正，其值为 0.117，即创新缓慢俱乐部的全要素生产率对人力资本的弹性为 0.117，表明创新缓慢俱乐部的人力资本指数每增长 1%，就会促使全要素生产率指数增长 0.117%；创新设施资本变量 IC 的系数为显著的正值，其值为 0.079，即创新缓慢俱乐部的全要素生产率对创新设施资本的弹性为 0.079，表明创新缓慢俱乐部的创新设施资本指数每增长 1%，就会导致全要素生产率指数增长 0.079%；技术资本变量 TC 的系数为 0.008，并且非常显著，即创新缓慢俱乐部的全要素生产率对技术资本的弹性为 0.008，表明创新缓慢俱乐部的技术资本指数每增长 1%，就会带动全要素生产率指数增长 0.008%；基于进口溢出的国外知识资本变量 KC^{im} 的系数显著为正，其值为 0.023，即创新缓慢俱乐部的全要素生产率对进口溢出渠道的弹性为 0.023，表明基于进口溢出的国外知识资本指数每增长 1%，就会促进创新缓慢俱乐部的全要素生产率指数增长 0.023%；基于 FDI 溢出的国外知识资本变量 KC^{fdi} 的系数非常显著，其值为 -0.016，即创新缓慢俱乐部的全要素生产率对 FDI 溢出渠道的弹性为 -0.016，表明基于 FDI 溢出的国外知识资本指数每增长 1%，就会导致创新缓慢俱乐部的全要素生产率下降 0.016%；技术差距变量 GAP 的系数为 -0.772，并且非常显著，即创新缓慢俱乐部的全要素生产率对技术差距的弹性为 -0.772，表明创新缓慢俱乐部中各经济体与美国的技术差距每缩小 1%，就会导致全要素生产率指数增长 0.772%。

五 实证结果的进一步分析与结论

（1）对创新领导俱乐部来说，国内知识资本的四个方面投入对全要素生产率都具有显著的促进作用，这与创新领导俱乐部在知识资本各方面上存在的较高发展水平密不可分，四个方面的促进效果顺序为：人力资本（0.087）＞研发资本（0.065）＞技术资本（0.058）＞创新设施资本（0.024）。对创新领导俱乐部来说，人力资本和研发资本对全要素生产率的促进作用最大，是国内知识资本方面中技术进步的主要推动因素，而创新设施资本和技术资本所起的作用却很小。这一结论与第五章得出的创新领导俱乐部在研发资本和人力资本方面上具有国内比较优势的结论相一致。也就是说，创新领导俱乐部很好地利用了其在研发资本和人力资本方面上的国内比较优势来促进全要素生产率的提升。

（2）对创新追赶俱乐部来说，国内知识资本的四个方面投入对全要素生产率也都具有显著的促进作用，四个方面的促进效果顺序为：人力资本（0.176）＞创新设施资本（0.049）＞研发资本（0.017）＞技术资本（0.013）。可以发现，对创新追赶俱乐部来说，人力资本对全要素生产率的促进作用最大，是国内知识资本方面中技术进步的主要推动因素，而研发资本、创新设施资本和技术资本所起的作用较小。这不仅与第五章得出的创新追赶俱乐部具有较高人力资本发展水平的结论相一致，而且也与第五章得出的创新追赶俱乐部在人力资本方面上具有国内比较优势的结论相一致。也就是说，创新追赶俱乐部很好地利用了其在人力资本方面较高的发展水平与国内比较优势来促进全要素生产率的提升。

（3）对创新缓慢俱乐部来说，国内知识资本的四个方面投入对全要素生产率的影响作用存在差异性，其中只有人力资本、创新设施资本和技术资本三个方面具有显著的促进作用，而研发资本方面的作用显著为负，四个方面的促进效果顺序为：人力资本（0.117）>创新设施资本（0.079）>技术资本（0.008）>研发资本（-0.048）。可以发现，对创新缓慢俱乐部来说，人力资本对全要素生产率的促进作用最大，是国内知识资本方面中技术进步的主要推动因素，而研发资本、创新基础设施和技术资本所起的作用较小甚至为负。这与第五章得出的创新缓慢俱乐部在人力资本方面具有国内比较优势的结论相一致。也就是说，创新缓慢俱乐部很好地利用了其在人力资本方面的国内比较优势来促进全要素生产率的提升。至于为何创新缓慢俱乐部的研发资本具有负效应，这一点也很好理解，原因在于构成创新缓慢俱乐部研发资本的三个基础指标都具有较低水平。通过计算发现，创新缓慢俱乐部的人均研发支出、人均研发存量和研发支出强度在整个时期（1981—2010）的平均数值分别为 3.69 美元/人、20.06 美元/人和 0.31%，远低于全球 135.12 美元/人、732.34 美元/人和 0.79% 的平均水平，以如此少的研发支出和如此低的研发强度想要带动研发资本对创新缓慢俱乐部全要素生产率的促进作用，显然难度较大。

（4）通过比较三个俱乐部知识资本各方面的影响系数发现，研发资本对创新领导俱乐部全要素生产率的促进作用最大，遵循的是以创新领导俱乐部（0.065）>创新追赶俱乐部（0.017）>创新缓慢俱乐部（-0.048）；人力资本对创新追赶俱乐部全要素生产率的促进作用最大，遵循的是创新追赶俱乐部（0.176）>创新缓慢俱乐部（0.117）>创新领导俱乐部（0.087）；创新设施资本对创新缓慢俱乐部全要素生产率的促进作用最大，遵循的是创新缓慢俱乐部（0.079）>创新追赶俱乐部（0.049）>创新领导俱乐部（0.024）；技术资本对创新领导俱乐部全要素生产率的促进作用最大，遵循的是创新领导俱乐部（0.058）>创新追赶俱乐部（0.013）>创新缓慢俱乐部（0.008）。这一结果与第五章得出的创新领导俱乐部在研发资本和技术资本方面具有国际比较优势、创新追赶俱乐部在人力资本方面具有国际比较优势以及创新缓慢俱乐部在创新设施资本方面具有国际比较优势的结论完全一致，说明全球知识资本投入资源在三个俱乐部间的分配上具有合理性，遵循了各俱乐部在知识资本发展上的国际比较优势。

（5）从各溢出渠道影响效果的比较上，发现进口溢出渠道对创新追赶俱乐部的促进作用最大，遵循的是创新追赶俱乐部（0.025）>创新缓慢俱乐部（0.023）>创新领导俱乐部（0.015）；FDI溢出渠道对创新领导俱乐部的促进作用最大，遵循的是创新领导俱乐部（0.057）>创新追赶俱乐部（-0.005）>创新缓慢俱乐部（-0.016）。造成这一现象的原因，我们在第一节中已经讨论过，即一方面是因为原始数据对创新领导俱乐部的偏向性，另一方面是因为基于FDI的国际知识资本溢出效应的发挥需要国内知识资本的配合，创新领导俱乐部较高的知识资本发展水平有利于FDI溢出渠道对全要素生产率的促进作用，而创新追赶俱乐部和创新缓慢俱乐部较低的知识资本发展水平影响了FDI溢出效应的发挥；技术差距溢出渠道对创新缓慢俱乐部的促进作用最大，遵循的是创新缓慢俱乐部（-0.772）>创新追赶俱乐部（-0.726）>创新领导俱乐部（-0.699）。由于创新缓慢俱乐部和创新追赶俱乐部的技术水平比创新领导俱乐部的起点低，所以技术追赶的潜力就要比创新领导俱乐部大，随着它们与美国技术差距的缩小，其技术进步效应的发挥也要好于创新领导俱乐部。

（6）在式（7.18）至式（7.20）中，可以发现一个共同特点：就是不论是创新领导俱乐部、创新追赶俱乐部还是创新缓慢俱乐部，国内知识资本的四个方面投入都不是促进全要素生产率的主要因素，它们的作用在所有影响因素中只是第二位的，而是技术差距变量（非物化溢出渠道）起了最主要的作用；对于物化溢出渠道（进口贸易和FDI）而言，它们对全要素生产率的促进作用较小甚至还起了阻碍作用。这个共同点也存在于对全球整体的分析中。因此，不论是全球整体还是各个俱乐部层面，国内知识资本投入要发挥其对全要素生产率的主导作用还尚需时日。

第四节 实证分析扩展（3）：吸收能力的作用

前三节的实证研究可以发现一个共同问题，即不论是全球整体还是俱乐部层面，都不能很好地将国外溢出的知识资本为我所用，在多数情况下国际知识资本溢出效应都太小甚至产生了逆向的溢出效应。那么我们自然要问：进口贸易、FDI 和技术差距等渠道的溢出效应发挥是否与东道国的吸收能力有关？国内知识资本除了具有国内创新能力的一面外，是否还具有吸收国际知识资本溢出的一面？另外，国外知识资本各渠道更多的是存在直接溢出效应还是间接溢出效应？基于此，在本节中，我们将进一步从吸收能力的视角来检验全球以及俱乐部层面的知识资本在促进技术进步作用中的两面性。

一　模型的设定

为了检验知识资本在促进技术进步中的两面性，最全面的做法应该是将知识资本的四个方面投入、国外知识资本的三种溢出渠道以及知识资本各方面与国外知识资本各渠道两两之间的交叉项一同纳入模型中进行考察。但这样一来，模型中的解释变量个数将达到 19 个，这不仅会造成严重的多重共线性问题，而且还会影响到某些变量的显著性而不利于对其进行解释。为了便于分析，在本节中，我们仅考察国内知识资本变量在技术进步中的两面性，原因在于：一方面，国内知识资本变量也是由各方面变量构成的；另一方面，从第一节到第三节的实证结果中发现，除创新缓慢俱乐部的研发资本外，不论是全球整体，还是各俱乐部层面，国内知识资本的四个方面变量对全要素生产率均具有显著的正影响。因此，仅分析国内知识资本在促进技术进步中的两面性并不会影响实证结果的准确性。基于上述观点，在本节的实证研究中，我们将分别检验全球以及俱乐部层面的国内知识资本的两面性。根据目前主流的做法，我们将国内知识资本变量分别与国外知识资本的三种溢出渠道变量进行相乘得到交叉项，以此作为国内知识资本吸收能力的代理变量，并将模型设定为如下形式：

$$\ln TFP_{it} = \beta_{0i} + \beta_1 \ln KC_{it}^d + \beta_2 \ln KC_{it}^{im} + \beta_3 \ln KC_{it}^{fdi} + \beta_4 \ln GAP_{it} + \beta_5 \ln KC_{it}^d$$

$$\times \ln KC_{it}^{im} + \beta_6 \ln KC_{it}^{d} \times \ln KC_{it}^{fdi} + \beta_7 \ln KC_{it}^{d} \times \ln GAP_{it} + \varepsilon_{it} \tag{7.21}$$

$$\ln TFP_{l,it} = \beta_{0i} + \beta_1 \ln KC_{l,it}^{d} + \beta_2 \ln KC_{l,it}^{im} + \beta_3 \ln KC_{l,it}^{fdi} + \beta_4 \ln GAP_{l,it} + \beta_5 \ln KC_{l,it}^{d}$$
$$\times \ln KC_{l,it}^{im} + \beta_6 \ln KC_{l,it}^{d} \times \ln KC_{l,it}^{fdi} + \beta_7 \ln KC_{l,it}^{d} \times \ln GAP_{l,it} + \varepsilon_{it} \tag{7.22}$$

$$\ln TFP_{f,it} = \beta_{0i} + \beta_1 \ln KC_{f,it}^{d} + \beta_2 \ln KC_{f,it}^{im} + \beta_3 \ln KC_{f,it}^{fdi} + \beta_4 \ln GAP_{f,it} + \beta_5 \ln KC_{f,it}^{d}$$
$$\times \ln KC_{f,it}^{im} + \beta_6 \ln KC_{f,it}^{d} \times \ln KC_{f,it}^{fdi} + \beta_7 \ln KC_{f,it}^{d} \times \ln GAP_{f,it} + \varepsilon_{it} \tag{7.23}$$

$$\ln TFP_{s,it} = \beta_{0i} + \beta_1 \ln KC_{s,it}^{d} + \beta_2 \ln KC_{s,it}^{im} + \beta_3 \ln KC_{s,it}^{fdi} + \beta_4 \ln GAP_{s,it} + \beta_5 \ln KC_{s,it}^{d}$$
$$\times \ln KC_{s,it}^{im} + \beta_6 \ln KC_{s,it}^{d} \times \ln KC_{s,it}^{fdi} + \beta_7 \ln KC_{s,it}^{d} \times \ln GAP_{s,it} + \varepsilon_{it} \tag{7.24}$$

其中，式（7.21）至式（7.24）分别为全球整体、创新领导俱乐部、创新追赶俱乐部和创新缓慢俱乐部模型，i、l、f 和 s 分别表示各个模型相应的符号；KC^d 表示国内知识资本变量；其余变量和符号的含义都与式（7.6）相同。值得注意的是，虽然使用国内知识资本变量 KC^d 代替各方面变量已经大大减轻了式中的多重共线性，但从式（7.21）至式（7.24）中发现，多重共线性问题并没有完全消除，因为国内知识资本与其交叉项之间，以及国外知识资本各溢出渠道与其交叉项之间，仍存在严重的多重共线性，这会影响到回归结果的显著性。为了解决这一问题，我们参照伍德里奇（Wooldridge，2013）的做法，在构造交叉项之前，先将国内知识资本变量和国外知识资本各变量分别减去各自的平均值，形成以零为中心分布的新变量，然后再进行变量间的两两相乘，形成新的交叉项变量，这样新的交叉项变量与原始变量间的相关性就会大大减弱，不仅可以消除模型中存在的严重多重共线性，而且还能得到更精确的系数估计值。经过以上变换，式（7.21）至式（7.24）就可以重新设定为如下形式：

$$\ln TFP_{it} = \beta_{0i} + \beta_1 \ln KC_{it}^{d} + \beta_2 \ln KC_{it}^{im} + \beta_3 \ln KC_{it}^{fdi} + \beta_4 \ln GAP_{it} + \beta_5 \ln kc_{it}^{d}$$
$$\times \ln kc_{it}^{im} + \beta_6 \ln kc_{it}^{d} \times \ln kc_{it}^{fdi} + \beta_7 \ln kc_{it}^{d} \times \ln gap_{it} + \varepsilon_{it} \tag{7.25}$$

$$\ln TFP_{l,it} = \beta_{0i} + \beta_1 \ln KC_{l,it}^{d} + \beta_2 \ln KC_{l,it}^{im} + \beta_3 \ln KC_{l,it}^{fdi} + \beta_4 \ln GAP_{l,it} + \beta_5 \ln kc_{l,it}^{d}$$
$$\times \ln kc_{l,it}^{im} + \beta_6 \ln kc_{l,it}^{d} \times \ln kc_{l,it}^{fdi} + \beta_7 \ln kc_{l,it}^{d} \times \ln gap_{l,it} + \varepsilon_{it} \tag{7.26}$$

$$\ln TFP_{f,it} = \beta_{0i} + \beta_1 \ln KC_{f,it}^{d} + \beta_2 \ln KC_{f,it}^{im} + \beta_3 \ln KC_{f,it}^{fdi} + \beta_4 \ln GAP_{f,it} + \beta_5 \ln kc_{f,it}^{d}$$

$$\times \ln kc_{f,it}^{im} + \beta_6 \ln kc_{f,it}^{d} \times \ln kc_{f,it}^{fdi} + \beta_7 \ln kc_{f,it}^{d} \times \ln gap_{f,it} + \varepsilon_{it} \tag{7.27}$$

$$\ln TFP_{s,it} = \beta_{0i} + \beta_1 \ln KC_{s,it}^{d} + \beta_2 \ln KC_{s,it}^{im} + \beta_3 \ln KC_{s,it}^{fdi} + \beta_4 \ln GAP_{s,it} + \beta_5 \ln kc_{s,it}^{d}$$
$$\times \ln kc_{s,it}^{im} + \beta_6 \ln kc_{s,it}^{d} \times \ln kc_{s,it}^{fdi} + \beta_7 \ln kc_{s,it}^{d} \times \ln gap_{s,it} + \varepsilon_{it} \tag{7.28}$$

在式（7.25）至式（7.28）中，小写字母代表原始变量减去均值后的新变量，比如 $\ln kc_{it}^{d} = \ln KC_{it}^{d} - \overline{\ln KC^{d}}$，其他小写字母的处理方法与之相同。在模型中加入交叉项后，对交叉项系数的解释实际上就包含了两层意思：第一层意思是从国内知识资本的角度去理解的，即如果交叉项的系数显著为正，则表明国内知识资本对国际知识资本的溢出具有吸收能力。如果交叉项的系数显著为负或不显著，则表明国内知识资本对国际知识资本的溢出不具有吸收能力。第二层意思是从国际知识资本溢出的角度去理解的，即如果交叉项的系数显著为正，就表明国际知识资本溢出通过国内知识资本间接促进了国内的技术进步，在这种情况下交叉项就可以理解为国际知识资本的间接溢出效应，而原始变量就可以理解为国际知识资本的直接溢出效应。如果交叉项的系数显著为负或不显著，就表明国外知识资本对东道国不具有间接溢出效应。需要指出的是，在对变量进行均值化处理后，各解释变量对被解释变量的影响程度也发生了改变。因此，在接下来的分析中，我们只检验国内知识资本变量是否具有两面性，以及国外知识资本各变量是否具有直接或间接的溢出效应，而这些变量对全要素生产率的影响程度则不作专门分析。

二 变量选取和数据来源

在变量的选取上，被解释变量仍为全要素生产率 TFP。解释变量包括国内知识资本 KC^d、基于进口溢出的国外知识资本 KC^{im}、基于 FDI 溢出的国外知识资本 KC^{fdi}、技术差距 GAP，还有国内知识资本 KC^d 分别与国外知识资本三种溢出渠道的交叉项。① KC^d 的数据来自第四章测度得到的各经济体的知识资本指数，各变量的均值根据原始变量取自然对数后的均值得到。其他变量的数据来源都与第一节相同。此外，式（7.25）是全球整体模型，使用的是 130 个经济体的数据；式（7.26）是创新领导俱乐部模型，使用的是 22 个经济体的数据；式（7.27）是

---

① 这些交叉项都是经过均值调整的。

创新追赶俱乐部模型，使用的是 77 个经济体的数据；式（7.28）是创新缓慢俱乐部模型，使用的是 31 个经济体的数据，各模型样本的时期范围均为 1981—2010 年。

三　模型的预检验

（一）面板单位根检验

对式（7.25）至式（7.28）中各变量面板数据的单位根检验，仍然使用目前主流的六种方法。表 7－11 显示了全球整体吸收能力式（7.25）中的六种面板单位根检验结果。可以看出：LLC 检验、B 检验、IPS 检验和 Fisher－ADF 检验均表明所有变量都是非平稳的，因为这些变量的非平稳性原假设即使在 10% 显著性水平下也不能被拒绝；H 检验也表明所有变量都是非平稳的，因为这些变量的非平稳性原假设在 1% 显著性水平上被拒绝；对于 Fisher－PP 检验来说，除基于进口溢出的国外知识资本变量 KC^{im} 的非平稳性原假设需要在 10% 显著性水平下不能被拒绝外，其余变量经检验都是非平稳的。综合以上面板单位根检验的结果，可以得出式（7.25）中使用的所有变量都是非平稳的。

表 7－11　　　面板单位根检验：全球整体吸收能力模型

变量	LLC	B	IPS	Fisher－ADF	Fisher－PP	H
lnTFP	7.333	2.086	2.342	5.354	1.957	18.541***
$lnKC^d$	4.414	9.754	5.124	8.355	11.808	22.335***
$lnKC^{im}$	6.954	4.190	1.487	4.333	－1.536*	17.444***
$lnKC^{fdi}$	4.035	12.512	2.127	3.585	4.047	24.165***
lnGAP	11.964	5.351	5.846	9.178	7.691	18.094***
$lnkc^d \times lnkc^{im}$	5.620	6.417	2.313	5.540	2.665	20.289***
$lnkc^d \times lnkc^{fdi}$	1.960	3.245	－0.329	3.165	5.981	22.260***
$lnkc^d \times lngap$	9.663	9.291	5.340	8.598	7.358	21.308***

表 7－12 显示了创新领导俱乐部吸收能力式（7.26）中的六种面板单位根检验结果。可以看出：B 检验、IPS 检验、Fisher－ADF 和 Fisher－PP 检验均表明所有变量都是非平稳的，因为这些变量的非平稳

性原假设即使在 10% 显著性水平下也不能被拒绝；H 检验也表明所有变量都是非平稳的，因为这些变量的非平稳性原假设在 1% 显著性水平下被拒绝；对于 LLC 检验来说，除国内知识资本与进口溢出渠道交叉项变量 $lnkc_{it}^d \times lnkc_{it}^{im}$ 的非平稳性原假设需要在 5% 的显著性水平下不能被拒绝外，其余变量经检验都是非平稳的。综合以上面板单位根检验结果，可以得出式（7.26）中使用的所有变量都是非平稳的。

表 7-12　面板单位根检验：创新领导俱乐部吸收能力模型

变量	LLC	B	IPS	Fisher-ADF	Fisher-PP	H
lnTFP	3.345	-0.313	1.397	2.663	2.289	8.526***
lnKC^d	2.066	2.263	-0.836	0.048	3.101	5.438***
lnKC^{im}	2.873	1.444	0.142	1.222	-0.606	5.764***
lnKC^{fdi}	5.809	0.711	0.909	2.063	-0.340	7.720***
lnGAP	3.887	0.445	1.795	2.984	1.099	6.747***
lnkc^d × lnkc^{im}	-1.698**	3.842	0.881	2.058	3.676	11.180***
lnkc^d × lnkc^{fdi}	1.668	3.129	1.132	2.355	4.871	8.330***
lnkc^d × lngap	3.430	1.140	1.226	2.329	0.036	8.286***

表 7-13 显示了创新追赶俱乐部吸收能力式（7.27）中的六种面板单位根检验结果。可以看出：LLC 检验、B 检验、IPS 检验、Fisher-

表 7-13　面板单位根检验：创新追赶俱乐部吸收能力模型

变量	LLC	B	IPS	Fisher-ADF	Fisher-PP	H
lnTFP	6.641	0.920	2.390	4.875	1.459	14.079***
lnKC^d	4.009	8.262	5.952	8.644	11.403	18.635***
lnKC^{im}	6.713	1.859	1.182	3.404	-1.212	12.815***
lnKC^{fdi}	3.745	2.735	-0.454	1.824	3.841	21.289***
lnGAP	8.924	3.267	4.055	6.633	5.801	13.773***
lnkc^d × lnkc^{im}	4.921	4.488	3.087	5.730	6.138	16.733***
lnkc^d × lnkc^{fdi}	3.947	2.258	0.006	1.989	4.979	17.519***
lnkc^d × lngap	8.983	6.067	4.296	6.956	5.275	16.824***

ADF 和 Fisher – PP 检验均表明所有变量都是非平稳的，因为这些变量的非平稳性原假设即使在 10%，显著性水平下也不能被拒绝；H 检验也表明所有变量都是非平稳的，因为这些变量的非平稳性原假设在 1% 的著性水平下被拒绝。综合以上面板单位根检验结果，可以得出式 (7.27) 中使用的所有变量都是非平稳的。

表 7 – 14 显示了创新缓慢俱乐部吸收能力式 (7.28) 中的六种面板单位根检验结果。可以看出：B 检验、Fisher – ADF 和 Fisher – PP 检验均表明所有变量都是非平稳的，因为这些变量的非平稳性原假设即使在 10% 的显著性水平下也不能被拒绝；H 检验也表明所有变量都是非平稳的，因为这些变量的非平稳性原假设在 1% 的显著性水平下被拒绝；对于 LLC 检验来说，除基于 FDI 溢出的国外知识变量 KC^{fdi}，以及国内知识资本与 FDI 溢出渠道的交叉项变量 $lnkc_{it}^{d} \times lnkc_{it}^{fdi}$ 的非平稳性原假设需要在 1% 的显著性水平下不能被拒绝外，其余变量经检验都是非平稳的；对于 IPS 检验来说，除了国内知识资本与 FDI 溢出渠道的交叉项变量 $lnkc_{it}^{d} \times lnkc_{it}^{fdi}$ 的非平稳性原假设需要在 1% 的显著性水平下不能被拒绝外，其余变量经检验都是非平稳的。综合以上面板单位根检验结果，可以得出式 (7.28) 中使用的所有变量都是非平稳的。

表 7 – 14 面板单位根检验：创新缓慢俱乐部吸收能力模型

变量	LLC	B	IPS	Fisher – ADF	Fisher – PP	H
lnTFP	1.613	2.515	– 0.146	1.037	– 0.220	8.596 ***
$lnKC^d$	0.951	5.204	1.817	3.445	3.597	11.788 ***
$lnKC^{im}$	1.293	3.933	1.063	2.479	– 0.723	10.670 ***
$lnKC^{fdi}$	– 2.648 ***	10.641	2.302	3.167	2.629	9.273 ***
lnGAP	7.350	4.338	4.059	5.813	5.641	9.650 ***
$lnkc^d \times lnkc^{im}$	8.242	7.051	7.683	9.594	6.417	12.251 ***
$lnkc^d \times lnkc^{fdi}$	– 10.938 ***	0.563	– 3.434 ***	1.236	3.818	10.380 ***
$lnkc^d \times lngap$	2.857	3.172	0.039	1.124	4.171	9.211 ***

(二) 面板协整检验和估计方法选择

在面板协整检验方法的选择上，由于本节实证式 (7.25) 至式 (7.28) 所使用的变量个数均为 8 个，超过了 P 检验法 7 个变量的限制。基于此，与第二节相同，我们利用 K 检验法对式 (7.25) 至式

(7.28）进行面板协整检验。为了节省空间，我们将 K 检验法得到的结果显示在表 7-15 中。可以看出，式（7.25）至式（7.28）的 K 法检验值分别是 -7.572、-6.743、-6.212 和 -4.098，都在 1% 水平上具有显著性。因此可以认为，式（7.25）至式（7.28）都具有面板协整关系，模型中的估计系数代表了变量间的长期均衡关系。另外，在估计方法的选择上，与第一节相同，运用组均 FMOLS 法来估计式（7.25）至式（7.28）。

四 计量检验结果及分析

表 7-15 是各层面组均 FMOLS 法的回归结果。首先来看全球整体式（7.25）的回归结果。可以发现，模型的拟合效果很好，R^2 达到了 0.8568，说明在整个时期，全球整体全要素生产率变化的 85.68% 可以用各解释变量的变化来解释。从国内知识资本角度看：国内知识资本 KC^d 对全要素生产率具有显著的正影响，表明国内知识资本具有国内创新能力的一面；国内知识资本与进口溢出渠道交叉项 $lnkc^d \times lnkc^{im}$ 的系数显著为负，但其与 FDI 溢出渠道的交叉项 $lnkc^d \times lnkc^{fdi}$ 以及与技术差距溢出渠道的交叉项 $lnkc^d \times lngap$ 的系数都显著为正，表明国内知识资本对基于 FDI 和技术差距的国际知识资本溢出具有吸收能力，但对基于进口的国际知识资本溢出不具有吸收能力。再从国外知识资本的角度看，基于进口溢出的国外知识资本 KC^{im} 对全要素生产率具有显著的正影响，但其与国内知识资本交叉项 $lnkc^d \times lnkc^{im}$ 的系数为显著的负值，表明进口渠道对全要素生产率的影响只具有直接溢出效应，而不具有间接溢出效应；基于 FDI 溢出的国外知识资本 KC^{fdi} 对全要素生产率的影响显著为负，但其与国内知识资本交叉项 $lnkc^d \times lnkc^{fdi}$ 的系数为显著的正值，表明 FDI 渠道对全要素生产率的影响只具有间接溢出效应，而不具有直接溢出效应；技术差距 GAP 对全要素生产率的影响显著为负，但其与国内知识资本交叉项 $lnkc^d \times lngap$ 的系数显著为正，表明技术差距对全要素生产率的影响只具有间接溢出效应，而不具有直接溢出效应。

其次来看创新领导俱乐部式（7.26）的回归结果。模型的拟合效果很好，R^2 达到了 0.6854，说明创新领导俱乐部全要素生产率变化的 68.54% 可以由各解释变量的变化来解释。从国内知识资本的角度看：国内知识资本 KC^d 对全要素生产率具有显著的正影响，表明创新领导俱乐部的知识资本具有国内创新能力的一面；国内知识资本与进口溢出渠道交叉项 lnkc^d×lnkc^{im} 的系数显著为负，但其与 FDI 溢出渠道的交叉项 lnkc^d×lnkc^{fdi} 以及与技术差距溢出渠道的交叉项 lnkc^d×lngap 的系数都显著为正，表明创新领导俱乐部的知识资本对基于 FDI 和技术差距的国际知识资本溢出具有吸收能力，但对基于进口的国际知识资本溢出不具有吸收能力。再从国外知识资本的角度看，基于进口溢出的国外知识资本 KC^{im} 对全要素生产率具有显著的正影响，但其与国内知识资本交叉项的系数 lnkc^d×lnkc^{im} 显著为负，表明进口渠道对创新领导俱乐部的全要素生产率只具有直接溢出效应，而不具有间接溢出效应；基于 FDI 溢出的国外知识资本对全要素生产率的影响显著为正，而且其与国内知识资本交叉项 lnkc^d×lnkc^{fdi} 的系数也为显著的正值，表明 FDI 渠道对创新领导俱乐部的全要素生产率不仅具有直接溢出效应，而且也具有间接溢出效应；技术差距 GAP 对全要素生产率的影响显著为负，但其与国内知识资本交叉项 lnkc^d×lngap 的系数显著为正，表明技术差距对创新领导俱乐部的全要素生产率只具有间接溢出效应，而不具有直接溢出效应。

接着来看创新追赶俱乐部式（7.27）的回归结果。模型的拟合效果很好，R^2 达到了 0.7437，说明创新追赶俱乐部全要素生产率变化的 74.37% 可以用各解释变量的变化来解释。从国内知识资本的角度看，国内知识资本 KC^d 对全要素生产率具有显著的正影响，表明创新追赶俱乐部的知识资本具有国内创新能力的一面；国内知识资本与进口溢出渠道交叉项 lnkc^d×lnkc^{im} 的系数显著为负，但其与 FDI 溢出渠道的交叉项 lnkc^d×lnkc^{fdi} 以及与技术差距溢出渠道的交叉项 lnkc^d×lngap 的系数都显著为正，表明创新追赶俱乐部的知识资本对基于 FDI 和技术差距的国际知识资本溢出具有吸收能力，但对基于进口的国际知识资本溢出不具有吸收能力。再从国外知识资本的角度看，基于进口溢出的国外知识资本对全要素生产率具有显著的正影响，但其与国内知识资本交叉项 lnkc^d×lnkc^{im} 的系数显著为负，表明进口渠道对创新追赶俱乐部的全要素生产率只具有直接溢出效应，而不具有间接溢出效应；基于 FDI 溢出的国外知识资本对全要素生产率的影响显著为负，但其与国内知识资本交叉项 lnkc^d×lnkc^{fdi} 的系数显著为正，表明 FDI 渠道对创新追赶俱乐部的全要素生产率只具有间接溢出效应，而不具有直接溢出效应；技术差距对全要素生产率的影响显著为负，但其与国内知识资本交叉项 lnkc^d × lngap 的系数显著为正，表明技术差距对创新追赶俱乐部的技术进步只具有间接溢出效应，而不具有直接溢出效应。

最后再看创新缓慢俱乐部式（7.28）的回归结果。模型的拟合效果很好，R^2 达到了 0.8987，说明创新缓慢俱乐部全要素生产率变化的 89.87% 可以用各解释变量的变化来解释。从国内知识资本的角度看，国内知识资本 KC^d 对全要素生产率具有显著的正影响，表明创新缓慢俱乐部的知识资本具有国内创新能力的一面；国内知识资本与进口溢出渠道交叉项 lnkc^d × lnkc^{im} 以及与 FDI 溢出渠道交叉项 lnkc^d × lnkc^{fdi} 的系数显著为负，但其与技术差距溢出渠道交叉项 lnkc^d × lngap 的系数显著为正，表明创新缓慢俱乐部的知识资本对基于技术差距的国际知识资本溢出具有吸收能力，但对基于进口和 FDI 的国际知识资本溢出不具有吸收能力。再从国外知识资本的角度看，基于进口和 FDI 溢出的国外知识资本对全要素生产率均具有显著的正影响，但它们与国内知识资本交叉项 lnkc^d × lnkc^{im} 和 lnkc^d × lnkc^{fdi} 的系数都为显著的负值，表明进口贸易和 FDI 溢出渠道对创新缓慢俱乐部的技术进步只具有直接溢出效应，而不具有间接溢出效应；技术差距对全要素生产率的影响显著为负，但其与国内知识资本交叉项 lnkc^d × lngap 的系数显著为正，表明技术差距对创新缓慢俱乐部的技术进步只具有间接溢出效应，而不具有直接溢出效应。

表 7-15　　　　　　组均 FMOLS 估计结果：吸收能力的作用

解释变量	全球整体式（7.25）	创新领导俱乐部式（7.26）	创新追赶俱乐部式（7.27）	创新缓慢俱乐部式（7.28）
lnKC^d	0.187*** (19.180)	0.217*** (26.985)	0.216*** (42.477)	0.150*** (14.347)
lnKC^{im}	0.039*** (6.536)	0.027*** (3.900)	0.019*** (5.080)	0.016*** (4.251)
lnKC^{fdi}	-0.047*** (-10.427)	0.042*** (6.503)	-0.034*** (-10.195)	0.014*** (3.112)
lnGAP	-0.587*** (-26.289)	-0.359*** (-10.807)	-0.594*** (-71.715)	-0.616*** (-49.738)

续表

解释变量	全球整体 式（7.25）	创新领导俱乐部 式（7.26）	创新追赶俱乐部 式（7.27）	创新缓慢俱乐部 式（7.28）
$lnkc^d \times lnkc^{im}$	-0.123*** (-7.886)	-0.218*** (-7.524)	-0.167*** (-31.768)	-0.035*** (-5.587)
$lnkc^d \times lnkc^{fdi}$	0.038** (2.356)	0.069*** (3.666)	0.016*** (3.572)	-0.032*** (-4.006)
$lnkc^d \times lngap$	0.215*** (3.435)	0.701*** (5.364)	0.614*** (46.872)	0.538*** (13.947)
R^2	0.8568	0.6854	0.7437	0.8987
样本容量	3900	660	2310	930
K法检验值	-7.572***	-6.743***	-6.212***	-4.098***
协整判断	协整	协整	协整	协整

注：面板协整检验包括截距项，K检验法的原假设为不存在协整关系。

本章小结

本章是全文的第五个核心部分。这一章我们使用130个经济体1981—2010年的面板数据，首先，从全球整体分析了开放经济下知识资本各方面投入对全要素生产率的影响效应；其次，从动态演变的视角分析和比较了不同阶段知识资本各方面投入对全要素生产率影响的发展变化；再次，从知识资本密集度的视角分析和比较了俱乐部层面的知识资本各方面投入对全要素生产率的影响；最后，从吸收能力的视角检验了全球以及俱乐部层面的知识资本在促进技术进步中的两面性以及国外知识资本的直接或间接溢出效应，得出以下几点结论：

（1）研发资本对全要素生产率的提升具有显著促进作用，不过根据式（7.18）至式（7.20）发现，这种促进作用主要体现在创新领导俱乐部和创新追赶俱乐部中，而对创新缓慢俱乐部来说，研发资本对全要素生产率的影响显著为负；不论是全球整体还是俱乐部层面，人力资本、创新设施资本和技术资本对全要素生产率的影响都具有显著的促进作用；基于进口溢出的国外知识资本对全球以及俱乐部层面的全要素生产率的提升作用都非常显著，并且这种显著的提升作用对创新追赶俱乐部的影响程度要大于创新缓慢俱乐部和创新领导俱乐部；基于FDI溢出的国外知识资本对全要素生产率具有显著的负向作用，但这种显著的负向作用只发生在创新追赶俱乐部和创新缓慢俱乐部，而对创新领导俱乐部则具有显著的促进作用。也就是说，FDI溢出渠道对创新领导俱乐部的影响程度要明显大于创新追赶俱乐部和创新缓慢俱乐部；模型得出技术差距GAP的缩小有利于全要素生产率水平的提升，并且这种提升作用对创新缓慢俱乐部的影响程度要大于创新领导俱乐部和创新追赶俱乐部。

（2）全球知识资本投入资源在各个俱乐部内部的分配上具有合理性。首先，创新领导俱乐部的研发资本和人力资本对全要素生产率的促进作用要大于创新设施资本和技术资本，这与第五章得出的创新领导俱乐部在研发资本和人力资本方面具有较高的发展水平以及具有国内比较优势的结论相吻合。其次，创新追赶俱乐部的人力资本对全要素生产率的促进作用要大于研发资本、创新设施资本和技术资本，这不仅与第五章得出的创新追赶俱乐部具有较高人力资本发展水平的结论相一致，而且也与第五章得出的创新追赶俱乐部在人力资本方面具有国内比较优势的结论相吻合。最后，创新缓慢俱乐部的人力资本对全要素生产率的促进作用要大于研发资本、创新设施资本和技术资本，这也与第五章得出的创新缓慢俱乐部在人力资本方面具有国内比较优势的结论相一致。也就是说，创新领导俱乐部、创新追赶俱乐部和创新缓慢俱乐部在对知识资本资源的分配上完全遵循着各方面的国内比较优势，同时利用各自具有的国内比较优势方面来推动全要素生产率的提升。

（3）全球知识资本投入资源在俱乐部间的分配上具有合理性。从模型的结果中发现，创新领导俱乐部的研发资本和技术资本对全要素生产率的促进作用要大于创新追赶俱乐部和创新缓慢俱乐部，创新追赶俱乐部的人力资本对全要素生产率的促进作用要大于创新领导俱乐部和创新缓慢俱乐部，而创新缓慢俱乐部的创新设施资本对全要素生产率的促进作用要大于创新领导俱乐部和创新追赶俱乐部，这一结果与第五章得出的创新领导俱乐部在研发资本和技术资本方面具有国际比较优势、创新追赶俱乐部在人力资本方面具有国际比较优势以及创新缓慢俱乐部在创新设施资本方面具有国际比较优势的结论完全一致。也就是说，全球知识资本投入资源的分配完全遵循了每个俱乐部在某一方面的国际比较优势，并利用该方面所具有的国际比较优势来推动全要素生产率的提升。

（4）从国际知识资本溢出效应看，就进口溢出渠道而言，可以发现不论是全球整体还是俱乐部层面，基于进口溢出的国外知识资本对全要素生产率都具有显著的促进作用，但这种促进作用主要体现在直接溢出效应上，而在间接溢出效应上都是显著为负的；就FDI溢出渠道而言，可以发现基于FDI溢出的国外知识资本对全球整体和创新追赶俱乐部的全要素生产率都具有显著的负向作用，但这种负向作用主要体现在直接溢出效应上，而在间接溢出效应上则是显著为正的。与上述不同的是，基于FDI溢出的国外知识资本对创新缓慢俱乐部的全要素生产率虽然也具有显著的负向作用，但这种负向作用主要体现在间接溢出效应上，而在直接溢出效应上则是显著为正的。此外，基于FDI溢出的国外知识资本对创新领导俱乐部的全要素生产率具有显著的促进作用，而且这种促进作用也同时体现在直接溢出效应和间接溢出效应上；就技术差距溢出渠道而言，可以发现不论是全球整体还是俱乐部层面，技术差距水平的缩小对各经济体的全要素生产率都具有显著的促进作用，并且这种促进作用不仅体现在直接溢出效应上，而且也体现在间接溢出效应上。

（5）从国内知识资本吸收能力看，可以发现不论是全球整体还是俱乐部层面，国内知识资本对全要素生产率均具有显著的正影响，表明国内知识资本在每个层面上都具有创新能力的一面；在全球整体、创新领导俱乐部和创新追赶俱乐部，国内知识资本与FDI溢出渠道的交叉项及其与技术差距溢出渠道的交叉项均为显著的正值，而与进口溢出渠道的交叉项为显著的负值，这表明国内知识资本对基于FDI和技术差距溢出的国外知识资本都具有吸收能力的一面，但对基于进口溢出的国外知识资本不具有吸收能力的一面。在创新缓慢俱乐部，国内知识资本与技术差距溢出渠道的交叉项为显著的正值，而与进口以及FDI溢出渠道的交叉项均为显著的负值，这表明在创新缓慢俱乐部，国内知识资本对基于技术差距溢出的国外知识资本具有吸收能力的一面，但对基于进口和FDI溢出的国外知识资本都不具有吸收能力。

（6）从阶段比较来看，国内知识资本的各方面投入在整个时期对全要素生产率的显著促进作用都具有稳定性。但在影响程度上，研发资本和人力资本对全要素生产率的促进作用在后一阶段（1996—2010）都较前一阶段（1981—1995）有所上升，而创新设施资本和技术资本的促进作用在后一阶段都较前一阶段有所下降；基于进口溢出的国外知识资本以及国内外技术差距的缩小在两个阶段对全要素生产率都具有显著的促进作用，而基于FDI溢出的国外知识资本在两个阶段对全要素生产率都具有显著的抑制作用。这一结果表明了国外知识资本的各种溢出渠道在整个时期对全要素生产率的影响作用具有稳定性。但从影响程度上看，基于进口溢出的国外知识资本和国内外技术差距的缩小对全要素生产率的促进作用在后一阶段都较前一阶段有所下降，而基于FDI溢出的国外知识资本对全要素生产率的抑制作用在后一阶段较前一阶段有所减弱。

（7）国内知识资本还没成为促进全要素生产率提升的主要因素。从全球整体的回归结果看出，不论是阶段性模型还是整个时期模型，技术差距一直是促进全要素生产率提升的最主要因素，它对全要素生产率的影响程度大大超过了知识资本各方面投入对全要素生产率的影响。此外，从俱乐部层面的回归结果中也可以发现，创新领导俱乐部、创新追赶俱乐部和创新缓慢俱乐部的全要素生产率的主要决定因素也都是技术差距变量，并不是知识资本因素，而且技术差距对各俱乐部全要素生产率的影响程度也大大超过了知识资本各方面投入的影响。因此，国内知识资本想要成为各经济体中影响全要素生产率的主要因素，还需要时间的磨合和相关政策的引导。

第八章 结论及对中国的政策启示

第一节 主要结论

随着内生增长理论的进一步发展和知识经济的兴起，知识资本在技术进步和经济增长中的主导作用不断地得到理论和现实的支持。然而，多数经验研究发现知识资本的投入并不一定能够促进技术进步，而且即便能够促进技术进步，各国知识资本的技术进步效应也会存在巨大差异。针对这种经验研究与理论和现实之间的不一致性，各国学者纷纷从知识资本对技术进步产生影响的具体机制出发来探求导致知识资本技术进步效应跨国差异的真正原因。他们通过研究发现，全球知识资本资源分布的不均、国际知识资本溢出渠道的不同以及国内知识资本吸收能力的差异，都能够用来解释知识资本技术进步效应的跨国差异性。但遗憾的是，现有研究在知识资本内涵的界定及其构成要素的划分、在理论模型的构建、在知识资本发展水平的测度、在知识资本产出指标（全要素生产率）的衡量、在研究对象的选取、在异质性问题的考察以及在估计方法的选择等诸多方面上都还存在较大的缺陷，影响了实证检验的有效性。因此，我们在已有研究的基础上，首先从经济学领域和国家宏观层面对知识资本的内涵及其构成要素进行了重新界定和划分，接着通过收集相关数据测算了全球 130 个经济体 1981—2010 年的知识资本及其各方面指数和全要素生产率指数，然后从实证的角度，分析和比较了开放经济下知识资本投入对全要素生产率的影响效应，最终得出了以下几点主要的研究结论：

（1）重新界定和划分了知识资本的内涵及其构成要素。本书在回顾和总结前人研究的基础上，针对现有文献的不足之处，根据"国家宏观层面上的""经济学的""合理范围的"以及"中文提法为知识资本的"四个限制性条件，重新界定了知识资本的内涵，指出知识资本是一国拥有或控制的，以知识形态存在的，蕴含在研发、人力、创新设施和技术等要素中的，可以投入经济生产活动中并能最终转化为经济价值和实现经济效益的资本；同时，根据"避免粗略性和重复性""按照投入形式划分""将研发资本单独列示"以及"宏观层面具有可衡量性"四个限制性条件，从投入形式上将知识资本重新划分为研发资本、人力资本、创新设施资本和技术资本四个方面。

（2）测度了各经济体从20世纪80年代以来的知识资本指数并分析了知识资本在全球整体的发展水平。在对知识资本的内涵及其构成要素进行重新界定和划分的基础上，本书根据综合性、全球性、相关性、连续性和可比性原则确定了全球知识资本的评价指标体系，该指标体系包括研发资本、人力资本、创新设施资本和技术资本四个方面指数以及十二个基础指标，然后根据收集的数据测度了全球130个经济体在1981—2010年的知识资本及其四个方面指数。结果发现，在整个时期，全球整体的人力资本具有较高的发展水平，而研发资本、创新设施资本和技术资本的发展水平普遍较低，表明目前知识资本在全球整体的发展上以人力资本方面为主，研发资本、创新设施资本和技术资本还未成为全球知识资本发展的主要方面。由于研发资本、创新设施资本和技术资本方面在知识资本中所占的权重较高，因此权重方面发展水平的低下导致了全球知识资本的发展水平也较低。

（3）划分了知识资本俱乐部的类型并分析了各俱乐部的知识资本及其各方面的发展水平。本书选取研发资本、人力资本、创新设施资本和技术资本指数作为输入变量，运用系统聚类法确定了20世纪90年代中期以前、20世纪90年代中期以后以及整个时期的知识资本全球分布的俱乐部类型，发现依据知识资本各方面发展水平的不同，整个世界可以稳定地划分为三个知识资本俱乐部，分别称为创新领导俱乐部、创新追赶俱乐部和创新缓慢俱乐部。

首先，属于创新领导俱乐部的经济体包括爱尔兰、奥地利、澳大利亚、比利时、冰岛、丹麦、德国、法国、芬兰、韩国、荷兰、加拿大、卢森堡、美国、挪威、日本、瑞典、瑞士、中国台湾、新加坡、以色列、英国22个经济体，这些经济体的研发资本、人力资本、创新设施资本和技术资本方面在整个时期都具有较高的发展水平，从而也具有较高的知识资本发展水平。从比较优势上看，创新领导俱乐部在研发资本和人力资本方面具有国内比较优势，在研发资本和技术资本方面具有国际比较优势。

其次，属于创新追赶俱乐部的经济体包括中国、阿根廷、巴西、俄罗斯、葡萄牙、西班牙、希腊、中国香港、新西兰、意大利等77个经济体，这些经济体分别集中于发达经济体（17个）、转型经济体（18个）和发展经济体（42个）。从发展水平上看，创新追赶俱乐部在人力资本方面具有较高的发展水平，但在研发资本、创新设施资本和技术资本方面的发展水平普遍偏低，权重方面发展水平的低下导致了创新追赶俱乐部知识资本的发展水平也较低。从比较优势上看，创新追赶俱乐部在人力资本方面不仅具有国内比较优势，而且也具有国际比较优势。

最后，属于创新缓慢俱乐部的经济体包括埃塞俄比亚、巴基斯坦、贝宁、布基纳法索、布隆迪、多哥、冈比亚、洪都拉斯、加纳、肯尼亚、老挝、卢旺达、马达加斯加、马拉维、马里、孟加拉国、缅甸、尼泊尔、尼加拉瓜、尼日尔、尼日利亚、塞内加尔、苏丹、坦桑尼亚、危地马拉、乌干达、伊拉克、印度、印尼、越南、赞比亚31个经济体，这些经济体的研发资本、人力资本、创新设施资本和技术资本方面在整个时期的发展水平都普遍低下，从而导致了知识资本的发展水平也较低。从比较优势上看，创新缓慢俱乐部在人力资本方面具有国内比较优势，在创新设施资本方面具有国际比较优势。

（4）测算了各经济体从20世纪80年代以来的全要素生产率指数并分析了全球整体以及俱乐部层面全要素生产率的发展水平及其趋同性。本书在对目前有关全要素生产率的测算方法进行总结和评述的基础上，运用跨时跨国收入份额法测算了全球130个经济体1981—2010年全要素生产率指数。结果发现，全要素生产率发展水平在整个时期总体低下，年均增长率仅为0.27%，但这种低下的全要素生产率发展水平主要体现在创新追赶俱乐部和创新缓慢俱乐部，它们的年均增长率分别仅为0.06%和0.03%，而创新领导俱乐部的全要素生产率在整个时期则具有较高的发展水平，年均增长率达到了0.80%。此外，虽然全球内部各经济体间、各俱乐部内部的各经济体间以及各俱乐部之间的全要素生产率发展水平都还存在着较大差异，但通过趋同分析可知，它们的全要素生产率在整个时期不仅都存在 σ 趋同，而且也都存在 β 趋同。也就是说，在任一检验对象中，全要素生产率发展水平较低的经济体与较高经济体间的差距在不断缩小。

（5）将"知识资本"这一核心变量引入开放经济下的内生增长理论模型中，并在此基础上建立起了对国际知识资本溢出和国内知识资本吸收能力研究的理论分析框架。本书在借鉴罗默（1990）和 Lai 等（2006）建模思想的基础上，把分别与知识资本四个方面相对应的内生增长理论的四条分支整合在一起，同时将内生增长理论、国际知识资本溢出机制和吸收能力原理三条主线纳入同一分析框架中，探讨了开放经济下知识资本投入对技术进步的影响机理。结果发现，在开放经济下，稳态技术进步率取决于国内知识资本、国际知识资本溢出、国内知识资本吸收能力和国内外技术差距等因素。本书的理论模型表明，国内知识资本及其各方面投入、国际知识资本溢出及其各渠道以及国内知识资本吸收能力与技术进步间都存在正相关性，而国内外技术差距对技术进步的影响是不确定的。

（6）估计了知识资本各方面投入和国外知识资本各溢出渠道对全球以及俱乐部层面全要素生产率的影响效应。本书使用全球 130 个经济体 1981—2010 年的面板数据，运用组均完全修正最小二乘法（GM - FMOLS）估计了国内外知识资本投入对全球以及俱乐部层面全要素生产率的影响效应。结果发现，研发资本对全要素生产率的提升具有显著的促进作用，但这种促进作用主要体现在创新领导俱乐部和创新追赶俱乐部中，而对创新缓慢俱乐部来说，研发资本对其全要素生产率的影响显著为负；人力资本、创新设施资本和技术资本不论是对全球整体还是对各个俱乐部的全要素生产率都具有显著的促进作用。此外，基于进口的国外知识资本对全球以及俱乐部层面全要素生产率的提升作用都非常显著，并且这种显著的提升作用对创新追赶俱乐部的影响程度要大于创新缓慢俱乐部和创新领导俱乐部；基于 FDI 的国外知识资本对全要素生产率具有显著的负向作用，但这种显著的负向作用主要发生在创新追赶俱乐部和创新缓慢俱乐部中，而对创新领导俱乐部则具有显著的促进作用；技术差距 GAP 的缩小有利于全球以及俱乐部层面全要素生产率水平的提升，并且这种促进作用对创新缓慢俱乐部的影响程度要大于创新领导俱乐部和创新追赶俱乐部。

(7) 分析了知识资本投入资源在各俱乐部内部以及俱乐部间分配的合理性。从各俱乐部内部看，创新领导俱乐部的研发资本和人力资本对全要素生产率的促进作用要大于创新设施资本和技术资本，这与创新领导俱乐部在研发资本和人力资本方面具有较高的发展水平以及具有国内比较优势的结论相吻合。因此，知识资本投入资源在创新领导俱乐部内部的分配是合理的；创新追赶俱乐部的人力资本对全要素生产率的促进作用要大于研发资本、创新设施资本和技术资本，这不仅与创新追赶俱乐部具有较高的人力资本发展水平相一致，而且也与创新追赶俱乐部的人力资本具有国内比较优势的结论相吻合。因此，知识资本投入资源在创新追赶俱乐部内部的分配是合理的；创新缓慢俱乐部的人力资本对全要素生产率的促进作用要大于研发资本、创新设施资本和技术资本，这与创新缓慢俱乐部的人力资本具有国内比较优势的结论相一致。因此，知识资本投入资源在创新缓慢俱乐部内部的分配也是合理的。

再从俱乐部间看，创新领导俱乐部的研发资本和技术资本对全要素生产率的促进作用要大于创新追赶俱乐部和创新缓慢俱乐部，创新追赶俱乐部的人力资本对全要素生产率的促进作用要大于创新领导俱乐部和创新缓慢俱乐部，创新缓慢俱乐部的创新设施资本对全要素生产率的促进作用要大于创新领导俱乐部和创新追赶俱乐部，这一结果与创新领导俱乐部在研发资本和技术资本方面具有国际比较优势、创新追赶俱乐部在人力资本方面具有国际比较优势、创新缓慢俱乐部在创新设施资本方面具有国际比较优势的结论完全一致。因此，全球知识资本投入资源在俱乐部间的分配上具有合理性。

(8) 检验了国内知识资本的两面性以及国外知识资本的两类溢出效应。从国内知识资本的两面性上看，不论是全球整体还是俱乐部层面，国内知识资本都具有创新能力的一面，也都具有吸收内含在技术差距中的国际知识资本溢出的一面，但都不存在吸收内含在进口中的国际知识资本溢出的一面；除创新缓慢俱乐部外，全球整体、创新领导俱乐部和创新追赶俱乐部都具有吸收内含在FDI中的国际知识资本溢出的一面。再从国外知识资本的两类溢出效应上看，不论是全球整体还是俱乐部层面，基于进口的国外知识资本对全要素生产率的显著促进作用主要体现在直接溢出效应上，而间接溢出效应都是显著为负的；基于FDI的国外知识资本对全要素生产率的显著负向作用，在全球整体和创新追赶俱乐部层面主要体现在直接溢出效应上，而间接溢出效应是显著为正的，在创新缓慢俱乐部层面主要体现在间接溢出效应上，而直接溢出效应则是显著为正的。但对创新领导俱乐部来说，基于 FDI 的国外知识资本对全要素生产率的显著促进作用不仅体现在直接溢出效应上，而且也体现在间接溢出效应上；在全球整体以及俱乐部层面，技术差距的缩小对全要素生产率的显著促进作用不仅都体现在直接溢出效应上，而且也都体现在间接溢出效应上。

（9）从阶段比较来看，国内知识资本的各方面投入对全要素生产率的显著促进作用都具有稳定性。但在影响程度上，研发资本和人力资本对全要素生产率的促进作用在后一阶段（1996—2010）都较前一阶段（1981—1995）有所上升，而创新设施资本和技术资本的促进作用在后一阶段都较前一阶段有所下降；基于进口的国外知识资本和技术差距的缩小在两个阶段对全要素生产率都具有显著的促进作用，而基于 FDI 的国外知识资本在两个阶段对全要素生产率具有显著的抑制作用，这一结果表明了国外知识资本的各种溢出渠道在整个时期对全要素生产率的影响作用具有稳定性。但在影响程度上，基于进口的国外知识资本和技术差距的缩小对全要素生产率的促进作用在后一阶段都较前一阶段有所下降，而基于 FDI 的国外知识资本对全要素生产率的抑制作用在后一阶段较前一阶段有所减弱。

第二节　对中国的政策启示

一　加大研发资本的投入

通过前文的分析可知，研发资本投入对东道国全要素生产率的发展水平具有显著的促进作用，并且随着时间的推移，这种促进作用还处于不断增强的趋势。也就是说，一个经济体的研发资本投入越多、研发资本发展水平越高，就越有利于技术水平的提升。然而对中国来说，虽然近年来的研发资本发展水平增长迅速，其在整个时期的平均指数

(8.18) 高于全球 6.38 的平均水平，但由于起步较低以及前期重视不足[①]，造成中国的研发资本发展水平依然远低于美国和日本等众多发达经济体，仅位列全球第 30 位，造成这一现象的根本原因还在于中国的人均研发经费支出和研发经费投入强度低下的缘故。首先，虽然中国的研发经费支出总额在 2010 年已经达到 1618.83 亿美元，仅次于美国的 3683.81 亿美元而位居全球第 2 位，但在考虑人口因素后，这一数值就仅为 121 美元/人，不仅远低于美国 1190.82 美元/人的数值，而且也低于全球 208.54 美元/人的平均水平；其次，虽然中国的研发经费投入强度在 2010 年也已经达到 1.77%，位居全球第 22 位，超过了英国（1.76%）、挪威（1.69%）、西班牙（1.37%）和意大利（1.26%）等很多发达经济体，但与以色列（4.40%）、日本（3.26%）、美国（2.83%）和德国（2.82%）等发达经济体以及韩国（3.74%）、中国台湾（2.90%）和新加坡（2.09%）等发展经济体相比还具有相当大的差距。显而易见，研发经费投入的不足，会成为制约中国研发资本和技术水平提升的最大"瓶颈"。因此，要完成经济结构的战略性调整、实现经济增长方式的优化转变，中国必须树立起自我研发的决心，继续加大对研发经费的投入力度，在保持经济和人口稳定增长的同时推动研发经费投入的快速增加，以此来提高研发资本的发展水平，实现整个经济全要素生产率的提升。具体的政策措施为：（1）增加财政拨款中的研发支出规模，尤其是要加大对基础研究领域以及生物、新材料和航空航天等高科技领域的投资，以确保这些领域技术水平的提升。（2）加大对企业研发的财税支持力度，针对企业的研发环节给予更多的补贴优惠，为企业的自主创新提供充足的资金保障和必要的税收优惠。（3）加强制度建设，减少行政干预，营造有利于企业创新的氛围，通过政策倾斜、法律保护和市场培育等手段引导和鼓励企业主动增加研发投入，使企业真正成为技术创新的主体和创新的受益者。

同时看到，研发资本对全要素生产率的促进作用并不是绝对的，通过观察表 7-10 就会发现，研发资本的促进作用只发生在创新领导俱乐

[①] 1981—2010 年，中国的研发资本发展水平呈现出两个明显的不同阶段，一个是 20 世纪 90 年代中期以前的下降阶段，其指数值从 1981 年的 5.02 下降到 1995 年的 3.76，年均增长率为 -2.04%；另一个是 20 世纪 90 年代中期以后的增长阶段，其指数值从 1996 年的 3.88 上升到 2010 年的 26.31，年均增长率达到了 14.65%。

部和创新追赶俱乐部，并且对前者的影响程度要远大于后者，而对创新缓慢俱乐部而言，研发资本投入非但没有带来全要素生产率的提升，反而抑制了其技术水平的发展。我们认为，这一现象的产生是由各俱乐部研发资本发展水平的差异性引起的，即创新领导俱乐部具有较高的研发资本发展水平，而创新追赶俱乐部和创新缓慢俱乐部的研发资本发展水平普遍较低，这一点可以从第五章第三节中看出。由于中国研发资本的平均指数（8.18）要高于创新追赶俱乐部的平均水平（3.21），因此，在研发资本方面，中国不应满足于创新追赶俱乐部的当前地位，而是要在努力加大研发经费投入的同时，使研发资本的发展水平朝着创新领导俱乐部的平均水平（24.91）迈进。总之，不断提高研发资本的投入水平，实现从创新追赶俱乐部向创新领导俱乐部的跨越，才能达到研发资本对技术进步影响效应的最大化。

二 注重人力资本的积累

研发资本投入虽然是促进全要素生产率提升的关键所在，但由于其在研发过程中具有高投入性和高风险性，往往需要人力资本的配合才能充分发挥其对技术进步的促进作用，因而全球绝大多数经济体在知识资本的发展过程中非常注重人力资本的积累，这一点从第四章第五节中就可以看出。同时，通过观察表7-3可以发现，人力资本对东道国全要素生产率的提升也具有显著的促进作用，并且在知识资本的四个方面中，其对全要素生产率的促进作用是最大的。然而与研发资本相似，虽然近年来中国的人力资本发展水平增长迅速，年均增长率达到了4.77%，整个时期的平均指数（25.81）也高于全球平均水平（20.51），但与发达经济体相比，人力资本发展水平依然偏低，仅列全球第41位，究其原因，还在于构成人力资本的三个基础指标——百万人口研究人员数、平均受教育年数和高校入学率低下。首先，虽然中国的研究人员总数在2010年已经达到121.08万人，仅次于美国的145.14万人而位居全球第2位，但考虑人口因素后，这一数值就仅为905人/百万人，不仅远低于美国的4692人/百万人的数值，而且也低于全球1516人/百万人的平均水平；其次，中国25岁及以上人口的平均受教育年数在2010年为7.55年，远低于美国（13.27年）、挪威（12.63年）、加拿大（12.26年）和德国（12.21年）等经济体的数值；再次，中国2010年的高校入学率为25.95%，远低于韩国

（103.11%）、希腊（103.10%）、美国（94.81%）和中国台湾（83.77%）等经济体的数值。因此，提升中国人力资本发展水平的最好办法就是注重人力资本的积累，加大对人力资本的投入力度，发挥政府的积极作用，具体的政策建议为：实施优惠的人才政策，创造良好的就业环境，加强对本国研发人员的培育和培训等方面的投资，注重对海外高层次人才的引进，以提高劳动者的素质和质量；重视基础学校教育，加大公共教育经费的支出比重，全面普及九年义务教育甚至十二年义务教育，提高对研究生和博士生的补贴标准，积极鼓励本科后再深造，以提高全民的平均受教育程度；重视发展高等学校教育，在保证选拔质量的基础上扩大高校招生的数量和范围，以提高高校的入学率。

同时也看到，虽然人力资本对全要素生产率的提升具有显著的促进作用，但其对不同知识资本密集度经济体的影响效应存在着差异性。通过观察式（7.18）至式（7.20），发现人力资本对创新追赶俱乐部的技术进步效应要大于创新缓慢俱乐部和创新领导俱乐部，原因在于现阶段创新追赶俱乐部在人力资本方面具有国际比较优势，这一点在第五章第四节中已经分析过。由于中国的人力资本在整个时期的平均指数值（25.81）略高于创新追赶俱乐部的平均水平（21.70），因此，在人力资本方面，中国应该努力使自己维持在创新追赶俱乐部的地位，在增加研究人员投入、提高全民受教育程度以及扩大高校入学率的同时，使人力资本的发展水平朝着创新追赶俱乐部的平均水平迈进，这对加快中国全要素生产率水平的提升具有十分重要的作用。

三 重视创新设施资本的作用

由于研发资本和人力资本需要大量的资金和人力方面的投入，两者都具有风险较高的特性，因此全球绝大多数经济体更倾向于发展便利性较强的创新设施资本。从式（7.2）至式（7.6）中可以看出，创新设施资本的投入对东道国全要素生产率的提升具有显著的促进作用，而且在影响系数上虽小于人力资本但却大于研发资本和技术资本。也就是说，创新设施资本发展水平越高的经济体往往带动技术水平的提升也越大，两者之间具有紧密的正相关性。中国目前的创新设施资本已经表现出较高的发展水平，其在整个时期的指数值（13.74）不仅远高于全球平均水平（4.61），而且也高于发达经济体（8.88）的平均水平，位列全球第4位。因此，如果要想更好地实现创新设施资本在促进技术进步中的积极作用，中国必须更加重视国内创新设施资本的发展，具体的政策建议为：（1）进一步深化电力体制改革，形成由市场决定电价的机制，降低企业的用电成本，构建有效的电力市场体系，促进电力资源的优化配置，支持新能源和可再生资源的发展，推动能源结构的优化，控制电力消费总量，提高电力的利用效率，进而实现整个经济的结构转型和技术水平的提升。（2）大力支持互联网经济的发展，充分发挥互联网在生产要素配置中的优化和集成作用，依靠互联网来扩大和提升消费的范围和效率，推动传统产业的转型升级，打造新的产业增长点，提高实体经济的创新力和生产率，形成更广泛的以互联网为创新设施和实现工具的经济发展新形态。（3）加快移动互联网的建设，提升宽带的普及水平和接入能力，扩大第四代移动通信（4G）的网络覆盖，全面推进三网融合，鼓励智能终端产品的创新发展，培育能够整合产业链上下游资源并具备一定自主研发能力的移动互联网骨干企业，推动移动支付业务的发展，促进国内消费的扩大和升级，进而培育新的经济增长点。

此外也要看到，创新设施资本对全要素生产率的促进作用在不同俱乐部中具有较大的差异性。通过观察式（7.18）至式（7.20），发现创新设施资本对创新缓慢俱乐部全要素生产率的技术进步效应要大于创新追赶俱乐部和创新领导俱乐部，原因一方面在于创新缓慢俱乐部在创新设施资本方面具有国际比较优势，另一方面在于创新缓慢俱乐部的创新设施资本在整个时期的年均增长率要高于创新领导俱乐部和创新追赶俱乐部，这一点分别从第五章第三节和第四节中就可以看出。由于中国的创新设施资本在整个时期的平均指数值（13.74）要高于创新缓慢俱乐部（1.91），因此在创新设施资本方面，中国不应过分强调绝对规模的扩大，而是要在努力推进电力体制改革、互联网经济和移动互联网建设的基础上，使创新设施资本发展的增速与创新缓慢俱乐部的平均水平接轨，这样，才能发挥创新设施资本对全要素生产率的最大促进作用。

四 发挥技术资本的优势

本书第七章的经验研究发现，技术资本的投入虽然对东道国全要素生产率的发展水平具有显著的促进作用，但其影响效应非常之小，不仅远低于人力资本和创新设施资本的技术进步效应，而且随着时间的推移，其在20世纪90年代后期的影响效应还下降到研发资本之下，原因在于绝大多数经济体具有较低的技术资本发展水平，这一点从第四章第五节中就可以看出。然而，与上述结论不同，中国的技术资本在整个时期却呈现出较高的发展水平，其指数值不论是在年均增长率上（11.90%）还是在平均指数值上（8.56），都要远高于全球的平均水平（4.00%和6.08），也就是说，中国目前在技术资本方面已经具备了相当大的优势。通过进一步观察构成技术资本的三个基础指标的数据发现，这种发展优势主要是由高技术产品较高的出口比重带动的，而百万人口的专利授权数和科技论文数两项指标的数值依然处于较低水平。在2010年，中国的高技术产品出口比重达到了36.61%，排在全球第19位，不仅高于全球9.68%的平均水平，而且也高于日本（24.56%）、美国（23.67%）、法国（22.72%）和英国（21.85%）等发达经济体的比重。但在百万人口专利授权数和百万人口科技论文数上，中国在2010年的数值均低于全球的平均水平。因此，根据构成中国技术资本发展水平的三个要素，提出以下几点建议来实现中国全要素生产率水平的提升：(1) 提高知识产权的保护力度。首先，企业应更新观念，在申请专利的保护上要具备国际意识，重视对国外知识产权的保护力度，努力研发符合国际专利申请标准的产品和服务，充分认识知识产权保护在推动企业技术创新和国际化经营中的地位和作用。其次，政府应出台海外专利申请的专项指导政策，引导和鼓励国内企业积极申请国外专利，并提供必要的政策优惠和资金扶持，以增强国内企业参与国际竞争的能力。(2) 重视和加强基础性研究的投入，支持和鼓励科技论文的发表，提供资金、土地和设备等方面的资助，产出高水平研究领域的科研成果，提高全球范围的学术影响力，推进以企业为主体的产学研合作模式，促进整个经济技术水平的提升。(3) 应加快高新技术产业的发展，继续提升高技术产品的出口比重，不断调整出口贸易的商品结构，以此带动传统产业的转型升级和出口产品的更新换代，实现从贸易大国向贸易强国转变，最终促进国际竞争力的增强以及技术水平的提升。

此外通过观察表7-10发现，技术资本对全要素生产率的促进作用在不同知识资本密集度经济体间具有差异性，遵循着创新领导俱乐部 > 创新追赶俱乐部 > 创新缓慢俱乐部的影响路径，原因在于创新领导俱乐部具有较高的技术资本发展水平，而创新追赶俱乐部和创新缓慢俱乐部的技术资本发展水平则普遍低下，这一点可以从第五章第三节中看出。由于中国的技术资本在整个时期的平均指数值（8.56）已经远高于创新追赶俱乐部的平均水平（3.76），因此在技术资本方面，中国应该在保持创新追赶俱乐部当前地位的基础上，积极发挥自身技术资本发展水平较高的优势，进一步加大对技术资本的投入力度，努力使技术资本的发展水平朝着创新领导俱乐部的平均水平（21.84）迈进，以使技术资本对全要素生产率的微弱促进作用发挥到最大。

五 充分利用国际知识资本的溢出效应

虽然本书研究的重点是国内知识资本投入对全要素生产率的影响效应，但在开放经济下，还是不得不提一下其他三个重要的变量 KC^{im}、KC^{fdi} 和 GAP，它们分别代表着国际知识资本溢出的三种渠道。本书的实证分析得出基于进口的国外知识资本变量 KC^{im}、基于 FDI 的国外知识资本变量 KC^{fdi} 以及国内外技术差距变量 GAP 都是影响全要素生产率的重要变量，而且在所有变量中，技术差距变量 GAP 是最重要的一个变量，其对全要素生产率的促进作用要远超国内知识资本各方面。因此，对国际知识资本三种溢出渠道的分析结果，有助于中国从中得到重要的政策启示，具体如下：

（一）利用进口渠道知识资本溢出效应的启示

第一，进一步扩大中国的进口规模，优化进口贸易结构。本书第七章的经验研究表明，不论是全球整体还是俱乐部层面，基于进口的知识资本溢出对东道国的全要素生产率均具有显著的促进作用。由于进口溢出变量 KC^{im} 是根据双边进口份额与贸易伙伴国知识资本存量的乘积而形成的。因此，中国作为追赶经济体，一方面应进一步扩大进口贸易的规模，加强与全球各经济体的联系，以便获取更多的通过进口渠道溢出的国外知识资本存量，从而提高国内的全要素生产率水平。另一方面，重视优化进口贸易的国别结构，尤其是要扩大与知识资本存量丰裕国家之间的进口往来，这是因为贸易伙伴国的知识资本存量越丰裕，其出口产品的知识资本含量就越高，实现知识资本溢出效应的程度也就会越大。

第二，加大国内知识资本投入力度，提高对国外知识资本溢出的吸收能力。本书第七章第四节实证结果进一步表明，不论是全球整体还是俱乐部层面，基于进口的知识资本溢出对全要素生产率的促进作用都只体现在直接溢出效应上，并不存在间接溢出效应。因此，在扩大进口规模和优化进口结构的基础上，中国不应满足于对国外知识资本溢出的被动接受，而应该加大对国内知识资本的投入力度，培养主动性的创新和学习能力，促进对国外先进技术的消化和吸收，增强对进口产品的逆向工程和模仿，以此来推动中国的技术进步。

（二）利用FDI渠道知识资本溢出效应的启示

第一，在全面提高开放型经济水平的新形势下，中国不能一味地强调外资引进的数量和规模，而是应该更加注重外资投入的质量和效率。本书第七章的经验分析表明，基于FDI的国外知识资本存量的增加并不能提高东道国的全要素生产率，反而抑制了其技术水平的提升。也就是说，简单地增加FDI数量虽然在一定程度上有助于缓解经济增长的资金瓶颈，但并不一定能够达到促进外溢的效果。因此，中国应利用吸引外资第一大国的契机，引导FDI充分发挥示范效应、竞争效应、联系效应和人员流动效应等，以便促使内含在FDI中的国外知识资本对中国技术进步的积极作用，真正实现"以市场换技术"的战略目标。

第二，加强对外国直接投资积极有效的区域和产业指导，对不同的地区和行业实行不同的引资政策。通过第七章第三节的进一步研究发现，FDI溢出渠道的抑制作用只存在于创新追赶俱乐部和创新缓慢俱乐部中，而对创新领导俱乐部是存在促进作用的。此外，通过第七章第四节的进一步研究还发现，FDI溢出渠道对创新追赶俱乐部的抑制作用只体现在直接溢出效应上，而在间接溢出效应上是具有促进作用的，而创新缓慢俱乐部的情况则恰好与之相反。因此，在引进外资的过程中，中国应针对各个地区或行业知识资本密集度不同的特点实行不同的引资政策。比如，在引导FDI流向东部地区或技术密集型行业的过程中，应重点扩大对源于发达经济体的引资比重或引入高科技属性的外资企业，利用自身知识资本发展水平较高的优势去模仿、吸收和改造国外先进的技术，以促使这些地区或行业技术水平的更快增长；在引导FDI流向中部地区或资本密集型行业的过程中，应着重对这些地区或行业知识资本发展水平的培育，提高对外资适宜技术的吸收能力，以实现FDI渠道正向溢出效应的发挥；在引导FDI流向西部地区或劳动密集型行业的过程中，由于这些地区或行业缺乏相应的知识资本发展水平进行匹配，因而不能盲目地引入先进的外资技术，而首先应将关注点放在标准化的外资技术上，以实现这些FDI技术进步效应最大限度的发挥。

(三) 利用技术差距渠道知识资本溢出效应的启示

第一，在加速技术追赶的同时保持适宜的技术差距。从第七章的实证结果发现，不论是全球整体还是俱乐部层面，各经济体与美国技术差距的缩小均有利于其技术水平的提升。但同时也发现，技术差距对全要素生产率的影响效应在不同俱乐部中具有异质性，遵循着创新缓慢俱乐部 > 创新追赶俱乐部 > 创新领导俱乐部的影响路径，也就是说，随着技术水平的阶段性上升，国内外技术差距对全要素生产率的影响程度会有逐步下降的趋势。因此，作为创新追赶俱乐部中的一员，中国一方面应利用现阶段与美国、日本等技术前沿经济体存在差距的契机，加速对这些经济体技术的追赶，以实现国内全要素生产率的不断提升。另一方面，在此过程中，也要维持适宜的技术差距，时刻保持对国外先进技术学习的潜力和动力。

第二，加大对知识资本的投入力度，增强对通过非物化渠道溢出的知识资本的吸收能力。通过进一步观察表 7-11 发现，技术差距的缩小对全要素生产率的促进作用不仅体现在直接溢出效应上，而且也体现在间接溢出效应上。也就是说，适宜技术差距的存在，除了能够通过非物化的溢出被动地促进东道国的技术进步外，还能通过提高知识资本的发展水平而主动提升一国的技术水平。因此，中国应重视国内知识资本的发展，加大对研发资本、人力资本、创新设施资本和技术资本等知识资本各方面的投入力度，以增强对通过技术差距渠道溢出的国外知识资本的吸收能力，从而实现对技术前沿经济体的主动追赶。

第三节　本书的不足及研究展望

本书从理论和实证的角度探讨了开放经济下知识资本投入与全要素生产率的关系，得到了一些具有启发意义的结论，一定程度上有助于该领域后续研究的展开，但由于笔者主观方面的原因以及其他一些客观原因，本书中还有许多不足之处值得深入研究，其中较为重要的有以下几点：

（1）由于有关世界各国细分国别的 FDI 数据极为有限，要找齐历年所有经济体的双边对外直接投资的数据难度极大,目前较为完整的国际数据库也仅为 OECD 的《国际直接投资统计数据库》,但该数据库仅收录了 34 个 OECD 国家的数据,并且除七国集团国家外,绝大多数国家的数据缺失较大或是只有最新几年的数据,因此本书在对 FDI 溢出的国外知识资本变量的测算中仅使用了数据较为完整的七国集团国家,这种数据选取的偏向性,可能会影响到 FDI 溢出渠道技术进步效应估计的准确性,本书实证分析得出的 FDI 溢出渠道对全球整体和低级俱乐部全要素生产率的显著负向作用可能在某种程度上也是由于这种数据选择的偏向性所引起的。希望以后能在统计资料较为完善的情况下来准确测算基于 FDI 溢出的国外知识资本存量对全球整体以及不同类型经济体的全要素生产率的影响。

(2) 在对吸收能力的检验中,最完整的做法应该是将国内知识资本的四个方面变量分别与国外知识资本的三个渠道变量两两交叉相乘,以检验不同方面知识资本投入在促进技术进步中的两面性,但这样一来每个方程中就存在 19 项变量,导致了严重的多重共线性问题,影响了绝大多数估计参数的显著性。为了提高估计结果的准确性和稳健性,本书仅将国内知识资本变量作为四个方面变量的代替引入到方程中,检验了国内知识资本的两面性。这种做法虽然具有一定的代表性,但概括性太强,无法反映出构成知识资本的四个方面变量在促进技术进步中的两面性,也无法反映出各方面变量的影响方向和程度,不利于各经济体有效针对性政策的实施。希望以后在计量检验方法不断完善的情况下可以对该问题进行完整的分析。

附表 1　　全球 130 个经济体按人均收入水平划分

俱乐部类型	经济体分布
发达经济体	澳大利亚、奥地利、比利时、保加利亚、加拿大、塞浦路斯、捷克、丹麦、爱沙尼亚、芬兰、法国、德国、希腊、匈牙利、冰岛、爱尔兰、以色列、意大利、日本、拉脱维亚、立陶宛、卢森堡、马耳他、荷兰、新西兰、挪威、波兰、葡萄牙、罗马尼亚、斯洛伐克、斯洛文尼亚、西班牙、瑞典、瑞士、英国、美国(共 36 个)

续表

俱乐部类型	经济体分布
转型经济体	阿尔巴尼亚、亚美尼亚、阿塞拜疆、白俄罗斯、波黑、克罗地亚、格鲁吉亚、哈萨克斯坦、吉尔吉斯斯坦、马其顿、摩尔多瓦、黑山、俄罗斯、塞尔维亚、塔吉克斯坦、土库曼斯坦、乌克兰、乌兹别克斯坦（共18个）
发展中经济体	阿尔及利亚、阿根廷、孟加拉国、贝宁、玻利维亚、博茨瓦纳、巴西、文莱、布基纳法索、布隆迪、智利、中国、哥伦比亚、哥斯达黎加、古巴、厄瓜多尔、埃及、萨尔瓦多、埃塞俄比亚、加蓬、冈比亚、加纳、危地马拉、洪都拉斯、中国香港、印度、印度尼西亚、伊朗、伊拉克、牙买加、约旦、肯尼亚、韩国、科威特、老挝、黎巴嫩、利比亚、中国澳门、马达加斯加、马拉维、马来西亚、马里、毛里求斯、墨西哥、蒙古、摩洛哥、缅甸、尼泊尔、尼加拉瓜、尼日尔、尼日利亚、巴基斯坦、巴拿马、巴拉圭、秘鲁、菲律宾、卢旺达、沙特阿拉伯、塞内加尔、塞舌尔、新加坡、南非、斯里兰卡、苏丹、中国台湾、坦桑尼亚、泰国、多哥、特立尼达和多巴哥、突尼斯、土耳其、乌干达、乌拉圭、委内瑞拉、越南、赞比亚（共76个）

资料来源：联合国贸易和发展会议（UNCTAD），表中排名不分先后。

附表2　全球130个经济体的平均指数值（1981—2010）　　　　单位：指数

经济体	研发资本	人力资本	基础设施	技术资本	知识资本	全要素生产率
阿尔巴尼亚	0.68	19.23	1.81	0.96	6.06	0.85
阿尔及利亚	1.33	11.30	1.56	0.16	3.82	1.05
阿根廷	2.79	25.84	3.81	1.84	9.08	1.20
亚美尼亚	1.17	29.89	2.04	1.93	9.33	0.57
澳大利亚	16.26	40.08	10.03	13.08	20.25	2.29
奥地利	18.62	28.63	8.56	14.30	17.56	2.50
阿塞拜疆	1.64	23.31	2.29	0.59	7.43	0.65
孟加拉国	0.34	6.80	1.59	0.29	2.14	0.40
白俄罗斯	5.57	32.32	3.51	1.38	11.28	0.91
比利时	18.48	32.41	8.18	13.53	18.28	2.71
贝宁	2.09	4.32	1.47	1.05	2.01	0.44
玻利维亚	0.81	18.24	1.23	0.17	5.49	0.93
波黑	2.55	18.42	2.87	2.36	6.88	1.09

续表

经济体	研发资本	人力资本	基础设施	技术资本	知识资本	全要素生产率
博茨瓦纳	2.69	13.59	1.43	0.56	4.80	0.78
巴西	6.37	13.84	5.38	2.94	7.35	1.07
文莱	1.00	16.64	5.29	0.67	6.34	3.75
保加利亚	6.61	30.09	4.91	4.39	11.98	0.90
布基纳法索	0.69	1.72	1.60	0.43	0.88	0.29
布隆迪	0.34	2.81	1.47	0.24	1.02	0.21
加拿大	19.98	42.50	12.58	19.59	23.91	2.38
智利	2.81	21.99	3.85	1.24	7.92	1.21
中国	8.18	25.81	13.74	8.56	14.56	0.85
哥伦比亚	1.18	14.69	2.73	0.78	5.17	1.03
哥斯达黎加	1.64	19.02	2.70	6.70	7.75	1.33
克罗地亚	7.17	24.14	4.81	5.10	10.63	1.99
古巴	3.58	24.18	0.96	1.57	7.96	1.17
塞浦路斯	1.62	20.20	5.10	5.82	8.54	1.90
捷克	10.96	33.00	6.42	7.65	14.91	1.47
丹麦	20.22	35.17	9.81	20.39	21.40	2.58
厄瓜多尔	0.59	17.56	1.85	0.34	5.46	0.86
埃及	0.85	13.41	2.07	1.14	4.64	0.79
萨尔瓦多	0.92	12.38	1.73	2.99	4.70	1.05
爱沙尼亚	4.00	32.29	6.79	6.51	12.96	1.26
埃塞俄比亚	0.62	1.50	1.09	1.07	0.81	0.28
芬兰	24.30	39.38	11.71	21.78	24.31	2.27
法国	26.08	32.16	9.65	18.47	21.46	2.70
加蓬	1.45	11.15	1.41	1.12	3.98	1.06
冈比亚	0.14	2.83	2.15	1.44	1.44	0.51
格鲁吉亚	2.62	35.46	1.97	2.42	11.25	0.81
德国	33.71	35.32	11.85	21.65	25.38	2.58
加纳	0.66	10.40	1.70	0.61	3.29	0.63
希腊	3.28	27.54	6.11	5.21	11.04	1.64
危地马拉	0.34	7.70	2.54	1.06	2.82	0.92
洪都拉斯	0.22	10.91	2.28	0.24	3.40	0.75

续表

经济体	研发资本	人力资本	基础设施	技术资本	知识资本	全要素生产率
中国香港	5.02	23.63	8.68	17.68	13.88	1.76
匈牙利	9.56	28.34	5.14	11.14	13.75	1.47
冰岛	17.76	33.89	15.02	10.87	19.82	2.61
印度	4.13	9.78	5.02	2.70	5.31	0.48
印度尼西亚	0.53	10.56	3.11	2.22	4.05	0.62
伊朗	2.88	13.47	2.32	0.47	5.04	0.86
伊拉克	0.14	9.04	2.03	0.12	2.78	1.07
爱尔兰	10.54	31.35	6.74	22.72	17.81	1.96
以色列	24.56	32.94	6.97	26.58	22.38	2.25
意大利	12.55	26.96	8.70	10.41	14.89	2.16
牙买加	1.13	15.53	2.73	0.70	5.36	1.07
日本	42.85	48.72	12.86	33.88	34.10	1.70
约旦	1.79	20.09	2.32	4.10	7.39	0.87
哈萨克斯坦	2.22	25.52	2.99	0.75	8.39	0.74
肯尼亚	1.72	9.23	1.77	1.04	3.33	0.45
韩国	17.73	37.07	9.26	18.16	20.69	1.46
科威特	1.77	14.32	7.39	1.98	6.76	1.37
吉尔吉斯	0.89	22.87	1.80	1.67	7.25	0.50
老挝	1.21	6.64	1.81	0.31	2.36	0.45
拉脱维亚	2.85	30.60	4.84	2.27	10.76	1.19
黎巴嫩	0.88	18.72	2.52	2.24	6.45	1.12
利比亚	0.72	14.59	2.19	0.16	4.74	1.67
立陶宛	3.45	30.91	5.11	2.87	11.19	1.10
卢森堡	27.72	24.90	11.28	12.12	18.92	3.04
中国澳门	0.47	18.68	5.81	1.83	7.17	1.49
马其顿	2.95	18.53	3.78	2.42	7.26	1.77
马达加斯加	0.71	9.06	1.65	0.14	2.82	0.33
马拉维	2.88	4.64	1.54	0.40	2.15	0.28
马来西亚	1.91	17.15	4.84	16.43	10.07	1.06
马里	1.45	1.45	1.62	1.84	1.31	0.37
马耳他	2.11	19.62	5.87	18.35	11.50	1.81

第八章 结论及对中国的政策启示　217

续表

经济体	研发资本	人力资本	基础设施	技术资本	知识资本	全要素生产率
毛里求斯	1.73	13.03	2.65	0.80	4.83	1.02
墨西哥	2.58	15.94	3.64	8.47	7.79	1.15
摩尔多瓦	3.18	25.56	2.48	2.16	8.80	0.61
蒙古	1.09	20.81	1.50	0.47	6.39	0.47
黑山	5.30	22.34	5.17	3.75	9.52	1.18
摩洛哥	1.64	8.21	2.12	2.53	3.75	0.70
缅甸	0.33	6.24	1.06	0.18	1.81	0.30
尼泊尔	0.89	4.41	1.27	0.64	1.61	0.34
荷兰	22.12	33.40	9.61	19.78	21.17	2.59
新西兰	8.71	38.38	9.20	10.92	17.34	1.66
尼加拉瓜	0.74	10.25	1.83	0.25	3.22	0.77
尼日尔	1.07	1.20	1.50	0.21	0.75	0.36
尼日利亚	0.64	7.87	2.24	0.16	2.65	0.68
挪威	20.83	39.15	14.88	12.09	22.17	2.36
巴基斯坦	1.03	6.09	2.37	0.38	2.35	0.77
巴拿马	1.46	20.80	2.86	1.29	7.03	1.30
巴拉圭	0.53	13.86	1.58	0.30	4.37	0.72
秘鲁	0.68	19.14	2.11	0.26	5.96	0.92
菲律宾	0.57	19.07	1.92	18.87	10.01	0.61
波兰	5.29	27.97	5.35	4.80	11.32	1.43
葡萄牙	5.20	22.00	5.90	5.08	9.90	1.95
罗马尼亚	4.27	25.84	3.60	2.41	9.49	0.94
俄罗斯	10.22	50.61	6.99	3.64	18.75	1.06
卢旺达	2.59	3.55	1.62	0.29	1.79	0.31
沙特阿拉伯	0.57	14.34	4.37	0.81	5.39	1.45
塞内加尔	1.63	7.03	1.80	0.92	2.70	0.59
塞尔维亚	3.67	25.57	4.71	3.47	9.82	1.59
塞舌尔	2.15	15.23	3.28	2.19	6.00	1.23
新加坡	16.39	25.18	8.15	26.16	18.65	1.48
斯洛伐克	7.06	30.19	5.82	6.02	12.72	1.28
斯洛文尼亚	12.16	33.92	6.54	8.74	15.71	1.98

续表

经济体	研发资本	人力资本	基础设施	技术资本	知识资本	全要素生产率
南非	4.45	16.21	3.61	2.31	6.91	1.37
西班牙	8.49	27.78	7.66	8.23	13.41	2.56
斯里兰卡	0.59	17.67	0.98	0.88	5.37	0.76
苏丹	1.59	4.84	1.52	0.25	1.87	0.79
瑞典	33.05	38.33	13.30	26.26	27.48	2.60
瑞士	31.91	30.87	10.15	32.43	25.70	2.86
中国台湾	15.28	31.46	8.79	27.86	20.64	1.67
塔吉克斯坦	0.50	21.31	1.53	0.33	6.36	1.21
坦桑尼亚	1.17	7.05	1.58	0.39	2.42	0.33
泰国	1.02	14.93	2.75	9.80	7.21	0.63
多哥	1.77	7.01	1.39	0.29	2.47	0.25
特立尼达	0.69	16.16	4.29	0.80	5.89	1.35
突尼斯	1.95	12.27	2.10	2.06	4.80	0.95
土耳其	2.61	14.09	4.17	2.37	6.09	1.19
土库曼斯坦	0.54	22.66	1.17	0.23	6.61	0.64
乌干达	1.03	5.95	1.80	0.37	2.14	0.35
乌克兰	6.40	37.90	3.80	1.79	13.15	0.76
英国	23.18	32.91	10.96	24.15	22.62	2.61
美国	66.55	68.77	22.48	44.52	50.00	2.92
乌拉圭	1.12	21.88	3.49	1.64	7.49	1.29
乌兹别克	0.48	22.80	1.56	1.19	6.96	0.47
委内瑞拉	3.21	17.30	3.24	0.46	6.41	0.93
越南	1.33	9.86	3.17	1.10	3.82	0.49
赞比亚	0.29	10.06	1.66	0.19	3.00	0.48
创新领导	24.91	36.12	11.04	21.84	23.40	2.37
创新追赶	3.21	21.70	3.86	3.76	8.50	1.19
创新缓慢	1.11	6.48	1.91	0.67	2.40	0.49
全球平均	6.38	20.51	4.61	6.08	9.57	1.22

下 篇

开放经济下知识资本与全要素生产率
——基于技术溢出及产业与企业视角的实证分析

第九章 海外知识资本对技术进步的异质性溢出效应

我国经济发展方式正在从要素驱动向创新驱动转型，知识资本已从其他生产要素中独立出来，成为促进技术创新和经济增长的动力源泉。"十三五"规划纲要提出：创新驱动发展战略深入实施，创业创新蓬勃发展，全要素生产率明显提高。在开放经济条件下，一个国家的创新驱动和技术进步不仅取决于国内知识资本投资，还取决于海外知识资本通过各种渠道产生直接或间接的非自愿性技术扩散的程度，海外知识资本扩散促进东道国技术创新和技术进步被称为"技术溢出效应"。大量研究表明对外贸易和国际直接投资产生的海外知识资本溢出已经成为全球技术进步的重要因素（Saggi，2002；Keller，2009）。然而，海外知识资本通常具有鲜明的"国别特色"，其溢出效应大小与东道国技术创新环境条件、经济发展阶段、经济结构水平以及国内知识资本基础有密切关系，海外知识资本的技术溢出效应存在明显的跨国异质性（Nelson，1993）。

改革开放以来，我国技术创新和技术进步成效显著，那么对外贸易和国际直接投资发展带来的海外知识资本与我国技术进步之间是否存在技术溢出效应呢？通过国际贸易和国际投资渠道产生的技术溢出效应是否存在差异性？海外知识资本对中国技术进步的影响程度有多大？本章将海外知识资本溢出渠道分为进口贸易、出口贸易、外商投资（FDI）和对外直接投资（ODI）四种渠道，利用二十国集团国家1991—2010年的跨国面板数据，通过建立指标体系测算了国内知识资本指数和通过四种渠道溢出的海外知识资本指数，并在进行异质性检验的基础上运用组间FMOLS估计法对海外知识资本对各成员国技术进步的溢出效应进行比较分析。

第一节 海外知识资本溢出文献综述

在海外知识资本的溢出问题上，科和赫尔普曼（1995，简称 CH）做了开创性研究。他们以 22 个 OECD 国家 1971—1990 年的数据为样本，以双边进口份额作为计算海外研发资本的权数，实证分析了进口渠道研发溢出效应的存在性。结果表明，国内研发资本和贸易伙伴国研发资本有助于促进东道国技术水平的提升。CH 的研究引起了学术界的极大关注，他们创立的模型即 CH 模型为后继学者提供了基本的分析框架，此后大量文献主要从以下三方面对 CH 模型进行扩展和改进：

一 对 CH 模型加权方法修正的文献

凯勒（1998）对 CH 用以测算海外研发资本的方法提出了质疑，他使用随机生成的贸易数据重新测算了海外研发资本存量，发现贸易模式在决定研发资本的溢出程度上并不重要。但科和赫尔普曼（1999）提供证据重新证实了贸易模式的重要性。利希滕伯格和冯·波特尔斯伯格（Lichtenberg and van Pottelsberghe，1998，简称 LP）指出 CH 加权法存在加总偏误性，即贸易伙伴国的合并通常会增加东道国的海外研发资本存量。为纠正这种偏误，他们利用贸易伙伴国 GDP 代替 CH 加权法中的进口额权数，但结论与 CH 并无差别。高凌云和王永中（2008）认为，LP 加权法在测算国内外研发资本存量时存在重复计算问题，需要通过减去技术引进等费用进行修正。Kwark 和 Shyn（2006，简称 KS）指出 LP 加权法虽然可以解决加总偏误性，但也会产生拥挤效应问题，即如果越多国家与某国的贸易伙伴发生贸易往来，贸易伙伴国的研发资本溢出到每个接受国的数量就会减少。他们利用贸易伙伴国出口额代替 LP 加权法中的 GDP 权数，结论仍然证实进口贸易溢出效应的存在性。

二 外贸外资溢出渠道扩展的文献

Hejazi 和 Safarian（1999）将 FDI 渠道引入 CH 模型中，考察了进口和 FDI 作为研发溢出渠道的重要性。结果发现，通过 FDI 渠道溢出的海外研发资本促进了 OECD 国家的技术进步，但同时也降低了进口渠道的重要性和显著性。芬克（Funk，2001）将出口渠道纳入 CH 模型，发现出口是实现研发溢出的重要渠道，而进口渠道对技术进步的影响并不显著。冯·波特尔斯伯格和利希滕伯格（2001）进一步在上述模型中增加 ODI 渠道。结果发现，进口和 ODI 渠道是实现研发溢出的重要渠道，而 FDI 渠道对东道国技术进步的影响并不明显。安格和马德森（2013）以亚洲经济体为样本，同时对进口、出口和 FDI 渠道的溢出效应进行了分析。结果表明，通过进口和出口渠道实现的研发溢出具有显著性，而通过 FDI 渠道的研发溢出并不明显。

国内学者以中国为样本在溢出渠道的扩展上也进行了大量研究。黄先海和张云帆（2005）利用中国时序数据；陈继勇和盛杨怿（2008）利用省际面板数据，检验了进口和 FDI 渠道传导的知识溢出对技术进步的影响；李梅（2012）、仇怡和吴建军（2012）利用中国时序数据，对 FDI 和 ODI 渠道与技术进步的关系进行了检验；李梅和柳士昌（2011）利用省际面板数据，鲁万波等（2015）利用中国时序数据，考察了进口、FDI 和 ODI 渠道的研发溢出效应；王英和刘思峰（2008）、姚利民和王若君（2011）利用时序数据，分析了进口、出口、FDI 和 ODI 四种渠道溢出的研发资本与中国技术进步间的关系。

三 对 CH 模型样本分组检验的文献

Xu（2000）将 40 个国家进行分组，比较了美国对外直接投资对发达和发展中国家的溢出效应。结果发现，美国跨国公司的研发活动有助于促进发达国家技术水平的提升，但对发展中国家的影响并不显著。此后，Xu 和 Chiang（2005）将 48 个国家进行分组，分析了通过进口渠道溢出的研发资本对高、中、低收入国家技术进步的不同影响。Ciruelos 和 Wang（2005）将 57 个国家进行分组，考察了进口和 FDI 渠道对 OECD 和非 OECD 国家技术进步影响的差异性。克雷默（2010）将 47 个国家进行分组，进一步检验了进口和 FDI 渠道对西欧和转型国家不同的技术进步溢出效应。

通过将研究样本划分为东中西三大地区，国内学者如谢建国和周露朝（2009）分析了进口渠道与技术进步关系的区域差异，李梅和金照林（2011）研究了 ODI 渠道对各区域逆向溢出的差异性，蔡伟毅和陈学识（2010）检验了进口和 FDI 渠道对技术进步影响的区域差异，李梅和柳士昌（2011）比较了进口、FDI 和 ODI 渠道对各区域不同的研发溢出效应。

综上所述，CH 及其后继学者已经提供了大量经验证据来证实海外知识资本对技术进步溢出效应的存在性，但遗憾的是，他们在实证分析中并没有考虑可能存在的技术进步溢出效应的跨国异质性问题，而是假定变量的斜率系数和误差方差在各国间或是国家组别内部各成员间具有同质性，这样得出的结论就是：不论是技术领导国家（如美国）还是技术追随国家（如中国）抑或是发达国家内部（如美国和加拿大）还是发展中国家内部（如中国和印度），海外知识资本溢出对技术进步的影响方向和大小是相同的。事实上，由于不同国家在创新环境条件、经济发展阶段、经济结构水平和国内知识资本基础等方面都存在较大差异，同质性假设在现实中并不能够维持。本章的主要目的在于填补这一不足，强调海外知识资本对技术进步溢出效应的跨国异质性，并对现有研究有如下贡献：

本章以二十国集团作为研究对象。理由在于：第一，二十国集团汇集了全球科技水平最发达和国际知识资本溢出最活跃的国家和地区，其进出口额占全球近3/4，跨国直接投资额占全球近4/5，创新资源占全球90%以上，样本具有代表性。第二，二十国集团成员国涵盖了三个不同发展阶段，包括七国集团、欧盟和新兴市场，样本具有多样性。第三，2016年二十国集团峰会将在中国杭州举办，分析海外知识资本对二十国集团国家的异质性溢出问题，有助于我国政府了解自身在利用海外知识资本资源上的优势和劣势，为制定和实施更有效的外贸外资政策提供参考依据。

在外贸外资溢出渠道的分析上，现有文献通常只专注于两种或三种渠道，较少涉及四种渠道的综合研究。虽然王英和刘思峰（2008）等检验了四种渠道的技术进步溢出效应，但由于数据限制，他们只分析了中国样本，并没有进行多国分析和比较。本章将海外知识资本溢出渠道拆分为进口贸易、出口贸易、FDI和ODI四种渠道，以检验这些渠道对二十国集团成员国不同的技术进步溢出效应。

在海外知识资本的测度上，现有研究主要将关注点放在权重设置上，缺乏对溢出内容的关注。大多数文献仅将研发资本作为知识资本的唯一溢出内容，忽视了知识资本的多样性和综合性特征，这样会低估知识资本对技术进步的影响效应。本章基于内生增长理论在有关知识资本主线上的四条主要分支，将知识资本划分为研发资本、人力资本、创新设施资本和技术资本，通过建立指标体系测算了二十国集团成员国

1991—2010 年的国内知识资本指数以及通过四种渠道溢出的海外知识资本指数。

本章关注的是海外知识资本对技术进步的异质性溢出效应问题，我们首先通过异质性检验来判断面板数据异质性问题的存在性，其次利用异质面板单位根和面板协整来检验各变量的平稳性和变量间的长期均衡关系，最后运用异质面板估计方法，即组间完全修正最小二乘法（以下简称组间 FMOLS）来对海外知识资本对各成员国技术进步的溢出效应进行比较分析。

第二节 模型设定及数据处理

一 模型设定

本章以创新驱动的内生增长模型为基础，借鉴科和赫尔普曼（1995，简称 CH）分析国际研发溢出的回归框架，考虑一个产出 Y 由劳动投入 L、资本投入 K 和知识资本投入 KC 形成的总量生产函数，假设该总量生产函数具有柯布—道格拉斯形式，且 L 和 K 满足规模报酬不变约束，即：

$$Y = AL^{\alpha}K^{1-\alpha}(KC)^{\gamma} \tag{9.1}$$

如果将全要素生产率定义为：

$$TFP = Y/L^{\alpha}K^{1-\alpha} \tag{9.2}$$

则全要素生产率可以表示为：

$$TFP = A(KC)^{\gamma} \tag{9.3}$$

在开放经济体系中，KC 不仅取决于国内知识资本投入 KC^D，还取决于海外知识资本溢出 KC^F。为此，开放经济下的知识资本存量就可以分为国内投入和海外溢出两部分：

$$KC = (KC^D)^{\delta}(KC^F)^{\varphi} \tag{9.4}$$

海外知识资本根据作用于东道国技术进步的方式，主要分为对外贸易溢出部分和国际直接投资溢出部分，其中通过对外贸易溢出的海外知识资本记为 KC^T，通过国际直接投资溢出的海外知识资本记为 KC^I。因此，海外知识资本可以定义为：

$$KC^F = (KC^T)^{\chi}(KC^I)^{\tau} \tag{9.5}$$

由于对外贸易可以分为进口贸易和出口贸易，国际直接投资可以分为外商直接投资和对外直接投资，则海外知识资本可以进一步表示为：

$$KC^F = (KC^{IM})^{\varphi}(KC^{EX})^{\eta}(KC^{FDI})^{\kappa}(KC^{ODI})^{\mu} \tag{9.6}$$

最后，将式（9.6）代入式（9.4），再结合式（9.3），同时两边取自然对数，就可以建立如下回归方程：

$$TFP_{it} = \beta_{i0} + \beta_1 \ln KC_{it}^D + \beta_2 \ln KC_{it}^{IM} + \beta_3 KC_{it}^{EX} + \beta_4 \ln KC_{it}^{FDI} + \beta_5 \ln KC_{it}^{ODI} + \varepsilon_{it} \tag{9.7}$$

其中，i 和 t 分别表示国家和年份；TFP 表示全要素生产率；KC^D 表示国内知识资本投入；KC^{IM}、KC^{EX}、KC^{FDI} 和 KC^{ODI} 分别表示通过进口、出口、FDI 和 ODI 渠道溢出的海外知识资本；$\beta_1 - \beta_5$ 反映了各变量的产出弹性；β_{i0} 为特定经济体的常数项；ε 为随机误差项；ln 表示自然对数。其中：

$KC_{it}^{IM} = \sum (IM_{ijt}/EX_{jt})KC_{jt}^D (i \neq j)$。$KC_{it}^{IM}$ 表示国家 i 第 t 年通过进口渠道溢出的海外知识资本，IM_{ijt} 表示国家 i 第 t 年从国家 j 的进口，EX_{jt} 表示国家 j 第 t 年对贸易伙伴国的总出口，KC_{jt}^D 表示国家 j 第 t 年的国内知识资本。

$KC_{it}^{EX} = \sum (EX_{ijt}/IM_{jt})KC_{jt}^D (i \neq j)$。$KC_{it}^{EX}$ 表示国家 i 第 t 年通过出口渠道溢出的海外知识资本，EX_{ijt} 表示国家 i 第 t 年对国家 j 的出口，IM_{jt} 表示国家 j 第 t 年对贸易伙伴国的总进口。

$KC_{it}^{FDI} = \sum (FDI_{ijt}/ODI_{jt})KC_{jt}^D (i \neq j)$。$KC_{it}^{FDI}$ 表示国家 i 第 t 年通过 FDI 渠道溢出的海外知识资本，FDI_{ijt} 表示国家 i 第 t 年从国家 j 引入的直接投资存量，ODI_{jt} 为国家 j 第 t 年对投资伙伴国的总直接投资存量。

$KC_{it}^{ODI} = \sum (ODI_{ijt}/FDI_{jt})KC_{jt}^D (i \neq j)$。$KC_{it}^{ODI}$ 为国家 i 第 t 年通过 ODI 渠道溢出的海外知识资本，ODI_{ijt} 为国家 i 第 t 年对国家 j 的直接投资存量，FDI_{jt} 为国家 j 第 t 年从投资伙伴国引入的总直接投资存量。

二 数据来源与处理

在二十国集团国家中，欧盟目前有 28 个成员国，但波兰和捷克等 13 个转型国家自 2004 年才逐步加入，且数据缺失，故不予考虑。欧盟中的英国、法国、德国和意大利同属于二十国集团，为避免重复，将这 4 国划出欧盟；澳大利亚由于数据存在较大缺失，没有考虑在内。基于以上筛选，本章最终选取的二十国集团国家数为29个，包括七国集团：加拿大、法国、德国、意大利、日本、英国和美国；欧盟11国：奥地利、比利时、丹麦、芬兰、希腊、爱尔兰、卢森堡、荷兰、葡萄牙、西班牙和瑞典；新兴市场11国：阿根廷、巴西、中国、印度、印度尼西亚、韩国、墨西哥、俄罗斯、沙特、南非和土耳其。考虑到俄罗斯、中国和南非等国家从1991年开始才有比较完整的创新数据，因此本章的时间跨度设定在1991—2010年。各变量的数据来源与处理方法如下：

（一）全要素生产率TFP

根据式（9.2）计算各国历年的全要素生产率，作为衡量各国技术进步的指标。该变量共涉及4个指标：（1）实际产出Y。选用按照购买力平价汇率换算的以2005年为基期的美元计价数据（以下简称GDP不变价数据）。各成员国历年GDP不变价数据来自World Development Indicators。（2）劳动投入L。选用就业人数作为劳动投入的代理变量，数据来自Penn World Table v8.0。（3）资本存量K。使用永续存盘法计算：$K_{it}=(1-\delta)K_{i,t-1}+I_{it}$。其中，I表示固定资本形成总额实际值，以固定资本形成总额占GDP比重（即资本强度）乘以相应GDP不变价数据得到。各成员国历年资本强度的数据来自UNCTADSTAT；δ为折旧率，设定为10%；基期（1991）物质资本存量K_{1991}的计算公式为：$K_{1991}=I_{1991}/(g+\delta)$；$I_{1991}$表示基期固定资本形成总额；g为I的年均增长率。（4）劳动产出弹性α。在完全竞争市场和利润最大化假设条件下，劳动产出弹性等于产出中的劳动收入份额。各成员国历年劳动收入份额的数据来自Penn World Table v8.0。

（二）国内知识资本变量KC^D

基于内生增长理论在有关知识资本主线上的四个主要分支[①]，将知识资本划分为研发资本、人力资本、创新设施资本和技术资本四个方面，通过构建知识资本指数来反映各国知识资本的发展水平。根据数据可得性以及借鉴欧盟委员会、联合国贸发会议和世界银行等国际组织所建立的相关指标体系中变量的选取情况，最终确立了由4个方面指数

[①] 围绕知识资本这一主线，内生增长理论可以分为知识溢出增长理论、人力资本积累增长理论、研发驱动增长理论和公共资本增长理论（Romer，1993；严成樑等，2010）。本章对知识资本的分类和命名正是在此基础上进行的。

12个基础指标构成的指标体系来测算各成员国的知识资本指数。具体为：(1) 研发资本。用人均研发经费支出、人均研发支出存量和研发支出强度来反映。(2) 人力资本。用每百万人口研究人员数、平均受教育年数和高校入学率来反映。(3) 创新设施资本。用人均耗电量、每百人电话拥有量和每百人互联网用户数来反映。(4) 技术资本。用每百万人口专利授权数、每百万人口科技论文数和高技术产品出口比重来反映。我们用"全序列法"对各基础指标进行标准化处理，采用客观性较强的主成分分析法确定各基础指标和各方面指数的权重，进而求得各成员国历年的知识资本指数。① 具体计算公式为：

$$KC_{it}^D = \sum_{k=1}^{4} w_k \sum_{k=1}^{4} \sum_{n=1}^{3} w_{kn} y_{kn}^{it} \qquad (9.8)$$

其中，KC_{it}^D表示国家i第t年的国内知识资本指数；w_k表示第k方面指数的权重，w_{kn}表示第k方面指数下第n基础指标的权重；y_{kn}^{it}表示国家i第t年第k方面指数下第n基础指标经过标准化后的数值。各基础指标的数据来源与处理方法如下：研发支出强度、研发研究人员数来自 OECD Science and Technology Statistics；专利授权数来自美国专利局 (USPTO)；科技论文数来自科学引文索引数据库 (WoS)；平均受教育年数来自 Barro – Lee Educational Attainment Dataset；高校入学率、人均耗电量、每百人电话拥有量、每百人互联网用户数、高技术产品出口比重和总人口的数据来自 World Development Indicators；研发经费支出数据根据 GDP 不变价数据乘以研发支出强度得到；研发支出存量使用永续存盘法得到；折旧率选择15%。

(三) 海外知识资本变量 KC^{IM}、KC^{EX}、KC^{FDI} 和 KC^{ODI}

各成员国双边进口、双边出口以及总进口和总出口的数据来自 Direction of Trade Statistics；各成员国双边 FDI 存量、双边 ODI 存量以及总 FDI 存量和总 ODI 存量的数据主要来自 OECD International Direct Investment Statistics、UNCTAD Bilateral FDI Statistics 以及各国统计年鉴和中央银行数据库等。另外，参照 Zhu 和 Jeon (2007) 的处理方法，将数据中有负数的值替换为0值。

---

① 限于篇幅，"全序列法"的标准化和主成分分析确定权重的具体过程可参看陈超 (2016)。

表 9-1 列出了上述变量在 1991—2010 年均值的分布情况。结果显示，各变量特别是海外知识资本变量在成员国间的分布存在很大差异：全要素生产率 TFP 的变异系数为 41%，其中，最大值为 3.15（卢森堡），最小值为 0.52（印度），两者相差 5.08 倍；国内知识资本 KC^D 的变异系数为 45%，其中，最大值为 60.83（瑞典），最小值为 10.81（印度），两者相差 4.63 倍；通过进口渠道溢出的海外知识资本 KC^{IM} 的变异系数为 117%，其中，最大值为 184.05（美国），最小值为 2.49（卢森堡），两者相差 72.92 倍；通过出口渠道溢出的海外知识资本 KC^{EX} 的变异系数为 115%，其中，最大值为 170.71（德国），最小值为 1.69（卢森堡），两者相差 100.02 倍；通过 FDI 渠道溢出的海外知识资本 KC^{FDI} 的变异系数为 98%，其中，最大值为 841.27（美国），最小值为 15.16（希腊），两者相差 54.49 倍；通过 ODI 渠道溢出的海外知识资本 KC^{ODI} 的变异系数为 153%，其中，最大值为 220.25（美国），最小值为 0.26（印度尼西亚），两者相差 846.12 倍。

表 9-1　G20 成员国主要变量指数的均值分布情况（1991—2010 年）

国家	TFP	KC^D	KC^{IM}	KC^{EX}	KC^{FDI}	KC^{ODI}
阿根廷	1.26	19.48	4.90	5.44	65.02	0.44
奥地利	2.60	41.80	12.88	11.57	164.57	6.01
比利时	2.85	40.93	49.67	45.58	463.32	30.10
巴西	1.12	17.62	15.15	17.00	232.49	5.27
加拿大	2.47	46.61	31.37	24.17	197.56	21.12
中国	0.52	18.79	56.52	78.12	386.29	3.42
丹麦	2.69	49.44	14.92	15.63	77.94	13.72
芬兰	2.39	57.02	11.74	13.36	59.61	17.34
法国	2.76	42.83	76.24	68.65	408.18	72.38
德国	2.68	47.58	143.84	170.71	513.75	100.38
希腊	1.75	24.91	7.64	2.04	15.16	1.02
印度	0.52	10.81	11.60	9.05	45.29	0.86
印度尼西亚	0.64	10.89	7.24	11.73	48.42	0.26
爱尔兰	2.21	40.30	8.12	13.92	72.81	9.93
意大利	2.18	30.45	57.90	51.27	120.82	22.66
日本	1.75	57.21	60.26	67.98	33.64	50.21

续表

国家	TFP	KC^D	KC^{IM}	KC^{EX}	KC^{FDI}	KC^{ODI}
韩国	1.58	46.41	25.86	23.44	27.65	4.71
卢森堡	3.15	45.70	2.49	1.69	148.62	67.84
墨西哥	1.16	18.98	20.05	13.06	131.14	2.54
荷兰	2.61	46.10	45.93	53.74	288.13	155.08
葡萄牙	2.09	25.00	9.67	5.67	52.40	3.06
俄罗斯	1.16	26.43	13.99	26.17	77.75	4.66
沙特	1.43	14.88	8.56	16.13	75.35	0.75
南非	1.34	17.48	7.33	5.84	71.43	1.98
西班牙	2.63	29.91	39.44	28.64	330.93	23.30
瑞典	2.74	60.83	24.56	29.80	149.61	54.56
土耳其	1.19	16.76	12.93	7.14	172.73	1.15
英国	2.78	43.83	74.71	73.16	404.98	114.55
美国	3.11	60.59	184.05	148.54	841.27	220.25
最大值	3.15	60.83	184.05	170.71	841.27	220.25
最小值	0.52	10.81	2.49	1.69	15.16	0.26
变异系数	41%	45%	117%	115%	98%	153%

注：变异系数＝标准差/均值，该指标反映某一指标样本数据的差异程度。
资料来源：笔者计算整理。

第三节　实证检验分析

一　异质性检验

我们的样本是由七国集团、欧盟和新兴市场等29个国家构成，它们具有不同的发展阶段和经济结构，同时在国内外知识资本发展水平以及全要素生产率的表现上也存在较大差异（见表9－1），因此面板数据可能存在异质性。在这种情况下，样本数据是不能作为混合数据使用的。为此，我们借鉴 Luintel 等（2008）的方法，根据式（9.7）设定一个P阶（P＝1，2，3）自回归分布滞后模型，即ADL(P)，以对本章的跨国面板数据进行异质性检验，具体如下：

$$\ln TFP = \alpha_0 + \sum_{i=1}^{P} \alpha_{1i} \ln KC_{t-i}^{D} + \sum_{i=1}^{P} \alpha_{2i} \ln KC_{t-i}^{IM} + \sum_{i=1}^{P} \alpha_{3i} \ln KC_{t-i}^{EX}$$
$$+ \sum_{i=1}^{P} \alpha_{4i} \ln KC_{t-i}^{FDI} + \sum_{i=1}^{P} \alpha_{5i} \ln KC_{t-i}^{ODI} + \varepsilon_{1t} \tag{9.9}$$

我们首先对式（9.9）进行估计，然后利用邹氏（Chow）F 检验法对解释变量的系数在各国是否相等进行检验，如果检验结果拒绝原假设，则表明各变量对技术进步的影响存在跨国异质性，面板数据不能作为混合数据使用。此外，为提高检验的稳健性和可信度，我们还利用 LM（Lagrange Multiplier）检验法来对各国误差方差的齐次性进行检验，如果检验结果拒绝原假设，则表明各国间的误差方差存在很大差异，可以得到样本数据存在异质性的结论。

（一）异质面板单位根检验

目前使用较为广泛的面板单位根检验方法主要有 LLC 检验、Breitung 检验、IPS 检验、Fisher – ADF 检验、Fisher – PP 检验和 Hadri 检验。其中，LLC、Breitung 和 Hadri 检验适用于截面间存在同质单位根的情形，而 IPS、Fisher – ADF 和 Fisher – PP 检验则适用于截面间存在异质单位根的情形。考虑到技术进步与海外知识资本间的关系可能存在异质性，因而宜采用异质面板单位根检验，如 IPS、Fisher – ADF 和 Fisher – PP 检验。为提高检验的可信度，本章将同时运用上述三种方法对各变量的对数及其一阶差分进行面板单位根检验。

（二）异质面板协整检验

本章利用 Pedroni（1999）提出的方法来对变量间的协整关系进行检验。该方法基于恩格尔和格兰杰两步法提出了 7 个统计量用以对残差序列进行平稳性检验，包括 4 个面板统计量（Panel v、Panel rho、Panel PP、Panel ADF）和 3 个组间统计量（Group rho、Group PP、Group ADF）。由于 Pedroni 检验法考虑到了面板协整模型中截距和斜率的异质性问题，因而被广泛应用于实际研究中，该方法的原假设为变量间不存在协整关系。

（三）异质面板估计方法（组间 FMOLS 法）

本章利用 Pedroni（2001）提出的组间 FMOLS 法来对海外知识资本对技术进步异质性溢出效应的长期均衡关系进行协整估计。该方法不仅可以改善变量的内生性和误差项的相关性问题，而且还考虑到了面板数据每个截面成员的参数异质性,同时在小样本容量下还具有相对较小的规模扭曲性,且能够得到参数的一致性估计。组间 FMOLS 法不仅能够估计出每个截面成员的个体协整系数,而且还能估计出基于均值的面板协整系数,具体公式为:

$$\hat{\beta}^*_{GFM} = N^{-1} \sum_{i=1}^{N} \hat{\beta}^*_{FM,i} \tag{9.10}$$

其中,$\hat{\beta}^*_{GFM}$ 为面板协整系数,$\hat{\beta}^*_{FM,i}$ 为国家 i 的 FMOLS 估计系数,N 为国家数目。相应的 t 统计值可以表示为:$t_{\hat{\beta}^*_{GFM}} = (1/\sqrt{N}) \sum_{i=1}^{N} t_{\hat{\beta}^*_{FM}}$,$t_{\hat{\beta}^*_{GFM}}$ 为面板协整系数的 t 统计值,$t_{\hat{\beta}^*_{FM}}$ 为国家 i 的 FMOLS 估计系数的 t 统计值。

(四)异质性、单位根和协整检验结果

首先是异质性检验。本章利用邹氏检验和 LM 检验对样本数据进行异质性检验(见表 9-2)。结果发现,邹氏 F 检验在 1% 显著性水平上拒绝了"截面间系数相等"的原假设,表明海外知识资本变量对技术进步的溢出效应在国家间是异质的;LM 检验在 1% 显著性水平上拒绝了"截面误差方差具有齐次性"的原假设,表明各国间的误差方差存在很大差异。综合以上两种检验结果,可以判断:样本数据存在很强的异质性,面板数据不能作为混合数据使用。

表 9-2 异质性检验结果

检验方法	P = 1	P = 2	P = 3
邹氏 F 检验	257.851***	172.759***	199.860***
LM 检验	41.587***	38.258***	35.108***

注:邹氏 F 检验和 LM 检验根据 Eviews8.0 得出,前者的原假设为截面间的系数相等,后者的原假设为截面的误差方差具有齐次性;P 为滞后阶数;表中数值为各方法的检验统计值。

其次是异质面板单位根检验。由于海外知识资本变量对技术进步的溢出效应在国家间具有异质性,因此运用 IPS、Fisher – ADF 和 Fisher – PP 等异质面板单位根检验法来对各变量的对数及其一阶差分进行平稳性检验(见表 9-3)。从表中可以看出,当对各变量对数的水平值进行检验时,IPS、Fisher – ADF 和 Fisher – PP 检验法的结果均不能拒绝"存在单位根"的原假设,表明各变量对数的水平值存在单位根,为非平稳序列；当对各变量对数的一阶差分进行检验时，IPS、Fisher – ADF 和 Fisher – PP 检验法均在 10% 及更高水平上拒绝了"存在单位根"的原假设，表明各变量对数的一阶差分不存在单位根，为平稳序列。由此可以判断：模型中使用的所有变量的对数均为 I (1) 过程。

表 9 – 3　　　　　　　　　异质面板单位根检验

变量	IPS	Fisher – ADF	Fisher – PP	结论
$\ln TFP$	1.197	1.272	1.397	I (0)
$\ln KC^D$	0.251	1.652	3.463	I (0)
$\ln KC^{IM}$	-0.181	-0.093	0.568	I (0)
$\ln KC^{EX}$	1.640	1.718	2.784	I (0)
$\ln KC^{FDI}$	-0.397	-1.182	0.487	I (0)
$\ln KC^{ODI}$	0.530	0.736	1.164	I (0)
$\Delta \ln TFP$	-10.816***	-9.851***	-9.858***	I (1)
$\Delta \ln KC^D$	-7.815***	-7.166***	-7.637***	I (1)
$\Delta \ln KC^{IM}$	-10.366***	-9.392***	-10.020***	I (1)
$\Delta \ln KC^{EX}$	-11.866***	-10.493***	-10.101***	I (1)
$\Delta \ln KC^{FDI}$	-8.960***	-8.020***	-11.212***	I (1)
$\Delta \ln KC^{ODI}$	-9.621***	-8.780***	-9.323***	I (1)

注：面板单位根检验包含截距项和趋势项，各检验法的原假设都为存在单位根；表中数值为各方法的检验统计值；滞后阶数依据 SIC 准则自动确定；面板协整检验根据 Eviews8.0 得出；Δ 为差分符号。

最后是异质面板协整检验。由于模型中各变量都是非平稳的，且均为 I (1) 过程，需要进一步利用异质面板协整检验来考察各变量间是否存在长期均衡关系。本章同时利用 Pedroni 提出的 7 个统计量来对面板模型进行协整检验（见表 9 – 4）。从表中可以看出，在 1% 显著性水平下，7 个统计量中有 4 个表明估计模型是协整的。特别是 Panel ADF 和 Group ADF 统计量都拒绝了模型中不存在协整关系的原假设。根据 Pedroni (2004) 蒙特卡罗模拟的结论：在小样本容量下，Panel ADF 和 Group ADF 统计量具有最好的检验效果，当检验结果出现不一致时，要以这两个统计量的结果为准。在本章样本规模下，Panel ADF 和 Group ADF 统计量的检验结果比其他统计量提供了更好的解释力。由此可以判断：回归方程是面板协整的，模型中的估计系数代表了变量间的长期均衡关系。

表9-4　　　　　　　　　　异质面板协整检验

检验方法	统计量	统计值
Pedroni 检验法	Panel v 统计量	-3.605
	Panel rho 统计量	4.593
	Panel PP 统计量	-5.943***
	Panel ADF 统计量	-5.431***
	Group rho 统计量	6.724
	Group PP 统计量	-8.079***
	Group ADF 统计量	-4.996***

注：面板协整检验包含截距项和趋势项，原假设为变量之间不存在协整关系；表中数值为检验统计值；滞后阶数依据 SIC 准则自动确定；面板协整检验根据 Eviews8.0 得出。

二　二十国集团成员国回归结果比较分析

我们以 1991—2010 年二十国集团国家为研究样本，利用组间 FMOLS 法对异质性面板数据进行协整估计，最终得到二十国集团的组间 FMOLS 的估计结果（见表9-5）。结果发现：

第一，对二十国集团全样本，进口贸易、出口贸易、外商投资和对外直接投资渠道与全要素生产率均存在显著正相关性，即通过进口、出口、FDI 和 ODI 渠道溢出的海外知识资本每增长1%，会促进全要素生产率分别增长 0.133%、0.008%、0.004% 和 0.002%，表明这四种渠道都是实现二十国集团海外知识资本溢出的重要渠道，但出口贸易、外商投资和对外直接投资渠道的溢出效应还较弱；国内知识资本对全要素生产率具有显著正影响。

第二，对不同国别样本，除西班牙和印度外，进口贸易渠道对 G20 其余成员国的全要素生产率均具有显著促进作用，最大的前三位分别是英国（0.473）、墨西哥（0.393）和芬兰（0.361）；出口贸易渠道具有正向溢出效应的国家有17个，最大的前三位分别是法国（0.416）、葡萄牙（0.412）和俄罗斯（0.399）；具有负向溢出效应的国家有12个，最大的前三位分别是印度尼西亚（-0.531）、阿根廷（-0.344）

和奥地利（-0.232）；FDI 渠道具有正向溢出效应的国家有 15 个，最大的前三位分别是中国（0.133）、巴西（0.129）和印度（0.091）；具有负向溢出效应的国家有 14 个，最大的前三位分别是瑞典（-0.085）、俄罗斯（-0.075）和韩国（-0.062）；ODI 渠道具有正向溢出效应的国家有 20 个，最大的前三位分别是瑞典（0.206）、爱尔兰（0.183）和西班牙（0.173）；具有负向溢出效应的国家有 9 个，最大的前三位分别是卢森堡（-1.109）、土耳其（-0.148）和沙特（-0.127）。在国内投入方面，国内知识资本对全要素生产率影响为正的国家有 17 个，最大的前三位分别是卢森堡（1.754）、阿根廷（0.810）和瑞典（0.642），影响为负的国家有 12 个，最大的前三位分别是墨西哥（-0.775）、法国（-0.596）和比利时（-0.510）。这些特点表明：G20 不同成员国技术进步溢出效应的决定因素和影响渠道都不尽相同，且各渠道的作用大小和方向也存在较大异质性。

表 9-5　G20 及各成员国组间 FMOLS 的估计结果

国家	$\ln KC^D$	$\ln KC^{IM}$	$\ln KC^{EX}$	$\ln KC^{FDI}$	$\ln KC^{ODI}$
二十国集团	0.123(27.726)	0.133(91.416)	0.008(67.602)	0.004(219.189)	0.002(141.518)
阿根廷	0.810(1.872)	0.218(39.995)	-0.344(-9.939)	-0.030(-30.594)	-0.080(-29.130)
奥地利	0.206(7.748)	0.037(11.965)	-0.232(-19.315)	0.005(59.869)	-0.051(-55.052)
比利时	-0.510(-2.389)	0.254(4.289)	0.227(5.935)	0.008(14.541)	0.068(6.815)
巴西	-0.319(-12.104)	0.031(33.143)	-0.010(-14.047)	0.129(28.892)	0.032(46.832)
加拿大	0.297(5.029)	0.074(9.243)	0.014(9.992)	-0.044(-101.798)	0.090(20.572)
中国	0.191(6.103)	0.041(21.314)	0.109(16.547)	0.133(32.204)	0.011(54.629)
丹麦	0.239(8.643)	0.048(9.498)	0.017(32.010)	-0.015(-69.744)	0.046(39.423)
芬兰	0.110(5.563)	0.361(6.642)	-0.066(-9.378)	-0.046(-33.559)	0.057(19.237)
法国	-0.596(-9.245)	0.056(17.825)	0.416(6.203)	0.042(65.398)	0.081(12.865)
德国	0.090(4.415)	0.125(9.914)	-0.183(-5.316)	-0.049(-34.980)	0.078(8.437)
希腊	-0.286(-5.135)	0.162(6.962)	0.044(4.230)	0.076(14.983)	0.059(15.445)
印度	0.174(5.854)	-0.015(-50.463)	0.139(10.091)	0.091(63.212)	-0.031(-100.331)
印度尼西亚	0.555(1.741)	0.156(19.384)	-0.531(-8.679)	-0.015(-11.464)	-0.113(-8.784)

续表

国家	lnKC^D	lnKC^{IM}	lnKC^{EX}	lnKC^{FDI}	lnKC^{ODI}
爱尔兰	0.214(7.707)	0.081(17.843)	0.019(24.288)	-0.032(-31.909)	0.183(26.662)
意大利	-0.254(-6.422)	0.013(9.765)	-0.226(-8.357)	0.030(29.290)	0.100(24.344)
日本	0.458(3.510)	0.158(14.063)	-0.011(-16.980)	-0.056(-50.275)	0.078(25.329)
韩国	-0.077(-8.164)	0.325(14.938)	0.133(10.265)	-0.062(-50.840)	0.166(25.574)
卢森堡	1.754(3.493)	0.039(23.297)	0.072(21.209)	0.051(8.984)	-1.109(-4.373)
墨西哥	-0.775(-9.984)	0.393(15.381)	-0.089(-18.314)	-0.006(-137.591)	0.105(47.785)
荷兰	0.420(3.056)	0.031(15.377)	-0.030(-9.102)	-0.048(-38.077)	0.015(6.187)
葡萄牙	-0.151(-4.597)	0.033(5.480)	0.412(3.258)	0.019(17.400)	0.061(12.179)
俄罗斯	0.536(2.353)	0.149(18.588)	0.399(8.134)	-0.075(-28.545)	-0.109(-13.967)
沙特	-0.485(-4.519)	0.087(13.927)	-0.207(-15.858)	0.019(24.129)	-0.127(-14.962)
南非	-0.069(-7.688)	0.091(43.891)	0.052(35.248)	0.005(45.492)	-0.035(-89.714)
西班牙	0.032(5.272)	-0.048(-21.689)	0.174(5.941)	0.032(23.510)	0.173(17.238)
瑞典	0.642(3.125)	0.065(13.423)	-0.171(-7.380)	-0.085(-35.253)	0.206(10.585)
土耳其	-0.063(-2.031)	0.069(11.376)	0.043(4.349)	0.026(41.871)	-0.148(-11.060)
英国	-0.052(-4.486)	0.473(5.886)	0.028(15.508)	0.057(38.358)	0.125(8.377)
美国	0.465(2.046)	0.354(6.728)	0.048(8.173)	-0.042(-17.610)	0.115(6.209)

注：组间 FMOLS 的估计结果根据 WinRATS Pro 8.0 得出。

三 中国回归结果分析

在海外溢出方面，通过进口渠道溢出的海外知识资本有助于促进中国技术水平的提升，但其影响系数还较小（0.041），仅列成员国第 21 位。造成这一结果的原因可能在于：一是我国目前进口商品结构不够优化，技术含量更高的资本品进口比重（42%）相对消费品（58%）偏低；二是我国知识资本发展水平低下，对蕴含有海外知识资本的进口商品消化吸收不足；三是进口产品带来的竞争对技术进步的抑制作用大于促进作用（谢建国和周露昭，2009）；出口渠道对中国技术进步存在显著溢出效应，其影响系数（0.109）也高于二十国集团平均水平，位列成员国第 8 位；FDI 渠道对中国技术进步具有显著促进作用，其影响程度（0.133）不仅是四种渠道中最大的，也是成员国中最大的；ODI 渠道对中国技术进步的促进作用虽然为正，但影响程度甚微（0.011），位列成员国第 20 位。造成这一结果的原因可能在于：一是我国 ODI 起步较晚，规模不大，经验不足；二是我国目前 ODI 的主要动机并非技术获取，更多的是以市场为导向（张化尧和王赐玉，2012）。在国内投入方面，国内知识资本对中国技术进步具有显著促进作用，其影响系数（0.191）位列成员国第 13 位，不仅高于二十国集团的平均水平，而且也高于海外知识资本各溢出渠道。上述特点表明：进口、出口、FDI 和 ODI 渠道都是中国实现海外知识资本溢出的重要渠道，但是，进口和 ODI 渠道的溢出效应还较弱，国内知识资本已经成为中国技术进步的最主要来源。

根据表 9-5 的结果，我们计算了中国全要素生产率分别对其余成员国的知识资本在 1991—2010 年的平均产出弹性，以进一步分析海外知识资本对中国技术进步溢出效应的国别差异（见表 9-6）。我们从中发现：在进口渠道方面，海外知识资本对中国技术进步溢出效应最大的前三位国家分别是美国、日本和韩国，即美国、日本和韩国的国内知识资本每增长 1%，会通过进口渠道促进中国的全要素生产率分别增长 0.0125%、0.0076% 和 0.0068%；在出口渠道方面，海外知识资本对中国技术进步溢出效应最大的前三位国家分别是日本、美国和韩国，即日本、美国和韩国的国内知识资本每增长 1%，会通过出口渠道促进中国的全要素生产率分别增长 0.0193%、0.0138% 和 0.0113%；在 FDI 渠道方面，海外知识资本对中国技术进步溢出效应最大的前三位国家分别是韩国、俄罗斯和日本，即韩国、俄罗斯和日本的国内知识资本每增长 1%，会通过 FDI 渠道促进中国的全要素生产率分别增长 0.0092%、0.0028% 和 0.0023%；在 ODI 渠道方面，海外知识资本对中国技术进步溢出效应最大的前三位国家分别是韩国、俄罗斯和加拿大，即韩国、俄罗斯和加拿大的国内知识资本每增长 1%，会通过 ODI 渠道促进中国的全要素生产率分别增长 0.0019%、0.0015% 和 0.0014%。

表 9-6　　　中国全要素生产率对各成员国知识资本的平均产出弹性（1991—2010 年）

国家	进口渠道	出口渠道	FDI 渠道	ODI 渠道	国家	进口渠道	出口渠道	FDI 渠道	ODI 渠道
阿根廷	0.0014	0.0023	0.0000	0.0000	日本	0.0076	0.0193	0.0023	0.0003
奥地利	0.0006	0.0014	0.0002	0.0001	韩国	0.0068	0.0113	0.0092	0.0019
比利时	0.0005	0.0019	0.0000	0.0000	卢森堡	0.0004	0.0069	0.0000	0.0013

续表

国家	进口渠道	出口渠道	FDI渠道	ODI渠道	国家	进口渠道	出口渠道	FDI渠道	ODI渠道
巴西	0.0015	0.0024	0.0000	0.0001	墨西哥	0.0001	0.0018	0.0000	0.0000
加拿大	0.0007	0.0045	0.0003	0.0014	荷兰	0.0003	0.0058	0.0001	0.0000
丹麦	0.0007	0.0034	0.0002	0.0004	葡萄牙	0.0001	0.0005	0.0000	0.0000
芬兰	0.0019	0.0034	0.0001	0.0000	俄罗斯	0.0018	0.0053	0.0028	0.0015
法国	0.0007	0.0023	0.0002	0.0001	沙特	0.0010	0.0018	0.0000	0.0003
德国	0.0014	0.0043	0.0003	0.0001	南非	0.0011	0.0026	0.0009	0.0008
希腊	0.0002	0.0016	0.0001	0.0000	西班牙	0.0003	0.0021	0.0000	0.0000
印度	0.0009	0.0023	0.0002	0.0001	瑞典	0.0014	0.0031	0.0002	0.0001
印度尼西亚	0.0008	0.0022	0.0005	0.0002	土耳其	0.0002	0.0018	0.0003	0.0000
爱尔兰	0.0004	0.0015	0.0000	0.0001	英国	0.0005	0.0035	0.0002	0.0001
意大利	0.0006	0.0024	0.0002	0.0001	美国	0.0125	0.0138	0.0008	0.0001

注：产出弹性的公式为：$\beta_{ij}^{IM} = \alpha_i^{IM} (IM_{ij}/EX_j)(KC_j^D/KC_i^{IM})$；$\beta_{ij}^{EX} = \alpha_i^{EX} (EX_{ij}/IM_j)(KC_j^D/KC_i^{EX})$；$\beta_{ij}^{FDI} = \alpha_i^{FDI} (FDI_{ij}/ODI_j)(KC_j^D/KC_i^{FDI})$；$\beta_{ij}^{ODI} = \alpha_i^{ODI} (ODI_{ij}/FDI_j)(KC_j^D/KC_i^{ODI})$。其中，$i$ 表示中国，j 表示其余各成员国，β_{ij}^{IM}、β_{ij}^{EX}、β_{ij}^{FDI}、β_{ij}^{ODI} 分别表示中国通过进口、出口、FDI 和 ODI 渠道对其余各成员国的双边弹性，α_i^{IM}、α_i^{EX}、α_i^{FDI}、α_i^{ODI} 分别表示中国的 TFP 对进口、出口、FDI 和 ODI 渠道溢出的海外知识资本的产出弹性。其他变量的含义同文中定义。

第四节 结论与建议

本章将海外知识资本的技术进步溢出渠道分为进口贸易、出口贸易、外商投资和对外直接投资，通过建立指标体系测算了二十国集团国家 1991—2010 年的国内外知识资本指数，在进行异质性检验的基础上运用组间 FMOLS 估计法对海外知识资本对各成员国技术进步的溢出效应进行了比较分析。结果表明，进口贸易、出口贸易、外商投资和对外直接投资都是二十国集团实现海外知识资本技术进步溢出的重要渠道，但不同成员国的技术进步溢出效应存在明显差异。本章对中国的回归结果进行了分析和比较，并得出以下结论与建议：

一 进出口贸易具有技术溢出效应

美国和日本是我国最大的外贸技术溢出来源地,加强与发达国家之间的进出口贸易有利于加快我国技术创新和技术进步。我国出口渠道的技术溢出效应超过二十国集团大多数成员国,我国进口渠道的溢出效应还不太明显。建议在"十三五"时期,更加重视优进优出的贸易政策,更加重视优化进口贸易的商品结构,提高资本品的进口比重,发挥资本品进口对技术进步更大的溢出效应。我国出口贸易应进一步提高出口商品的质量和效益,通过"出口中学"效应来提升出口渠道对国内技术创新的促进效应,重视优化对外贸易的国别分布,扩大与美国和日本等七国集团国家的贸易合作与往来。

二 国际直接投资具有技术溢出效应

外商投资渠道是海外知识资本促进我国技术进步最主要渠道,其影响程度也是各成员国中最大的,而对外直接投资渠道的技术溢出效应虽然为正,但影响比较小。"十三五"时期我国应更加注重外商投资的质量和效率,充分发挥外商投资的海外知识资本对我国技术创新和技术进步的促进作用。我国对外直接投资除继续扩大规模外,应积极发展技术获取型对外直接投资,增加对发达国家科技研发中心的投资,重视优化国际直接投资的国别结构,扩大与韩国、俄罗斯等新兴市场国家的投资合作往来,加强"一带一路"沿线国家的国际经济技术合作。

第十章 高技术产业知识资本投入与出口增长

本章对高技术产业知识资本投入与出口增长的关系进行分析。基于中国高技术产业 1995—2011 年的面板数据，建立多元回归模型和个体固定效应模型，并从行业和地区两个层面对高技术产业知识资本投入与出口增长的相关性进行比较分析。研究结果表明：知识资本投入与高技术产品出口增长具有正相关效应，其中研发内部经费支出对高技术产品出口增长的促进作用最明显。根据实证结果，增加高技术产业知识资本投入强度，有利于提升高技术产业出口增长能力和出口竞争力。

第一节 知识资本投入与高技术产业有关的文献

一 知识资本投入与高技术产业全要素生产率的文献

国内外诸多研究文献表明，知识资本投入对产业全要素生产率特别是高技术产业全要素生产率的促进效果显著。科和赫尔普曼（1995）[1]认为，全要素生产率的提高与国内外研发投入有关，知识资本的溢出效应较为显著。沃尔特（Walter, 1995）[2] 使用 10 个 OECD 国家的数据研究显示，国内知识资本投入能够显著地促进产业全要素生产率提高。霍

---

[1] Coe, D. T. and Helpman, E., International R&D Spillovers [J]. *European Economic Review*, 1995, 39, pp. 859–887.

[2] Walter, G. P., International R&D Spillovers and OECD Economic growth [J]. *Economic Inquiry*, 1995, 33 (4), pp. 571–591.

尔和雅克斯（Hall and Jacques，1995）[①] 用法国制造业自1970年以来的数据测算发现研发的投入能显著提高法国制造业企业的产出。金晓丽等（2013）[②] 研究发现知识资本投入而产生的创新动态能力对高技术产业的影响很大，能够弱化外部环境的冲击。弗兰克和布鲁诺（Frank and Bruno，1998）[③] 提出研发投入对国内产出与生产率的影响，对外投资与进口输入均会导致技术溢出，并惠及其他工业化国家。格瑞里茨（1998）[④] 以标准普尔指数157家大型企业公布的1966—1977年的数据，发现研发投入与企业全要素生产率有着很强的相关性。余亮等（2011）[⑤] 建立随机前沿模型，发现社会网络区域经济开放度和区域知识资本对企业的研发具有非常重要的影响。在高技术产业中，知识资本对出口增长的促进作用十分显著。

二 FDI、知识资本与高技术产品出口增长的文献

FDI往往能带动知识资本向其他国家扩散，提高当地高技术产业的生产技术水平，从而促进出口增长。赫尔普曼（1984）[⑥] 提出了纵向FDI理论，并建立了一个关于国际贸易的简单均衡模型，将工厂位置与差异化产品行业作为决策变量。马库森（Markusen，1984）[⑦] 提出了横向FDI理论，认为FDI的流动导致生产国际化，但主要是为了满足当地市场的需求，并将横向FDI理论与纵向FDI理论统一纳入知识资本模型。马库森（2002）[⑧] 用各国1986—1994年的数据进行实证检验，计

[①] Hall, B. H. and Jacques, M., Exploring the relationship between R&D and productivity in French manufacturing firms [J]. *Journal of Econometrics*, 1995, 65, pp. 263 – 293.

[②] 金晓丽、仇武超：《基于创新效率的我国高技术产业创新动态能力分析》，《经济论坛》2013年第10期。

[③] Frank, R. L. and Bruno, P. P., International R&D spillovers: A re – examination [J]. *European Economic Review*, 1998, 42 (8), pp. 1483 – 1491.

[④] Griliches, Z., *R&D and productivity: The economic evidence* [M]. Chicago: University of Chicago Press, 1998: 128.

[⑤] 余亮、梁彤缨、彭雯：《区域知识资本视角下的企业研发效率实证研究》，《软科学》2011年第6期。

[⑥] Helpman, E., A simple theory of international trade with multinational corporations [J]. *Journal of Political Economy*, 1984, 92 (3), pp. 451 – 471.

[⑦] Markusen, J. R., *Multinational firms and the theory of international trade* [M]. Cambridge: The MIT Press, 1984, p. 166.

[⑧] Markusen, J. R. and Maskus, K. E., Discriminating among alternative theories of the multinational enterprise [M]. *Review of International Economics*, 2002, 10 (4), pp. 694 – 707.

量模型结果强烈支持了横向 FDI 理论。戴维等（David et al.，2001）[①]将知识资本模型应用于跨国企业中，发现如果东道国的贸易成本增加，会导致母国公司的产量增加。Keith 和 Yiting（2006）[②] 将知识资本模型扩展到包括食品加工业在内的各种制造业行业中。从动态面板数据的实证分析发现，对于技术人员和资本相对充足的行业，海外附属子公司的出口和销售会有明显促进作用。陈继勇和盛杨怿（2008）[③] 通过中国 29 个地区 1992—2009 年的面板数据进行检验分析，发现通过 FDI 流入的知识资本带来的溢出效应并不明显，但对当地科技水平的提高有很大作用。玛丽尔等（Mariel et al.，2009）[④] 重新检验了包含横向 FDI 和纵向 FDI 的知识资本模型的部分理论观点，认为模型中的系数是随时间变化的，而且在使用 1982—2003 年的 30 个 OECD 国家的数据进行验证时，确定这些系数不是常数。Hlega（2010）[⑤] 等研究了小型开放国家与大型开放国家 FDI 流动的区别，并以冰岛为例，建立了不同的知识资本模型来比较冰岛与大型开放国家以及类似的国家 FDI 流动状况。Jiang 等（2013）[⑥] 研究发现，FDI 和出口增长均对经济增长有很好的促进作用。

近 20 年来，有关 FDI、知识资本投入对高技术产业及出口增长研究的文献非常多，本书列出部分有关代表性文献汇总如表 10 – 1 所示。

[①] David, L. C., Markusen, J. R. and Keith, E. M., Estimating the knowledge – capital model of the multinational enterprise [J]. *American Economic Review*, 2001, 6, pp. 693 – 708.

[②] Keith, E. M. and Yiting, A., Knowledge – capital, international trade and foreign direct investment: A sectoral analysis [Z]. International Agricultural Trade Research Consortium, December 3 – 5, 2006.

[③] 陈继勇、盛杨怿：《外商直接投资的知识溢出与中国区域经济增长》，《经济研究》2008 年第 12 期。

[④] Mariel, P., Susan, O. and Carlos, R., The knowledge – capital model of FDI: A time varying coefficients approach [J]. *Scottish Journal of Political Economy*, 2009, 56 (2), pp. 196 – 212.

[⑤] Helga, K., Foreign direct investment: The knowledge – capital model and a small country case [J]. Scottish Journal of Political Economy, 2010, 57 (5), pp. 591 – 614.

[⑥] Jiang, L., Gu, C. L. and Qiu, W. C., The analysis of the relationship between FDI, trade and economic development in Zhejiang Province [Z]. Proceedings of 2013 International Conference—WTO & Financial Engineering, Melbourne – Australia: ST. Plum – Blossom Press, 2013, pp. 404 – 408.

表10-1　　有关知识资本与高技术产业的代表性文献汇总

作者	主要内容	样本数据	变量选择	主要结论
杰弗里·伯恩斯坦和艾沙曼·纳迪里 Jeffrey Bernstein 和 Ishaq Nadiri (1988)①	5个高技术产业间的研发溢出效应	1958—1981年5个高技术产业数据	工资水平、产出水平、利率和研发投入	根据各个高技术产业特点，以及研发外溢重要性的不同，这些高技术产业间的溢出效应有很大的不同
多元线性回归模型			$Inc_v/w_m = \beta_0 + \beta_l Inw_l + \beta_p Inw_p + \beta_y Iny + \beta_i InK_r^i$ $+ \beta_{lp} Inw_l Inw_p + \beta_{ly} Inw_l Iny + \beta_{li} Inw_l InK_r^i$ $+ \beta_{py} Inw_p Iny + \beta_{pi} Inw_p InK_r^i + \beta_{yi} Iny InK_r^i$ $+ (InK_r^i + \beta_{ls} Inw_l + \beta_{ps} Inw_p) \sum_{\substack{j=1 \\ j \neq i}}^{N} \beta_{ij} InK_r^j + u_c$ $s_l = \beta_l + \beta_{lp} Inw_p + \beta_{ly} Iny + \beta_{li} InK_r^i + \beta_{ls} \sum_{\substack{j=1 \\ j \neq i}}^{N} \beta_{ij} InK_r^j + u_l$ $s_l = \beta_p + \beta_{lp} Inw_l + \beta_{py} Iny + \beta_{pi} InK_r^i + \beta_{ps} \sum_{\substack{j=1 \\ j \neq i}}^{N} \beta_{ij} InK_r^j + u_p$ $\partial Inc_v / \partial InK_r^j = \beta_{ij} (InK_r^i + \beta_{ls} Inw_l + \beta_{ps} Inw_p)$ $\partial s_k / \partial InK_r^j = \beta_{ks} \beta_{ij}$ $\partial Inv_k / \partial InK_r^j = \partial Inc_v / \partial InK_r^j + \beta_{ks} \beta_{ij} / s_k$ $k = l, p, m, i \neq j, j = 1, \cdots, 5$		
戴维·科和埃尔哈南·赫尔普曼（David Coe and Elhanan Helpman, 1995)②	研发流动对全要素生产率的影响	22个国家1971—1990年的数据	全要素生产率、国内研发投入和进口占GDP比重	在开放的经济体中，FDI流入对国内全要素生产率的提高效果是非常显著的
面板模型			$logF_i = \alpha_i^0 + \alpha_i^d logS_i^d + \alpha_i^f m_i logS_i^f$	

----

① Jeffrey, I. B. and Nadiri, M. I., Interindustry R&D spillovers, rates of return, and production in high-tech industries [J]. *American Economic Review*, 1988, 78 (2), pp. 429-434.

② Coe, D. T. and Helpman, E., International R&D spillovers [J]. European Economic Review, 1995, 39, pp. 859-887.

续表

作者	主要内容	样本数据	变量选择	主要结论
西奥汉尼·P. 马穆尼斯 (Theofanis P. Mamuneas, 1999)[1]	研发资本投入对企业短期的影响	美国1949—1991年6个高技术制造产业的数据	物价指数、实物资本、中间投入、劳动力和研发投入	给定产出后，如果公共研发资本投入增加，就能减少整个产业的生产成本，所有消费者境况变好
最优化模型			$\max\limits_{y,v,zs=t} \sum\limits_{t}^{\infty} E_t \alpha_{t,s} [p(y_s) y_s - w'_s v_s - q'_s I_s]$ $y_t = F(v_t, z_{t-1}, \Delta z_t; G_{t-1})$ $z_{jt} = I_{jt} + (1-\delta_j) z_{jt-1}$		
埃默·杜利 (Emer Dooley, 2000)[2]	知识资本在软件产业中的作用	1998年美国软件企业各项指标	企业市值、人力资本、净收入、总资产等	人力资本和顾客资本并不直接影响企业的市场价值，而是通过市场份额间接影响
多元线性回归模型			$\dfrac{MVE}{A} = \beta_0 + \beta_1 \dfrac{BVE}{A} + \beta_2 \dfrac{NI}{A} + \beta_3 NFM + \varepsilon$		
詹姆·C. 海顿 (James C. Hayton, 2002)[3]	知识资本在创业导向的高科技产业投资中的作用	美国1994年至1998年IPO的高技术创业企业	产业类别、企业规模、企业年龄、经营业绩、宽松资源、IPO年份	企业所拥有的知识资本与创新和投资行为没有明显的相关性
多元线性回归模型			$Y = a + b \sum\limits_{i=1}^{19} x_i$		
马克·J. 梅尔茨 (Mark J. Melitz, 2003)[4]	企业异质性对产业内贸易的影响	无数据，纯理论推导	消费和需求数量、价格和替代弹性等	不同生产效率的企业选择不同的销售市场

---

[1] Theofanis, P. M., Spillovers from publicly financed R&D capital in high-tech industries [J]. *Journal of Industry Organization*, 1999, 17, pp. 215-239.

[2] Emer, D., Intellectual capital in the software industry: an empirical test [D]. Doctoral Dissertation, University of Washington, 2000.

[3] Hayton, J. C., The effect of intellectual capital on entrepreneurial orientation in high technology new ventures [D]. Doctoral Dissertation, Georgia State University, 2002.

[4] Melitz, M. J., The impact of trade on intra-industry reallocations and aggregate industry productivity [J]. *Econometrica*, 2003, 71 (6), pp. 1695-1725.

续表

作者	主要内容	样本数据	变量选择	主要结论
	异质性企业模型	$U = \left[\int_{\omega \in \Omega} q(\omega)^{\rho} d\omega \right]^{\frac{1}{\rho}}$ $P = \left[\int_{0}^{\infty} p(\varphi)^{1-\sigma} M\mu(\varphi) d\varphi \right]^{\frac{1}{1-\sigma}}$ $v(\varphi) = \max\left\{0, \sum_{t=0}^{\infty}(1-\delta)^{t}\pi(\varphi)\right\}$ $\tilde{\varphi}_t = \left\{\frac{1}{M_t}\left[\tilde{M}\tilde{\varphi}^{\delta-1} + nM_x(\tau^{-1}\tilde{\varphi}_x)^{\delta-1}\right]\right\}^{\frac{1}{\delta-1}}$		
波尔·安特拉斯（Pol Antras, 2003）[1]	国际契约与跨国公司战略	1987年、1989年、1992年和1994年的美国出口数据	企业内部出口和总出口	各国要素差异对企业组织的影响
	企业内生边界模型	$U = \left(\int_{0}^{nY} y(i)^{\alpha} di\right)^{\frac{\mu}{\alpha}} \left(\int_{0}^{nZ} z(i)^{\alpha} di\right)^{\frac{1-\mu}{\alpha}}$ $x_k(i) = \left(\frac{K_{x,k}(i)}{\beta_k}\right)^{\beta_k} \left(\frac{L_{x,k}(i)}{1-\beta_k}\right)^{1-\beta_k}, k \in \{Y, Z\}$ $y(i) = A_Y p_Y(i)^{\frac{-1}{1-\alpha}}$		
R. Michael, D. Qiao, Liu 和 G. Lynne Z.（2004）[2]	知识资本对高技术企业市值的影响	美国1979—1992年100家生物技术上市公司	企业债务、特殊人力资本、重大技术突破频率、有形资产价值	如果生物技术上市公司雇员的科学家发表了一篇重要论文，可以预计其市值将比没有论文的类似公司高出7.3%或1600万美元

---

[1] Antras, P., Firms, contracts, and trade structure [J]. *The Quarterly Journal of Economics*, 2003, 118 (4), 1375 - 1418.

[2] Michael, R. D., Qiao, L. and Lynne, G. Z., Stakes and stars: The effect of intellectual human capital on the level and variability of high – tech firm's market values [J]. *Economic Inquiry*, 2004, 42 (3), pp. 351 - 369.

续表

作者	主要内容	样本数据	变量选择	主要结论
	微分方程模型	$V(t) = \alpha A(t) + \beta S(t)$ $\dfrac{dV(t)}{V(t)} = (R(t) - \lambda \mu_j)dt + \sqrt{\sigma} dz(t) + J(t) dq(t)$ $ln[1 + J(t)] \sim N\left(ln[1 + \mu_j] - \dfrac{1}{2}\sigma_J^2 \sigma_J^2\right)$ $\lambda = \lambda_0 + \lambda x_1$			
Shu–Lien Chang (2007)[①]	测定中国台湾IT产业知识资本对经营业绩的影响	中国台湾2001—2005年IT产业上市公司年报数据	知识资产、账面市值比和研发支出	中国台湾的IT产业已经有能力将知识资本转化成高附加值的产品或服务
	多元线性回归模型	$M/B = \alpha_0 + \alpha_1 VAIC + \varepsilon_i$ $\dfrac{M}{B} = \alpha_0 + \alpha_1 ICE + \alpha_2 CEE + \varepsilon_i$ $= \alpha_0 + \alpha_1 HCE + \alpha_2 SCE + \varepsilon_i$ $M/B = \alpha_0 + \alpha_1 HCE + \alpha_2 SCE + \alpha_3 CEE + \alpha_4 R\&D + \varepsilon_i$ $M/B = \alpha_0 + \alpha_1 HCE + \alpha_2 SCE + \alpha_3 CEE + \alpha_4 R\&D + \alpha_5 IP + \varepsilon_i$			

第二节　高技术产品出口的国际比较分析

一　高技术产品出口国际比较

（一）高技术产品出口规模比较

2009年世界高技术产品的出口总值排序，中国、德国、美国和日本的高技术产品出口总值列世界前四位，中国居世界第一位（见表

[①] Shu–Lien, C., Valuing intellectual capital and firm's performance: Modifying value added intellectual coefficient (VAIC™) in Taiwan IT industry [D]. Doctoral Dissertation, Golden Gate University, 2007.

10-2)。中国高技术产品出口总值约是美国、日本和法国三国高技术产品出口总量之和,大约是德国的2.2倍、美国的2.4倍、日本的3.3倍。1995—2001年,中国高技术产品出口比较平稳。自2002年以来,中国高技术产品出口快速增长,并在2005年超越美国,居世界第一。虽然在2008年金融危机期间受到影响,出现一定程度的下降,但是增长势头仍然强劲。同期德国的高技术产业发展也比较快,赶超美国跃居世界第二位。2008年金融危机以来日本和美国高技术产品出口出现比较明显的下降。

表10-2　　　　　2009年世界高技术产品出口总值比较

国家	排名	出口总值（现价美元）	国家	排名	出口总值（现价美元）
中国	1	3.0960E+11	加拿大	12	2.3179E+10
德国	2	1.3996E+11	匈牙利	13	1.6919E+10
美国	3	1.3241E+11	捷克	14	1.4252E+10
日本	4	9.5159E+10	瑞典	15	1.2794E+10
韩国	5	9.2856E+10	丹麦	16	1.0630E+10
法国	6	8.2531E+10	西班牙	17	1.0157E+10
英国	7	5.5135E+10	芬兰	18	6.7468E+09
荷兰	8	5.0765E+10	波兰	19	6.6270E+09
比利时	9	2.9462E+10	挪威	20	3.8079E+09
意大利	10	2.5027E+10	斯洛文尼亚	21	1.2432E+09
爱尔兰	11	2.4287E+10	葡萄牙	22	1.1663E+09

资料来源：世界银行数据库。

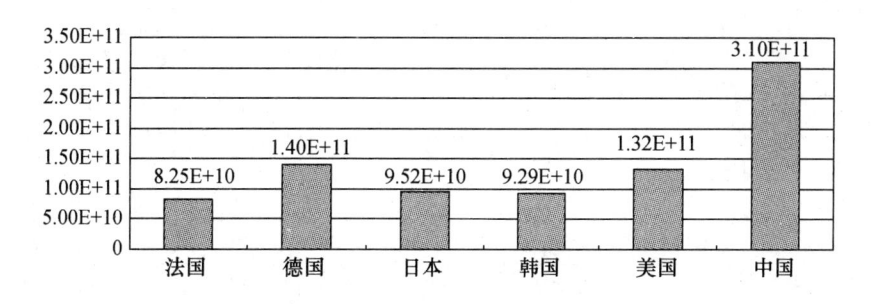

图10-1　部分国家高技术产品出口总量（2009年）

资料来源：世界银行科技指标数据库。

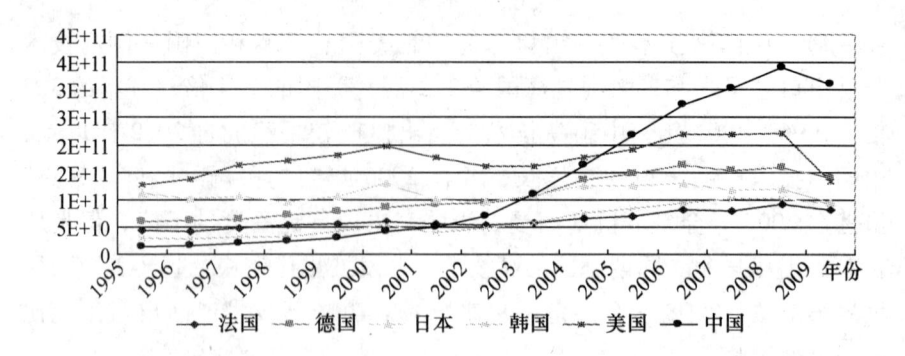

图 10-2　部分国家高技术产品出口变化情况（1995—2009 年）

资料来源：世界银行科技指标数据库。

（二）高技术产品增加值国际比较

高技术产品的增加值位列世界前四位的是美国、中国、日本和德国。但是，与高技术产品出口总值相比，排列顺序有所不同。2009 年美国高技术产品增加值达到 3680 亿美元，居世界第一位，中国高技术产品的增加值 2080 亿美元居世界第二位，日本为 1720 亿美元居世界第三位，德国为 965 亿美元居世界第四位（见表 10-3）。

表 10-3　2009 年世界高技术产品出口增加值比较

国家	排名	增加值	国家	排名	增加值
美国	1	3.6762E+11	西班牙	12	1.2956E+10
中国	2	2.0819E+11	比利时	13	9.2143E+09
日本	3	1.7162E+11	荷兰	14	7.1286E+09
德国	4	9.6515E+10	丹麦	15	6.9208E+09
韩国	5	5.3126E+10	芬兰	16	6.3950E+09
英国	6	4.6179E+10	匈牙利	17	4.2658E+09
法国	7	4.3358E+10	波兰	18	3.9172E+09
意大利	8	3.2863E+10	挪威	19	3.2989E+09
加拿大	9	1.8220E+10	捷克	20	3.2226E+09
爱尔兰	10	1.5261E+10	斯洛文尼亚	21	1.4877E+09
瑞典	11	1.3936E+10	葡萄牙	22	1.3719E+09

资料来源：OECD 结构分析数据库。

美国的高技术产品出口增加值约是中国的 1.8 倍，日本的 2.1 倍，德国的 3.8 倍。而中国的高技术产品出口增加值是日本的 1.2 倍，德国的 2.1 倍，将这些数据与高技术产品出口总值相比，中国的出口总值约是德国的 2.2 倍，日本的 3.3 倍，美国的 2.4 倍。中国的出口总值比美国多 1.4 倍，但增加值仅为美国的 56%，中国与美国的技术差距不可忽视。

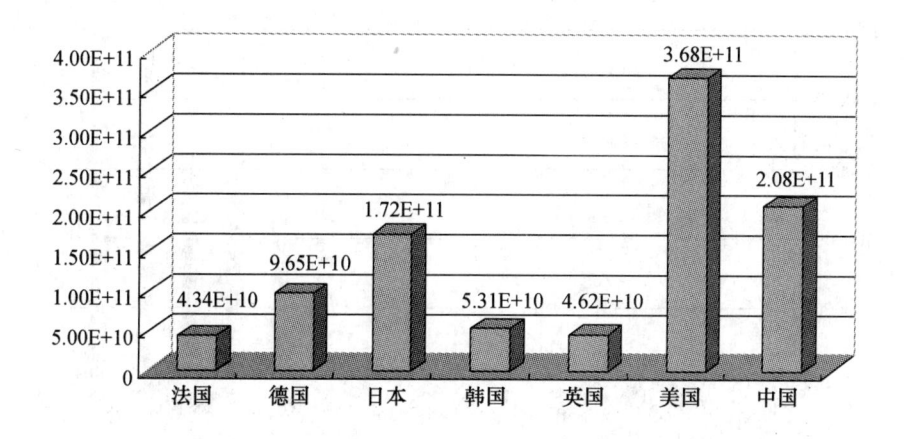

图 10-3　部分国家高技术产品增加值（2009 年）

资料来源：OECD 结构分析数据库。

二　高技术产品出口与知识资本投入存在相关性

从国内外高技术产业发展及其出口增长的实际数据看，高技术产品出口与知识资本投入存在高度相关性，对高技术产业投入不断增加，促进高技术产业快速发展，同时促进高技术产品出口增长。

20 世纪 90 年代中期以来，我国高技术产业研发经费投资不断增加，高技术产业出口也逐渐加快。我国东中西各区域高技术产品出口规模与知识资本中的研发资本投入规模存在高度相关性，同时我国东中西各区域高技术产业发展的不平衡性也长期存在。我国东部地区高技术产业研发内部经费支出从 1996 年的 18.2 亿元增长到 2011 年的 1038 亿元，东部地区高技术产业研发内部经费支出占全国比例从 1996 年 58.8% 上升到 2011 年 83.9%（见图 10-4 和图 10-5）。东部地区高技术产业出口交货值从 1998 年的 1954 亿元增长到 2011 年的 37625 亿元，东部地区高技术产业出口交货值占全国比例一直稳定在 95% 左右，中西部地区高技术产业出口交货值只占全国的5%左右（见图10-6和图10-7）。

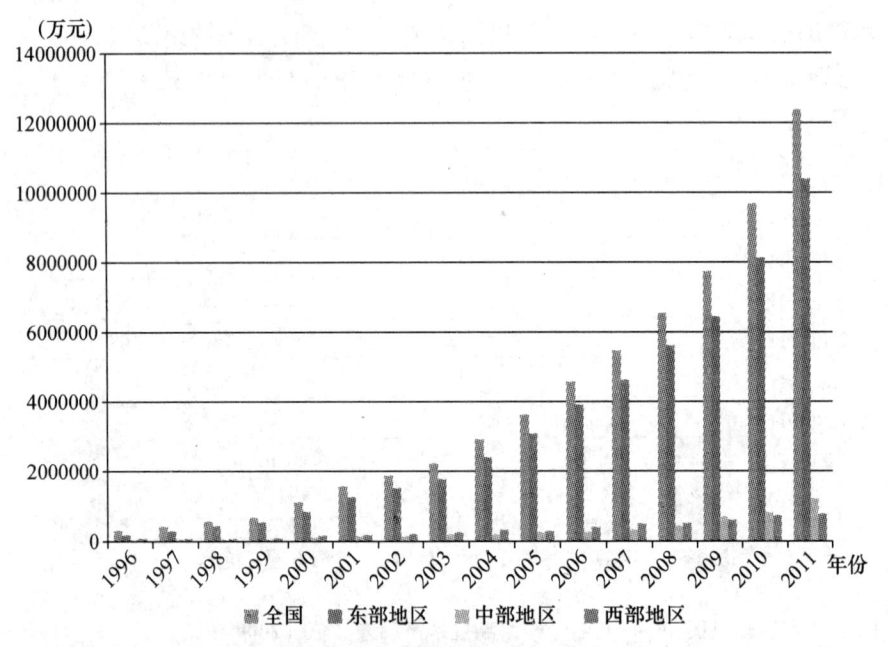

图10-4　高技术产业研发内部经费支出

资料来源：有关年份《中国高技术产业统计年鉴》。

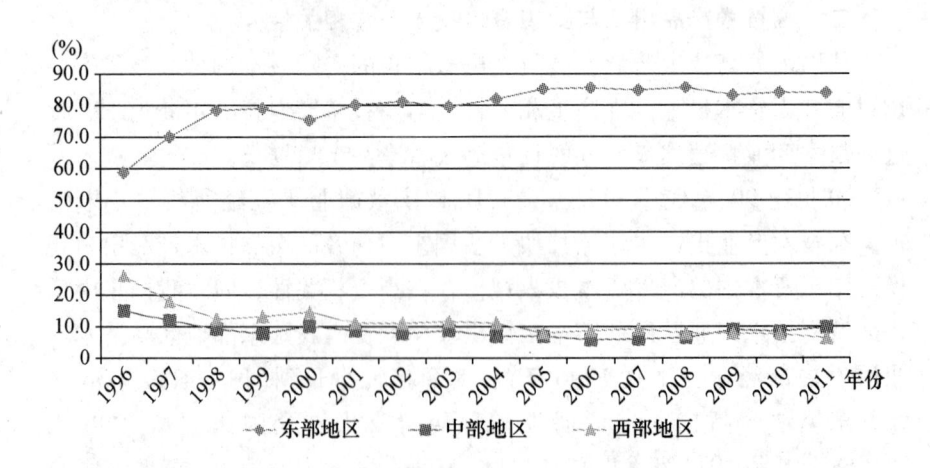

图10-5　我国东部、中部、西部地区高技术研发内部经费支出占全国比例

资料来源：有关年份《中国高技术产业统计年鉴》。

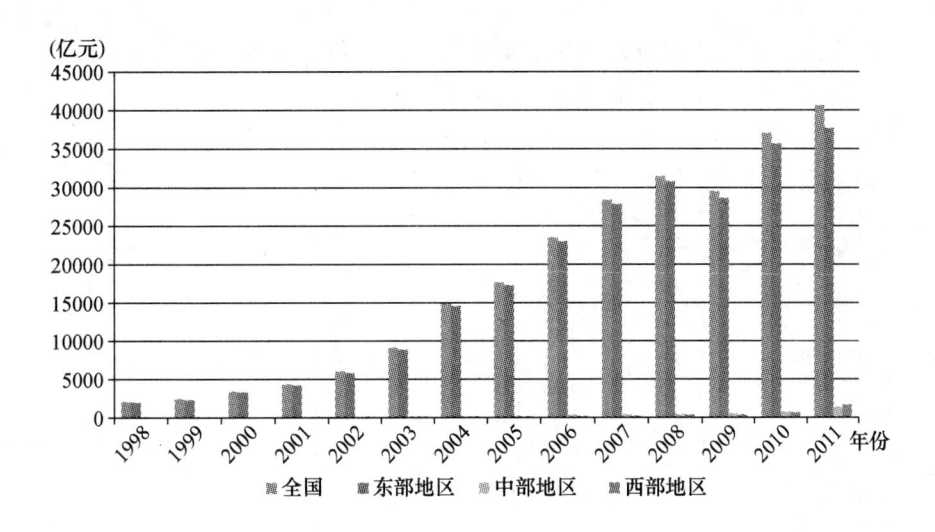

图 10-6　高技术产业出口交货值

资料来源：《中国高技术产业统计年鉴》。

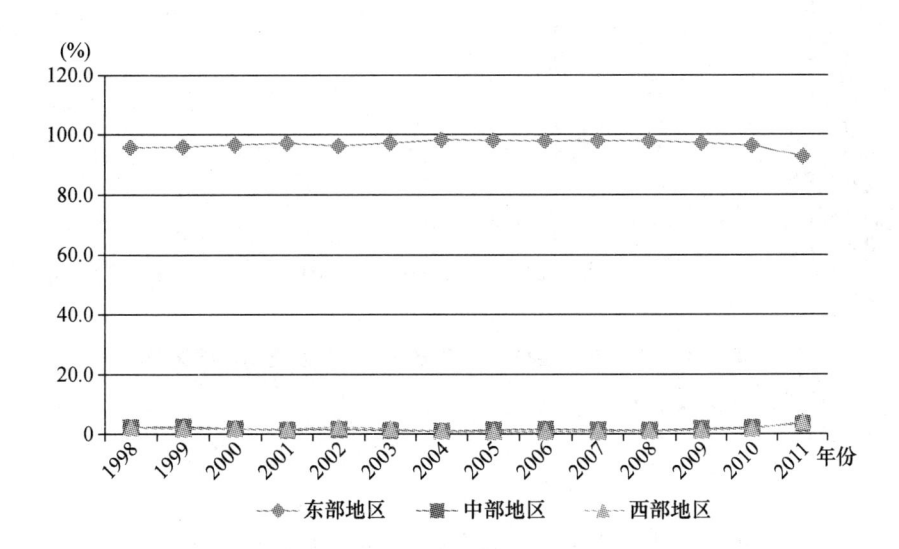

图 10-7　东部、中部、西部高技术产业出口交货值占全国比例

资料来源：有关年份《中国高技术产业统计年鉴》。

从世界范围看，高技术产品出口规模也与研发经费投入规模存在密切的关系。世界前 10 位高技术产品出口国大多数是研发经费投入规模居世界前列的国家。美国的国内研发支出总额超过 4000 亿美元，位居世界首位。中国国内研发支出总额居世界第二位。日本、德国和韩国等国家的国内研发支出总额居世界前10位（见图10-8）。

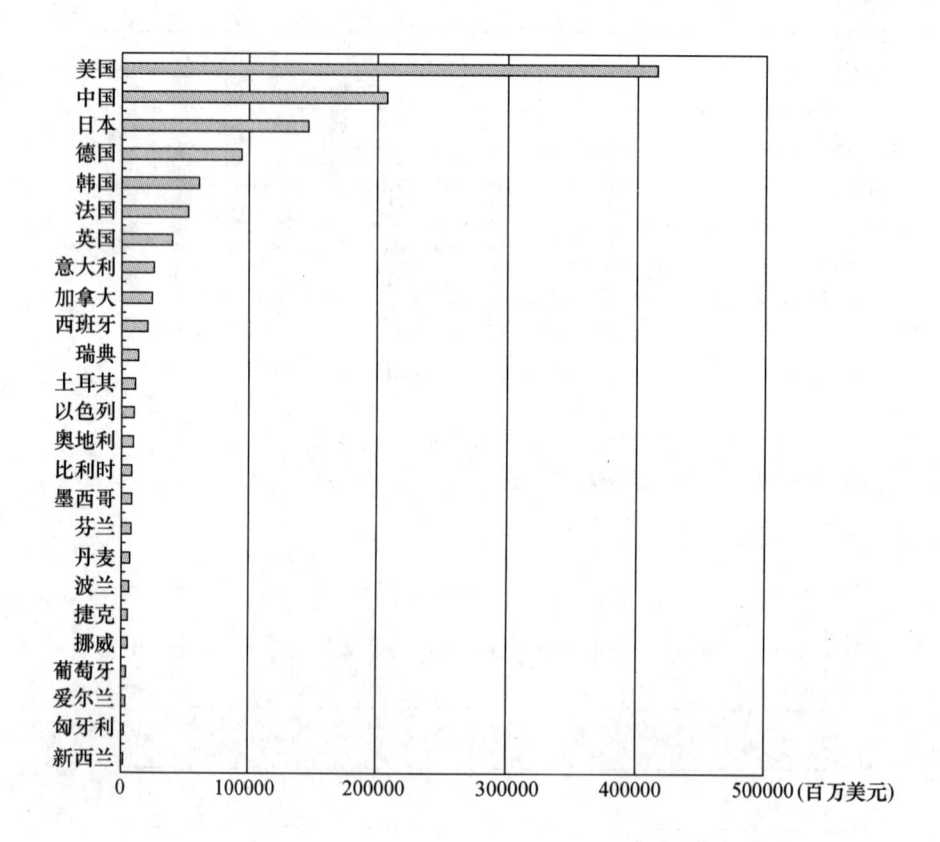

图10-8 2011年中国与OECD各国国内研发支出总额比较

资料来源：OECD数据库。

第三节 高技术产业知识资本与出口增长的理论模型

本节建立数学模型进一步分析高技术产业知识资本投入与出口增长的相关性，具体分为模型构建和模型改进两个部分。模型构建部分是在前人的研究基础上构建个体固定效应模型和多元回归模型，并对其进行拓展。模型改进部分则是努力消除多重共线性和自变量之间的相互影响，使得模型更加符合实际情况。

一 知识资本投入与产出模型

知识资本和出口增长的各类计量模型中，柯布—道格拉斯生产函数在经典文献中使用得更为广泛。本章在柯布—道格拉斯生产函数中引入知识资本变量，分析知识资本投入对产出的影响，见下列模型：

$$Y_t = AL_t^\alpha K_t^\beta I_t^\gamma e^{\varepsilon_t} \tag{10.1}$$

其中，Y_t、L_t、I_t 和 K_t 分别表示第 t 年的产出、劳动投入、货币资本投入和知识资本存量，α、β、γ 分别表示劳动投入、知识资本存量与货币资本的投入产出弹性，ε_t 表示随机误差项，不妨假定 A 是常量。如果将出口交货值 Y_t^{EX} 作为应变量代入式（10.1）中，则可以得到：

$$Y_t^{EX} = AL_t^\alpha K_t^\beta I_t^\gamma e^{\varepsilon_t} \tag{10.2}$$

对式（10.2）两边取对数可得：

$$\ln Y_t^{EX} = \ln A + \alpha \ln L_t + \beta \ln K_t + \gamma \ln I_t + \varepsilon_t \tag{10.3}$$

不同类型的知识资本投入与出口增长的相关性各有差异，需要进行细分。根据斯维比（1997）[1] 分类方法，知识资本由雇员能力、内部组织和外部组织三个部分组成。此处用研发经费内部支出、技术引进经费支出和购买国内技术经费支出反映雇员能力，用消化吸收经费支出反映内部组织，用技术改造经费支出反映外部组织。

研发经费内部支出对高技术产业的影响是十分显著的，作为知识资本投入的主要形式（Coe and Helpman，1995[2]；Hall and Jacques，1995[3]；Griliches，1998[4]），研发投入能够加快新产品的研发，加速产品的更新换代，全面提高高技术产业的产出和出口。因此，将研发经费内部支出作为研究高技术产业出口增长的投入变量是十分合理的。

技术引进经费支出则通过对国外先进技术的引进，提高高技术产品

---

[1] Sveiby, K. E., The new organizational wealth: managing and measuring knowledge – based assets [M]. San Francisco, CA: Berrett – Koehler Publication, 1997.

[2] Coe, D. T. and Helpman, E., International R&D spillovers [J]. *European Economic Review*, 1995, 39, pp. 859 – 887.

[3] Hall, B. H. and Jacques, M., Exploring the relationship between R&D and productivity in French manufacturing firms [J]. *Journal of Econometrics*, 1995, 65, pp. 263 – 293.

[4] Griliches, Z., R&D and productivity: The economic evidence [M]. Chicago: University of Chicago Press, 1998, p. 128.

的质量，使之具有在国际市场上竞争的能力。在高技术产业发展初期，技术引进经费支出对于缩小国内外生产技术差距具有显著效果，随着自主研发能力的不断加强，技术引进经费支出的作用会逐渐减弱（刘展，2008）。① 虽然中国目前高技术产业的研发经费内部支出提高得很快，但仍然需要投入技术引进经费支出，填补国内的某些技术空白。

相对于技术引进经费支出而言，购买国内技术经费支出能够在相对成本较低的情况下，获得类似的生产技术。先进技术的引进使高技术产业实现跨越式发展（乔翠霞，2008）②，同时也促进国内相关研究的发展。自改革开放以来，中国对技术引进经费支出的投入很大，效果也十分显著。

消化吸收经费支出是国内某些高技术产业在吸收先进生产技术时产生的，相关投入能够有效缩小国内外技术差距水平。对于高技术产业来说，消化吸收经费支出能够促进企业研发能力的提升（李蕊，2008）③，提高出口产品的技术水平。虽然近些年中国的科技水平提高得很快，但在部分产业中，仍然需要对现有先进技术进行更完善的吸收。

技术改造经费支出对于很多初步发展的高技术产业而言，能够有效地提高产业产出水平（王晓珍，2012）④，最终影响出口。与消化吸收经费支出有所不同的是，技术改造经费支出是在原先的技术水平上进行改进，提高产品竞争力，促进出口增长，缩小企业间的技术差距，例如，日本在技术改造方面做得十分出色，推动高技术产业出口快速发展。

综上所述，研发经费内部支出、技术引进经费支出、购买国内技术支出、消化吸收经费支出和技术改造经费支出对高技术产业的出口增长是相对显著（程惠芳、陆嘉俊，2014）。因此，现将知识资本表达式扩展得到下式：

---

① 刘展：《我国高技术产业技术引进与自主研发技术创新优化策略研究》，博士学位论文，上海交通大学，2008年。
② 乔翠霞：《提高技术引进效率，实现我国技术跨越式发展——后起国家技术发展的经验及启示》，《科学经济社会》2008年第2期。
③ 李蕊：《FDI与中国工业自主创新：基于地区面板数据的实证分析》，《世界经济研究》2008年第2期。
④ 王晓珍：《科技经费配置对市场创新绩效影响测度及结构优化研究——以我国部分省域高技术产业为例》，博士学位论文，中国矿业大学，2012年。

$$K_t^\beta = KR_t^{\beta_1} KI_t^{\beta_2} KB_t^{\beta_3} KD_t^{\beta_4} KC_t^{\beta_5} \tag{10.4}$$

其中，β_i（$i=1,2,\cdots,5$）表示各种知识资本的替代弹性，KR_t、KI_t、KB_t、KD_t 和 KC_t 分别表示第 t 年研发经费内部支出存量、技术引进经费支出存量、购买国内技术支出存量、消化吸收经费支出存量和技术改造经费支出存量。再将新得到的知识资本拓展式（10.4）代入式（10.3），可将式（10.3）转化为：

$$\ln Y_t^{EX} = \ln A + \alpha \ln L_t + \beta_1 \ln KR_t + \beta_2 \ln KI_t + \beta_3 \ln KB_t + \beta_4 \ln KD_t + \beta_5 \ln KC_t + \gamma \ln I_t + \varepsilon_t \tag{10.5}$$

由于研究对象是知识资本和出口增长，因此，将劳动力和货币资本两个变量予以舍去，得到新方程如下所示：

$$\ln Y_t^{EX} = \ln A + \beta_1 \ln KR_t + \beta_2 \ln KI_t + \beta_3 \ln KB_t + \beta_4 \ln KD_t + \beta_5 \ln KC_t + \varepsilon_t \tag{10.6}$$

另外，由于知识资本的投入至出口需要一定的时间，存在明显的滞后现象，相关文献论证也较多[1][2][3]，但将其纳入计量分析的却偏少。因此，可以将式（10.6）修改为：

$$\ln Y_t^{EX} = \ln A + \beta_1 \ln KR_{t-a} + \beta_2 \ln KI_{t-b} + \beta_3 \ln KB_{t-c} + \beta_4 \ln KD_{t-d} + \beta_5 \ln KC_{t-e} + \varepsilon_t \tag{10.7}$$

其中，a、b、c、d、e 分别表示研发经费内部支出、技术引进经费支出、购买国内技术经费支出、消化吸收经费支出和技术改造经费支出投入至影响出口增长的滞后期数，单位为年。同理，在研究知识资本投入与新产品出口的相关性时，可以建立模型如下：

$$\ln Y_t^{NEX} = \ln A + \beta_1 \ln KR_{t-a} + \beta_2 \ln KI_{t-b} + \beta_3 \ln KB_{t-c} + \beta_4 \ln KD_{t-d} + \beta_5 \ln KC_{t-e} + \varepsilon_t \tag{10.8}$$

以上模型主要从宏观角度探讨各种类型的知识资本与出口增长的相关性，但是总体回归结果难以对照分析，结论过于宏观。而各地区的经济结

---

[1] Griliches, Z., *R&D and productivity: the econometric envidence* [M]. Chicago: University of Chicago Press, 1998, pp. 17 – 45.

[2] Lee, G. B., Are knowledge spillovers international or intranational in scope? Microeconometric evidence from the U.S. and Japan [J]. *Journal of International Economics*, 2001, 53 (1), pp. 53 – 79.

[3] Hans, L. and Almas, H., Knowledge capital and performance heterogeneity: A firm – level innovation study [J]. *International Journal of Production Economics*, 2002, 76 (1), pp. 61 – 85.

构有很大不同,因此,行业层面和地区层面的回归结果可能存在显著差异,必须加以考虑,并仔细比较分析。在下面模型拓展中,对研究对象进一步区分。一方面,为了比较行业层面和地区层面的知识资本与出口增长的总体相关性,建立面板数据的个体固定效应模型;另一方面,为了了解各种知识资本与各行业或地区的相关性,对多元回归模型进行改进。

二 高技术行业知识资本与出口增长模型

不同种类的知识资本投入对高技术产业出口的影响各不相同。各行业的知识资本投入与出口增长的相关性也有所差别,因此,考虑行业因素,对总体模型进行拓展,可得:

$$\ln Y_{i,t}^{EX} = \ln A_i + \beta_1 \ln KR_{i,t-a} + \beta_2 \ln KI_{i,t-b} + \beta_3 \ln KB_{i,t-c} + \beta_4 \ln KD_{i,t-d} + \beta_5 \ln KC_{i,t-e} + \varepsilon_{i,t} \quad (10.9)$$

其中,下标 i 表示第 i 个行业,且 $i=1,2,\cdots,5$,依次为医药制造业、航空航天器制造业、电子及通信设备制造业、电子计算机及办公设备制造业和医疗设备及仪器仪表制造业。

为了反映高技术产业知识资本投入对出口增长的总体影响,建立个体固定效应模型,不妨假设每个行业对应的随机误差项的期望值均为 0,如式(10.10)所示:

$$E(\varepsilon_{i,t} | \alpha_i, \vec{X}_{i,t}) = 0 \quad (10.10)$$

然后定义面板数据模型如下:

$$\ln Y_{i,t}^{EX} = \ln A_i + \vec{X}'_{i,t}\vec{\beta} + \varepsilon_t \quad (10.11)$$

其中,$\vec{X}'_{i,t}$ 表示 5×1 阶解释变量列向量,$\vec{\beta}$ 表示 5×1 阶回归系数列向量。为了更好地突出模型的行业特征,将模型改成如下形式:

$$\ln Y_{i,t}^{EX} = \alpha_1 D_1 + \alpha_2 D_2 + \alpha_3 D_3 + \alpha_4 D_4 + \alpha_5 D_5 + \vec{X}'_{i,t}\vec{\beta} + \varepsilon_{i,t} \quad (10.12)$$

其中,$D_j = \begin{cases} 1, & i=j \\ 0, & i \neq j \end{cases}$ 是逻辑变量。而 α_1、α_2、α_3、α_4、α_5 则分别是 D_1、D_2、D_3、D_4、D_5 的回归参数。同理,如果将研究对象换成新产品出口,则可以得到新模型如式(10.13)所示:

$$\ln Y_{i,t}^{NEX} = \alpha_1 D_1 + \alpha_2 D_2 + \alpha_3 D_3 + \alpha_4 D_4 + \alpha_5 D_5 + \vec{X}'_{i,t}\vec{\beta} + \varepsilon_{i,t} \quad (10.13)$$

上述两个公式可以针对各个行业,直观地反映各种知识资本对出口交货值和新产品出口的影响。对于各个地区来说,各种类型的知识资本与出口交货值、新产品出口的相关性可能有很大差异。因此,下面从地区层面分析高技术产业知识资本与出口增长的相关性。

三 区域高技术知识资本与出口增长模型

不同区域的经济发展程度不同，高技术产业的分布也各有差异。因此，特定区域知识资本与出口增长的相关性也不同。下面分别是对地区内和地区间的分析，其中，地区内分析主要考虑特定地区各种知识资本投入与出口增长的相关性，而地区间分析则偏重知识资本投入与出口增长的总体相关性，考虑各地区的因素，扩展模型可得：

$$\ln Y_{i,t}^{EX} = \ln A_i + \beta_1 \ln KR_{i,t-a} + \beta_2 \ln KI_{i,t-b} + \beta_3 \ln KB_{i,t-c} + \beta_3 \ln KD_{i,t-d} + \beta_3 \ln KC_{i,t-e} + \varepsilon_{i,t} \tag{10.14}$$

其中，下标 i 表示第 i 个地区，且 $i=1,2,3$，依次表示东部地区、中部地区和西部地区。为了分析各地区总体的知识资本与出口增长情况，建立个体固定效应模型。与上节中的公式（10.10）相同，不妨假设每个地区对应的随机误差项的期望值为 0。然后，定义面板数据模型如下：

$$\ln Y_{i,t}^{EX} = \ln A_i + \vec{X}_{i,t}' \vec{\beta} + \varepsilon_t \tag{10.15}$$

其中，$\vec{X}_{i,t}'$ 表示 3×1 阶解释变量列向量，$\vec{\beta}$ 表示 3×1 阶回归系数列向量。为了更好地突出模型的地区特征，引入 0—1 变量，拓展模型，将模型改成如式（10.16）所示：

$$\ln Y_{i,t}^{EX} = \alpha_1 D_1 + \alpha_2 D_2 + \alpha_3 D_3 + \vec{X}_{i,t}' \vec{\beta} + \varepsilon_{i,t} \tag{10.16}$$

其中，$D_j = \begin{cases} 1, & i=j \\ 0, & i \neq j \end{cases}$ 是逻辑变量。α_1、α_2、α_3 分别表示 D_1、D_2、D_3 的回归参数。与上节行业层面的模型相同，将研究对象换成新产品出口，可以得到模型如式（10.17）所示：

$$\ln Y_{i,t}^{NEX} = \alpha_1 D_1 + \alpha_2 D_2 + \alpha_3 D_3 + \vec{X}_{i,t}' \vec{\beta} + \varepsilon_{i,t} \tag{10.17}$$

上述两个公式可以针对各个地区，直观反映各种知识资本对出口交货值和新产品出口的影响。在理论模型初步建立之后，将处理后的高技术产业数据代入行业层面和地区层面的模型后发现，各个变量之间可能会存在一定影响，违反了回归模型的经典假定，需要对模型进行改进。

四 模型改进与完善

由于在实际经济运行中存在各种不可控因素，可能会使统计数据受到一定影响，从而使模型结果产生偏差。根据上节模型的初步运算结果，主要可能存在多重共线性和变量相互影响两个方面的因素。其中，多重共线性会导致模型出现伪回归，从而影响计算结果。而在模型构建时，变量间的相互影响又会让人忽视变量之间可能存在的影响关系。因此，为了使模型结果更加精确，反映实际情况，以上两个问题都要重点分析、消除。

（一）多重共线性的消除

各种类型的知识资本之间可能存在某种联系，导致多重共线性的出现。在多元回归模型中，一般用 Pearson 相关系数来衡量变量间的线性相关性。如果 Pearson 相关系数接近 ±1，那么说明两个自变量之间具有显著的正、负相关性，导致整个模型出现多重共线性，必须剔除其中一个。对于任意两个变量 k_1 和 k_2，容易计算得到其方差分别为 σ_{k_1} 和 σ_{k_2}，这两个变量的协方差为 $\sigma_{k_1 k_2}$，那么 Pearson 相关系数可以表示为：

$$\rho = \frac{\sigma_{k_1 k_2}}{\sqrt{\sigma_{k_1} \sigma_{k_2}}} \tag{10.18}$$

判定变量是否线性相关的临界值标准各有不同，有些学者认为，0.8 以上便是具有较强的线性相关性（苏凤娇，2011）[1]，而另外一些学者的观点则相对模糊。这里保守认为，如果 Pearson 相关系数的绝对值大于 0.9，那么这两个变量之间有较强的线性关系，即满足：

$$|\rho| \geq 0.9 \tag{10.19}$$

表 10-4 计算了所有多元回归模型自变量之间的 Pearson 相关系数，由于版面限制，这里不再列举各个变量的相关系数表[2]，而是将 Pearson 相关系数绝对值大于 0.9 的两个相关变量予以列出，并根据各行业或各地区不同的情况，剔除重要性相对较小的自变量。容易看出，技术改造经费支出与研发内部经费支出有非常显著的正相关关系，因此在模型中将技术改造经费支出予以舍去。在不同的模型中，各个变量之间的 Pearson 相关系数有很大差异，需要根据各种类型知识资本的重要性剔除不同的变量，例如，研发经费内部支出是知识资本投入的主体部分，非常重要，均予以保留。

---

[1] 苏凤娇：《我国高新技术产业技术创新投入与产出绩效的关系研究》，硕士学位论文，华中科技大学，2011 年。

[2] 如读者对这些变量的相关系数表较为感兴趣，可以自行用 SPSS 或 EXCEL 计算得到，方法并不难，但较为麻烦，这里不再赘述。

表 10-4　自变量的 Pearson 相关系数

	行业或地区	自变量 Pearson 相关系数	剔除变量
出口交货值	医药制造业	KR 与 KD (0.970)、KR 与 KC (0.916)、KD 与 KC (0.949)	KD 和 KC
	航空航天器制造业	KR 与 KD (-0.939)、KR 与 KC (0.984)、KD 与 KC (-0.910)	KD 和 KC
	电子及通信设备制造业	KR 与 KB (0.915)、KR 与 KC (0.982)、KI 与 KC (0.904)、KB 与 KD (0.924)、KB 与 KC (0.947)、KD 与 KC (0.915)	KB 和 KC
	电子计算机及办公设备制造业	KR 与 KC (0.950)	KC
	医疗设备及仪器仪表制造业	KR 与 KC (0.993)	KC
	东部地区	KR 与 KI (0.922)、KR 与 KB (0.963)、KR 与 KC (0.970)、KI 与 KB (0.903)、KI 与 KC (0.955)、KB 与 KC (0.958)、KD 与 KC (0.935)	KI、KB 和 KC
	中部地区	KR 与 KD (0.910)、KR 与 KC (0.906)	KD 和 KC
	西部地区	KR 与 KC (0.923)	KC
新产品出口销售收入	医药制造业	KR 与 KD (0.962)、KR 与 KC (0.903)、KD 与 KC (0.949)	KD 和 KC
	航空航天器制造业	KR 与 KC (0.907)	KC
	电子及通信设备制造业	KR 与 KI (0.979)、KR 与 KC (0.987)、KI 与 KB (0.903)、KI 与 KC (0.905)、KB 与 KC (0.981)	KI 和 KC
	电子计算机及办公设备制造业	KR 与 KC (0.932)	KC
	医疗设备及仪器仪表制造业	KR 与 KC (0.993)	KC
	东部地区	KR 与 KI (0.943)、KR 与 KB (0.960)、KR 与 KC (0.978)、KI 与 KB (0.919)、KI 与 KC (0.942)、KB 与 KC (0.962)	KI、KB 和 KC
	中部地区	KR 与 KC (0.934)	KC
	西部地区	KR 与 KC (0.953)	KC

(二) 自变量的相互影响

各种知识资本之间可能存在某种联系而使自变量之间有相互作用，而这种相互作用又会影响模型的回归结果。因此，在模型中引入交叉项来分析自变量之间的相互影响。

国内的医药制造业还处于模仿创新的阶段，研发效率偏低（张永庆等，2011）[1]，部分国内的研发经费内部支出和购买国内技术经费支出可能存在明显的相互替代作用，从而对出口交货值或新产品出口产生影响。技术引进经费支出和购买国内技术经费支出也可能存在明显的相互影响（穆荣平等，2001）[2]，但技术引进经费支出引入的技术往往并不是前沿的核心技术，它和购买国内技术经费支出的相互影响只能对出口交货值产生重要影响，而对新产品出口则影响不大。

中国航空航天器制造业为了增强国际竞争力（秦臻等，2007）[3]，投入巨额研发经费内部支出；同时，不惜重金增加技术引进经费支出，或者先后投入研发经费内部支出和技术引进经费支出，提高技术的掌握能力，而这两种知识资本之间也可能存在着显著的替代效应。

在电子计算机及办公设备制造业中，技术引进经费支出能够获得较为先进的技术（刘展，2008）[4]，但整个计算机行业的技术扩散速度较快，和购买国内技术经费支出可能会有较强的相关性，并对出口交货值产生一定的影响。消化吸收经费支出的投入主要是为了更快地吸收国内外引进的技术，因此它和技术引进经费支出、购买国内技术经费支出具有一定的相关性，并对新产品出口产生较大影响。

医疗设备及仪器仪表制造业的集聚现象非常明显（王家庭，2012）[5]，研发经费内部支出和消化吸收经费支出可能存在显著的相关性，并对出口交货值产生影响。技术引进经费支出和消化吸收经费支出

---

[1] 张永庆、刘清华、徐炎:《中国医药制造业研发效率及影响因素》,《中国科技论坛》2011年第1期。

[2] 穆荣平、蔡长塔:《中国医药制造业国际竞争力评价》,《科研管理》2001年第2期。

[3] 秦臻、秦永和:《中国高技术产业国际竞争力分析——以航空航天器制造业为例》,《中国软科学》2007年第4期。

[4] 刘展:《我国高技术产业技术引进与自主创新优化策略研究》,博士学位论文,上海交通大学,2008年。

[5] 王家庭:《我国医疗设备及仪器仪表制造业的空间集聚的实证研究》,《岭南学刊》2012年第6期。

可能存在着显著的相关性，并对新产品出口产生影响。

东部地区科技发达，但高技术产业同构性较强（徐侠等，2008）[①]，研发经费内部支出和消化吸收经费支出可能存在显著的相互影响，并对出口交货值产生影响。中部地区研发投入对全要素生产率影响较小（邵松华，2012）[②]，购买国内技术经费支出可能和研发经费内部支出、技术引进经费支出存在显著的相关性，从而影响到出口交货值。在西部地区中，技术引进经费支出非常重要，但也可能和研发经费内部支出、购买国内技术经费支出有替代效应，进而影响出口交货值。各地区的新产品技术含量较高，知识资本投入的针对性较强。因此，地区层面的知识资本相互作用可能对新产品出口的影响较小，这与行业层面的知识资本投入有较大的不同。在分析了各种知识资本可能出现的相互影响情况后，对交叉项符号预期如表10-5所示。

表10-5　　　　　　　　　　交叉项预期符号

	行业或地区	交叉项	预期符号
出口交货值	医药制造业	$\ln KR_{t-a} \times KB_{t-c}$	-
		$\ln KI_{t-b} \times KB_{t-c}$	-
	航空航天器制造业	$\ln KR_{t-a} \times \ln KI_{t-b}$	-
	电子计算机及办公设备制造业	$\ln KI_{t-b} \times KB_{t-c}$	-
	医疗设备及仪器仪表制造业	$\ln KR_{t-a} \times \ln KD_{t-d}$	-
	东部地区	$\ln KR_{t-a} \times \ln KD_{t-d}$	+
	中部地区	$\ln KR_{t-a} \times \ln KB_{t-c}$	+
		$\ln KI_{t-b} \times \ln KB_{t-c}$	+
	西部地区	$\ln KI_{t-b} \times \ln KB_{t-c}$	+
		$\ln KR_{t-a} \times \ln KI_{t-b}$	+
新产品出口	医药制造业	$\ln KR_{t-a} \times \ln KB_{t-c}$	-
	航空航天器制造业	$\ln KR_{t-a} \times \ln KI_{t-b}$	-
	电子计算机及办公设备制造业	$\ln KB_{t-c} \times \ln KD_{t-d}$	-
		$\ln KI_{t-b} \times \ln KD_{t-d}$	-
	医疗设备及仪器仪表制造业	$\ln KI_{t-b} \times \ln KD_{t-d}$	-

---

① 徐侠、安同良：《东部地区高新技术产业同构度的测度与分析》，《科技进步与对策》2008年第8期。

② 邵松华：《中部地区高技术产业创新绩效及影响因素研究》，硕士学位论文，华中科技大学，2012年。

格里菲斯等（2004）[1] 研究发现中国的研发支出与企业的技术引进存在显著的互补关系。而张海洋（2005）[2] 通过产业层面来研究发现研发支出与技术引进存在相互替代关系。吴延兵（2008）[3] 研究认为，研发支出与国内外技术引进并没有显著的互补关系或者相互替代关系。仔细分析以上文献的研究对象不难发现，各行业的知识资本投入的替代效应会更明显，因而交叉项系数均预测为负。而各地区知识资本的互补关系会更强一点，其交叉项系数均预测为正。但是，这些分析均只是猜测，需要进行验证，经过多重共线性的消除和自变量交叉项的引入，可以得到各行业或地区的具体模型如表10-6所示。

表10-6 各行业或地区知识资本投入与出口增长的相关性模型

	行业或地区	具体模型
出口交货值	医药制造业	$\ln Y_t^{EX} = \ln A + \beta_1 \ln KR_{t-a} + \beta_2 \ln KI_{t-b} + \beta_3 \ln KB_{t-c} + \gamma_1 \ln KR_{t-a} \times \ln KB_{t-c} + \gamma_2 \ln KI_{t-b} \times \ln KB_{t-c} + \varepsilon_t$
	航空航天器制造业	$\ln Y_t^{EX} = \ln A + \beta_1 \ln KR_{t-a} + \beta_2 \ln KI_{t-b} + \beta_3 \ln KB_{t-c} + \gamma_1 \ln KR_{t-a} \times \ln KI_{t-b} + \varepsilon_t$
	电子及通信设备制造业	$\ln Y_t^{EX} = \ln A + \beta_1 \ln KR_{t-a} + \beta_2 \ln KI_{t-b} + \beta_4 \ln KD_{t-d} + \varepsilon_t$
	电子计算机及办公设备制造业	$\ln Y_t^{EX} = \ln A + \beta_1 \ln KR_{t-a} + \beta_2 \ln KI_{t-b} + \beta_3 \ln KB_{t-c} + \beta_4 \ln KD_{t-d} + \gamma_1 \ln KI_{t-b} \times \ln KB_{t-c} + \varepsilon_t$
	医疗设备及仪器仪表制造业	$\ln Y_t^{EX} = \ln A + \beta_1 \ln KR_{t-a} + \beta_2 \ln KI_{t-b} + \beta_3 \ln KB_{t-c} + \beta_4 \ln KD_{t-d} + \gamma_1 \ln KR_{t-a} \times \ln KD_{t-d} + \varepsilon_t$
	东部地区	$\ln Y_t^{EX} = \ln A + \beta_1 \ln KR_{t-a} + \beta_3 \ln KD_{t-d} + \gamma_1 \ln KR_{t-a} \times \ln KD_{t-d} + \varepsilon_t$
	中部地区	$\ln Y_t^{EX} = \ln A + \beta_1 \ln KR_{t-a} + \beta_2 \ln KI_{t-b} + \beta_3 \ln KB_{t-c} + \gamma_1 \ln KR_{t-a} \times \ln KB_{t-c} + \gamma_2 \ln KI_{t-b} \times \ln KB_{t-c} + \varepsilon_t$
	西部地区	$\ln Y_t^{EX} = \ln A + \beta_1 \ln KR_{t-a} + \beta_2 \ln KI_{t-b} + \beta_3 \ln KB_{t-c} + \beta_3 \ln KD_{t-d} + \gamma_1 \ln KR_{t-a} \times \ln KI_{t-b} + \gamma_2 \ln KI_{t-b} \times \ln KB_{t-c} + \varepsilon_t$

---

[1] Griffith, R., Redding, S. and Reenen, J. V., Mapping the two faces of R&D: productivity growth in the panel of OECD industries [J]. *The Review of Economic and Statistics*, 2004, 86 (4), pp. 883 – 895.

[2] 张海洋：《研发两面性、外资活动与中国工业生产率增长》，《经济研究》2005年第5期。

[3] 吴延兵：《自主研发、技术引进与生产率——基于中国地区工业的实证研究》，《经济研究》2008年第8期。

续表

	行业或地区	具体模型
新产品出口销售收入	医药制造业	$\ln Y_t^{NEX} = \ln A + \beta_1 \ln KR_{t-a} + \beta_3 \ln KI_{t-b} + \beta_3 \ln KB_{t-c}$ $+ \gamma_1 \ln KR_{t-a} \times \ln KB_{t-c} + \varepsilon_t$
	航空航天器制造业	$\ln Y_t^{NEX} = \ln A + \beta_1 \ln KR_{t-a} + \beta_3 \ln KI_{t-b} + \beta_3 \ln KB_{t-c}$ $+ \beta_4 \ln KD_{t-d} + \gamma_1 \ln KR_{t-a} \times \ln KI_{t-b} + \varepsilon_t$
	电子及通信设备制造业	$\ln Y_t^{NEX} = \ln A + \beta_1 \ln KR_{t-a} + \beta_3 \ln KB_{t-c} + \beta_4 \ln KD_{t-d} + \varepsilon_t$
	电子计算机及办公设备制造业	$\ln Y_t^{NEX} = \ln A + \beta_1 \ln KR_{t-a} + \beta_2 \ln KI_{t-b} + \beta_3 \ln KB_{t-c}$ $+ \beta_4 \ln KD_{t-d} + \gamma_1 \ln KI_{t-b} \times \ln KD_{t-d}$ $+ \gamma_2 \ln KB_{t-c} \times \ln KD_{t-d} + \varepsilon_t$
	医疗设备及仪器仪表制造业	$\ln Y_t^{NEX} = \ln A + \beta_1 \ln KR_{t-a} + \beta_2 \ln KI_{t-b} + \beta_3 \ln KB_{t-c}$ $+ \beta_4 \ln KD_{t-d} + \gamma_2 \ln KI_{t-b} \times \ln KD_{t-d} + \varepsilon_t$
	东部地区	$\ln Y_t^{NEX} = \ln A + \beta_1 \ln KR_{t-a} + \beta_4 \ln KD_{t-d} + \varepsilon_t$
	中部地区	$\ln Y_t^{NEX} = \ln A + \beta_1 \ln KR_{t-a} + \beta_2 \ln KI_{t-b} + \beta_3 \ln KB_{t-c}$ $+ \beta_4 \ln KD_{t-d} + \varepsilon_t$
	西部地区	$\ln Y_t^{NEX} = \ln A + \beta_1 \ln KR_{t-a} + \beta_2 \ln KI_{t-b} + \beta_3 \ln KB_{t-c}$ $+ \beta_4 \ln KD_{t-d} + \varepsilon_t$

第四节 数据与变量处理

一 数据来源

高技术产业的知识资本投入（包括研发经费内部支出、技术引进经费支出、购买国内技术支出、消化吸收经费支出和技术改造经费支出）、出口（出口交货值和新产品出口）以及从业人员年平均人数和投资额的各个变量原始数据均来自1996—2012年《中国高技术产业统计年鉴》。

为了消除通货膨胀对模型变量的影响，本章使用消费者价格指数（以1995年为基年）消除物价上涨对知识资本投入、出口和投资额的影响，中国从1996—2012年的CPI数值可以从《中国统计年鉴》得到，并将这些变量转换成亿元为统一衡量单位，再取对数。

在行业层面中，这里只分析医药制造业、航空航天器制造业、电子及通信设备制造业、电子计算机及办公设备制造业和医疗设备及仪器仪表制造业。

在地区层面中，由于《中国高技术产业统计年鉴》中数据缺失或当年未统计，这里只计算了部分数据较全的省、直辖市或自治区。对根据国家统计局的分法，东部地区包括北京、天津、河北、辽宁、上海、江苏、浙江、福建、山东、广东和广西；中部地区包括山西、吉林、黑龙江、安徽、江西、河南、湖北和湖南；西部地区包括重庆、四川、贵州、云南和陕西。

二 变量选择

本章模型中选用的投入变量为劳动投入、资本投入和知识资本投入。其中，知识资本投入又可以分为研发经费支出、技术引进经费支出、购买国内技术经费支出、消化吸收经费支出和技术改造经费支出。由于本章研究的是知识资本投入与出口增长的相关性，因此，这里选择出口交货值和新产品出口作为产出变量。然后对所有变量进行列表，得到结果如表10-7所示。

表10-7　　　　　　　　模型初始变量及解释

变量	具体名称	代理指标或原始指标	选择年份
Y^{EX}	出口总量	出口交货值	1995—2011年
Y^{NEX}	新产品出口额	新产品出口销售收入	1995—2011年
L	劳动投入	从业人员总数	1995—2011年
I	资本投入	投资额	1995—2011年
KR	研发经费支出	研发经费内部支出	1995—2011年
KI	技术引进经费支出	技术引进经费支出	1995—2011年
KB	购买国内技术经费支出	购买国内技术经费支出	1995—2011年
KD	消化吸收经费支出	消化吸收经费支出	1995—2011年
KC	技术改造经费支出	技术改造经费支出	1995—2011年

以上代理指标或原始指标在《中国统计年鉴》有详细的解释，属于常用变量指标，容易理解。另外，在绪论中也有阐释，这里不再赘述。在实际计算中，为了剔除价格因素对变量的影响，除了劳动投入，

其他变量均为不变价格。

三　变量处理

科和赫尔普曼（1995）[①] 使用研发存量方法来分析研发对产出的影响，其后的学者研究知识资本时也往往用知识资本存量代替知识资本变量，大部分学者都用永续盘存法来计算知识资本存量，具体公式如下所示：

$$K_t = K_{t-1} + (1-\delta)R_{t-l} \tag{10.20}$$

其中，K_t 表示 t 时刻的知识资本存量，δ 表示折旧率，R_{t-l} 表示知识资本在 $t-l$ 至 t 时刻总投入。计算知识资本存量往往存在一定的误差，霍尔和雅克（1995）[②] 在研究法国制造业研发投入与生产率关系时指出，为减少研发的产出被夸大的现象，必须对资本和劳动力中研发支出的重复计算加以修正。方法如下：

$$K_t = (1-\delta)K_{t-l} + R_{t-l} \tag{10.21}$$

令每年的知识资本增长速度为 g，取 $l=1$，那么知识资本存量 K_1 为：

$$K_1 = \sum_{s=0}^{\infty} R_{-s}(1-\delta)^s = \frac{R_1}{g+\delta} \tag{10.22}$$

其中，R_1 表示当期知识资本投入量，K_1 表示当期的知识资本存量。高技术产业存在技术更新周期，先进技术逐步转化成普通技术而获得普及，先前投入的知识资本存量消耗殆尽，不能无限期折旧。因此，我们对知识资本存量计算公式进行改进。设高技术产业技术更新周期为 h 年，则每年知识资本折旧率为 $1/h$，实际技术更新周期为：

$$H = \begin{cases} h & \delta \leq \dfrac{1}{h} \\ \left\lfloor \dfrac{1}{\delta} \right\rfloor & \delta > \dfrac{1}{h} \end{cases} \tag{10.23}$$

其中，$\left\lfloor \dfrac{1}{\delta} \right\rfloor$ 表示对 $\dfrac{1}{\delta}$ 向下取整。这个公式意味着：如果折旧率 δ 较大，那么在技术更新周期最后一年第 h 年仍然会有一定的知识资本剩余。如果折旧率 δ 较小，那么先前投入的知识资本可能在一个技术更新周期之内就消耗殆尽，相对更加符合实际情况。对每年知识资本投入进

[①] Coe, D. T. and Helpman, E., International R&D spillovers [J]. *European Economic Review*, 1995, 39, pp. 859–887.

[②] Hall, B. H. and Jacques, M., Exploring the relationship between R&D and productivity in French manufacturing firms [J]. *Journal of Econometrics*, 1995, (65), pp. 263–293.

行加权处理,得到知识资本存量①如下:

$$K_t = \frac{\sum_{i=0}^{H}(1-i\delta)k_{t-i}}{H+1-\frac{H(H+1)}{2}\delta} \tag{10.24}$$

其中,K_t表示第t年的知识资本投入。该公式通过对权重的设置,考虑到近几年知识资本投入对总体存量的影响,而且具体权重从近到远依次减少,较为符合实际情况。但在实际产业中,折旧率可能会有所变化,部分文献对折旧率的测算如表10-8所示。

表10-8　　　　　　　　部分文献对折旧率的测算

源文献	国家	行业	折旧率
Pakes 和 Shankerman（1984）②	英、德等国	无说明③	0.25
Nadiri 和 Prucha（1996）④	美国	制造业	0.12
Baruch 和 Sougiannis（1999）⑤	美国	制造业总体	0.11—0.2
		计算机	0.08—0.19
		科学仪器	0.13—0.24
Ballester, M., Garcia-Ayuso, M. 和 Livnat, J.（2003）⑥	美国	化学制药	0.12
		计算机	0.17
		电子、电力	0.18
		科学仪器	0.15

---

① 这里的公式适用于2000年及以后的知识资本存量计算,对于2000年以前的知识资本存量,由于年份少于5年,虽然也使用加权平均方法,但权重则使用经验加权估计法中的递减滞后结构,本章也曾使用矩形滞后结构、柯依克法等权重确定方法,发现结果相对稳定,并没有出现大的变化。综合考虑实际生产中的知识资本折旧形式,还是递减滞后结构的计算结果相对精确。

② Pakes, A. and Shankerman, M., *The rate of obsolescence of patents, research gestation lags, and the private rate of return to research resources* [M]. Chicago: University of Chicago Press, NBER Books, 1984, pp. 73-88.

③ Pakes A and Shankerman, M. 的模型是根据各国专利更新数据建立的,这些国家包括英国、德国、法国、荷兰和瑞士,但作者在文中并未指明具体行业。

④ Nadiri, M. I. and Prucha, I. R., Estimation of the depreciation rate of physical and R&D capital in the U. S. total manufacturing sector [J]. *Economic Inquiry*, 1996, 34 (1), pp. 43-56.

⑤ Baruch, L. and Sougiannis, T., Penetrating the book-to-market black box: the R&D effect [J]. *Journal of Business Finance & Accounting*, 1999, 26, pp. 419-449.

⑥ Ballester, M., Garcia-Ayuso, M. and Linvat, J., The economic value of R&D intangible asset [J]. *European Accounting Review*, 2003, 12, pp. 605-633.

续表

源文献	国家	行业	折旧率
伯恩斯坦和马穆毛斯（2006）[1]	美国	化学产品	0.18
		非电子制造业	0.26
		电子产品	0.29
		运输装备	0.21
霍尔（2007）[2]	美国	制造业	0.2—0.4
Huang 和 Diewert（2011）[3]	美国	制造业	0.25

从表 10-8 可以看出，不同行业、不同国家、不同年份数据样本计算得到的折旧率均有很大差异。传统制造业的折旧率相对较低，而电子产品行业的折旧率相对最高。在最初阶段，格瑞里茨（1963）[4] 研究认为，折旧率总体在 0.22 左右，各个行业折旧率也有所差别。高技术产业的知识资本折旧率一般要比普通制造业的资本折旧率要高，而且随着时间变化，知识的更新速度在加快，知识资本的折旧率也在不断提高。综合考虑各方面情况，估算出高技术产业的知识资本折旧率在 0.2 左右。

同理，高技术产业的知识资本滞后期数也可能发生变化。格里芬（Griffin，1997）[5] 研究了研发投入产出时滞，发现研发的产出时滞正在不断减少，由原来的 3 年、4 年以上缩短到了 5 年以下。随着科学技术的发展，技术更新周期也在不断缩短。当然，部分地区或行业的滞后期数可能会超过 5 年，但这种情况在高技术产业中极为少见，在本章中除了航空航天器制造业等滞后期数可能较长，其他行业的总体知识资本投

---

[1] Bernstein, J. I. and Mamuneas, T. P., R&D depreciation, stocks, user costs and productivity growth for US R&D intensive industries [J]. *Structural Change and Economic Dynamics*, 2006, 17, pp. 70-98.

[2] Hall, B. H., Measuring the returns to R&D: the depreciation problem [R]. NBER Working Papers, No. 13473.

[3] Huang, N. and Diewert, E., Estimation of R&D depreciation rates: a suggested methodology and preliminary application [J]. *Canadian Journal of Economics*, 2011, 44 (2), pp. 387-412.

[4] Griliches, Z., Capital stock in investment functions: some problems of concept and measurement [J]. *Measurement in economics*, 1963, pp. 123-143.

[5] Griffin, A., Modelong and Measuring Product Development Cycle Time Across Industries [J]. *Journal of Engineering and Technology Management*, 1997, (14), pp. 1-24.

入滞后期数不会超过5年。

为简化模型,假定高技术产业的技术更新周期为5年,知识资本存量的折旧率为20%,将累计知识资本存量取对数。在实证分析之前,还要对变量和模型进行检验,提高模型结果的可信度。首先对变量进行平稳性检验,分析其是否存在单位根。其次考虑知识资本折旧率和技术更新周期的变化。最后通过灵敏度分析检验模型的稳定性。

四 平稳性检验

变量满足平稳性要求是计量模型有效的基本前提条件之一,面板数据的主要几种平稳性检验指标主要包括 Quah 检验、Levin 和 Lin 检验、ADF - Fisherχ^2、PP - Fisherχ^2、Hadri 检验、Breitung 统计量、Choi 检验、Levin,Lin 和 Chu t* 和 Im,Pesaran and Shin W 统计量等。不同的检验指标具有各自的优缺点,针对不同类型的面板数据,应选用不同的平稳性检验指标。

在 Eviews 中,主要有5种面板数据平稳性检验指标较为常用,即 Levin,Lin & Chu t*、Breitung t 统计量、Im,Pesaran and Shin W 统计量、ADF - Fisher χ^2 和 PP - Fisher χ^2。有时候为了方便,可能只采用 Levin,Lin & Chu t* 和 ADF - Fisher χ^2 两个指标检验序列的平稳性,这两个指标已经基本能够确定变量的平稳性。

为了检验面板数据的平稳性,本章选择 Levin,Lin,Chu t*,ADF - Fisher χ^2 和 PP - Fisher χ^2 作为检验指标。首先对高技术产业行业层面的知识资本投入和出口增长的面板数据进行平稳性检验,具体检验方法和结果如表 10 - 9 所示。

表 10 - 9　　　　　　　　行业层面面板数据平稳性检验

指标	Levin, Lin & Chu t*	ADF - Fisher χ^2	PP - Fisher χ^2	检验方法	平稳性
Y_t^{EX}	-3.5066*** (0.0002)	9.8576 (0.4531)	7.2667 (0.7001)	(0, 0, 0)	平稳
Y_t^{NEX}	-2.4967*** (0.0000)	11.0131 (0.3565)	14.0537 (0.1706)	(C, T, 0)	平稳
$lnKR_t$	-1.6430* (0.0502)	11.8521 (0.2951)	23.9271*** (0.0078)	(C, 0, 0)	平稳

续表

指标	Levin, Lin & Chu t*	ADF - Fisher χ^2	PP - Fisher χ^2	检验方法	平稳性
$lnKI_t$	-1.8277** (0.0338)	15.2311 (0.1239)	13.9468 (0.1754)	(C, T, 0)	平稳
$lnKB_t$	-12.9563*** (0.0000)	39.2011*** (0.0000)	39.7183*** (0.0000)	(C, 0, 0)	平稳
$lnKD_t$	-4.5281*** (0.0000)	15.5597 (0.1130)	13.7476 (0.1848)	(C, 0, 0)	平稳
$lnKC_t$	-3.0606*** (0.0011)	28.7297*** (0.0014)	12.8136 (0.2343)	(C, 0, 0)	平稳

注：在检验方法中，括号内第一行为常数项，其中 C 表示有常数项，0 表示不存在常数项；第二列为趋势项，其中 T 表示数据有趋势项，0 表示没有趋势项；第三列为滞后期数，单位为年。下同。

从表 10-9 可以看出，行业层面的高技术产业知识资本与出口增长的面板数据相对平稳。其中 Levin, Lin & Chu t* 指标被拒绝的概率均控制在 10% 以内，而且大部分指标均在 5% 范围内。这里主要参考 Levin, Lin & Chu t* 指标来确定变量的平稳性，而 ADF - Fisher χ^2 和 PP - Fisher χ^2 则作为重要参考指标，然后确定变量的平稳性。

在 ADF - Fisher χ^2 和 PP - Fisher χ^2 指标方面，不同变量的稳定性有所不同。其中，出口交货值和新产品出口的 ADF - Fisher χ^2 和 PP - Fisher χ^2 指标的结果均不稳定，仔细分析原始数据发现，2008 年的次贷危机对中国高技术产业的出口影响很大。但如果使用技术处理的方法则可能会使结果失真，因此，本章假定企业的知识资本投入会根据出口的变化而做出相应对策，不需要再进行修正。

对于知识资本投入变量的平稳性来说，购买国内技术支出的平稳性最好，均保持在 1% 以内。而研发经费内部支出存量的 ADF - Fisher χ^2 指标显示该变量的平稳性仍有些不足，但 PP - Fisher χ^2 则显示在 1% 内显著平稳。技术引进经费支出虽然超过了 10%，但相当接近，基本稳定。消化吸收经费支出与技术引进经费支出相似，较为稳定。技术改造经费支出的 ADF - Fisher χ^2 指标显示在 1% 内显著平稳，但 PP - Fisher

χ^2 则显示该变量的平稳性仍有些不足。

同理，对高技术产业地区层面的知识资本和出口增长的面板数据进行平稳性检验，具体检验方法和结果如表 10-10 所示。从表中容易看出，地区层面的高技术产业知识资本投入与出口增长相关指标也相对较为平稳。

表 10-10　　　　　　　　地区层面面板数据平稳性检验

指标	Levin, Lin & Chu t*	ADF-Fisher χ^2	PP-Fisher χ^2	检验方法	平稳性
Y_t^{EX}	-1.8970**	9.1127	8.7677	(C, 0, 0)	平稳
	(0.0289)	(0.1673)	(0.1871)		
Y_t^{NEX}	-4.5355***	15.2928**	21.4076***	(C, T, 0)	平稳
	(0.0000)	(0.0181)	(0.0015)		
$lnKR_t$	-3.8329***	9.4900	32.4981***	(C, 0, 0)	平稳
	(0.0001)	(0.1478)	(0.0000)		
$lnKI_t$	-2.5746***	11.6732*	5.9920	(C, 0, 0)	平稳
	(0.0050)	(0.0697)	(0.4241)		
$lnKB_t$	-2.8266***	11.1083*	13.3444**	(C, T, 0)	平稳
	(0.0024)	(0.0851)	(0.0379)		
$lnKD_t$	-1.3732*	4.3274	3.8925	(C, 0, 0)	平稳
	(0.0849)	(0.6325)	(0.6912)		
$lnKC_t$	-4.4974***	15.6130**	4.4401	(C, 0, 0)	平稳
	(0.0000)	(0.0160)	(0.6173)		

对于 Levin, Lin & Chu t* 指标来说，除了消化吸收经费支出在10%的显著性水平上通过平稳性检验，其余指标均在5%的显著性水平上通过平稳性检验。在 ADF-Fisher χ^2 和 PP-Fisher χ^2 指标方面，新产品出口和消化吸收经费支出的平稳性较为显著。而研发经费内部支出存量的研发经费内部支出存量的 ADF-Fisher χ^2 指标显示该变量的平稳性仍有些不足，但 PP-Fisher χ^2 则显示在1%内显著平稳。出口交货值和技术引进经费支出存量、购买国内技术支出存量和技术改造经费支出存量

等则平稳性稍差。

五 灵敏度分析

知识资本在投入高技术产业之后不能迅速给企业带来效益,从投入至出口存在着明显的滞后现象。由于这种滞后现象较为复杂,普通的滞后阶数确定方法如根据 AIC (Akaike Information Criterion) 或 SWC (Schwarz Criterion) 最小值确定等计算量太大,这里主要借鉴朱平芳、徐伟民 (2003)[①] 的做法,并结合 AIC、SWC 最小值确定方法,综合考虑各方面指标,确定各种知识资本投入与出口增长的滞后期数。

这种方法主要通过知识资本与出口增长的单变量回归来判断变量之间的相关性。将各种知识资本的若干期滞后项同时与出口交货值、新产品出口进行回归,然后比较各个回归的 R^2、调整的 R^2 以及自变量的 t 检验值,并参考 AIC、SWC 的数值,选出拟合程度最好的那一期的滞后值作为知识资本的滞后期数。相对来说,这是判断滞后期数较为简单、有效的方法。

为了确定该方法的实用性,这里先对知识资本的总体投入产出情况进行分析。首先假设各种知识资本的边际产出是相同的,而且不会相互作用。然后使用研发经费内部支出、技术引进经费支出、购买国内技术支出、消化吸收经费支出和技术改造经费支出的总和作为知识资本总投入的代理变量,并取对数值,最终经过计算比较得到从知识资本投入到产出大概需要三年时间,这与实际情况较为相符。

由于模型中的技术更新周期和折旧率都是假定的,如果这些变量随时间的变化发生改变,可能对滞后期数结果产生影响。为了确定这种影响的大小,必须对模型进行灵敏度分析,检验稳定性。如果技术更新周期和折旧率的变化对知识资本投入产出滞后期数影响不大,说明模型是非常稳定的;如果滞后期数变化很大,说明需要对模型重新修正。由于计算量较大,这里通过 MATLAB 编写程序计算得到不同技术更新周期

[①] 朱平芳、徐伟民:《政府的科技激励政策对大中型工业企业研发投入及其专利产出的影响——上海市的实证研究》,《经济研究》2003 年第 6 期。

(1—5 年）和折旧率（15%—25%）的滞后期数①，具体结果如图 10 - 9 所示。

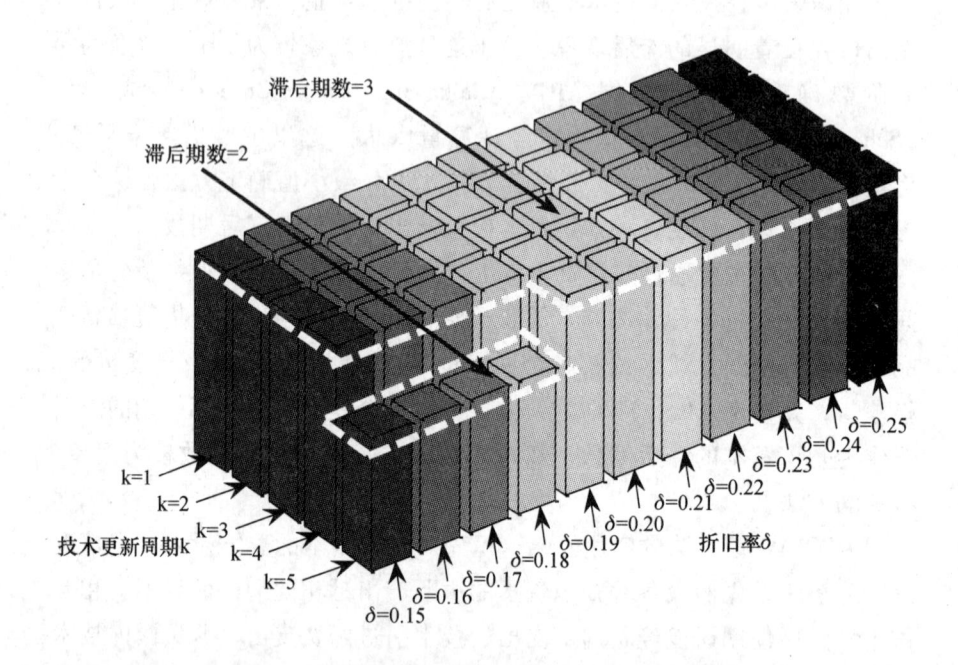

图 10 - 9　技术更新周期与折旧率对滞后期数的影响

从图 10 - 9 容易看出，技术更新周期和折旧率的变化对知识资本投入产出的滞后期数的影响并不大，模型相对较为稳定。在大部分条件下滞后期数仍为 3 年，只有在技术更新周期为 5 年以上，以及折旧率有较小（小于 19%）的情况下，滞后期数才会变成 2 年。但实际上高技术产业的折旧率往往高于普通的资本折旧率，因此，我们确定总体的知识资本投入与出口增长的滞后期数为 3 年还是相对合理的。

同理，在不同技术更新周期（1—5 年）和折旧率（15%—25%）的条件下，也对研发经费内部支出、技术引进经费支出、购买国内技术

---

① 由于编写的 MATLAB 计算程序较长，而且非常复杂，因此这里未在正文或附录里列出，如果有兴趣可以根据单变量回归法进行编写，计算得到回归结果，并比较模型总体 R^2、调整的 R^2、AIC、SWC 和自变量的 t 检验值，然后综合分析得到不同条件下的滞后期数，并作图。

经费支出、消化吸收经费支出和技术改造经费支出进行灵敏度分析。结果发现，这五种类型的知识资本在技术更新周期和折旧率变化时滞后期数都十分稳定，没有发生变化。说明在本模型中，知识资本种类分得越细，灵敏度分析的结果越稳定，可信度较高，无须再考虑技术更新周期或折旧率变化对模型的影响。由于版面原因，这五种知识资本的具体灵敏度分析结果不再赘述。因此，在后面计算行业层面和地区层面的知识资本滞后期数时，也均假定技术更新周期为 5 年，折旧率为 20%。

为了防止部分数据出现剧烈变动，影响回归结果，对模型各个变量的面板数据进行平稳性检验，初步确定所有变量数据完整可用。由于折旧率和技术更新周期可能随着时间、行业或地区而变化，所以需要考虑模型参数的波动性。为了检验折旧率和技术更新周期变化对模型实证结果的影响，进行了灵敏度分析，结果显示，滞后期数随着知识资本的种类的细分而变得稳定，因此，模型较为稳健。

第五节　高技术产业知识资本与出口增长实证分析

平稳性检验和灵敏度分析显示变量较为平稳，模型的稳定性良好，可以进行实证分析。由于各地的产业结构不同，本节实证部分主要从行业和地区两个层面展开，首先分析总体的实证结果，其次分析各行业或各地区的知识资本与出口增长的相关性。

一　行业层面高技术知识资本与出口增长分析

高技术产业主要分为医药制造业、航空航天器制造业、电子及通信设备制造业、电子计算机及办公设备制造业和医疗设备及仪器仪表制造业。为了方便描述，下面将这五个行业分别简记为"医药制造""航空航天""电子通信""电子计算机"和"医疗设备"。

（一）行业层面总体实证结果

将各行业的数据代入个体固定效应模型，选择 Cross – Section Weights 消除异方差，用 Eviews 计算可得结果如表 10 – 11 所示。从回归结果看，无论是出口交货值还是新产品出口方面，个体固定效应模型的拟合效果非常好，R^2 和经过调整的 R^2 均在 0.98 以上，F 统计量也很高。大部分各种知识资本的投入对出口的影响较为显著，下面从出口交货值和新产品出口两个方面进行详细分析。

1. 行业层面知识资本与出口交货值的总体相关性

从表10-11左边部分可以看出，研发经费内部支出对出口交货值的影响在1%水平上显著，其增长率每提高1个单位，出口交货值增长率能提高0.6786个单位。这说明研发经费内部支出对出口总量的促进作用是十分显著的，但研发从投入至出口大概有3年的滞后期。技术改造经费支出对出口交货值的影响在5%水平上显著，其增长率每提高1个单位，出口交货值增长率能提高0.3187个单位，说明中国的高技术产业已经有较强的改造能力，进一步提高产品附加值。技术引进经费支出对出口交货值的影响较弱，只在10%水平上显著。而购买国内技术经费支出和消化吸收经费支出对出口交货值的影响并不显著，简单的加工制造产品已经很难获得较强的市场竞争力。这说明中国的高技术产业目前已经脱离了简单模仿阶段，但仍处于从简单改造向自主创新的转型阶段。

2. 行业层面知识资本与新产品出口的总体相关性

从表10-11右边部分可以看出，研发经费内部支出对新产品出口的影响在1%水平上显著，其增长率每提高1个单位，新产品出口增长率能提高0.7404个单位，略高于出口交货值，但也有3年的滞后期。与出口交货值有区别的是，消化吸收经费支出对新产品出口的影响在5%水平上显著，其增长率每提高1个单位，新产品出口增长率能提高0.1844个单位。购买国内技术经费支出和技术改造经费支出与新产品出口的相关性均在10%水平上显著，说明这两种知识资本增长率的提高对新产品出口有一定影响。但技术引进经费支出对新产品出口的影响不显著，这可能是由于各国或公司出于对高端技术的保密考虑，或转让价格过高，对中国企业吸引力不大。因此，新产品出口增长率的提高主要依靠研发经费内部支出，部分可以通过消化吸收经费支出进行补充。

表10-11　行业层面知识资本与出口增长的总体相关性

出口交货值			新产品出口		
自变量	滞后期数	回归系数	自变量	滞后期数	回归系数
常数项		3.8406*** (12.10)	常数项		1.2960*** (2.88)

续表

出口交货值			新产品出口		
自变量	滞后期数	回归系数	自变量	滞后期数	回归系数
lnKRt-a	3	0.6786*** (8.86)	lnKRt-a	3	0.7404*** (5.59)
lnKIt-b	2	-0.0812* (-1.78)	lnKIt-b	4	0.0266 (0.39)
lnKBt-c	0	0.0584 (1.11)	lnKBt-c	0	-0.1348* (-1.83)
lnKDt-d	1	-0.0871 (-1.66)	lnKDt-d	2	0.1844** (2.39)
lnKCt-e	2	0.3187** (2.14)	lnKCt-e	1	0.4205* (1.74)
固定影响（交叉）			固定影响（交叉）		
医药制造业		-1.0307	医药制造业		-0.8417
航空航天器制造业		-2.3853	航空航天器制造业		-2.2302
电子及通信设备制造业		1.0250	电子及通信设备制造业		0.5795
电子计算机及办公设备制造业		2.3452	电子计算机及办公设备制造业		2.3661
医疗设备及仪器仪表制造业		0.0458	医疗设备及仪器仪表制造业		0.1263
R^2		0.9864	R^2		0.9842
调整的 R^2		0.9842	调整的 R^2		0.9814
F统计量		444.61	F统计量		346.25
样本数		420	样本数		510

（二）行业知识资本与出口交货值的相关性分析

在分析了行业层面知识资本与出口增长的总体相关性之后，这里还分析了各行业的知识资本投入对该行业出口交货值的影响，结果如表10-12所示。不同知识资本对不同行业出口交货值的影响有很大差异。从表中可以看出，R^2和经过调整的R^2均在0.96以上，F统计量也很高，说明结果具有较高的可信度，下面从具体行业层面进行详细分析。

表 10 – 12　　各行业知识资本与出口交货值的总体相关性

变量	医药制造	航空航天	电子通信	电子计算机	医疗设备
常数项	-1.4736 (-0.58)	0.0531 (0.07)	5.7553*** (29.72)	4.0463*** (9.92)	4.6659*** (12.00)
$lnKR_{t-a}$	1.3248*** (3.71)	1.6255*** (6.01)	0.4914*** (9.93)	1.1490*** (13.88)	0.5553*** (4.48)
$lnKI_{t-b}$	2.7445 (1.91)	1.0458* (2.04)	0.2342*** (3.38)	0.2409** (2.85)	-0.0029 (-0.05)
$lnKB_{t-c}$	3.8687* (2.23)	-0.0223 (-0.27)		-0.1468 (-1.63)	0.0431 (0.66)
$lnKD_{t-d}$			0.0955 (1.68)	-0.1667 (-1.22)	0.6737** (3.18)
$lnKR_{t-a} \times lnKB_{t-c}$	-0.4202 (-1.89)				
$lnKI_{t-b} \times lnKB_{t-c}$	-2.0966* (-2.05)			0.1384*** (3.41)	
$lnKR_{t-a} \times lnKI_{t-b}$		-0.3763* (-2.16)			
$lnKR_{t-a} \times lnKD_{t-d}$					-0.3034*** (-3.70)
R^2	0.9908	0.9652	0.9931	0.9854	0.9905
调整的 R^2	0.9831	0.9419	0.9905	0.9763	0.9838
F 统计量	129.18	41.542	383.68	108.06	146.42
滞后期数 a	3 年	5 年	4 年	0 年	0 年
滞后期数 b	0 年	0 年	3 年	0 年	0 年
滞后期数 c	0 年	2 年	2 年	0 年	0 年
滞后期数 d	0 年	3 年	2 年	0 年	0 年

1. 医药制造业知识资本与出口交货值的相关性

从表 10 – 12 第 1 列可以看出，研发经费内部支出对医药制造业出口交货值的影响最为明显，t 检验值在 1% 水平上显著。其增长率每提高 1 个单位，出口交货值增长率就能提高 1.3248 个单位，研发从投入至出口大概有 3 年的滞后期。购买国内技术经费支出对医药制造业的出口交货值也有较强的正面影响,这说明国内的医药制造业总体仍缺乏核心生产技术。另外,购买国内技术经费支出与技术引进经费支出的交叉项显著为负,有一定的相互替代效应。

2. 航空航天器制造业知识资本与出口交货值的相关性

从表 10-12 第 2 列可以看出,研发经费内部支出对航空航天器制造业出口交货值的影响最为明显,t 检验值在 1% 水平上显著。其增长率每提高 1 个单位,出口交货值增长率就能提高 1.6255 个单位,与医药制造业相比,航空航天器制造业的研发从投入至出口大概有 5 年的滞后期。购买国内技术经费支出和消化吸收经费支出对出口交货值也有很大影响。而研发经费内部支出与技术引进经费支出有一定的相互替代作用。

3. 电子及通信设备制造业知识资本与出口交货值的相关性

从表 10-12 第 3 列可以看出,研发经费内部支出和技术引进经费支出对电子及通信设备制造业出口交货值的影响最为明显,t 检验值均在 1% 水平上显著。其中,研发经费内部支出增长率每提高 1 个单位,出口交货值增长率就能提高 0.4914 个单位;而技术引进经费支出增长率每提高 1 个单位,出口交货值增长率就能提高 0.2342 个单位。知识资本从投入至出口大概有 4 年的滞后期。其余种类的知识资本对电子及通信设备制造业的出口交货值影响并不显著。

4. 电子计算机及办公设备制造业知识资本与出口交货值的相关性

从表 10-12 第 4 列可以看出,研发经费内部支出对电子计算机及办公设备制造业出口交货值的影响最为明显,t 检验值在 1% 水平上显著。其增长率每提高 1 个单位,出口交货值增长率就能提高 1.1490 个单位,但与前三个行业不同,电子计算机及办公设备制造业更新换代较快,从知识资本投入到出口几乎不存在显著的滞后现象。购买国内技术经费支出与技术引进经费支出显著为正,有较好的互补作用,说明该行业的技术整合能力强。

5. 医疗设备及仪器仪表制造业知识资本与出口交货值的相关性

从表 10-12 第 5 列可以看出,研发经费内部支出对电子计算机及办公设备制造业出口交货值的影响最为明显,t 检验值在 1% 水平上显著。其增长率每提高 1 个单位,出口交货值增长率就能提高 0.5553 个单位,与电子计算机及办公设备制造业相似,医疗设备及仪器仪表制造业从知识资本投入到出口也不存在显著的滞后现象。另外,研发经费内部支出与消化吸收经费支出有显著的替代效应,说明该行业在国内的生产技术相对落后于国外,有很好的提高潜力。

(三) 各行业知识资本与新产品出口的相关性分析

与出口交货值相似,不同种类的知识资本与不同行业新产品出口的相关性有很大差异,具体结果如表 10-13 所示。从表中可以看出,R^2 和经过调整的 R^2 均在 0.9 以上,F 统计量也很高,结果可信度高。总体来说,研发经费内部支出的投入增长,对新产品出口的增长影响最大,部分行业也依赖技术引进经费支出和技术改造经费支出。

表 10-13　　　　各行业知识资本与新产品出口的相关性

变量	医药制造	航空航天	电子通信	电子计算机	医疗设备
常数项	-1.2083 (-1.18)	0.6769 (0.79)	2.4084* (2.03)	3.6415*** (5.50)	1.4715** (2.44)
$\ln KR_{t-a}$	2.0264*** (4.72)	0.6335* (2.35)	1.0239*** (3.35)	0.9550*** (6.64)	1.1220*** (6.91)
$\ln KI_{t-b}$	-0.3405** (-3.32)	1.8970 (1.77)		-1.1017** (-3.45)	-0.7063** (-2.46)
$\ln KB_{t-c}$	1.4406* (2.35)	0.3602* (2.32)	-0.2079 (-0.63)	-0.5856* (-2.16)	0.0460 (0.38)
$\ln KD_{t-d}$		-0.4115* (-2.29)	0.1249 (0.84)	0.1232 (0.42)	0.4221** (2.67)
$\ln KR_{t-a} \times \ln KB_{t-c}$	-0.6083* (-2.30)				
$\ln KR_{t-a} \times \ln KI_{t-b}$		-0.8408* (-2.23)			
$\ln KB_{t-c} \times \ln KD_{t-d}$				-0.9605** (-2.95)	
$\ln KI_{t-b} \times \ln KD_{t-d}$				-0.5732* (-2.01)	-0.3500* (-1.94)
R^2	0.9932	0.9334	0.9640	0.9690	0.9740
调整的 R^2	0.9893	0.8668	0.9520	0.9424	0.9554
F 统计量	254.60	14.014	80.250	36.446	52.388

续表

变量		医药制造	航空航天	电子通信	电子计算机	医疗设备
滞后期数	a	2年	5年	3年	0年	0年
	b	0年	3年	3年	0年	0年
	c	0年	3年	0年	1年	3年
	d	0年	4年	2年	0年	0年

1. 医药制造业知识资本与新产品出口的相关性

从表 10-13 第 1 列可以看出，研发经费内部支出对医药制造业新产品出口的影响最为明显，t 检验值在 1% 水平上显著。其增长率每提高 1 个单位，出口交货值增长率就能提高 2.0264 个单位，从研发投入至出口大概有 2 年的滞后期。购买国内技术经费支出对新产品出口也有一定影响，说明国内的医药制造技术有很大改进，部分技术已经达到或超越国际水平。另外，购买国内技术经费支出与研发经费内部支出在某些程度上能相互替代。

2. 航空航天器制造业知识资本与新产品出口的相关性

从表 10-13 第 2 列可以看出，研发经费内部支出对航空航天器制造业新产品出口的影响较为明显，t 检验值在 10% 水平上显著。其增长率每提高 1 个单位，出口交货值增长率就能提高 0.6335 个单位，从研发投入至出口大概有 5 年的滞后期。购买国内技术经费支出对新产品出口仍有较强影响，但消化吸收经费支出则对新产品出口提高效果不大。研发经费内部支出与技术引进经费支出有显著的相互替代作用。

3. 电子及通信设备制造业知识资本与新产品出口的相关性

从表 10-13 第 3 列可以看出，研发经费内部支出对电子及通信设备制造业新产品出口的影响最为明显，t 检验值在 1% 水平上显著。其增长率每提高 1 个单位，出口交货值增长率就能提高 1.0239 个单位，研发从投入至出口大概有 1 年的滞后期。但其他种类的知识资本对电子及通信设备制造业的新产品出口影响并不显著，而且各种知识资本之间也不存在显著的相互作用，说明电子及通信设备制造业的自主研发能力较好，已经掌握了部分核心生产技术。

4. 电子计算机及办公设备制造业知识资本与新产品出口的相关性

从表 10-13 第 4 列可以看出，研发经费内部支出对电子计算机及办公设备制造业新产品出口的影响最为明显,t 检验值在 1% 水平上显著。其增长率每提高 1 个单位,出口交货值增长率就能提高 0.9550 个单位,研发从投入至出口大概有 3 年的滞后期。技术引进经费支出和购买国内技术经费支出对新产品出口的影响虽然显著,但成本相对较高,提高效果不大。而消化吸收经费支出与购买国内技术经费支出、技术引进经费支出均有显著的相互替代作用。

5. 医疗设备及仪器仪表制造业知识资本与新产品出口的相关性

从表 10-13 第 5 列可以看出,研发经费内部支出对医疗设备及仪器仪表制造业新产品出口的影响最为明显,t 检验值在 1% 水平上显著。其增长率每提高 1 个单位,出口交货值增长率就能提高 1.1220 个单位,研发从投入至出口大概有 3 年的滞后期。消化吸收经费支出对新产品出口仍有一定影响,但技术引进经费支出和购买国内技术经费支出对新产品出口增长率的提高影响不大。另外,消化吸收经费支出与技术引进经费支出有一定的相互替代作用。

二 地区层面高技术产业知识资本与出口增长分析

(一) 地区层面总体实证结果

将数据代入个体固定效应模型计算可以得到各地区的知识资本投入对出口的总体影响如表 10-14 所示。从表中可以看出,模型的拟合效果良好,R^2 和经过调整的 R^2 均在 0.98 以上,F 统计量也很高,而且大部分各种知识资本的投入对出口增长的影响较为显著。下面的具体分析主要从出口交货值和新产品出口两个方面进行,其中,东部地区的出口交货值和新产品出口的截距项较高,中西部地区和东部地区的差距较大。

表 10-14 地区层面知识资本与出口增长的总体相关性

出口交货值			新产品出口		
自变量	滞后期数	回归系数	自变量	滞后期数	回归系数
常数项		1.8139 ** (2.47)	常数项		-0.7769 (-0.81)
lnKR	3	0.5376 *** (3.40)	lnKR	3	0.5863 ** (2.11)
lnKI	2	-0.1248 ** (-2.29)	lnKI	4	-0.2334 *** (-2.80)

续表

出口交货值			新产品出口		
自变量	滞后期数	回归系数	自变量	滞后期数	回归系数
lnKB	0	-0.0727 (-0.75)	lnKB	0	0.2497 (1.66)
lnKD	1	0.2741** (2.29)	lnKD	2	0.0763 (0.44)
lnKC	2	0.9242*** (3.11)	lnKC	1	1.0885** (2.27)
固定影响（交叉）			固定影响（交叉）		
东部地区		1.1861	东部地区		1.2061
中部地区		-0.4461	中部地区		-0.6509
西部地区		-0.7401	西部地区		-0.5552
R^2		0.9920	R^2		0.9901
调整的 R^2		0.9902	调整的 R^2		0.9876
F 统计量		547.80	F 统计量		398.40
样本数		252	样本数		306

1. 地区层面知识资本与出口交货值的总体相关性

从表 10-14 左边部分可以看出，研发经费内部支出和技术改造经费支出对出口交货值的影响在 1% 水平上显著。其中，研发经费内部支出增长率每提高 1 个单位，出口交货值增长率就提高 0.5376 个单位；技术改造经费支出增长率每提高 1 个单位，出口交货值增长率能提高 0.9242 个单位。消化吸收经费支出对出口交货值的影响在 5% 水平上显著，其增长率每提高 1 个单位，出口交货值增长率能提高 0.2741 个单位。其他种类的知识资本对出口交货值的影响并不大。

容易看出，研发经费内部支出投入到出口需要 3 年的滞后期，技术改造经费支出需要 2 年，消化吸收经费支出最少，仅需 1 年。模型的截距项可以反映各个地区的自发性出口情况，其中，东部地区的自发性出口最高，中部地区次之，西部地区的自发性出口最少。这是由于中部地区的位置和交通等均不如东部地区，国家投入也较少，因此，总体高技术产业较弱，但是发展十分迅速。以武汉、郑州等为中心的高技术产业开发区发展很快,迅速带动当地经济发展。

2. 地区层面知识资本与新产品出口的总体相关性

从表10-14右边部分可以看出,研发经费内部支出和技术改造经费支出对新产品出口的影响最大,其t统计量在5%水平上显著。其中,研发经费内部支出增长率每提高1个单位,新产品出口增长率就能提高0.5863个单位;技术改造经费支出增长率每提高1个单位,新产品出口增长率就能提高1.0885个单位。技术引进经费支出对新产品出口有显著的负效用,说明高技术产业的核心技术引入成本较高,其他种类的知识资本对新产品出口的影响并不显著。

不难看出,研发经费内部支出投入到出口需要3年的滞后期,技术改造经费支出需要1年。通过模型的截距项可以发现,东部地区的自发性出口最高,西部地区次之,中部地区的自发性出口最少,这与出口交货值有很大差别。东部地区拥有位置、交通等方面的优势,依托已经发展起来的工业基础,在高技术产业方面投入也较大,一直引领着中国高技术产业的发展。国家对西部大开发战略比较重视,同时也在重庆、西安和成都等地设立了大量的高新技术开发区,增强西部地区的高技术产业发展能力,因此在新产品自发性出口方面要强于中部地区。

(二) 地区知识资本与出口增长的相关性分析

在分析了地区层面知识资本投入对出口的总体影响之后,这里还分析了各地的知识资本投入对该行业出口交货值和新产品出口的影响,结果如表10-15所示。不同知识资本对不同地区出口交货值的影响也有很大差异。除了西部地区知识资本投入对新产品出口的拟合程度只有0.7779,其他R^2和经过调整的R^2均在0.95以上,F统计量也很高。西部地区的知识资本对新产品出口影响程度并不显著,主要是由于相关产业发展相对落后。

表10-15　　各地区层面知识资本与出口增长的相关性

变量	出口交货值			新产品出口		
	东部地区	中部地区	西部地区	东部地区	中部地区	西部地区
常数项	2.4665***	2.1491***	-4.8106**	3.2876***	1.4373	0.3763
	(5.18)	(9.24)	(-2.79)	(8.42)	(1.85)	(0.17)

续表

变量	出口交货值			新产品出口		
	东部地区	中部地区	西部地区	东部地区	中部地区	西部地区
$lnKR_{t-a}$	1.2883*** (12.77)	1.1143*** (13.74)	3.0314*** (6.37)	0.9005*** (7.31)	0.7456** (3.03)	1.0743* (2.15)
$lnKI_{t-b}$		-0.0027 (-0.03)	6.4883*** (3.85)		-0.1314 (-1.09)	-0.0900 (-0.19)
$lnKB_{t-c}$		-1.0117* (-2.17)	-0.9643 (-1.90)		0.1642 (1.06)	0.3421 (0.95)
$lnKD_{t-d}$	2.4471*** (6.03)		0.0460 (0.14)	-0.0005 (-0.003)	0.8801** (2.87)	-0.0753 (-0.11)
$lnKR_{t-a} \times lnKD_{t-d}$	-0.4149*** (-5.62)					
$lnKR_{t-a} \times lnKB_{t-c}$		0.4072* (1.96)				
$lnKI_{t-b} \times lnKB_{t-c}$		0.3608* (2.30)	0.8995** (2.56)			
$lnKR_{t-a} \times lnKI_{t-b}$			-2.0734*** (-4.00)			
R^2	0.9941	0.9815	0.9544	0.9685	0.9679	0.7779
调整的 R^2	0.9922	0.9683	0.9088	0.9615	0.9518	0.6668
F 统计量	509.73	74.287	20.936	138.50	60.303	7.0036
滞后期数 a	2年	2年	0年	3年	3年	3年
滞后期数 b	3年	0年	0年	4年	0年	0年
滞后期数 c	2年	0年	1年	2年	0年	1年
滞后期数 d	1年	2年	0年	2年	0年	0年

1. 东部地区知识资本与出口增长的相关性

研发经费内部支出和消化吸收经费支出对东部地区出口交货值的影响最为明显，t 检验值均在 1% 水平上显著。其中，研发经费内部支出增长率每提高 1 个单位，出口交货值增长率就能提高 1.2883 个单位；消化吸收经费支出增长率每提高 1 个单位，出口交货值增长率就能提高 1.2883 个单位。东部地区的研发经费内部支出和消化吸收经费支出之间有显著的替代作用。

同样,研发经费内部支出对东部地区新产品出口的影响最为明显,t检验值在1%水平上显著。其中,研发经费内部支出增长率每提高1个单位,新产品出口增长率就能提高0.9005个单位。其他种类的知识资本对东部地区的新产品出口增长率的提高并不显著,这说明东部地区的新产品出口仅对研发经费内部支出有较强的依赖性。

2. 中部地区知识资本与出口增长的相关性

研发经费内部支出对中部地区出口交货值的影响最为明显,t检验值在1%水平上显著,其增长率每提高1个单位,出口交货值增长率就能提高1.1143个单位。其他种类的知识资本对出口交货值增长率的提高并不显著。另外,购买国内技术经费支出和研发经费内部支出、技术引进经费支出之间有显著的相互促进作用。这三种知识资本之间的协同作用效果较好。

与出口交货值不同,研发经费内部支出对中部地区新产品出口的影响有所下降,t检验值在5%水平上显著。其增长率每提高1个单位,新产品出口增长率就能提高0.7456个单位。消化吸收经费支出对中部地区的新产品出口影响也较为显著,能够有效地提高新产品出口的增长率,说明中部地区的新产品生产能力要弱于东部地区。

3. 西部地区知识资本与出口增长的相关性

研发经费内部支出和技术引进经费支出对西部地区出口交货值的影响最为明显,t检验值均在1%水平上显著。其中,研发经费内部支出增长率每提高1个单位,出口交货值增长率就能提高3.0314个单位;技术引进经费支出增长率每提高1个单位,出口交货值增长率就能提高6.4883个单位。另外,技术引进经费支出与研发经费内部支出、购买国内技术经费支出之间有显著的替代作用。

西部地区的知识资本投入对新产品出口的影响不太明显,其中,研发经费内部支出的t检验值在1%水平上显著通过检验,其增长率每提高1个单位,新产品出口增长率就能提高1.0743个单位,说明西部地区的高技术产业发展很弱,知识资本在高技术新产品方面投入并不足。其他各种知识资本对新产品出口的影响都不显著。

第六节 结论与建议

本研究在柯布—道格拉斯函数的基础上建立多元回归模型,研究高技术产业知识资本与出口增长的相关性,考虑到不同行业或地区的差异,引入交叉项和滞后项,改进模型。然后,对各行业、各地区进行总体相关性分析,利用面板数据建立个体固定效应模型。并在前人的基础上对数据进行深度处理,用灵敏度分析检验数据误差对回归结果的可能影响。根据模型的实证分析结果得到以下四点结论。

一 高技术产业知识资本与出口增长呈正相关性

高技术产业知识资本与出口增长具有显著正相关性,但总体上有3年滞后期。在技术更新周期为5年,折旧率为20%的条件下,计算得到高技术产业的知识资本投入至产出的总体滞后期数为3年,与实际情况较为相符。根据行业层面的总体实证结果,不同种类的知识资本投入与出口增长的滞后期数有所差别。其中,研发内部经费支出对出口增长的滞后期数大概为3年,而购买国内技术经费支出的滞后性最不明显,技术引进经费支出的滞后期数在2—4年,消化吸收经费支出和技术改造经费支出的滞后期数均为1—2年。另外,从地区层面分析也可以得到类似的结论。

由灵敏度分析可知,如果技术更新周期或者折旧率发生改变,对结果影响不大,因此计算得到的滞后期数较为可靠。从行业层面分析,航空航天器制造业的滞后期数最长,这也和该行业对技术要求较高有很大关系;而电子计算机及办公设备制造业和医疗设备及仪器仪表制造业则基本不存在滞后期数,说明这两个行业竞争程度相对较高,产品更新迅速。从地区层面分析,东部地区的知识资本滞后性要大于中西部地区,这说明东部地区的知识资本投入至回收的周期延长,已经能独立进行部分产品的自主研发,而且具备了一定的控制风险能力。

二 研发经费增长对出口增长效应最显著

在行业层面,研发内部经费支出的增长能够显著提高出口交货值和新产品出口的增长,其t检验值均在1%水平上显著。其中,研发内部经费支出的增长对航空航天器制造业的出口交货值增长提高最快,说明该行业出口总量受研发影响最为显著；其次是医药制造业和电子计算机及办公设备制造业，这两个行业还处于模仿创新向自主创新逐步转变的过程，对科研经费的需求也越来越大；提高程度最小的是医疗设备及仪器仪表制造业和电子及通信设备制造业，这两个行业的产品竞争受其他因素影响较大，出口增长与知识资本投入相关性不强。

在地区层面，研发内部经费支出增长与出口交货值增长的总体相关性非常显著，但与新产品出口的相关性则差别很大。其中，东部地区的新产品出口增长依赖于研发内部经费支出增长，说明东部地区高技术产业的生产技术水平相对较高，自主研发能力强；但中部地区的研发内部经费支出增长与新产品出口的增长相关性有所减弱，虽然中部地区也有很多自主创新项目，但总体上还是比较缺乏；对于西部地区，研发内部经费支出增长与新产品出口的增长相关性则更加不明显，说明西部地区的发展起点相对较低，但追赶的速度较快。

三 知识资本投入对不同高技术产品出口增长的影响有差异性

知识资本投入对不同高技术产品出口增长的影响有差异性，其中购买国内技术经费支出的增长对医药制造业出口增长的影响明显；技术引进经费支出的增长对电子及通信设备制造业出口影响较为显著；消化吸收经费支出的增长对医疗设备及仪器仪表制造业的出口影响较为显著；电子计算机及办公设备制造业出口受购买国内技术经费支出和技术引进经费支出的影响较大，说明该行业对外部技术的依赖性较强。高技术新产品对研发内部经费支出的依赖远远强于普通的高技术产品，技术引进经费支出的增长对新产品出口增长的效果均不理想。

四 地区层面知识资本与出口增长的梯度效应明显

不同地区的知识资本投入与出口增长存在显著差异，呈现出一定的梯度性，并长期存在。其中，消化吸收经费支出对东部地区的出口交货值增长的促进作用非常显著；而中部地区研发内部经费支出、技术引进经费支出与购买国内技术经费支出的协同作用相对较为显著；对于西部地区，技术引进经费支出对出口交货值的影响非常显著。东部地区和西部地区的新产品出口则仅受研发内部经费支出增长的影响较大，而中部地区的消化吸收经费支出与新产品出口的相关性较为显著。

研究结果表明，研发经费投入对高技术产业全要素生产率和出口增长效应最明显，鼓励企业持续增加高技术产业研发经费投入，特别是要鼓励企业对高技术产业中关键核心技术研发经费投入，不断提高高技术产业的全要素生产率，增强高技术产品出口的国际竞争力。

附表1　　　　　各地区高技术产业研发内部经费支出　　　单位：万元

年份	全国	东部地区	中部地区	西部地区
1996	309577	181942	46330	81306
1997	420153	294262	50096	75795
1998	564501	442576	52093	69833
1999	675580	533769	52559	89252
2000	1110410	835714	113068	161628
2001	1570109	1258279	136340	175490
2002	1869660	1517611	145166	206883
2003	2224468	1770444	195144	258880
2004	2921315	2395608	201633	324074
2005	3624985	3087564	248608	288813
2006	4564367	3903707	265193	395467
2007	5453244	4624079	327232	501933
2008	6551994	5612449	425779	513766
2009	7740499	6441013	694602	604883
2010	9678300	8130009	815755	732536
2011	12378065	10387702	1207574	782789

附表2　　　　　各行业研发内部经费支出　　　单位：万元

年份	医药制造业	航空航天器制造业	电子及通信设备制造业	电子计算机及办公设备制造业	医疗设备及仪器仪表制造业
1996	56471	96809	117340	18589	20369
1997	66161	82670	178766	72611	19945
1998	76448	70477	347675	44911	24990
1999	92592	86801	388537	76554	31097
2000	134669	137932	679441	115541	42827
2001	192544	165218	1053862	107124	51361

续表

年份	医药制造业	航空航天器制造业	电子及通信设备制造业	电子计算机及办公设备制造业	医疗设备及仪器仪表制造业
2002	216359	222912	1121617	248386	60386
2003	276684	222590	1385038	257491	82665
2004	281812	252502	1885462	395999	105541
2005	399510	277969	2347164	434480	165862
2006	525856	333418	2768854	729251	206989
2007	658836	425938	3245208	818169	305093
2008	790879	519869	4029384	808960	402902
2009	996221	657822	4548486	988665	549305
2010	1226262	928427	5724094	1175661	623856
2011	1562720	1435570	7005706	1513265	860804

附表3　　各地区高技术产业的技术引进经费支出　　单位：万元

年份	全国	东部地区	中部地区	西部地区
1996	226238	113049	35087	78103
1997	317503	205058	46212	66232
1998	201604	154819	28946	17839
1999	228675	184874	19332	24470
2000	470463	333328	35098	102037
2001	759465	617217	94010	48238
2002	937122	707527	155738	73857
2003	935365	768485	117989	48891
2004	1118594	1038886	43260	36448
2005	848184	803456	19925	24803
2006	785792	742571	20785	22436
2007	1308968	1260963	13614	34392
2008	842933	812709	8322	21902
2009	644240	602027	15564	26649
2010	687810	613719	42992	31098
2011	621819	571306	33781	16732

附表4　　　　　　　各行业技术引进经费支出　　　　　单位：万元

年份	医药制造业	航空航天器制造业	电子及通信设备制造业	电子计算机及办公设备制造业	医疗设备及仪器仪表制造业
1996	16842	46281	138882	5712	18522
1997	14250	58131	195037	28788	21297
1998	17849	18492	127826	24007	13431
1999	19778	19119	131801	52744	5233
2000	45121	29793	305560	77839	12149
2001	48870	47001	536433	117165	9996
2002	65838	74046	584786	192875	19577
2003	73772	75780	595328	174268	16217
2004	57500	33486	1000073	22002	5534
2005	35815	30369	665035	114665	2300
2006	32099	36837	605404	98927	12526
2007	30321	21877	1044240	189915	22615
2008	45414	7027	718437	26913	45142
2009	42329	26663	480315	56422	38510
2010	48413	64941	474667	36594	63195
2011	54311	21109	478520	8572	59306

附表5　　　　各地区高技术产业的购买国内技术经费支出　　　　单位：万元

年份	全国	东部地区	中部地区	西部地区
1996	24259	10718	5625	7915
1997	27413	13302	4319	9792
1998	19976	9828	5725	4423
1999	28597	17855	6334	4408
2000	72099	28005	40951	3143
2001	37661	24657	8965	4039
2002	58894	42272	7554	9068
2003	85663	42068	7002	36593
2004	85693	58821	12565	14307
2005	95359	70994	12119	12246

续表

年份	全国	东部地区	中部地区	西部地区
2006	102308	61160	19795	21353
2007	110953	69548	22541	18864
2008	129707	95732	22544	11431
2009	139026	103775	24823	10429
2010	212944	177778	20106	15059
2011	162429	129766	15743	16920

附表6　各行业购买国内技术经费支出　单位：万元

年份	医药制造业	航空航天器制造业	电子及通信设备制造业	电子计算机及办公设备制造业	医疗设备及仪器仪表制造业
1996	9773	1158	10854	555	1920
1997	8034	761	17497	714	407
1998	10137	3170	5995	143	531
1999	21799	2635	3392	190	581
2000	60690	4437	3013	251	3708
2001	26214	2587	6661	934	1265
2002	41613	2822	8640	330	5490
2003	39715	29121	12044	3354	1429
2004	46002	12280	25052	671	1688
2005	56041	10751	23056	2191	3320
2006	46416	22213	29866	412	3400
2007	56043	12919	35525	3187	3280
2008	64098	5717	48833	4189	6869
2009	65555	14150	44935	5104	9282
2010	71200	16530	83360	25477	16377
2011	69021	14764	49191	14435	15019

附表7　各地区高技术产业的消化吸收经费支出　单位：万元

年份	全国	东部地区	中部地区	西部地区
1996	22320	19041	2210	1069

续表

年份	全国	东部地区	中部地区	西部地区
1997	32860	20054	2248	10559
1998	41420	35461	2971	2988
1999	33585	25563	6803	1219
2000	33685	22801	8539	2345
2001	35715	31460	2319	1936
2002	52387	43066	8881	440
2003	56515	43684	8177	4654
2004	125061	105968	17934	1159
2005	274972	266024	6477	2471
2006	110043	99292	5926	4824
2007	137407	124115	5906	7386
2008	150163	135903	10852	3408
2009	106224	65209	35859	5156
2010	138268	90497	42357	5413
2011	152481	136088	10308	6086

附表8　　　　　各行业消化吸收经费支出　　　　　单位：万元

年份	医药制造业	航空航天器制造业	电子及通信设备制造业	电子计算机及办公设备制造业	医疗设备及仪器仪表制造业
1996	4091	145	11711	4194	2179
1997	3150	2368	10658	6968	9716
1998	2290	21823	14688	1952	667
1999	9128	10960	8700	3548	1250
2000	12035	1943	12716	6136	854
2001	7628	2056	17776	7625	630
2002	11665	3351	34860	1976	535
2003	19168	1255	33121	1524	1447
2004	23488	1585	97303	854	1832
2005	34971	1438	226463	8795	3306
2006	34896	3432	61971	4453	5291

续表

年份	医药制造业	航空航天器制造业	电子及通信设备制造业	电子计算机及办公设备制造业	医疗设备及仪器仪表制造业
2007	42544	3578	61184	18939	11162
2008	43133	420	65222	25453	15935
2009	42094	27586	22483	3835	10226
2010	49874	27220	39048	9264	12862
2011	43981	5820	70993	8282	23405

附表9　　各地区高技术产业的技术改造经费支出　　单位：万元

年份	全国	东部地区	中部地区	西部地区
1996	784523	410877	168285	205361
1997	815127	521588	158922	134618
1998	681970	482323	87464	112182
1999	692550	465640	75313	151597
2000	1047478	645573	170438	231467
2001	1172261	727946	198253	246063
2002	1524332	954113	242522	327698
2003	1550355	980887	239748	329720
2004	1879039	1069258	338349	471432
2005	1590214	971098	323797	295319
2006	1719061	1019996	381169	317896
2007	2109878	1260780	336527	512572
2008	2186000	1320244	353150	512606
2009	2017410	1222529	393157	401724
2010	2687343	1832393	284674	570275
2011	2396391	1812687	377440	206264

附表10　　各行业技术改造经费支出　　单位：万元

年份	医药制造业	航空航天器制造业	电子及通信设备制造业	电子计算机及办公设备制造业	医疗设备及仪器仪表制造业
1996	187341	141039	390083	19480	46580

续表

年份	医药制造业	航空航天器制造业	电子及通信设备制造业	电子计算机及办公设备制造业	医疗设备及仪器仪表制造业
1997	202057	164879	351915	39518	56758
1998	214996	131111	265393	38952	31517
1999	177815	87361	352931	35929	38514
2000	286587	154666	520752	28852	56621
2001	342962	242613	492640	28770	65276
2002	610503	264701	527807	45302	76020
2003	469168	342101	584805	85706	68575
2004	571002	289297	851234	82562	84945
2005	441007	368919	611919	53753	114617
2006	483438	323920	625210	105151	181343
2007	473091	522952	847537	61308	204991
2008	513721	332520	1038023	103750	197987
2009	627433	413887	661653	120367	194070
2010	600803	387274	1208715	201172	289378
2011	602350	373716	846082	132809	441435

附表11　　　　　各地区高技术产业出口交货值　　　　单位：亿元

年份	全国	东部地区	中部地区	西部地区
1998	2041.81	1954.87	44.33	42.61
1999	2413.02	2313.83	58.32	40.87
2000	3388.38	3272.85	57.83	57.69
2001	4281.97	4159.73	55.91	66.33
2002	6020.02	5793.95	88.11	137.97
2003	9098.27	8842.34	106.11	149.82
2004	14830.90	14567.10	131.10	132.60
2005	17635.97	17285.17	227.68	123.12
2006	23476.46	22960.60	342.84	173.02
2007	28422.79	27824.03	379.91	218.85
2008	31503.9	30818.3	372.8	312.8

续表

年份	全国	东部地区	中部地区	西部地区
2009	29499.7	28656.0	508.1	335.6
2010	37001.6	35645.2	745.2	611.2
2011	40600.3	37625.1	1364.9	1610.3

附表12　各行业出口交货值　单位：亿元

年份	医药制造业	航空航天器制造业	电子及通信设备制造业	电子计算机及办公设备制造业	医疗设备及仪器仪表制造业
1998	147.15	22.62	1192.09	576.72	103.22
1999	162.54	22.23	1526.93	608.08	93.26
2000	167.93	31.23	2157.78	904.12	127.30
2001	183.38	64.07	2525.62	1354.73	154.18
2002	203.95	45.64	3286.87	2320.31	163.25
2003	300.23	54.52	4401.77	4137.31	204.44
2004	343.40	42.40	7259.90	6845.70	339.40
2005	439.28	77.76	9409.95	7194.57	514.42
2006	538.69	121.10	12130.76	9997.70	688.22
2007	639.43	154.57	14963.18	11858.78	806.84
2008	746.7	205.7	16760.3	12976.4	814.8
2009	747.2	208.2	15542.0	12143.0	859.3
2010	948.6	202.5	19588.5	15178.0	1084.0
2011	1030.5	274.9	22239.9	15879.9	1175.1

附表13　各地区高技术产业新产品出口销售收入　单位：万元

年份	全国	东部地区	中部地区	西部地区
1995	695011	640239	30531	24241
1996	1501054	1350012	51362	99681
1997	1455963	1345434	77755	32774
1998	2739430	2669598	19875	49956
1999	3367339	3259848	51708	55783
2000	6783131	6597715	85219	100198

续表

年份	全国	东部地区	中部地区	西部地区
2001	7078486	6917876	52741	107869
2002	8961059	8834897	56368	69795
2003	14168325	13345327	149166	673832
2004	27242033	26607455	269119	365459
2005	26662498	25999029	227433	436035
2006	33415657	32600432	231984	583242
2007	43520861	42397335	452447	671080
2008	63417880	62213878	401935	802068
2009	49299107	47570089	1026099	702919
2010	74345122	72812740	1096361	436021
2011	101666994	97991711	1161364	2513920

附表14　　各行业新产品出口销售收入　　单位：万元

年份	医药制造业	航空航天器制造业	电子及通信设备制造业	电子计算机及办公设备制造业	医疗设备及仪器仪表制造业
1995	66166	18994	422013	144762	43078
1996	56083	21101	748769	645862	29239
1997	88329	56650	911425	340257	59302
1998	95185	60558	715417	1792997	75273
1999	135401	42310	1341698	1751777	96153
2000	151990	77456	3989848	2457224	106613
2001	167246	134428	4240727	2457237	78848
2002	271815	51285	5135862	3411445	90653
2003	382158	89219	7375853	6135730	185365
2004	533750	50860	18184089	8209222	264113
2005	711093	68223	13808734	11584410	490038
2006	740940	124078	14854269	17154064	542307
2007	1406510	118554	29318905	11200389	1476503
2008	1463471	232730	36265230	24284993	1171457
2009	1702401	223586	35690768	10314625	1367726

续表

年份	医药制造业	航空航天器制造业	电子及通信设备制造业	电子计算机及办公设备制造业	医疗设备及仪器仪表制造业
2010	1826718	238608	41843924	29053716	1382157
2011	2424277	589471	47002811	49663776	1986659

附表15　　各地区高技术产业投资额　　单位：亿元

年份	全国	东部地区	中部地区	西部地区
1996	306.60	209.25	55.13	42.22
1997	336.75	236.73	60.16	39.86
1998	391.88	301.31	46.40	44.16
1999	408.52	298.66	63.27	46.60
2000	562.95	398.10	90.03	74.82
2001	739.76	510.59	133.53	95.64
2002	986.78	659.63	199.86	127.29
2003	1423.13	1023.85	251.01	148.26
2004	1790.49	1259.01	352.03	179.46
2005	2144.09	1513.21	411.88	219.00
2006	2761.02	1947.65	550.34	263.03
2007	3388.35	2275.38	768.12	344.85
2008	4169.23	2689.35	1047.37	432.51
2009	4882.24	2742.22	1397.39	742.62
2010	6944.73	3995.70	2168.91	780.11
2011	9468.46	5714.76	2752.51	1001.19

附表16　　各行业投资额　　单位：亿元

年份	医药制造业	航空航天器制造业	电子及通信设备制造业	电子计算机及办公设备制造业	医疗设备及仪器仪表制造业
1996	74.05	35.92	172.24	8.44	15.96
1997	81.95	34.19	188.97	17.75	13.90
1998	82.23	41.44	224.33	31.71	12.18
1999	103.91	37.90	213.20	39.43	14.09

续表

年份	医药制造业	航空航天器制造业	电子及通信设备制造业	电子计算机及办公设备制造业	医疗设备及仪器仪表制造业
2000	133.62	43.23	335.98	26.17	23.95
2001	187.57	55.77	424.44	43.29	28.69
2002	318.74	67.84	467.84	65.76	66.60
2003	501.45	60.79	672.18	109.61	79.09
2004	594.45	52.45	903.90	129.81	109.89
2005	696.05	69.99	1062.99	168.14	146.92
2006	759.92	80.39	1522.37	188.02	210.32
2007	843.49	126.56	1880.51	236.45	301.34
2008	1073.18	159.31	2198.28	285.24	453.22
2009	1454.29	186.15	2344.33	311.17	586.30
2010	1941.56	262.60	3320.21	590.00	830.37
2011	2648.93	258.13	4521.94	763.64	1275.81

附表17　　各地区高技术产业当年价总产值　　单位：亿元

年份	全国	东部地区	中部地区	西部地区
1996	4909.12	3745.96	593.05	570.12
1997	5971.63	4603.49	682.88	685.26
1998	7110.66	5617.32	741.35	751.99
1999	8216.64	6624.97	832.30	759.37
2000	10411.47	8566.52	1003.90	841.05
2001	12263.36	10237.32	1106.59	919.45
2002	15099.29	12758.38	1283.18	1057.73
2003	20556.10	17989.82	1434.23	1132.05
2004	27768.60	25038.70	1478.10	1251.70
2005	34367.11	30772.26	2079.88	1514.97
2006	41995.99	37654.47	2544.48	1797.04
2007	50461.17	44841.03	3280.47	2339.68
2008	57087.38	50089.47	4192.22	2805.69
2009	60430.50	51864.20	5139.60	3426.70

续表

年份	全国	东部地区	中部地区	西部地区
2010	74708.90	63746.60	6751.60	4210.70
2011	88433.85	72218.83	9990.69	6224.33

附表18　　各行业当年价总产值　　单位：亿元

年份	医药制造业	航空航天器制造业	电子及通信设备制造业	电子计算机及办公设备制造业	医疗设备及仪器仪表制造业
1996	1151.10	286.41	2504.21	580.94	386.46
1997	1262.24	313.17	3172.01	796.95	427.25
1998	1372.73	323.27	3847.21	1120.60	446.84
1999	1497.22	333.07	4708.52	1203.49	474.33
2000	1781.37	387.58	5981.38	1676.95	584.20
2001	2040.86	469.31	6900.45	2199.80	652.95
2002	2378.44	535.18	7947.99	3478.83	758.85
2003	2889.90	550.80	10217.16	5986.80	911.44
2004	3241.30	501.60	14006.70	8691.50	1327.40
2005	4250.45	797.23	16867.13	10666.95	1785.35
2006	5018.94	828.01	21217.64	12510.73	2420.66
2007	6361.90	1024.44	25088.04	14858.57	3128.21
2008	7874.98	1199.12	28151.41	16493.37	3368.51
2009	9443.30	1353.00	28947.10	16292.70	4394.30
2010	11741.30	1598.10	35929.80	19822.50	5617.30
2011	14941.99	1912.97	43559.49	21135.18	6884.22

附表19　　各地区高技术产业从业人员年平均人数　　单位：人

年份	全国	东部地区	中部地区	西部地区
1996	4610214	2708797	1004748	896669
1997	4304533	2527792	963935	812810
1998	3926857	2403860	788802	734195
1999	3844730	2411266	732239	701225
2000	3899785	2551860	690173	657752

续表

年份	全国	东部地区	中部地区	西部地区
2001	3983464	2685345	678853	619266
2002	4238928	2959341	665428	614159
2003	4772823	3528923	666403	577497
2004	5868861	4654111	636718	578032
2005	6633422	5333709	711348	588365
2006	7444894	6082217	768601	594076
2007	8429582	6939677	854954	634951
2008	9447700	7773636	1019436	654628
2009	9575428	7761421	1121847	692160
2010	10922252	8862826	1304514	754912
2011	11469153	9003856	1579795	885502

附表20　　各行业从业人员年平均人数　　单位：人

年份	医药制造业	航空航天器制造业	电子及通信设备制造业	电子计算机及办公设备制造业	医疗设备及仪器仪表制造业
1996	1186508	747422	1773737	144887	757660
1997	1157337	537448	1715866	170843	723039
1998	1037389	500309	1652961	214934	521264
1999	998826	494095	1663252	208973	479584
2000	995641	456531	1737523	238793	471297
2001	1029916	417332	1768646	294665	472905
2002	1055038	391585	1926823	387099	478383
2003	1153951	344182	2227398	594252	453040
2004	1143815	271785	3041097	827652	584512
2005	1234389	304691	3466681	1011417	616244
2006	1302750	297826	3933366	1215585	695367
2007	1373407	301418	4554095	1429836	770826
2008	1507512	314070	5232248	1650041	743829
2009	1604792	325270	5100040	1632703	912623
2010	1731652	336630	6015152	1814873	1023945
2011	1786022	349995	6356687	1945089	1031360

第十一章　浙江百强企业创新投入与创新发展分析

"十二五"时期以来，浙江省进入经济转型升级的关键阶段，创新成为推动经济转型和结构调整的重要力量，创新成为企业长期健康发展的重要支撑。本研究根据近十年来浙江百强企业发展的有关数据，对百强企业创新驱动和转型升级进行分析。百强企业创新发展的经验对浙江企业创新驱动，加快转型升级具有示范效应。百强企业创新驱动中面临的问题具有一定代表性，是当前实施创新驱动战略迫切需要研究解决的问题。本章在深入调查的基础上提出加快企业创新驱动和转型升级的若干建议，供企业和政府有关部门决策参考。

第一节　浙江百强企业创新发展分析

创新驱动的概念是由美国迈克尔·波特在《国家竞争优势》中提出的，他认为，国家经济发展阶段，参与国际竞争的过程大致可以分为四个阶段：第一个阶段是要素驱动，主要依靠土地、劳动力、原材料、自然资源驱动经济发展。第二阶段是投资驱动，通过固定资产投资驱动经济发展。第三阶段创新驱动，依靠创新提高产品和技术的国际竞争力，推动经济持续发展。第四阶段是财富驱动。企业发展转型也相应经历要素驱动、投资驱动、创新驱动等阶段。根据有关数据，浙江百强企业发展转型的阶段和特点如下：

一　百强企业进入投资驱动向创新驱动转型期

2002—2012年是浙江百强企业持续快速发展的十年，百强企业资产规模和营业收入规模持续扩大。综合百强企业的营业收入总额从2002年的3242亿元上升到2012年的30718亿元。资产总额从2004年的 5528 亿元上升到 2012 年的 20774 亿元（见图 11-1 和图 11-2）。

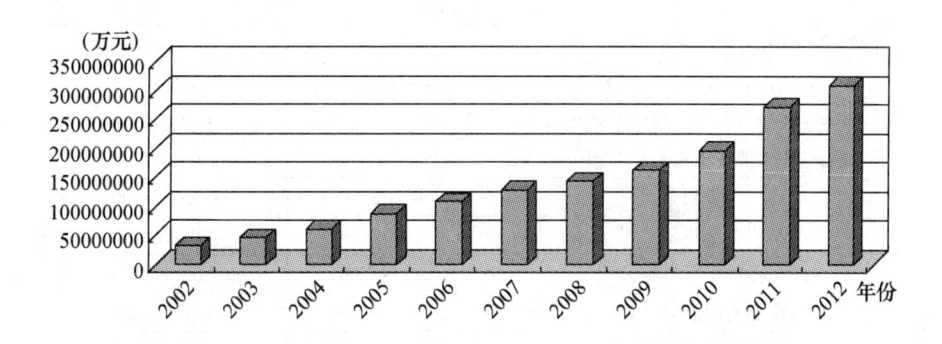

图 11-1 综合百强企业营业收入总额变化（2002—2012 年）

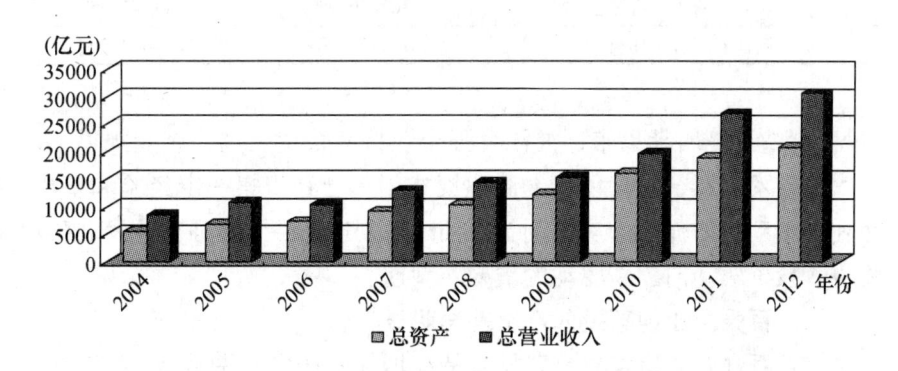

图 11-2 综合百强企业营业收入和资产总额变化（2004—2012 年）

浙江综合百强企业的营业收入的入围门槛从 2003 年的 8 亿元上升到 2012 年的 102 亿元。浙江制造业百强企业营业收入的入围门槛从 2007 年的 33 亿元上升到 2012 年的 56 亿元。2012 年综合百强企业中，营业收入达到 1000 亿元规模以上的企业有 4 家，营业收入达到 600 亿元规模以上的企业有 12 家，营业收入达到 300 亿元规模以上的企业有 32 家。浙江百强企业中进入 2013 版世界 500 强企业是两家，浙江物产集团在世界 500 强中排名为 364 位，浙江吉利控股集团排名为 477 位。2013 版世界 500 强企业的入围门槛是 231 亿美元。按照目前的百强企业发展速度，到"十二五"时期末，浙江进入世界 500 强企业数量有望增加，万向集团、海亮集团等民营企业有望在今后五年进入世界 500 强企业行列（见表 11-1）。

表 11 -1　　　　2012 年营业收入 600 亿元以上企业名单　　　　单位：万元

企业名称	2012 年营业收入	2012 年资产
浙江省物产集团公司	19683252.00	5913544.00
浙江吉利控股集团有限公司	15489452.00	11326194.00
中国石油化工股份有限公司镇海炼化分公司	13550447.22	4040181.54
中国石油化工股份公司浙江石油分公司	10500377.09	1756173.03
万向集团公司	9587435.00	6199277.00
杭州钢铁集团公司	9150977.00	4085162.00
广厦控股集团有限公司	8022493.00	3104075.00
海亮集团有限公司	7852780.00	4133900.00
浙江恒逸集团有限公司	7032005.00	2870908.00
浙江省能源集团有限公司	6714550.00	12064973.00
杭州娃哈哈集团有限公司	6363450.99	3543147.65
浙江省兴合集团公司	6154829.00	2830659.00

"十二五"时期以来，浙江百强企业持续快速发展，企业规模不断扩大，技术创新、管理创新、商业模式创新已经积累一定经验和基础，企业创新动力增强，为实施创新驱动战略创造条件，百强企业发展阶段将进入投资驱动向创新驱动的重要转型期。

二　百强企业创新投入产出差异明显

综合百强企业研发总经费投入持续增加，研发经费从 2004 年的 78 亿元增加到 2012 年的 291 亿元。2012 年研发经费达到 10 亿元以上企业有 3 家，研发经费在 5 亿—10 亿元规模的企业有 11 家，研发经费在 1 亿—5 亿元的企业有 40 家，研发经费在 1 亿元以下的企业为 30 家，没有研发经费投入的企业有 16 家。

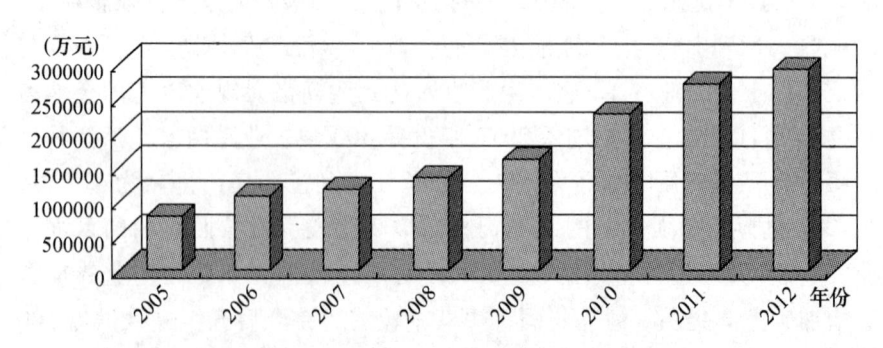

图 11 -3　综合百强企业研发总经费变化（2005—2012 年）

表 11-2　　　　　研发经费达到 5 亿元以上的企业名单

1	浙江吉利控股集团有限公司	727019.00
2	盾安控股集团有限公司	108953.00
3	超威集团	105283.00
4	万向集团公司	99536.00
5	浙江远东化纤集团有限公司	97010.00
6	杭州橡胶（集团）公司	93136.50
7	正泰集团股份有限公司	88475.00
8	人民电器集团有限公司	85440.00
9	浙江荣盛控股集团有限公司	67081.00
10	银亿集团有限公司	65300.00
11	海亮集团有限公司	62178.00
12	精功集团有限公司	55985.32
13	万丰奥特控股集团有限公司	55910.00
14	奥克斯集团有限公司	55736.00

2004—2012 年，综合百强企业平均研发强度（研发经费占营业收入比例）只是在 1% 上下波动。2012 年研发强度在 3% 以上的企业有 7 家，研发强度在 3% 以下企业有 16 家（见表 11-3）。研发强度在 1% 以上企业有 13 家，研发强度在 0.5%—1% 企业有 14 家，另有 50 家企业研发强度在 0.5% 以下，数据反映出企业研发投入强度总体水平不高，企业之间创新投入差异非常明显。

表 11-3　　　　　2012 年综合百强企业平均研发强度

排序	研发强度（%）	企业名称
1	5.30	万丰奥特控股集团有限公司
2	4.69	浙江吉利控股集团有限公司
3	3.27	春和集团有限公司
4	3.07	人民电器集团有限公司
5	3.05	超威集团
6	3.00	升华集团控股有限公司
7	3.00	杭州橡胶（集团）公司

续表

排序	研发强度（%）	企业名称
8	2.97	卧龙控股集团有限公司
9	2.84	正泰集团股份有限公司
10	2.80	盾安控股集团有限公司
11	2.69	精功集团有限公司
12	2.67	浙江富春江通信集团有限公司
13	2.61	浙江大东南集团有限公司
14	2.55	华峰集团有限公司
15	2.55	杭州金鱼电器集团有限公司
16	2.55	浙江远东化纤集团有限公司
17	2.32	浙江龙盛控股有限公司
18	2.19	浙江翔盛集团有限公司
19	2.13	富通集团有限公司
20	2.10	杭州富春江冶炼有限公司
21	2.10	杭州锦江集团有限公司
22	2.02	巨化集团公司
23	2.00	银亿集团有限公司

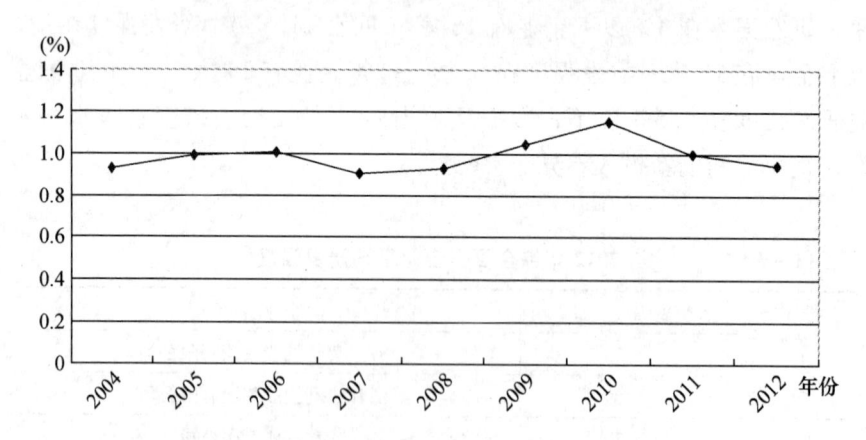

图 11-4 综合百强企业研发强度变化（2004—2012 年）

近几年来企业重视关键核心技术研发，授权专利数量大幅度增加，从模仿创新向自主创新转变，自主创新能力有所增强。2012 年综合百强企业拥有专利数量达到 19469 项，其中发明专利数量为 3971 项。拥有专利数量在300项以上的企业为12家（见表11-2），其中吉利控股集团、龙盛控股有限公司、盾安控股集团有限公司、万向集团拥有专利数量达到1000项以上。

表11-4　　2012年拥有授权专利数量在300项以上的企业　　　单位：件

企业名称	拥有专利总数	其中发明专利
浙江吉利控股集团有限公司	5616	161
浙江龙盛控股有限公司	1949	1855
盾安控股集团有限公司	1456	344
万向集团	1230	55
奥克斯集团有限公司	895	51
正泰集团股份有限公司	775	190
万丰奥特控股集团有限公司	592	72
卧龙控股集团有限公司	506	39
德力西集团有限公司	430	25
华立集团股份有限公司	405	106
西子联合控股有限公司	337	21
三花控股集团有限公司	335	88

三　浙江百强企业发展转型出现不同类型

浙江企业已经进入发展转型的关键时期，百强企业配置创新要素范围扩大，大企业转型升级路径逐渐清晰，发展转型速度逐渐加快。百强企业排行榜的位次变化在一定程度上可以反映企业发展转型速度和类型。2002—2012年，综合百强企业榜单发生了很大变化：2002年综合百强企业名单中有59家企业在2012年的名单中已经消失，同时有59家新企业进入综合百强企业名单。一些企业快速发展，在排行榜中位次大幅度提前，而一些企业发展转型相对缓慢，在百强企业排行榜中位次中则明显后退。把百强企业发展转型变化分为三种类型：持续发展型企业、快速发展型企业、发展速度减缓型企业。

（一）持续发展型企业

2002—2012年在综合百强企业榜单排名保持相对稳定的企业：浙江省物产集团、中国石油化工镇海炼化、中国石油化工浙江石油分公司、万向集团、杭州钢铁集团、广厦控股集团、杭州娃哈哈集团七家企业持续位居综合百强企业中的前十位，表明这些企业持续发展能力比较强。

表11-5 2002—2012年浙江综合百强企业营业收入排名前十位企业

年份	2002	2003	2004	2005	2006	2007	2008	2009	2010	2011	2012
企业	浙江省物产集团	浙江省物产集团	中国石化镇海炼油	中国石化镇海炼油	中国石化镇海炼油	浙江省物产集团	浙江省物产集团	浙江省物产集团	浙江省物产集团	浙江省物产集团	浙江省物产集团
	中国石化镇海炼油	中国石化镇海炼油	浙江省物产集团	浙江省物产集团	浙江省物产集团	中国石化镇海炼油	中国石化镇海炼化	中国石化镇海炼化	中国石工镇海炼化	浙江吉利控股集团	浙江吉利控股集团
	中国石化浙江石油	广厦控股	杭州钢铁集团	中国石化浙江石油	中国石化浙江石油	杭州钢铁集团	杭州钢铁集团	中国塑料城	中国石化浙江石油	中国石化镇海炼	中国石化镇海炼化
	万向集团	杭州钢铁集团	广厦控股	浙江省兴合集团	浙江省兴合集团	浙江省兴合集团	万向集团	万向集团	浙江吉利控股集团	中国石化浙江石油	中国石化浙江石油
	广厦控股	万向集团	万向集团	广厦控股	广厦控股	广厦控股	广厦控股	广厦控股	万向集团	万向集团	万向集团
	普天东方通信集团	横店集团	UT斯达康通讯	杭州钢铁集团	杭州钢铁集团	万向集团	浙江省兴合集团	杭州钢铁集团	杭州钢铁集团	杭州钢铁集团	杭州钢铁集团
	杭州钢铁集团	UT斯达康通讯	浙江移动通信	万向集团	万向集团	浙江省国际贸易集团	浙江省能源集团	杭州娃哈哈集团	广厦控股	广厦控股集团	广厦控股集团
	横店集团	宁波波导股份	横店集团	雄峰控股集团	宁波金田铜业	浙江省能源集团	浙江省国际贸易集团	浙江省能源集团	杭州娃哈哈集团	海亮集团	海亮集团
	杭州娃哈哈集团	杭州娃哈哈集团	雅戈尔集团	雅戈尔集团	海亮集团	宁波金田投资控股	杭州娃哈哈集团	海亮集团	绿城房地产集团	浙江恒逸集团	浙江恒逸集团
	正泰集团	雅戈尔集团	正泰集团	正泰集团	普天东方通信集团	海亮集团	海亮集团	浙江省兴合集团	海亮集团	浙江省能源集团	浙江省能源集团

(二) 快速发展型企业

2002—2012年，在综合百强企业中位次上升明显，快速发展型企业有：吉利控股集团、海亮集团、恒逸集团、荣盛控股集团、盾安控股集团、宁波金田投资控股有限公司、浙江立元金属制品集团、卧龙控股集团。发展速度加快企业所在行业主要有汽车、金属制品加工、化纤生产、环境保护、装备制造等重化工业企业。

快速发展型企业和持续发展型企业的转型速度加快，转型路径清晰，发展转型模式主要有以下几种类型：

(1) 跨产业配置创新要素的能力增强。制造业企业从单一加工制造企业向技术研发、制造、服务相结合的系统供应商转变，从传统制造向智能制造和绿色制造转变。

(2) 技术创新与商业模式创新互动，创新产品和市场营销网络控制能力有所增强。企业重视产品设计和市场营销体系建设，从价格竞争向品牌竞争和市场渠道控制竞争转变，品牌知名度和品牌价值取得明显成效。

(3) 并购世界著名跨国公司，配置全球资源的能力有所增强。

2007年以来，浙江综合百强的海外营业收入持续增长。2012年海外营业收入达到2531亿元，海外资产总额达到1099亿元。企业海外收入和海外资产快速增长，浙江吉利控股集团有限公司通过国际并购，其海外收入占营业收入的比例达到73%，海外资产占总资产的比例达到67.33%，吉利控股集团的营业收入和资产国际化的水平已经达到欧美发达国家跨国公司的水平。

企业配置技术、资本和自然资源的时空范围从区域向全国再向全球范围扩展，跨国并购和国际合作创新已经成为大企业快速持续发展的有效途径。

(三) 发展转型相对缓慢的企业

在百强企业排行榜位次后退的企业有几种情况：一是企业坚持走专业化的稳定发展模式，这类企业尽管在综合百强排行榜中位次有所后退，但是发展水平和质量在持续提升，转型升级成效仍然显著的企业。二是发展速度相对缓慢的企业。三是不再参加百强企业排序的企业。四是少数被并购或退出市场竞争的企业。

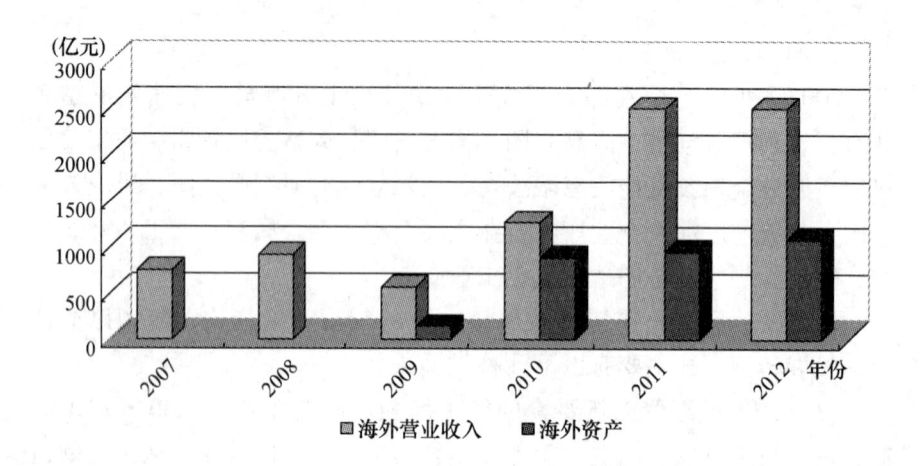

图 11-5 综合百强企业海外营业收入与资产变化

四 百强企业产业集中度提高

2002—2012 年，综合百强企业产业分布发生明显变化，一是制造业向服务业转型速度加快，房地产和服务业企业的数量快速增加，制造业大企业数量明显减少（见图 6-7）。2002 年综合百强企业中制造业占 82%，贸易服务业和房地产建筑业企业数量占 18%。而 2012 年综合百强企业中制造业占 60%，贸易服务业和房地产建筑业企业占 40%，特别是房地产建筑等大企业数量从 8 家增加到 21 家，房地产已经成为

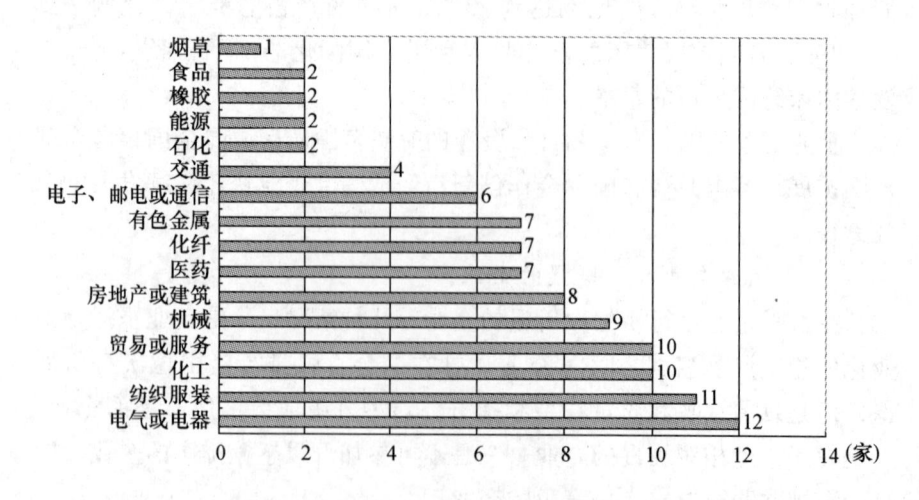

图 11-6 2002 年综合百强企业产业分布

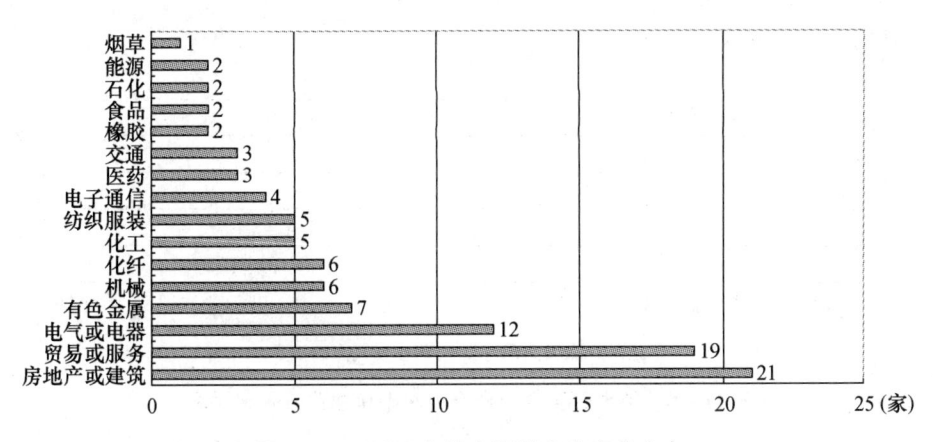

```
烟草    1
能源    2
石化    2
食品    2
橡胶    2
交通    3
医药    3
电子通信  4
纺织服装  5
化工    5
化纤    6
机械    6
有色金属  7
电气或电器 12
贸易或服务 19
房地产或建筑 21
```

图 11-7　2012 年综合百强企业产业分布

企业产业发展转型增长极。二是传统轻工制造业企业数量明显减少，纺织服装企业数量从 11 家减少到 5 家，造纸、家具、皮革制造等企业已经基本退出综合百强企业行列。三是 2002 年百强企业在制造业中化工、机械、医药、有色金属、电器、纺织服装等行业企业数量分布比较均衡，2012 年百强企业中制造业企业单体规模扩大，企业数量减少，行业集中度有增强的趋势。

五　百强企业经济效益相对稳定

综合百强企业的净利润总额从 2004 年的 238 亿元上升到 2011 年的 964 亿元，2012 年净利润总额为 882 亿元，比 2011 年有所回落。2004—2012 年期间综合百强企业的平均资产净利润率为 4%—5.5%，平均营业收入净利润率为 2.8%—4.5%。从利润率变化趋势看，2010 年以来综合百强企业净利润率呈下降的趋势（见图 11-8），进一步提高百强企业经济效益是创新驱动和发展转型的重要任务。

浙江综合百强企业营业收入平均利润率略低于世界 500 强企业平均利润率，2013 版世界 500 强营业收入平均利润率为 5.08%。综合百强企业平均利润与全国上市公司 500 强相比，营业收入利润率低于全国上市公司 500 强，而资产利润率则高于全国上市公司 500 强。2012 年全国上市公司 500 强的平均营业收入利润率为 8.3% 左右，资产利润率为 2.02%。全国上市公司 500 强营业收入平均利润率高是因为上市银行业的营业收入利润率普遍在 30%—40% 以上，而资产利润率低是因为银行业资产利润率只有 1%—1.4%。

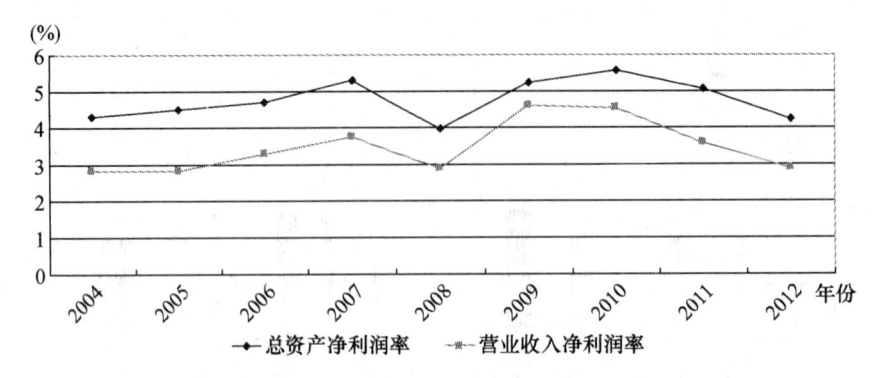

图 11-8 综合百强企业资产利润率和营业收入利润率

综合百强企业的纳税总额持续快速增长，纳税总额从 2004 年的 303 亿元上升到 2012 年 1461 亿元，表明浙江百强企业对浙江省财政收入贡献比较大。综合百强企业历年的上缴税收总额均高于净利润总额，自 2011 年以来，上缴税收总额高于净利润总额的趋势更加明显（见图 11-9），2012 年税收总额高于净利润总额达到 400 亿左右。

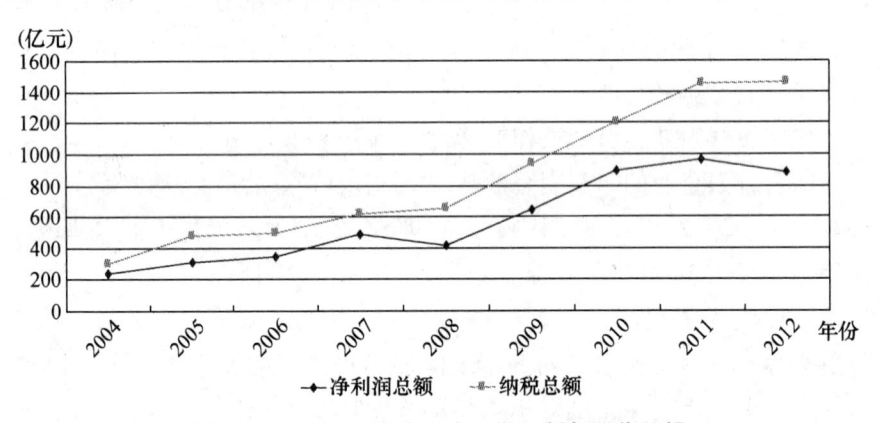

图 11-9 综合百强企业净利润总额与税收总额

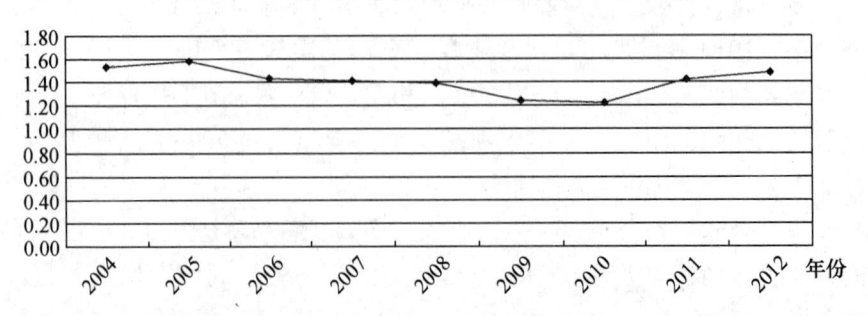

图 11-10 综合百强企业资本产出比变化

第二节　企业创新发展中迫切
　　　　需要解决的主要问题

浙江百强企业创新发展的分析表明，企业发展规模持续扩大，企业创新投入产出有所增强，企业发展转型速度加快。但是，企业研发投入强度和经济效益总体上没有明显提升，百强企业大而不强的特点仍然非常突出。我国是资本充裕的国家，也是科技人才数量最庞大的国家，为什么丰富民间资本和优秀人才没有明显向企业集聚？为什么企业创新投入和研发的强度变化不明显？非常重要的原因是科技创新财富效应不明显，创新要素配置体系不完善，创新投入产出具有不确定性，技术创新投资仍然缺乏吸引力。为了能够深入了解百强企业的创新驱动和转型升级的有关情况，我们对大中型行业龙头骨干企业在实施创新驱动战略，加快转型升级中迫切需要解决的主要问题进行了调查。目前，企业创新发展中迫切需要研究解决问题如下：

一　迫切需要探索适应创新发展的新模式

对实施创新驱动战略的必要性和可行性调查中，83%的企业认为，实施创新驱动发展战略，让企业进一步明确了未来发展方向，坚定了企业持续创新的信念和决心。70%的企业认为，从投资驱动向创新驱动转变是非常必要的，但是创新驱动方向准确判断和转型速度的控制很重要，有50%的企业认为，目前及今后相当长的时期企业发展仍然主要依靠投资驱动。有70%的企业认为，创新驱动的主体是企业，企业实施创新驱动战略的时机已经成熟。有30%的企业认为创新驱动应以政府为主，并认为企业实施创新驱动的战略条件还不具备，需要寻找投资驱动与创新驱动有效结合的模式。

在对实施创新驱动战略可行性调查中，40%的企业认为，创新驱动能引导经济健康发展，所以企业愿意承担转型代价。30%的企业认为，实施创新驱动战略的效果需要实践检验，企业是否愿意承担转型的代价具有不确定性。30%的企业对创新驱动引导经济发展持否定态度，原因是尚未找到有效的创新驱动模式。因此，企业实施创新驱动战略任重而道远，加快转型升级中迫切需要探索从投资驱动向创新驱动转型的新模式。

二 迫切需要加快创新体系建设

企业认为，实施创新驱动战略仍然面临一系列问题：创新要素配制体系不完善，产学研协同创新体系不健全，创新投融资体制及科技成果转化体制不顺畅，知识产权保护和创新环境需要完善。民间资本进入创新投资动力不强，创新投资比例仍然比较低，投资自然资源开发和房地产的投资回报比创新投资更加丰厚，创新投入产出不确定，创新财富效应还不明显。

企业认为，创新战略成功最主要的因素（按重要性排序）是：具有全球视野的创新型企业家，公平竞争的市场环境，具有完善的企业运行体制机制，持续稳定的研发投入，政府对企业创新的政策支持力度，产学研结合创新体系等。企业认为目前各级政府对企业创新支持政策比较多但是支持力度不够大，产学研协同创新和科技创新战略联盟的机制还很不完善，特别是协同创新过程中的知识产权归属和创新利益分配方面还需要探索有效的政策支持体系和办法。在对大型企业调查中87%的企业高管认为，作为决策者和执行者，对整合利用各种创新资源实现协同创新感到压力很大，但是目前有效的可操作性手段不多，迫切需要政府出台更多、更好的可操作性创新政策工具。

三 迫切需要加快节约资源能源的技术创新

浙江是资源小省，经济大省，资源短缺与低附加值产业规模扩大的矛盾日益突出，人均资源匮乏与大规模消耗资源能源保持经济增长和出口增长的问题非常突出。浙江省委省政府提出"干好一、三、五，实现四翻番"。如果按照现有的依靠资源能源消耗模式发展经济，在实现四翻番的同时，资源能源消耗规模也翻番，那么浙江资源供给和资源利用方面的矛盾就会更加突出。因此，依靠大规模消耗资源能源经济发展模式已经不可持续，必须加快节约资源能源的技术创新和管理创新，提高经济发展质量、效益和水平，经济社会才能持续健康发展。

四 迫切需要振奋企业家的创新精神

创新是企业家的重要标志。创新型企业家会不断创造出新产品、开拓新市场、培育新需求、不断提升生产要素的产出效率。企业家是将资源从生产力和产出低的领域转移到生产力和产出高的领域的带头人。企业家能够对技术变化、市场变化和环境变化作出及时反应，能够在复杂环境变化中实行生产要素重组的决策者。因此，企业家是实施创新驱动战略、加快转型升级的重要引领者。在调查中"普遍认为"目前突出问题是具有全球视野的创新型企业家还不够多，企业家的创新激情还不够高，迫切需要鼓励和振奋企业家的创新精神。

企业实施创新驱动战略需要对创新发展趋势进行周密分析，对创新要素进行科学配置。创新战略实施也需要技术创新、市场创新、管理创新和政策创新形成创新链的协同运作，需要各类创新团队持续辛勤的工作。调查中"企业认为"目前阻碍企业创新驱动发展的主要因素是：企业技术创新人才缺乏，创新团队力量还不强，创新要素和创新人才流向不合理，政府和企业的创新管理体系还很不完善，迫切需要加快创新团队建设，加强企业研究院等创新平台的建设。

第三节 加快企业创新驱动发展的建议

一 实施分类指导的创新驱动战略

我们对全国不同类型企业创新投入产出进行实证比较研究，结果表明：创新投入对不同类型企业发展转型所产生的作用存在明显差异。在企业发展初期，技术设备引进和技术改造投入对企业发展转型作用明显。随着企业发展壮大，关键核心技术的研发投入对企业发展转型作用明显。专利等自主知识产权投入对提高全要素生产率的效果明显，新产品研发投入对企业盈利能力的作用明显。为科学有效地配置创新资源，应根据产业和企业发展特点实施分类指导的创新驱动战略和政策。

对大型制造业的行业龙头骨干企业，创新驱动战略重点是提高关键核心技术研发能力，在关键装备技术、关键新材料技术、关键制造技术方面增强企业自主创新竞争力。政府对行业龙头企业的支持除了享受规定的税收优惠政策以外，重点是鼓励发展企业研究院、支持重大专项研究、支持科技领军人才引进和创新团队建设。对不具备自主创新能力的制造企业，重点是鼓励加大技术改造投入，提高加工制造的智能化和自动化水平，通过提高劳动生产率和工业增加值率，提高企业经济效益。

二 建立适应创新驱动战略的创新管理体制

要加快实施创新驱动战略，迫切需要建立适应创新驱动战略的创新管理体制，促进创新要素向企业集聚。创新管理体制包括建立科学合理的创新人才流动体制、创新投融资配置体制、科技成果转化体制、创新绩效评价体制、创新财富激励体制等创新支撑体系。

实施创新驱动战略，要激发企业家和全社会创新人才的积极性。大力促进高校和科研机构的成果转化，以优惠政策鼓励大学教授和教师以知识产权入股，带领研究生和本科生与企业联合发展创新型企业，鼓励企业科技人员与大学及科研机构形成协同创新团队。

积极完善科技创新资源配置的支持体系，政府在配置土地资源、税收政策和上市公司等方面要向各类创新企业倾斜。积极宣传科技创新致富为荣的理念，充分发挥人力资本红利和创新红利，培育一批亿万创新富翁，展示创新财富效应，吸引创新人才和民间资本向创新企业集聚，引导社会资源和资本投入创新领域和创新活动。

三　加快制定适应创新驱动的政策体系

加快实施创新驱动战略，应在贯彻落实高新技术企业税收优惠、企业研发费加计扣除、企业研发仪器设备加速折旧、政府优先采购自主创新产品等政策的基础上，按照企业自主创新需求，创新政策体系需要从支持创新供给为主的政策向创新供给驱动和创新需求驱动并举的政策体系转变。

企业创新发展中面临自主创新产品开拓新市场的困难，需要政府制定创新需求驱动政策组合，帮助企业创新产品尽快进入市场，以缩短创新周期，降低创新成本。建议省政府设立50亿元以上规模自主创新产品采购基金，鼓励企业、政府和教育科研机构优先采购自主创新产品，鼓励消费者购买和消费自主创新产品。

四　打造创新驱动的产业竞争新优势

当前新科技革命与产业革命互动发展趋势日益明显，信息技术、互联网技术、生物工程技术、新能源技术、新材料技术不断突破，不断培育和发展新型产业和新经济增长点。新一轮的产业从传统制造业和一般服务业向以信息技术与智能制造融合的高端制造业和数字化服务业转移。有关研究预测：今后5—10年，新技术革命和新产业革命将取得突破性发展，生产组织方式和经济发展方式将发生革命性变化，三高一低的传统企业和传统产业将面临大规模调整和洗牌。

浙江产业发展以传统制造业为主，工业增加值增长率长期低于全国平均水平，高技术产业发展相对滞后。产业发展迫切需要从依靠低成本低价格的产业链分工低端向以信息技术与智能制造融合的高端制造业和现代服务业转变。浙江迫切需要加强对高技术产业发展支持力度，特别是加强对新材料产业、医药产业、信息产业及智能制造的核心技术研发的政策支持，提高产业劳动生产率，提高企业规模效应，再创产业竞争新优势。

五　加强金融对科技创新的支撑

加快科技创新与金融创新互动发展是实施自主创新战略的重要基础。我省金融业比较发达，民间资本丰富，但是金融对科技创新的支撑不足，创新财富效应还不够明显。风险投资基金和科技创新基金规模偏小。民间资本转化为科技资本和产业资本的体制机制还不完善。浙江迫切需要加强金融创新，通过政策组合引导民间资本转化为科技资本和创新资本，强化科技创新的金融支撑。

六　加强创新型企业家队伍建设

浙江企业家队伍中，市场营销类的企业家优势比较明显，市场经营类的企业高层管理者比例比较高，具有科技研发类的企业家比例比较低，这与第一代浙江民营企业家大部分从农民起家有关系。浙江多数企业家对市场需求变化敏感性比较强，市场开拓能力比较强。但是，对高新技术发展的敏感性不够强。浙江要加快发展高技术产业，迫切需要加快改变企业家队伍结构，加快培养和引进科技型的企业家，积极鼓励高校教授、研究生、科技人员创办科技型企业。加强从世界范围引进科技型创新创业人才，从国内外公开竞聘科技型和创新型管理干部。

在浙江企业家队伍中，第一代创新型民营企业家群体如鲁冠球、宗庆后、徐文荣、南存辉、冯亚丽、庄启传、李如成、姚新义、赵林中等在国内外影响力非常大。但是，第二代创新型青年民营企业家群体在全国影响力还需要进一步加强，浙江迫切需要加强对具有全球视野的创新型青年企业家队伍建设。

第十二章　中国工业企业知识资本投入与全要素生产率

本章就知识资本投入对中国工业企业全要素生产率、技术进步和创新效率的影响进行了实证研究。运用全要素生产率模型和1997—2010年中国大中型工业企业面板数据，对不同区域知识资本投入产出的区域差异与行业差异进行回归分析。研究结果表明：大中型工业企业知识资本投入结构已经发生明显变化，技术开发和技术改造投入对大中型工业企业全要素生产率、技术进步和创新效率的影响显著，国外技术引进和消化吸收投入对企业技术创新的作用减弱。研究结果还发现：东部、中部、西部三大区域工业企业知识资本投入产出效应存在明显差异，不同技术水平的企业知识资本投入产出效应也存在明显差异。本章建议我国在制定创新驱动战略和政策时，应根据区域和企业技术水平差异，实施差别化的创新驱动战略和政策，可以更好地提高全要素生产率和创新效率。

第一节　企业知识资本投入产出理论回顾

格瑞里茨、梅里斯（Mairesse，1984）[1] 运用美国1966—1977年133家大型企业面板数据对美国企业研发投入产出效应进行实证分析，他们在文中构建了两个模型分别考察研发资本对于企业产出以及劳动生产率的作用，结果表明研发投入与企业销售收入和劳动生产率都具有显

---

[1] Griliches, Z., Mairesse, J. Productivity and R&D at the Firm Level [A]. Griliches, Z., R&D, *Patents and Productivity* [C]. Chicago: University of Chicago Press, 1984, pp. 339 - 374.

著正相关性，产出弹性分别为 0.073 和 0.054。Cuneo、梅里斯（1984）[①]、格瑞里茨、梅里斯（1990）[②]、Harhoff（1998）[③] 分别对法国、日本、德国等国的企业现象进行了研究，得到这些国家的研发产出弹性分别为 0.20、0.20—0.56、0.13。杰弗逊、Bai、Guan 等（2006）[④] 采用中国制造业 20000 家大中型企业的面板数据，研究企业研发投入强度的决定因素，知识生产过程，以及创新对于企业绩效的影响。他们建立了三个等式：研发投入函数、创新等式、生产函数。研究结果发现，企业研发投入决定受企业规模、市场份额和企业利润率等因素的影响。研发费用投入对于企业新产品创新、生产率和利润率具有显著的促进作用。新产品创新对于研发投入回报率占研发回报率的12%。Lööf、Heshmati（2006）[⑤] 对瑞典 20 世纪 90 年代的制造业和服务业企业进行了研究，他们对于创新投入作出更加复杂的定义，认为创新投入不仅包括研发费用，还应包括创新相关的非研发支出、服务、仪器设备购买、教育、营销费用以及用于新产品生产的工业设计支出七个方面。经过回归得出瑞典制造业与服务业企业人均创新投入的产出弹性为正，分别为 0.56 和 0.61。霍尔、Lotti、梅里斯（2009）[⑥] 以意大利制造业企业报告中的中小企业为研究对象，使用他们 1995—2003 年的数据对意大利中小企业研发投入与创新能力进行了研究，他们的结果表明，研发投入对于企业产品创新与过程创新都具有很强的正向促进作用，但对于产品创新的影响程度要高于过程创新，两者的研发投入产出弹性分别

[①] Cuneo, P., Mairesse, J., Productivity and R&D at the Firm Level in French Manufacturing [A]. Griliches, Z., R&D, *Patents and Productivity* [C]. Chicago: University of Chicago Press, 1984, pp. 375 – 392.

[②] Griliches, Z., Mairesse, J., R&D and Productivity Growth: Comparing Japanese and U. S. Manufacturing Firms [A]. Charles, H., *Productivity Growth in Japan and the United States* [C]. Chicago: University of Chicago Press, 1990.

[③] Harhoff, D., R&D and Productivity in German Manufacturing Firms [J]. *Economics of Innovation and New Technology*, 1998, 6, pp. 28 – 49.

[④] Jefferson, H. G., Bai Huamao, Guan Xiaojing, Yu Xiaoyun. R&D Performance in Chinese industry [J]. *Economics of Innovation and New Technology*, 2006, 15 (4 – 5), pp. 345 – 366.

[⑤] Lööf, H., Heshmati, A., On the relationship between innovation and performance: A sensitivity analysis [J]. *Economics of Innovation and New Technology*, 2006, 15 (4 – 5), pp. 317 – 344.

[⑥] Hall, B. H., Lotti, F., Mairesse J. Innovation and productivity in SMEs: empirical evidence for Italy [J]. *Small Business Economics*, 2009, 33 (1), pp. 13 – 33.

为 0.69 和 0.43。霍尔、Lotti、梅里斯（2012）[1] 利用意大利制造业企业数据为样本，以 CDM 模型为基础，将研发和信息通信技术投入作为主要投入变量，考察两者与创新以及生产率的关系。研究表明，研发投入和信息通信技术投入与企业创新和生产率的提高都具有很强的相关性；不同的是，研发投入对于创新具有更加显著的促进作用，而信息通信投入对于生产率的提高显现出更加积极的作用；结果同时显示中等企业的研发与信息通信投入回报率很高，这表明这两类企业投资严重不足。

何玮（2003）[2] 以中国大中型工业企业 1990—2000 年的时间序列数据为研究样本，利用柯布—道格拉斯生产函数实证分析了研发费用支出对于企业产出的影响。实证结果表明，我国大中型工业企业开发费用支出对于产出具有促进作用，滞后期为三年，弹性系数为 0.35—0.44。王贻志、孙阳和阮大成（2006）[3] 将研发投入纳入二级 CES 生产函数模型之中，利用 2003 年上海市主要制造企业的截面数据对研发活动的投入产出效应进行了研究。研究发现，我国制造业的研发投入对于产出有正的效应，研发资本投入的弹性系数为 0.64，高于研发人员 0.45 的产出弹性；但从要素替代性上看，研发人员投入的可替代程度明显小于研发资本的可替代程度。梁莱歆、张焕凤（2005）[4] 从盈利能力、发展能力和技术创新能力的角度研究了研发投入对企业绩效的影响，研究发现研发对于企业主营业务利润率和主营业务收入增长率提高具有显著作用。程宏伟、张永海和常勇（2006）[5] 选取了中国 96 家上市企业为研究样本，对其研发投入与企业绩效进行了计量分析，发现研发投入与公司业绩存在正向相关性，但由于中国企业研发投入强度较低，后续研

---

[1] Hall, B. H., Lotti, F., Mairesse J. Evidence on the Impact of R&D and ICT Investment on Innovation and Productivity in Italian Firms [J/OL]. NBER Working Papers 18053, 2012.

[2] 何玮：《我国大中型工业企业研究与开发费用支出对产出的影响——1990—2000 年大中型工业企业数据的实证分析》，《经济科学》2003 年第 3 期。

[3] 王贻志、孙阳、阮大成：《应用二级 CES 生产函数对中国制造业研发投入产出效应的实证研究》，《数量经济技术经济研究》2006 年第 8 期。

[4] 梁莱歆、张焕凤：《高科技上市公司研发投入绩效的实证研究》，《中南大学学报》（社会科学版）2005 年第 2 期。

[5] 程宏伟、张永海、常勇：《公司研发投入与业绩相关性的实证研究》，《科学管理研究》2006 年第 3 期。

不足,导致研发的产出效应处于逐年递减的状态。

我们发现,大多数的知识资本投入产出与溢出理论研究文献以柯布—道格拉斯生产函数或知识生产函数为基本分析框架,总生产函数注重于知识资本、知识外溢与生产力的关系研究,而第二种框架则是研究研发投入对创新的影响。这两类研究框架都将研发资本存量(知识资本)作为一种新的生产要素引入到生产函数中,考察其对于产出的贡献。另外,考虑到研发资本存量的测度存在一定困难,一些学者假设研发资本不存在折旧,并用研发投入强度作为解释变量来研究研发投入的回报率,也有一部分人使用了人均研发投入或研发人员数作为知识资本的代理变量。在知识资本产出变量的选择上,全要素生产率、劳动生产率、偏要素生产率、专利数量、利润率、利润、增加值、创新性产品销售份额、新产品销售收入等都是两类框架下较为常见的产出指标。表12-1为该领域一些代表性研究成果以及计量模型的汇总。

表 12-1　知识资本投入产出与知识溢出代表性文献汇总

作者	研究内容	样本数据	研究变量	结果
格瑞里茨、梅里斯(1984)[1]	研发资本的产出弹性研究	美国1966—1977年133家大型企业面板数据	销售收入、劳动生产率、员工数、固定资本和研发资本存量	研发资本投入对销售收入、劳动生产率的产出弹性分别为0.073和0.054
	模型	\multicolumn{3}{c}{$q_{it} = a + \lambda t + \alpha c_{it} + \beta l_{it} + \gamma k_{it} + e_{it}$, $(q_{it} - l_{it}) = a + \lambda t + \alpha (c_{it} - l_{it}) + \gamma (k_{it} - l_{it}) + (\mu - 1) l_{it} + e_{it}$}
霍尔、梅里斯(1995)[2]	研发投入回报率	法国1980—1987年197家制造业企业面板数据	企业增加值、员工数、固定资本和研发投入	法国制造企业研发投入回报率为0.293
	模型	\multicolumn{3}{c}{$\Delta \ln y_{it} = \lambda + \alpha \Delta \ln c_{it} + \beta \ln l_{it} + \rho(\Delta K_{it}/Y_{it}) + \eta_{it}$ $\rho = \partial Y / \partial K$}

---

[1] Griliches, Z., Mairesse, J., Productivity and R&D at the Firm Level [A]. Griliches, Z., R&D, *Patents and Productivity* [C]. Chicago: University of Chicago Press, 1984, pp. 339–374.

[2] Hall, B. H., Mairesse, J., Exploring the relationship between R&D and productivity in French manufacturing firms [J]. *Journal of Econometrics*, 1995, 65 (1), pp. 263–293.

续表

作者	研究内容	样本数据	研究变量	结果
Crépon, Duguet, Mairesse (1998)[①]	首次对创新过程这一"黑箱"作了剖析，研究创新投入、创新产出与生产率的关系	法国 1986—1990 年 4164 家创新型企业相关数据	企业规模、企业市场份额、多元化经营程度、需求拉动变量、技术推动变量和人均研发资本、人均专利数、创新性产品销售份额、工程和管理人员比重、劳动生产力	企业规模、多元化程度、行业市场份额影响企业研发投入、研发投入影响创新产出，并不直接促进生产率的提高，创新产出受研发投入、需求拉动因素、技术推动因素影响，与劳动生产率具有正向关系
	模型	\multicolumn{3}{l}{CDM 模型： 研发投入决定函数：$g_i^* = x_{0i}b_0 + \mu_{0i}$；$k_i^* = x_{1i}b_1 + \mu_{1i}$ 创新函数：$\ln n_i^* = \alpha_K k_i^* + x_{2i}b_2 + \mu_{2i}$ 或 $t_i^* = \alpha_K k_i^* + x_{2i}b_2 + \mu_{2i}$ 生产率函数：$q_i = \alpha_1 \ln n_i^* + x_{3i}b_3 + \mu_{3i}$ 或 $q_i = \alpha_1 t_i^* + x_{3i}b_3 + \mu_{3i}$}
科和赫尔普曼 (1995)[②]	中间品贸易知识溢出效应	1971—1990 年 21 个 OECD 国以及以色列面板数据	本国研发资本、中间品贸易知识溢出和全要素生产率	自有研发资本和贸易知识溢出对于全要素生产率的产出弹性分别为 0.078—0.156 和 0.294
	模型	\multicolumn{3}{l}{$\log F_i = \alpha_i^0 + \alpha_i^d \log S_i^d + \alpha_i^{7d} G7 \log S_i^d + \alpha_i^f m_i \log S_i^f$ $S_i^f = \sum_j \frac{m_{ij}}{m_i} S_j^d$}

[①] Crépon, B., Duguet, E., Mairesse, J., Research, Innovation, and Productivity: an Econometric Analysis at the Firm Level [J]. *Economics of Innovation and New Technology*, 1998, 7 (2), pp. 115–158.

[②] Coe, D. T., Helpman, E., International R&D Spillovers [J]. *European Economic Review*, 1995, 39, pp. 859–887.

第十二章　中国工业企业知识资本投入与全要素生产率　321

续表

作者	研究内容	样本数据	研究变量	结果
Xu, Wang (1999)①	资本品贸易知识溢出效应	1983—1990 年 21 个 OECD 国面板数据	本国研发资本存量、资本品贸易知识溢出、非资本品贸易知识溢出和全要素生产率	资本商品贸易知识溢出促进 TFP 的增长，产出弹性为 0.246，非资本品贸易的知识溢出效应为负
	模型	$\log F_{it} = c_{it} + \alpha_i^d \log S_{it}^d + \alpha_i^{7d} G_7 \log S_{it}^d + \alpha_i^{fk} m_i^k \log S_i^f(KM) + \alpha_i^{fnk} m_i^{nk} \log S_{it}^f(NKM) + \varepsilon_{it}$			
Pottelsberghe, Lichtenberg (2001)②	FDI 渠道知识溢出	13 个发达国家 1971—1990 年面板数据。德国、法国、意大利、英国、比利时、丹麦、希腊、爱尔兰、荷兰、葡萄牙、西班牙、美国、日本	研发资本存量、贸易溢出、外商直接投资溢出、对外直接投资溢出和全要素生产率	本国研发资本、贸易知识溢出，对外直接投资逆向知识溢出对于产出具有促进作用，产出弹性分别为 0.017、0.100、0.053
	模型	$\log F_i = \alpha_i + \alpha^d \log S_i^d + \alpha^f \log S_i^f + \varepsilon_{it}$ $S_i^{mf} = \sum_j \frac{m_{ij} S_j^d}{y_j}, S_i^{if} = \sum_{j \neq i} \frac{if_{ij} S_j^d}{k_j}, S_i^{of} = \sum_{j \neq i} \frac{of_{ij} S_j^d}{k_j}$			
Lee (2006)③	贸易知识溢出、FDI 溢出以及直接溢出效应研究	1981—2000 年 16 个 OECD 国面板数据	国内研发资本存量、贸易知识溢出、Inward FDI 溢出、Outward FDI 溢出和非物化（直接）知识溢出	贸易知识溢出的产出弹性为 0.1096—0.1153；外商直接投资溢出为 0.0317—0.0311；对外直接投资溢出为 -0.0068—-0.0065；直接溢出的弹性为 0.0794—0.0967
	模型	$\log A_{it} = \alpha_i + \beta_1 \log S_{it}^d + \beta_2 \log S_{it}^{lp} + \beta_3 \log S_{it}^n + \beta_4 \log S_{it}^o + \beta_5 \log S_{it}^{d1,d2} + \varepsilon_{it}$			

注：笔者整理所得。

---

① Xu Bin, Wang Jianmao, Capital Goods Trade and R&D Spillovers in the OECD [J]. *The Canadian Journal of Economics*, 1999, 32 (5), pp. 1258 – 1274.

② Pottelsberghe, B. V., Lichtenberg, F. R., Does Foreign Direct Investment Transfer Technology across Borders? [J]. *Review of Economics and Statistics*, 2001, 83 (3), pp. 490 – 497.

③ Lee, G., The effectiveness of international knowledge spillover channels [J]. *European Economic Review*, 2006, 50 (8), pp. 2075 – 2088.

第二节 中国工业企业知识资本投入与产出现状分析

一 大中型工业企业的知识资本投入

我国[①]大中型工业企业知识资本投入规模增长迅速,尤其是自1997年以来,知识资本投入[②]金额从1997年的1805.51亿元迅速增长到2010年的12304.35亿元,增长幅度高达581.49%,年均增长率达到16.51%。人均知识资本投入金额同样表现出明显的上升态势,投入金额从1997年的4775.91元增加到2010年的23056.45元,增长了3.83倍,年均增长率为13.52%。从投入强度来看,大中型工业企业知识资本经费投入强度并未呈现出明显的上升趋势。1997—1999年,知识资本投入强度呈现出显著下行趋势,从1997年的4.97%下降到1999年的3.94%;2000年投入强度较上一年有较大增幅,为4.51%,增长幅度为14.32%;2000—2002年,知识资本投入强度保持稳定,基本维持在4.5%左右;从2003年开始,随着产出基数增加,知识资本投入强度出现逐年递减的趋势,从2002年的4.59%下降到2010年的2.84%,年均下降幅度为5.57%。总体上看,我国大中型工业企业知识资本投入强度处于较高水平,除2010年外,一直保持在3%以上,年均投入强度为3.84%(见表12-2和图12-1)。

表12-2 1997—2010年中国大中型工业企业知识资本投入基本状况

年份	投入金额 (亿元)	投入增长率 (%)	人均投入金额 (元)	人均增长率 (%)	投入强度 (%)
1997	1805.51	—	4775.91	—	4.97
1998	1646.00	-8.84	4801.47	0.54	4.39

---

① 由于西藏知识资本投入的数据缺失,样本为我国30个省(市、区),不包括西藏。
② 知识资本经费投入包括技术开发投入、技术改造投入、国外技术引进、国内技术引进以及消化吸收投入。另注:根据数据的可获得性与翔实性,本章知识资本投入与产出研究样本为大中型工业企业相关数据。

续表

年份	投入金额 （亿元）	投入增长率 （%）	人均投入金额 （元）	人均增长率 （%）	投入强度 （%）
1999	1652.20	0.38	5267.47	9.71	3.94
2000	2246.37	35.96	7742.17	46.98	4.51
2001	2588.30	15.22	9230.30	19.22	4.42
2002	3097.35	19.67	11428.58	23.82	4.59
2003	3851.14	24.34	12412.50	8.61	3.99
2004	5082.33	31.97	14491.12	16.75	3.80
2005	5785.71	13.84	15461.69	6.70	3.51
2006	6685.08	15.54	15676.92	1.39	3.17
2007	8462.40	26.59	19343.25	23.39	3.24
2008	9920.70	17.23	20479.47	5.87	3.10
2009	11131.94	12.21	23378.96	14.16	3.33
2010	12304.35	10.53	23056.45	-1.38	2.84
平均值	—	16.51	—	13.52	3.84

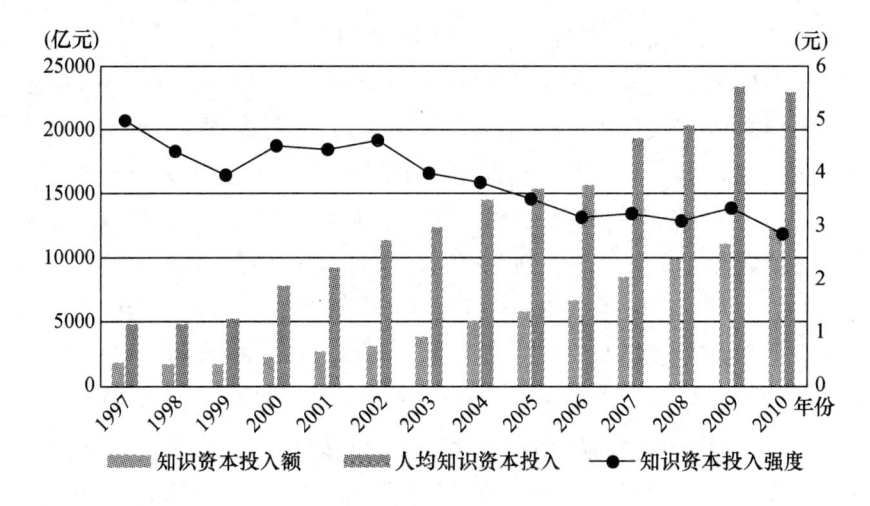

图 12-1 1997—2010 年中国大中型工业企业知识资本投入状况

资料来源：根据《中国科技统计年鉴》数据计算整理。

从知识资本经费支出结构来看，中国大中型工业企业各类知识资本投入之间存在显著差异,知识资本投入支出主要集中在技术开发投入[①]与技术改造投入上。技术改造年均投入比重最高,达到46.93%,但该投入比重呈现出下降的状态。其次是技术开发投入,技术开发投入比重具有不断加大的趋势,年均投入比重为42.34%。国外技术引进同期平均投入比重为8.35%。国内技术引进投入与消化吸收平均投入比重相对较低,分别为1.34%和1.03%。同时,各类知识资本在投入总量上也呈现显著的差异。技术开发投入保持高速增长的状态,从1997年的438.43亿元增加到2010年的7887.86亿元,增长率达到1651.11%,年均增长率为25.22%。技术开发投入从2006年起超过技术改造投入比重,成为最重要的知识资本投入项目,两者差距并有不断加大趋势。但技术开发投入强度并没有表现出明显的增长态势,年均技术开发投入强度为1.57%。技术改造投入总体上同样呈现上升的状态,1997—2008年,从1102.42亿元增加到4167.23亿元,增长2.78倍;2009—2010年,技术改造投入有所下滑,分别为3671.22亿元和3638.49亿元。但技术改造投入强度处于持续下行中,2010年相对于1997年下降幅度达到72.34%,年均投入强度为1.84%。同期国外技术引进投入具有较大的波动,但从整体上看,仍表现出周期性波动上扬的趋势。1997—1999年,国外技术引进投入逐年下降,从1997年的236.48亿元下降到2005年的1999年的207.59亿元,下降幅度为12.22%,年均下降率为6.26%;1999—2003年,国外技术引进投入持续上升,增长了95.29%,年均增长率为18.46%。2003—2005年,国外技术引进投入重新呈现下降的趋势,从2003年的405.41亿元下降到296.77亿元,下降率为26.80%,年均下降幅度为14.29%。2006年和2007年出现增长,分别为320.43亿元和452.45亿元,年均增长24.49%。2007年以后,国外技术引进投入再次处于下降的状况,到2010年下降了13.50%,年均下降幅度为4.63%。国外技术引进投入强度也呈现出下降的状态,从1997年的0.65%下降到2010年的0.09%,下降幅度为86.15%,年均下降12.83%,年均投入强度为0.34%。国内技术购

---

① 从2009年开始,由于统计口径的变更,技术开发投入、科技人员数统计数据不能获得,本章中2009年、2010年这两年的相关数据为估算值,仅供读者参考,具体的估算方法参见第五章变量与数据处理部分。

买除 1999 年外，保持稳步增长的态势。1997—2010 年，国内技术进购买从 14.62 亿元增长到 221.41 亿元，增长了 14.14 倍，年均增长率为 25.76%，平均投资强度为 0.05%。消化吸收投入同样表现出上升的趋势，同期增长率达到 1118.07%，年均增幅为 23.61%，平均投入强度为 0.04%（见表 12-3 和图 12-2）。在人力资本投入上，我们主要考察科技活动人员的状况，如表 13-2 所示，科技活动人员数也有较大的增幅，2010 年比 1997 年增加了 1.14 倍，年均科技人员比重为 4.78%。

表 12-3 1997—2010 年中国大中型工业企业各类知识资本投入状况

年份	技术开发投入（亿元）	占比（%）	强度（%）	技术改造投入（亿元）	占比（%）	强度（%）
1997	438.43	24.28	1.21	1102.42	61.06	3.04
1998	478.69	29.08	1.28	919.61	55.87	2.45
1999	567.24	34.33	1.35	845.37	51.17	2.02
2000	823.72	36.67	1.65	1132.57	50.42	2.27
2001	977.95	37.78	1.67	1268.52	49.01	2.17
2002	1164.07	37.58	1.73	1492.09	48.17	2.21
2003	1467.77	38.11	1.52	1896.43	49.24	1.97
2004	2002.04	39.39	1.49	2588.45	50.93	1.93
2005	2543.32	43.96	1.54	2792.85	48.27	1.69
2006	3175.80	47.51	1.50	3019.56	45.17	1.43
2007	4123.73	48.73	1.58	3650.02	43.13	1.40
2008	5040.42	50.81	1.57	4167.23	42.01	1.30
2009	6727.54	60.43	2.01	3671.22	32.98	1.10
2010	7887.86	64.11	1.82	3638.49	29.57	0.84
年份	技术引进投入（亿元）	占比（%）	强度（%）	消化吸收投入（亿元）	占比（%）	强度（%）
1997	236.48	13.10	0.65	13.56	0.75	0.04
1998	214.85	13.05	0.57	14.68	0.89	0.04
1999	207.59	12.56	0.50	18.18	1.10	0.04
2000	245.42	10.93	0.49	18.22	0.81	0.04

续表

年份	技术开发投入（亿元）	占比（%）	强度（%）	技术吸收投入（亿元）	占比（%）	强度（%）
2001	285.87	11.04	0.49	19.63	0.76	0.03
2002	372.50	12.03	0.55	25.80	0.83	0.04
2003	405.41	10.53	0.42	27.14	0.70	0.03
2004	367.95	7.24	0.27	53.97	1.06	0.04
2005	296.77	5.13	0.18	69.38	1.20	0.04
2006	320.43	4.79	0.15	81.86	1.22	0.04
2007	452.45	5.35	0.17	106.61	1.26	0.04
2008	440.43	4.44	0.14	106.45	1.07	0.03
2009	394.61	3.54	0.12	163.85	1.47	0.05
2010	391.39	3.18	0.09	165.20	1.34	0.04

年份	国内技术购买（亿元）	占比（%）	强度（%）	科技人员数（人）	科技人员数/员工数（%）
1997	14.62	0.81	0.04	1474245	3.90
1998	18.17	1.10	0.05	1410365	4.11
1999	13.83	0.84	0.03	1453685	4.63
2000	26.44	1.18	0.05	1386556	4.78
2001	36.33	1.40	0.06	1367817	4.88
2002	42.89	1.38	0.06	1366682	5.04
2003	54.38	1.41	0.06	1411150	4.55
2004	69.92	1.38	0.05	1449419	4.13
2005	83.39	1.44	0.05	1679221	4.49
2006	87.43	1.31	0.04	1892497	4.44
2007	129.59	1.53	0.05	2201557	5.03
2008	166.17	1.68	0.05	2467665	5.09
2009	174.72	1.57	0.05	2849660	5.98
2010	221.41	1.80	0.05	3157069	5.92

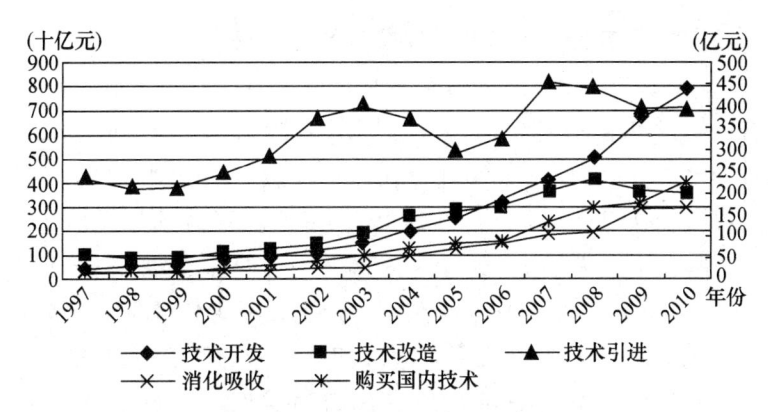

图 12-2　1997—2010 年中国大中型工业企业知识资本投入结构

资料来源：根据《中国科技统计年鉴》数据计算整理。

图 12-3 是中国 2010 年各类知识资本存量①的状况，如图 12-3 所示，中国大中型工业企业知识资本存量主要集中于技术开发资本与技术改造资本，2010 年两类资本存量分别达到 21013.49 亿元和 15714.37 亿元，分别占总知识资本存量的 53% 和 39%；其他知识资本存量所占比重相对较低，按所占比重依次排列分别为：国外技术引进占 5%、国内技术引进占 2%、消化吸收存量占 1%。

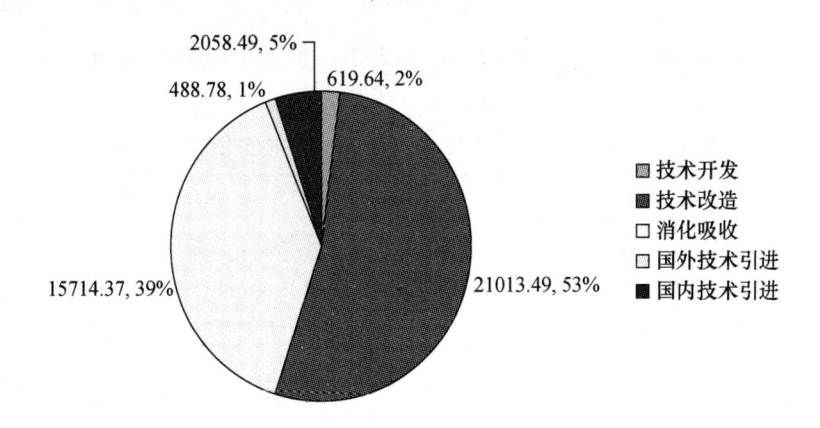

图 12-3　2010 年中国大中型工业企业知识资本存量

资料来源：根据《中国科技统计年鉴》数据计算整理。

---

① 各类知识资本存量的计算采用折旧率 15%，平均投资增长率 5%，全国存量根据各省数据加总获得。

二 大中型工业企业知识资本投入区域比较

（一）知识资本总经费投入的区域比较

近年来，我国大中型工业企业知识资本投入有了较大的增长，但由于区域间经济发展的不平衡性，我国东中西区域大中型工业企业知识资本经费投入存在显著的差异。从表12-4和图12-4可以看出，在知识资本投资规模上，东部地区一直显著高于中、西部地区。东部地区知识资本投入从1997年的1091.37亿元增加到2010年的8171.12亿元，增长率为648.70%，年均增长幅度达到17.15%，其知识资本投入占全国总投入的平均比重高达63.83%，2010年最高时，为66.41%。中部地区知识资本投入从1997年的433.57亿元上升到2010年的2738.70亿元，增长幅度为531.67%，年均增长率为16.71%。中部地区知识资本投入占全国总投入的比重表现出上升的趋势，平均投入占比为23.74%。西部地区同期知识资本投入的增长率为397.01%，年均增长14.53%。该地区知识资本投入相对较少，在全国总投入的平均比重为12.43%，并伴有下降的趋势。从投入强度上看，三地区没有表现出增长的趋势；相反，东部地区知识资本投入强度从1997年的4.68%下降到2010年的2.81%，西部地区则从6.21%下滑至3.06%，中部地区除2010年有较大下降幅度外，相对保持稳定。三地区平均知识资本投入强度分别为：西部地区最高为4.48%，其次是中部地区4.39%，东部地区则为3.59%。

表12-4 1997—2010年中国大中型工业企业知识资本总投入区域比较

年份	东部地区 金额（亿元）	东部地区 全国占比（%）	东部地区 强度（%）	中部地区 金额（亿元）	中部地区 全国占比（%）	中部地区 强度（%）	西部地区 金额（亿元）	西部地区 全国占比（%）	西部地区 强度（%）
1997	1091.37	60.45	4.68	433.57	24.01	5.11	280.58	15.54	6.21
1998	1077.34	65.45	4.40	325.76	19.79	3.90	242.90	14.76	5.27
1999	1094.47	66.24	3.97	351.67	21.29	3.86	206.05	12.47	3.93
2000	1444.81	64.32	4.32	530.24	23.60	4.88	271.32	12.08	4.93
2001	1682.25	64.99	4.15	584.43	22.58	4.98	321.61	12.43	5.19
2002	1970.95	63.63	4.21	758.39	24.49	5.65	368.02	11.88	5.09
2003	2483.26	64.48	3.61	919.95	23.89	4.91	447.93	11.63	4.98
2004	3229.87	63.55	3.36	1171.02	23.04	4.67	681.43	13.41	5.38

续表

年份	东部地区 金额(亿元)	东部地区 全国占比(%)	东部地区 强度(%)	中部地区 金额(亿元)	中部地区 全国占比(%)	中部地区 强度(%)	西部地区 金额(亿元)	西部地区 全国占比(%)	西部地区 强度(%)
2005	3702.23	63.99	3.17	1407.38	24.33	4.41	676.10	11.69	4.15
2006	4203.89	62.88	2.84	1702.21	25.46	4.27	778.98	11.65	3.37
2007	5330.04	62.99	2.89	2153.75	25.45	4.15	978.61	11.56	3.93
2008	6155.96	62.05	2.81	2532.94	25.53	3.76	1231.80	12.42	3.69
2009	6917.98	62.15	3.03	2969.21	26.67	4.14	1244.75	11.18	3.62
2010	8171.12	66.41	2.81	2738.70	22.26	2.82	1394.53	11.33	3.06

资料来源：根据《中国科技统计年鉴》数据计算整理。

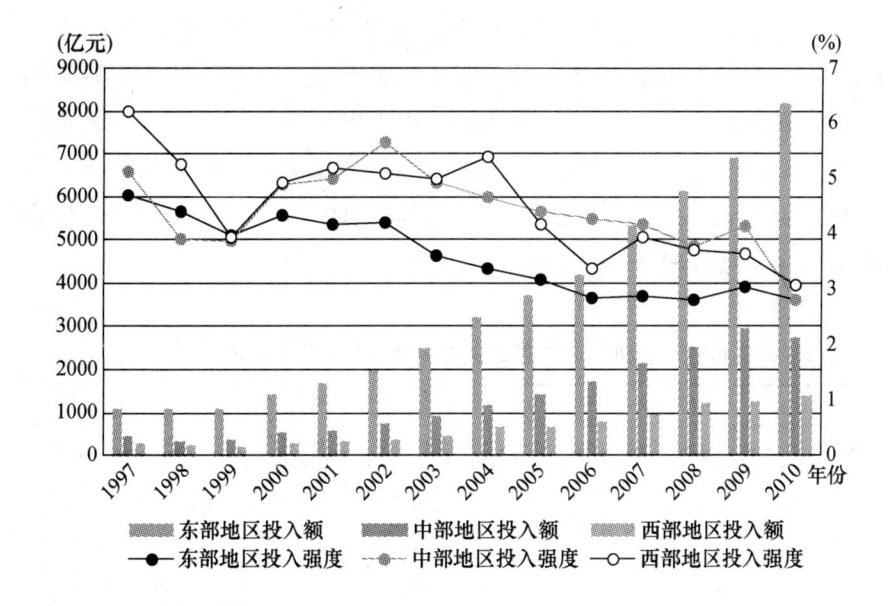

图 12-4 1997—2010 年中国大中型工业企业知识资本总投入区域比较

注：根据国家东部、中部、西部地区划分，文中东部地区包括北京、天津、河北、辽宁、上海、江苏、浙江、福建、山东、广东、广西以及海南；中部地区包括山西、内蒙古、吉林、黑龙江、安徽、江西、河南、湖北以及湖南；西部地区包括重庆、四川、贵州、云南、陕西、甘肃、青海、宁夏以及新疆（考虑到西藏相关统计数据的不完整性，我们不把西藏地区纳入考察样本）。东部、中部、西部区域划分下同。

资料来源：根据《中国科技统计年鉴》数据计算整理。

(二) 技术开发投入区域比较

如图 12-5 和表 12-5 所示,各地区大中型工业企业技术开发投入呈现出增长的趋势。东部地区依然是我国大中型工业企业技术开发投入的主要来源。1997—2010 年,东部地区技术开发投入从 294.63 亿元增加到 5603.32 亿元,增长了 18.02 倍,年均增长幅度为 25.74%。这十余年间,东部地区技术开发投入占全国技术开发投入的比重始终保持在 65% 以上,年均投入占比 68.92%。中部地区技术开发投入同期增长 1832.98%,年均增长率达到 26.90%。中部地区技术开发投入占全国总投入比重相对保持稳定,2009 年最高为 25.76%,年均占比为 19.76%。西部地区技术开发投入保持逐年增长,从 1997 年的 62.35 亿元增加为 2010 年的 710.16 亿元,增幅 10.39 倍,年均增长率为 21.05%;占全国技术开发投入的比重呈现下行的态势,平均占比 11.32%。三个区域技术开发投入强度都处于波动上扬的状态,东部地区从 1.26% 上升到 1.93%;中部地区从 0.96% 增加到 1.62%;西部地区则从 1.38% 上升为 1.56%。从年均投入强度上比,西部地区具有最高的技术开发投入强度,为 1.64%,东部地区次之,为 1.58%,中部地区最低,为 1.51%。

表 12-5 1997—2010 年大中型工业企业技术开发投入区域比较

年份	东部地区 金额(亿元)	东部地区 全国占比(%)	东部地区 强度(%)	中部地区 金额(亿元)	中部地区 全国占比(%)	中部地区 强度(%)	西部地区 金额(亿元)	西部地区 全国占比(%)	西部地区 强度(%)
1997	294.63	67.20	1.26	81.45	18.58	0.96	62.35	14.22	1.38
1998	322.80	67.43	1.32	89.87	18.77	1.08	66.02	13.79	1.43
1999	381.81	67.31	1.39	110.37	19.46	1.21	75.06	13.23	1.43
2000	565.52	68.65	1.69	162.47	19.72	1.50	95.73	11.62	1.74
2001	682.24	69.76	1.68	180.06	18.41	1.53	115.65	11.83	1.87
2002	809.44	69.54	1.73	224.18	19.26	1.67	130.45	11.21	1.80
2003	1043.94	71.12	1.52	266.50	18.16	1.42	157.34	10.72	1.75
2004	1383.80	69.12	1.44	379.64	18.96	1.51	238.60	11.92	1.88
2005	1785.90	70.22	1.53	480.31	18.89	1.50	277.11	10.90	1.70
2006	2199.86	69.27	1.49	648.77	20.43	1.63	327.17	10.30	1.42
2007	2885.84	69.98	1.56	820.78	19.90	1.58	417.11	10.11	1.67

续表

年份	东部地区 金额（亿元）	东部地区 全国占比（%）	东部地区 强度（%）	中部地区 金额（亿元）	中部地区 全国占比（%）	中部地区 强度（%）	西部地区 金额（亿元）	西部地区 全国占比（%）	西部地区 强度（%）
2008	3470.40	68.85	1.58	1030.04	20.44	1.53	539.98	10.71	1.62
2009	4396.81	65.36	1.93	1733.09	25.76	2.42	597.64	8.88	1.74
2010	5603.32	71.04	1.93	1574.38	19.96	1.62	710.16	9.00	1.56

数据来源：根据《中国科技统计年鉴》数据计算整理。

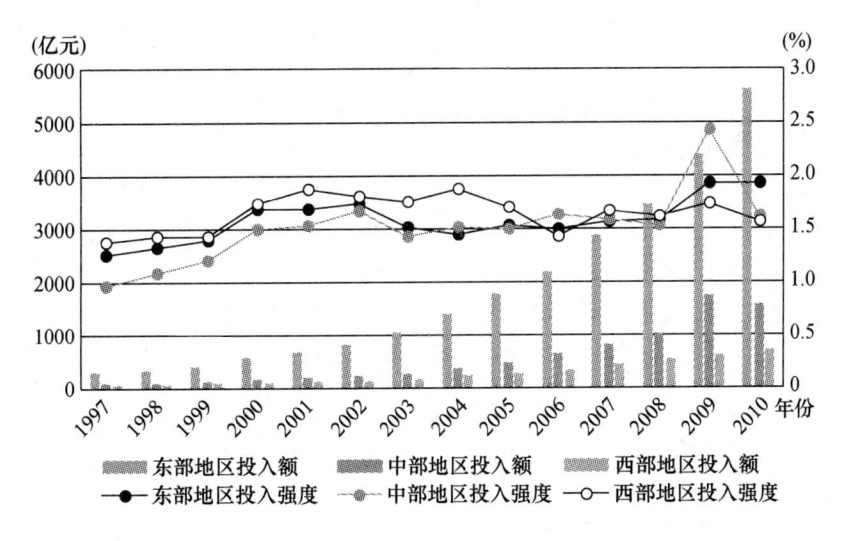

图 12-5 1997—2010 年大中型工业企业技术开发投入区域比较

资料来源：根据《中国科技统计年鉴》数据计算整理。

（三）技术改造投入区域比较

从表 12-6 和图 12-6 可以看出，东部、中部、西部地区大中型工业企业技术改造投入表现出先降后升的趋势。1997—1999 年，三地区技术改造投入金额逐年下降，东部、中部、西部地区分别从 633.65 亿元、297.64 亿元、171.13 亿元减少到 537.18 亿元、202.25 亿元和 105.94 亿元，下降幅度分别为 15.22%、32.05%、38.09%。从 2000 年起，东部、中部、西部地区技术改造投入开始呈现出上升的趋势，到 2010 年，三地区技术改造投入分为达到 2057.60 亿元、1013.16 亿元、567.73 亿元，分别比 2000 年增长了 2.02 倍、2.29 倍和 2.97 倍。

1997—2010 年,东部、中部、西部地区技术改造投入占全国技术改造总投入的平均比重分别为 57.52%、28.51%、13.97%。三地区技术改造投入强度处于不断下降的状态,东部地区技术改造投入强度从 1997 年的 2.72% 降为 2010 年的 0.71%,中部地区从 3.51% 下降到 1.04%,西部地区从 3.79% 下降到 1.24%,年均投入强度分别为 1.57%、2.49% 和 2.38%。

表 12-6　1997—2010 年大中型工业企业技术改造投入区域比较

年份	东部地区 金额（亿元）	东部地区 全国占比（%）	东部地区 强度（%）	中部地区 金额（亿元）	中部地区 全国占比（%）	中部地区 强度（%）	西部地区 金额（亿元）	西部地区 全国占比（%）	西部地区 强度（%）
1997	633.65	57.48	2.72	297.64	27.00	3.51	171.13	15.52	3.79
1998	571.36	62.13	2.33	203.07	22.08	2.43	145.18	15.79	3.15
1999	537.18	63.54	1.95	202.25	23.92	2.22	105.94	12.53	2.02
2000	680.30	60.07	2.03	308.95	27.28	2.84	143.32	12.65	2.60
2001	754.22	59.46	1.86	340.41	26.84	2.90	173.88	13.71	2.81
2002	861.89	57.76	1.84	435.73	29.20	3.25	194.47	13.03	2.69
2003	1122.75	59.20	1.63	536.78	28.30	2.87	236.90	12.49	2.63
2004	1515.32	58.54	1.58	693.06	26.77	2.76	380.07	14.68	3.00
2005	1597.18	57.19	1.37	839.90	30.07	2.63	355.76	12.74	2.19
2006	1647.19	54.55	1.11	969.68	32.11	2.43	402.68	13.34	1.74
2007	1921.31	52.64	1.04	1239.44	33.96	2.39	489.27	13.40	1.96
2008	2158.99	51.81	0.98	1395.76	33.49	2.07	612.48	14.70	1.84
2009	1993.66	54.31	0.87	1110.47	30.25	1.55	567.09	15.45	1.65
2010	2057.60	56.55	0.71	1013.16	27.85	1.04	567.73	15.60	1.24

资料来源:根据《中国科技统计年鉴》数据计算整理。

（四）国外技术引进投入区域比较

从表 12-7 和图 12-7 可以看出,三个地区大中型工业企业国外技术引进投入呈现波动性上升趋势,但东部地区的增速要远高于中部、西部地区。1997—2010 年,东部、中部、西部三地区国外技术引进投入年均增幅分别为 6.56%、5.33% 和 3.25%。东部地区国外技术引进投入占全国国外技术引进投入的比重从 1997 年的 62.36% 上升到 2007 年

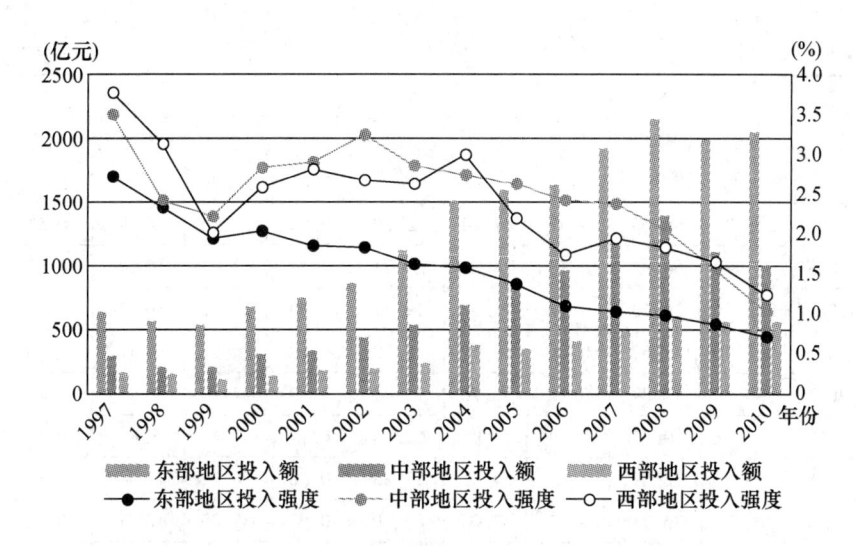

图 12-6 1997—2010 年大中型工业企业技术改造投入区域比较

资料来源：根据《中国科技统计年鉴》数据计算整理。

的最大值 79.05%，1997—2010 年，年均占 72.02%。中部地区国外技术引进投入占比则逐年下降，从 20.36% 降为 15.39%，年均占 17.40%。西部地区国外技术引进投入占比也呈现下降状态，1997 年为 17.28%，到 2005 年下降到最低点 8.61%，2005 年以后开始小幅度增长，至 2008 年，占 11.40%，2009 年和 2010 年比重有所下降，1997—2010 年平均国外技术引进投入比重为 10.59%。东部、中部、西部地区国外技术引进平均投入强度较为接近，分别为 0.356%、0.304% 和 0.346%。

表 12-7 1997—2010 年大中型工业企业国外技术引进投入区域比较

年份	东部地区 金额（亿元）	东部地区 全国占比（%）	东部地区 强度（%）	中部地区 金额（亿元）	中部地区 全国占比（%）	中部地区 强度（%）	西部地区 金额（亿元）	西部地区 全国占比（%）	西部地区 强度（%）
1997	147.47	62.36	0.63	48.16	20.36	0.57	40.85	17.28	0.90
1998	162.34	75.56	0.66	27.14	12.63	0.33	25.37	11.81	0.55
1999	154.42	74.39	0.56	31.71	15.27	0.35	21.46	10.34	0.41
2000	172.36	70.23	0.51	46.79	19.06	0.43	26.27	10.71	0.48
2001	204.74	71.62	0.50	55.47	19.40	0.47	25.66	8.98	0.41

续表

年份	东部地区 金额(亿元)	东部地区 全国占比(%)	东部地区 强度(%)	中部地区 金额(亿元)	中部地区 全国占比(%)	中部地区 强度(%)	西部地区 金额(亿元)	西部地区 全国占比(%)	西部地区 强度(%)
2002	248.20	66.63	0.53	87.14	23.39	0.65	37.16	9.98	0.51
2003	263.20	64.92	0.38	100.19	24.71	0.54	42.02	10.36	0.47
2004	256.20	69.63	0.27	71.62	19.47	0.29	40.12	10.90	0.32
2005	212.70	71.67	0.18	58.52	19.72	0.18	25.55	8.61	0.16
2006	239.90	74.87	0.16	52.76	16.47	0.13	27.77	8.67	0.12
2007	357.68	79.05	0.19	54.93	12.14	0.11	39.85	8.81	0.16
2008	335.89	76.27	0.15	54.31	12.33	0.08	50.22	11.40	0.15
2009	302.71	76.71	0.13	52.05	13.19	0.07	39.85	10.10	0.12
2010	290.94	74.34	0.10	60.25	15.39	0.06	40.19	10.27	0.09

资料来源：根据《中国科技统计年鉴》数据计算整理。

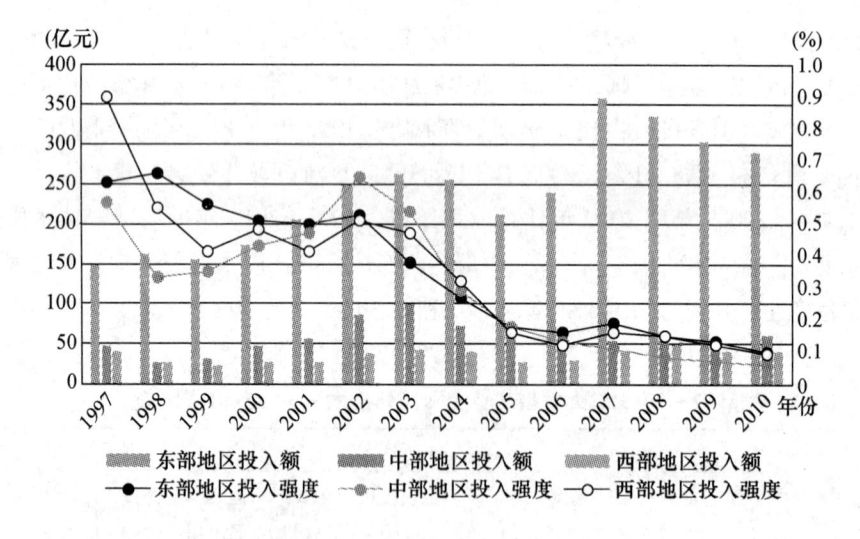

图 12-7 1997—2010 年大中型工业企业国外技术引进投入区域比较

资料来源：根据《中国科技统计年鉴》数据计算整理。

（五）国内技术引进投入区域比较

从表 12-8 和图 12-8 可以看出，东部、中部地区大中型工业企业国内技术购买投入随着时间的推移都表现出快速增长的趋势，西部地区具有较大的波动性。1997—2010 年,东部、中部、西部地区国内技术购买投入分别增长 13.96 倍、14.02 倍和 14.70 倍,年均增长率分别为 26.97%、28.68% 和 38.83%,占全国总国内技术引进投入的平均比重分别为 61.56%、21.63% 和 16.81%。再从国内技术引进投入强度来看,三地区国内技术引进投入强度处于较低水平且呈现剧烈的波动性,并没有显著的变化趋势。西部地区具有最高的平均投入强度 0.078%,中部地区为 0.052%,东部地区最低为 0.046%。

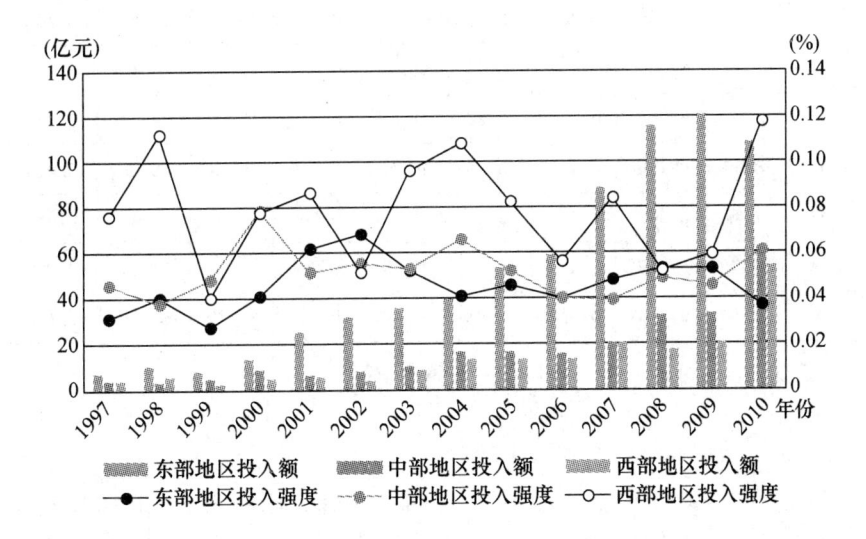

图 12-8　1997—2010 年大中型工业企业国内技术引进投入区域比较

资料来源:根据《中国科技统计年鉴》数据计算整理。

表 12-8　1997—2010 年大中型工业企业国内技术引进投入区域比较

年份	东部地区 金额(亿元)	东部地区 全国占比(%)	东部地区 强度(%)	中部地区 金额(亿元)	中部地区 全国占比(%)	中部地区 强度(%)	西部地区 金额(亿元)	西部地区 全国占比(%)	西部地区 强度(%)
1997	7.26	49.66	0.031	3.92	26.85	0.046	3.43	23.49	0.076
1998	9.86	54.24	0.040	3.15	17.32	0.038	5.17	28.44	0.112
1999	7.33	53.03	0.027	4.41	31.87	0.048	2.09	15.10	0.040
2000	13.60	51.42	0.041	8.56	32.37	0.079	4.29	16.22	0.078

续表

年份	东部地区 金额(亿元)	东部地区 全国占比(%)	东部地区 强度(%)	中部地区 金额(亿元)	中部地区 全国占比(%)	中部地区 强度(%)	西部地区 金额(亿元)	西部地区 全国占比(%)	西部地区 强度(%)
2001	25.00	68.80	0.062	5.97	16.43	0.051	5.36	14.76	0.087
2002	31.80	74.14	0.068	7.44	17.34	0.055	3.66	8.53	0.051
2003	35.86	65.94	0.052	9.91	18.22	0.053	8.62	15.84	0.096
2004	39.79	56.90	0.041	16.49	23.59	0.066	13.64	19.51	0.108
2005	53.49	64.14	0.046	16.47	19.75	0.052	13.43	16.11	0.083
2006	58.62	67.04	0.040	15.88	18.17	0.040	12.93	14.79	0.056
2007	88.59	68.36	0.048	20.15	15.55	0.039	20.84	16.08	0.084
2008	116.04	69.83	0.053	32.74	19.70	0.049	17.40	10.47	0.052
2009	121.12	69.32	0.053	33.28	19.04	0.046	20.33	11.64	0.059
2010	108.57	49.04	0.037	58.95	26.62	0.061	53.90	24.34	0.118

资料来源：根据《中国科技统计年鉴》数据计算整理。

（六）消化吸收投入区域比较

如表12-9和图12-9所示，东部、中部、西部三个地区大中型工业企业消化吸收投入从整体上看具有不断上升的趋势。东部地区消化吸收投入从1997年的8.35亿元增加到2010年的110.69亿元，增加了12.26倍，年均增长率为24.74%，年均投资强度为0.040%。同时消化吸收投入也主要集中在东部地区，该区域消化吸收投入占全国同类总投入的平均比重达到70%以上。中部地区2009年的消化吸收投入达到最高值40.32亿元，比1997年增加15.86倍，2010年有所下滑，为31.96亿元；1997—2010年，年均增长率为26.58%，年均投入强度0.034%；中部地区消化吸收投入在全国的平均比例为18.38%。西部地区从2.82亿元增加到22.56亿元，增长了7倍，同期年平均增长率为35.15%，年均投入强度为0.039%。西部地区消化吸收投入在全国总投入中所占的比重相对较低，平均占比仅为10.90%。

表 12-9　1997—2010 年大中型工业企业消化吸收投入区域比较

年份	东部地区 金额（亿元）	东部地区 全国占比（%）	东部地区 强度（%）	中部地区 金额（亿元）	中部地区 全国占比（%）	中部地区 强度（%）	西部地区 金额（亿元）	西部地区 全国占比（%）	西部地区 强度（%）
1997	8.35	61.56	0.036	2.39	17.63	0.028	2.82	20.81	0.062
1998	10.98	74.80	0.045	2.53	17.23	0.030	1.17	7.96	0.025
1999	13.73	75.52	0.050	2.94	16.17	0.032	1.51	8.30	0.029
2000	13.03	71.53	0.039	3.47	19.06	0.032	1.71	9.41	0.031
2001	16.05	81.78	0.040	2.52	12.84	0.021	1.06	5.38	0.017
2002	19.61	76.03	0.042	3.90	15.13	0.029	2.28	8.83	0.031
2003	17.50	64.50	0.025	6.58	24.23	0.035	3.06	11.27	0.034
2004	34.77	64.43	0.036	10.21	18.92	0.041	8.99	16.66	0.071
2005	52.96	76.33	0.045	12.18	17.56	0.038	4.25	6.12	0.026
2006	58.32	71.25	0.039	15.11	18.46	0.038	8.43	10.29	0.037
2007	76.63	71.87	0.042	18.45	17.31	0.036	11.54	10.82	0.046
2008	74.64	70.12	0.034	20.10	18.88	0.030	11.71	11.00	0.035
2009	103.69	63.28	0.045	40.32	24.61	0.056	19.84	12.11	0.058
2010	110.69	67.00	0.038	31.96	19.35	0.033	22.56	13.65	0.049

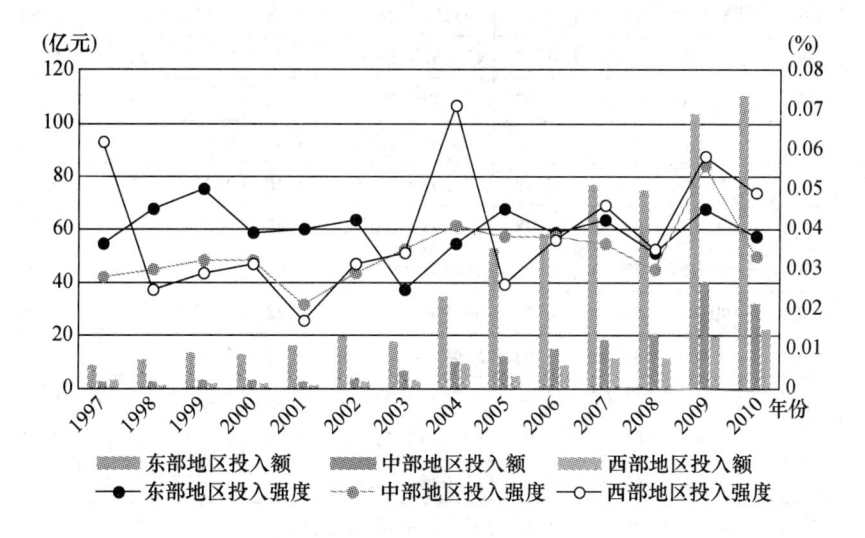

图 12-9　1997—2010 年大中型工业企业消化吸收投入区域比较

资料来源：根据《中国科技统计年鉴》数据计算整理。

（七）科技人员区域比较

从表 12-10 和图 12-10 可以看出，东部地区大中型工业企业科技人员占全国总数的一半以上，同时仍具有上升的趋势，1997—2010 年，平均占 57.22%；其次是中部地区，年均占 26.72%；西部地区相对较小为 16.07%。三个地区科技人员投入总体上保持上升的趋势，东部地区从 1997 年的 744187 人增加到 2010 年的 2215158 人，增长率为 197.66%，年均增幅为 9.11%，东部地区年均科技人员比重为 4.72%。中部地区从 421355 人上升到 628736 人，增长率为 49.22%，年均增长率为 3.38%，年均科技人员比重为 4.63%；西部地区科技人员增长率相对较低，从 308703 人上升到 313174 人，同期增长 1.45%，年均增长率仅为 0.42%，西部地区的科技人员比重高于东、中部地区，但近年来有下行的趋势，平均比重为 5.54%。

表 12-10　　1997—2010 年大中型工业企业科技人员区域比较

年份	东部地区 科技人员数（人）	东部地区 全国占比（%）	东部地区 科技人员比重（%）	中部地区 科技人员数（人）	中部地区 全国占比（%）	中部地区 科技人员比重（%）	西部地区 科技人员数（人）	西部地区 全国占比（%）	西部地区 科技人员比重（%）
1997	744187	50.48	3.96	421355	28.58	3.28	308703	20.94	5.01
1998	695906	49.34	4.09	403310	28.60	3.48	311149	22.06	5.50
1999	719184	49.47	4.62	422062	29.03	3.98	312439	21.49	5.99
2000	719519	51.89	4.87	410747	29.62	4.22	256290	18.48	5.69
2001	736661	53.86	4.96	386046	28.22	4.32	245110	17.92	5.76
2002	748394	54.76	5.18	376208	27.53	4.46	242080	17.71	5.74
2003	803615	56.95	4.38	376993	26.72	4.37	230542	16.34	5.67
2004	838464	57.85	3.85	391431	27.01	4.40	219524	15.15	5.01
2005	993820	59.18	4.23	453366	27.00	4.82	232035	13.82	5.16
2006	1115096	58.92	3.93	514470	27.18	5.28	262931	13.89	5.82
2007	1344015	61.05	4.66	565497	25.69	5.60	292045	13.27	6.06
2008	1523461	61.74	4.75	629066	25.49	5.79	315138	12.77	5.75
2009	1862441	65.36	6.05	668026	23.44	5.93	319192	11.20	5.73
2010	2215158	70.17	6.52	628736	19.92	4.96	313175	9.92	4.66

资料来源：根据《中国科技统计年鉴》数据计算整理。

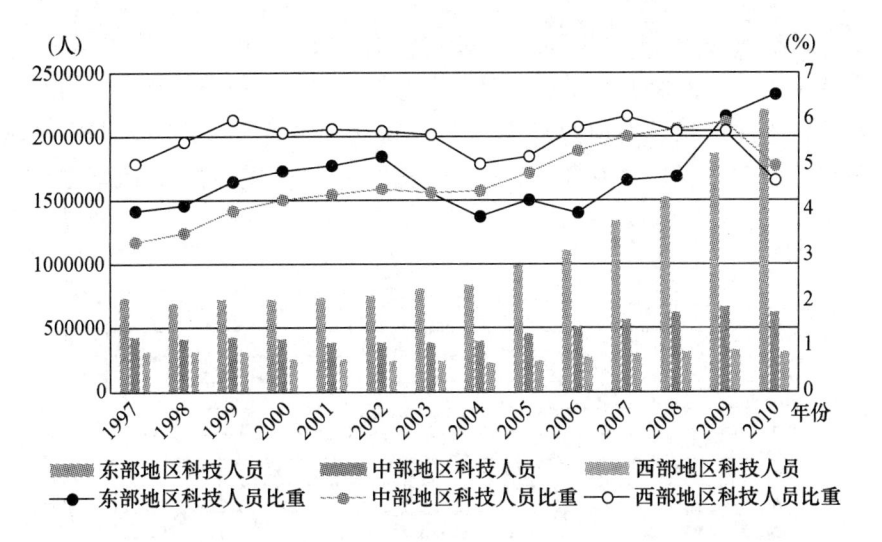

图 12-10　1997—2010 年大中型工业企业人力资本区域比较

资料来源：根据《中国科技统计年鉴》数据计算整理。

三　大中型工业企业知识资本产出分析

（一）大中型工业企业全要素生产率增长

从总体上看，我国大中型工业企业的全要素生产率呈现不断增长的趋势（见图 12-11），1997—2010 年，中国全要素生产率增长率为 271.19%，年均增幅为 11.33%。TFP 增长率呈现出先升后降的波动性变化趋势。1998—2003 年，中国 TFP 增长率处于稳步增长的阶段，这一时期 TFP 增长率从 2.62% 上升到 23.96%，年均增长 13.72%；从 2003 年开始，除 2005 年有较大反弹外，总体上呈现出下行的态势，到 2010 年 TFP 增长率已降为 7.41%。国内一些学者对于中国 TFP 增长率下降的问题进行了研究分析。张军（2002）[1] 认为，TFP 增长率的下降由资本形成过快，从而导致投资收益出现持续恶化来解释，他认为，高效投资体系和金融体系的缺失将会是中国未来经济持续快速发展的严重制约因素。颜鹏飞和王兵（2004）[2] 认为，中国 TFP 增长率下降的主要

---

[1]　张军：《增长、资本形成于技术选择：解释中国经济增长下降的长期因素》，《经济学》（季刊）2002 年第 2 期。

[2]　参见颜鹏飞、王兵《技术效率、技术进步与生产率增长：基于 DEA 的实证分析》，《经济研究》2004 年第 12 期。

原因是技术进步率的下降。郑京海、胡鞍钢和 Arne Bigsten（2008）[①]则认为，中国前期 TFP 增长主要依靠的是一次性的政策驱动，但是通过政策因素并不能长期地影响 TFP 增长速度，他们认为，中国 TFP 增速下降的主要原因是中国粗放型经济增长方式，中国急需调整改革方案以促进 TFP 的持续性增长。

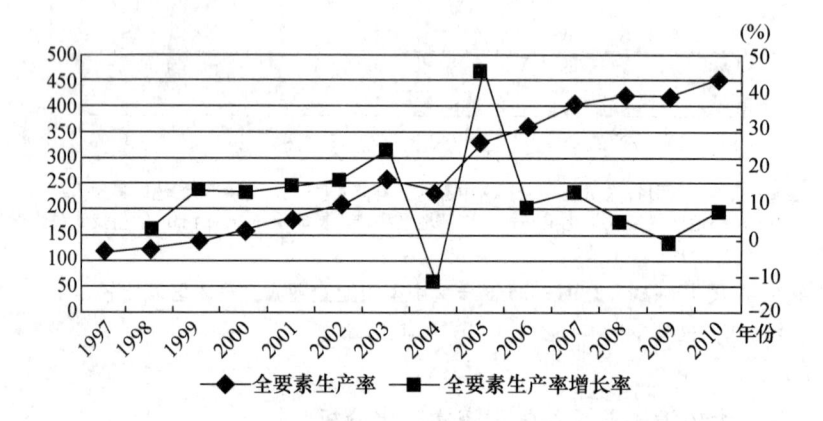

图 12-11　1997—2010 年中国大中型工业企业全要素生产率[②]

资料来源：根据《中国科技统计年鉴》和《中国统计年鉴》数据计算整理。

（二）东部、中部和西部大中型工业企业全要素生产率比较

如下图 12-12 所示，东部、中部、西部地区大中型工业企业全要素生产率都具有上升的趋势，2010 年，东部、中部、西部各地区的全要生产率分别是 1997 年的 2.74 倍、2.48 倍和 2.07 倍，年均增长率分别为 11.41%、10.81% 和 9.83%。但东部地区全要素生产率显著高于中、西部地区，同时差距有不断扩大的趋势，1997 年东部、中部地区 TFP 差距为 45.20，东部、西部地区相差 43.05，2010 年达到 193.84 和 226.08，分别扩大 3.29 倍和 4.25 倍；中部、西部地区大中型工业企业全要素生产率则较为接近。

---

① 参见郑京海、胡鞍钢、Arne Bigsten《中国的经济增长能否持续？——一个生产率视角》，《经济学》（季刊）2008 年第 3 期。

② 全要素生产率根据 TFP = Y/ ($L^{\alpha}K^{\beta}$) 计算，Y 表示大中型工业企业销售收入表示，L 表示员工数，K 表示固定资产净值余额，α、β 借鉴段红玲、祝树金（2010）的研究，α 取 0.4030，β 取 0.5970。

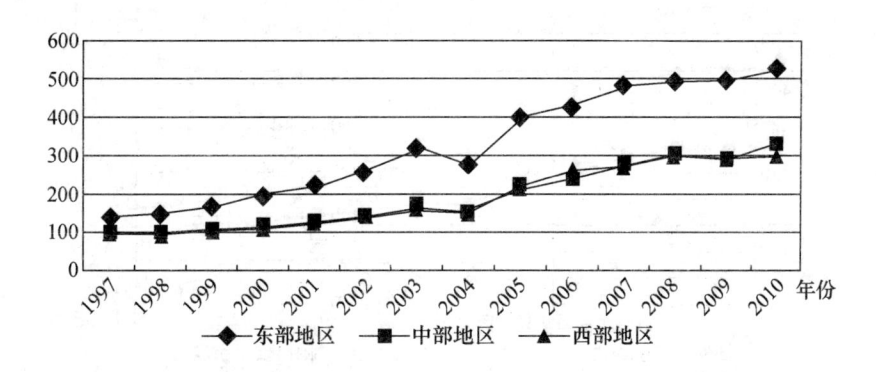

图 12-12　1997—2010 年中国大中型工业企业全要素生产率区域比较
资料来源：根据《中国科技统计年鉴》和《中国统计年鉴》数据计算整理。

四　知识资本与全要素生产率的相关性分析

我们利用散点图进行知识资本投入与全要素生产率相关性的定性分析，对我国大中型工业企业技术开发投入、技术改造投入、国外技术引进投入、国内技术引进投入、消化吸收投入以及科技人员比重与全要素生产率的关系进行分析（见图 12-13 至 12-18）。从图中可以看出，随着各类知识资本投入的增加，全要素生产率也呈现出明显的上升趋势，两者之间具有显著的正相关性。通过定性分析，我们可以初步断定，加大知识资本的投入能有效地促进全要素生产率的提高。

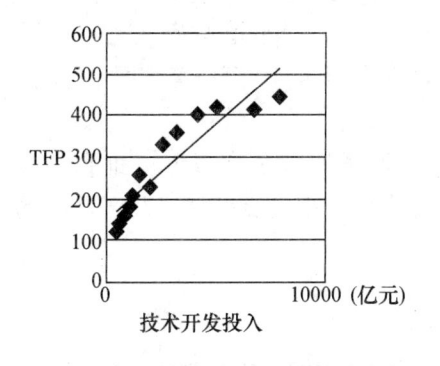

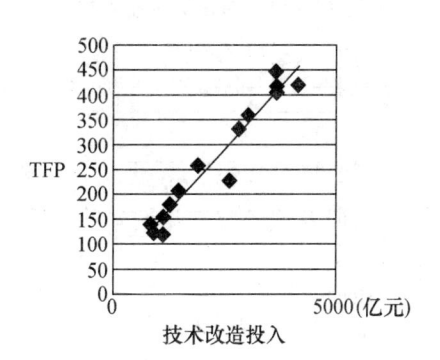

图 12-13　技术开发投入与 TFP 相关性　　**图 12-14　技术改造投入与 TFP 相关性**

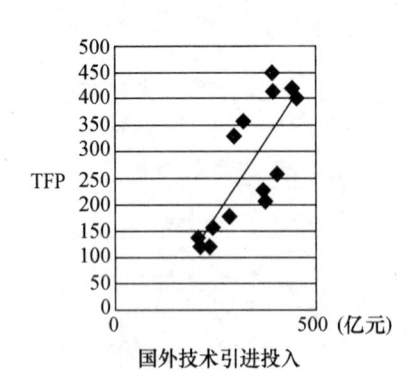

图 12–15　国外技术引进投入与 TFP 相关性

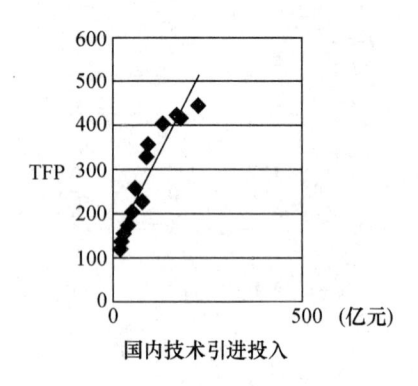

图 12–16　国内技术引进投入与 TFP 相关性

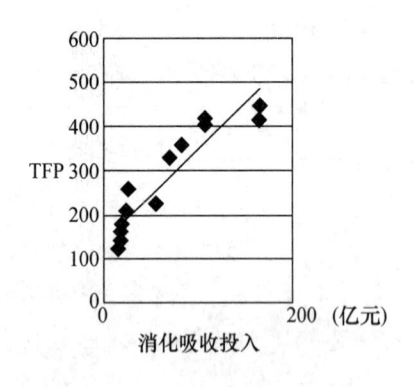

图 12–17　消化吸收投入与 TFP 相关性

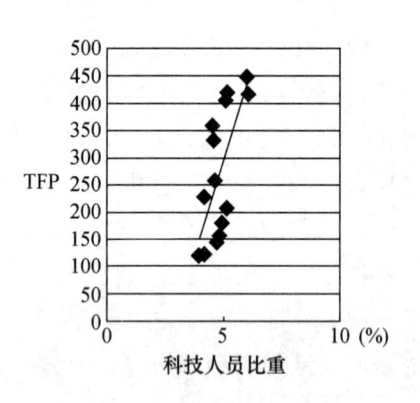

图 12–18　科技人员比重与 TFP 相关性

资料来源：《中国科技统计年鉴》和《中国统计年鉴》数据经作者计算整理得到。

我们将对知识资本投入与全要素生产率的关系进行进一步实证分析，以便发现各类知识资本投入对全要素生产率的贡献率以及区域间的差异。

第三节　模型构建与实证分析

一　全要素生产率回归模型构建

国内外学者对知识资本投入与产出研究一般以总生产函数和知识生

产函数为基础,并根据研究侧重点作相应的调整。本研究分析的重点是不同类型的知识资本对工业企业全要素生产率变化的影响。全要素生产率变化的测算有多种方法,最早的方法由索洛(Solow,1957)提出全要素生产率表示为产出经济增长率扣除劳动和资本贡献之后的余额,全要素生产率主要用来衡量除去物质资本和劳动力以外的技术进步对生产率增长的贡献。科和赫尔普曼(1995)提出研发资本对全要素生产率变化的影响因素包括国内研发资本、主要贸易伙伴国家七国集团发达国家研发资本和其他发达国家研发资本,提出全要素生产率测算回归模型(简称 CH)为:

$$\log TFP_{it} = a_i^0 + a^d \log S_{it}^d + a_7^d G7 \log S_{it}^d + a^f \log S_{it}^{f-CH} + \varepsilon_{it} \tag{12.1}$$

李小平、朱仲棣(2006)提出知识资本(S)对全要素生产率影响因素是本国本行业的研发资本,本国其他行业的研发资本和外国的研发资本,提出计量模型为:

$$Y = AL^\alpha K^\beta S^\gamma \tag{12.2}$$

定义全要素生产率:$TFP = Y/L^\alpha K^\beta$,则得到全要素生产率:

$$TFP = AS^\gamma \tag{12.3}$$

知识资本 S 包括国内本行业 $R\&D^d$,国内其他行业 $R\&D^{do}$,吸收外国 $R\&D^f$:

$$S = (R\&D^d)^{\beta_1}(R\&D^{do})^{\beta_2}(R\&D^f)^{\beta_3} \tag{12.4}$$

得到知识资本与全要素生产率的回归模型:

$$\ln TFP_{it} = c_i + c_t + \beta_1 \ln R\&D_{it}^d + \beta_2 \ln R\&D_{it}^{do} + \beta_3 \ln R\&D_{it}^f + \varepsilon_{it} \tag{12.5}$$

借鉴科和赫尔普曼(1993)及李小平和朱仲棣(2006)的模型,提出知识资本全要素生产率(TFP)为除劳动与物质资本投入以外其他所有因素对于产出增长的影响,计算公式为:

$$TFP_{it} = Y_{it}/L_{it}^\alpha C_{it}^\beta \tag{12.6}$$

我们以柯布—道格拉斯生产函数作为投入产出分析的基本模型,将知识资本变量引入其中。扩展后的柯布—道格拉斯生产函数表示如下:

$$Y_{it} = AL_{it}^\alpha C_{it}^\beta K_{it}^\theta e^{\varepsilon_{it}} \tag{12.7}$$

其中,K^d 表示国内知识资本,K^f 表示外部知识溢出。Y_{it} 表示企业产出,L_{it} 表示劳动投入,C_{it} 表示物质资本投入,K_{it} 代表知识资本,i 表示地区(行业),t 表示年份,A 为常数,α、β、θ 分别表示劳动投入、物质资本投入与知识资本的产出弹性,ε_{it} 表示随机误差项。式

(12.1)、式(12.2)经过整理得到：

$$TFP_{it} = AK_{it}^{\theta} e^{\varepsilon_{it}} \tag{12.8}$$

借鉴科和赫尔普曼(1995)、Lichtenberg 和 Pottelsberghe(1998)等的模型，我们假定在开放经济下，企业知识资本来自企业内部投入与外部溢出两个方面，即：

$$K = (K^d)^{\delta} (K^f)^{\eta} \tag{12.9}$$

其中，K^d 表示国内知识资本，K^f 表示外部知识溢出。根据我们对知识资本的定义与分类，企业知识资本内部投入来自人力资本投入(H)、研发投入(KR)、技术改造投入(KG)与消化吸收投入(KX)等方面。企业外部知识资本溢出可以来自中间品贸易知识溢出、FDI 溢出、对外直接投资反向溢出等方面的溢出效应。因为本章侧重于知识资本投入的研究，模型不考虑这些间接溢出效应，本章重点考察国外技术引进投入(KF)和国内技术引进投入(KD)所产生的知识资本外部溢出效应。为进一步考察不同类型的知识资本对工业企业全要素生产率变化的影响，知识资本 K 可以扩展为：

$$K = KR^{\theta_1} KG^{\theta_2} KX^{\theta_3} H^{\theta_4} KF^{\theta_5} KD^{\theta_6} \tag{12.10}$$

将式(12.10)代入式(12.8)，两边取对数后得到知识资本投入与全要素生产率的计量模型(模型一)：

$$\ln TFP_{it} = \alpha_0 + \alpha_1 \ln KR_{it} + \alpha_2 \ln KG_{it} + \alpha_3 \ln KF_{it} + \alpha_4 \ln KD_{it} + \alpha_5 \ln KX_{it} + \alpha_6 \ln H_{it} + \varepsilon_{it} \tag{12.11}$$

其中，KR_{it} 表示技术开发资本，KG_{it} 表示技术改造资本，KF_{it} 为国外技术引进资本，KD_{it} 表示国内技术引进资本，KX_{it} 表示消化吸收资本，H_{it} 表示人力资本，α_1、α_2、α_3、α_4、α_5、α_6 分别表示技术开发资本、技术改造资本、国外技术引进、国内技术引进、消化吸收资本以及人力资本的产出弹性，α_0 为截距项，ln 表示自然对数。

一般情况下，全要素生产率增长通常来源于效率改善、技术进步和规模效应。为深入分析知识资本对企业全要素生产率变化的影响机制，本章把知识资本投入对全要素生产率的影响分解为效率变化和技术进步两部分，效率变化主要反映企业通过对内外部的知识资本配置效率而产生技术赶超引起全要素生产率的变化。而技术进步主要反映企业通过研发和自主技术创新产生前沿技术而引起全要素生产率的变化。因此我们构建技术进步(模型二)与效率变化(模型三)，用以进一步衡量知识

资本投入影响全要素生产率的变化效应,分别如式(12.12)、式(12.13)所示:

技术进步(模型二):

$$\ln TC_{it} = \beta_0 + \beta_1 \ln KR_{it} + \beta_2 \ln KG_{it} + \beta_3 \ln KF_{it} + \beta_4 \ln KD_{it} + \beta_5 \ln KX_{it} + \beta_6 \ln H_{it} + \varepsilon_{it} \quad (12.12)$$

效率变化(模型三):

$$\ln EC_{it} = \gamma_0 + \gamma_1 \ln KR_{it} + \gamma_2 \ln KG_{it} + \gamma_3 \ln KF_{it} + \gamma_4 \ln KD_{it} + \gamma_5 \ln KX_{it} + \gamma_6 \ln H_{it} + \varepsilon_{it} \quad (12.13)$$

其中,TC_{it}代表技术进步,EC_{it}表示效率变化,其他参数含义与模型一相同。

二 变量及数据来源

(一) 知识资本投入变量及数据来源

知识资本投入对于产出的影响具有滞后性,我们借鉴霍尔和梅里斯(1995)等的研究,选取知识资本存量作为知识资本的投入变量,知识资本存量的计算与数据来源见表12-11。

1. 技术开发资本存量(KR)

本章以国际通行的永续盘存法计算技术开发资本存量,基本公式为:

$$KR_{it} = RI_{it} + (1-\delta)KR_{it-1} \quad (12.14)$$

其中,KR_{it}表示i地区t年度技术开发资本存量;RI_{it}表示i地区t年度的实际技术开发投入;δ表示知识资本折旧率。

根据上述公式测算研发资本存量,我们需要得到各年度实际技术开发投入与初始的技术开发资本存量。技术开发实际投入的计算,首先我们计算以 1997 年为基年的知识资本支出价格指数,借鉴朱平芳(2003) 处理方法,各地区历年知识资本支出价格指数(KPI$_{it}$)以消费者价格指数(CPI$_{it}$)和固定资产投资价格指数(FPI$_{it}$)的加权平均值表示,两者权重分别为 0.55 和 0.45。然后使用 KPI$_{it}$将各年度名义技术开发支出平减为 1997 年价格为基准的实际技术开发支出。基期(1997年)技术开发资本存量则根据霍尔、梅里斯(1995)等的方法计算获得:

$$KR_1 = RI_0 + (1-\delta)RI_{-1} + (1-\delta)^2 RI_{-2} + \cdots\cdots = \sum_{s=0}^{\infty} R_{-s}(1-\delta)^s =$$

$$R_0 \sum_{s=0}^{\infty} \left[\frac{1-\delta}{1+g_r} \right]^s = \frac{R_1}{g_r + \delta} \qquad (12.15)$$

其中，g_r 表示样本期技术开发投入年均增长率，我们假定各类知识资本年均增长率为 5%，折旧率 $\delta = 15\%$。

考虑到统计年鉴只对各地区大中型工业企业进行知识资本投入分类统计，以及大中型工业企业是我国知识资本的主要投资主体。因此，本章使用各地区大中型工业企业各类知识资本投入，其中，技术开发投入使用各地区大中型工业企业技术开发经费内部支出。1997—2008 年数据来源于《中国科技统计年鉴》，2008 年以后，由于统计口径进行了修改，2009—2010 年的技术开发经费支出使用自回归趋势模型外推获得。根据 AIC、SC 最小化原则，我们对各地区技术开发经费支出建立了自回归模型，获得最优滞后期及估计系数。各地区消费者价格指数、固定资产投资价格指数来自《中国统计年鉴》，广东省 1997—2000 年固定资产投资价格指数缺失，使用全国固定资产投资价格指数代替。

2. 技术改造资本存量（KG）

$$KG_{it} = GI_{it} + (1-\delta) KG_{it-1} \qquad (12.16)$$

其中，GI_{it} 代表实际技术改造投入，技术改造资本存量计算方法与技术开发资本存量的计算类似。名义技术改造投入以各地区大中型工业企业技术改造经费支出表示，数据来源《中国科技统计年鉴》。陕西省 2001 年数据缺失，使用 SPSS16.0 提供的线性插值法获得（缺失数据处理方法下同）。

3. 国外技术引进资本存量（KF）

$$KF_{it} = FI_{it} + (1-\delta) KF_{it-1} \qquad (12.17)$$

其中，FI_{it} 表示实际国外技术引进投入，名义国外技术引进投入以各地区大中型工业企业技术引进经费支出表示，数据来源《中国科技统计年鉴》。海南省 1999 年相关数据缺失。

4. 国内技术引进资本存量（KD）

$$KD_{it} = DI_{it} + (1-\delta) KD_{it-1} \qquad (12.18)$$

其中，DI_{it} 表示国内技术引进实际投入，名义国内技术引进投入以各地区大中型工业企业国内技术购买经费表示，数据来源《中国科技统计年鉴》。

5. 消化吸收资本存量 (KX)

$$KX_{it} = XI_{it} + (1-\delta)KX_{it-1} \tag{12.19}$$

其中，XI_{it}表示实际消化吸收投入，名义消化吸收投入以各地区大中型工业企业消化吸收经费表示，数据来自《中国科技统计年鉴》。海南省1998—1999年、2002—2003年数据，青海省2000年、2003年数据缺失。

6. 人力资本 (H)

西方学者对于人力资本 (H) 的测算通常用平均受教育时间表示 (Barro, 1991; Cohen et al., 2007)，但由于我国大中型工业企业并没有员工平均受教育年限的统计数据，我们用科技人员占全部从业人员的比重作为代理变量，数据来源于《中国科技统计年鉴》。

表 12-11　　　　　　　　变量含义

变量	变量含义	代理指标与数据
KR	技术开发资本存量	1997—2010年大中型工业企业技术开发经费计算得到
KG	技术改造资本存量	1997—2010年大中型工业企业技术改造经费计算得到
KF	国外技术引进资本存量	1997—2010年大中型工业企业技术引进经费计算得到
KD	国内技术引进存量	1997—2010年大中型工业企业国内技术购买经费计算
KX	消化吸收资本存量	1997—2010年大中型工业企业消化吸收经费计算所得
H	人力资本	1997—2010年大中型工业企业科技活动人员比重
Y	产出	1997—2010年大中型工业企业产品销售收入
L	劳动投入	1997—2010年大中型工业企业员工数
C	固定资本存量	1997—2010年大中型工业企业固定资产净值余额
TFP	全要素生产率	Malmquist指数计算得到
TC	技术进步	Malmquist指数计算得到
EC	创新效率	Malmquist指数计算得到

注：本章利用上述方法对各省（市、区）大中型工业企业1997—2010年以1997年为不变价格的技术开发资本存量、技术改造资本存量、消化吸收存量、国外技术引进存量以及国内技术引进存量进行了测算。

(二) 企业知识资本产出变量及数据来源

本章选用全要素生产率作为企业知识资本产出变量，并进一步将其分解为技术进步与创新效率变化。根据 Fare（1994）的方法，使用数据包络分析（DEA）的 Malmquist 生产率指数分析法对各地区全要素生产率及其分解的变动进行测度。本章使用 DEAP2.1 软件计算 Malmquist 生产率指数及其分解，选择规模报酬不变，基于投入导向型 DEA 模型，输入各地区历年的产出（Y）、劳动投入（L）、固定资本存量（C）数据完成计算过程。我们将 Malmquist 指数转换成全要素生产率（TFP），假定基年 1997 年 TFP = 1，则 1998 年 TFP 等于 1997 年 TFP 乘以 1998 年 Malmquist 生产率指数，并依此类推。技术进步（TC），创新效率（EC）计算方法与 TFP 相同。

各地区产出变量以大中型工业企业产品销售收入表示，并使用工业产品出厂价格指数（IPPI）将其平减为 1997 年不变价格的实际产品销售收入。大中型工业企业产品销售收入数据来源于《中国科技统计年鉴》，工业产品出厂价格指数来自《中国统计年鉴》。劳动投入使用各地区大中型工业企业职工总数表示，数据来自《中国科技统计年鉴》。固定资本存量选用大中型工业企业固定资产净值余额为代理指标，并使用固定资产投资价格指数折算为以 1997 年价格为基准的实际值，相关数据来源于《中国统计年鉴》。

三 变量描述性统计

下面我们运用 Eviews6.0 对各个变量进行统计性描述，分析结果如表 12-12 所示。从统计结果看，在中国 30 个省（市、区）1997—2010 年大中型工业企业各类知识资本投资中，以技术改造存量的均值最高，为 220.1344 亿元，约占总知识资本存量的 47.55%；其次是技术开发资本存量，均值为 201.2188 亿元，占总知识资本存量的比重为 43.46%。消化吸收资本存量与国外技术引进资本存量的均值显得相对较低，分别为 4.9481 亿元和 36.6792 亿元，占总知识资本存量比重仅为 1.07% 和 7.92%。从统计的标准差，以及最大值与最小值之间的比较也可以发现不同省份之间各类知识资本投入具有较大差距，表现出了显著的区域差异性。各地区全要素生产率与技术进步的均值较为接近，与技术效率均值存在一定的差距，这在一定程度也说明中国各省（市、区）主要通过技术进步的机制影响全要素生产率的变化，而不是技术效率的改善。方差、最大值与最小值统计也同样表明了各省在全要素生产率、技术进步与技术效率上具有较大的差距。

表 12-12　　　　　　　　变量统计特征

变量	KR	KG	KX	KY	TFP	TC	EC
均值	201.2188	220.1344	4.948129	36.67916	1.832004	1.762743	1.045487
中位数	89.66433	154.3238	1.855879	22.44437	1.468203	1.515531	1.023648
最大值	2374.12	1198.87	57.39208	194.2527	6.322042	5.091927	1.909172
最小值	0.431033	0.213484	0.0005	0.005	0.502	0.802944	0.349786
标准差	317.7825	207.7942	7.841379	40.29583	1.052851	0.857419	0.24231
Skewness	3.555132	1.712279	2.878546	1.945949	1.638121	1.04609	0.43238
Kurtosis	18.54756	6.067884	12.88231	6.58225	5.681753	3.948532	4.62396
Jarque-Bera	5114.942	369.9414	2289.072	489.6392	313.6974	92.34634	59.23848
概率	0.00000	0.00000	0.00000	0.00000	0.00000	0.00000	0.00000
合计	84511.92	92456.44	2078.214	15405.25	769.4418	740.352	439.1045
Sum Sq. Dev.	42313007	18091769	25763.15	680352.8	464.4593	308.0348	24.6013
样本	420	420	420	420	420	420	420
Cross sections	30	30	30	30	30	30	30

第四节　实证检验与结果分析

我们运用 Eviews6.0 对各个变量进行统计性描述，从统计结果看，在中国 30 个省（市、区）1997—2010 年大中型工业企业各类知识资本中，以技术改造资本存量的年平均值最高，约占总知识资本存量的 48.72%；其次是技术开发资本存量，占总知识资本存量的比重为 40.41%。国外技术引进资本、国内技术引进资本与消化吸收资本存量均值显得相对较低，占总知识资本存量比重仅为 8.56%、1.29% 和 1.01%。从统计的标准差，以及最大值与最小值之间的比较也可以发现不同省份之间各类知识资本投入具有较大差距，表现出了显著的区域差异性。各地区全要素生产率与技术进步的均值较为接近，与效率变化均值存在一定的差距，这在一定程度也说明中国各省（市、区）主要通过技术进步的机制影响全要素生产率的变化，而不是创新效率变化的改善。方差、最大值与最小值统计也同样表明了各省在全要素生产率、技术进步与效率变化上具有较大的差距。

表 12-13　　　　　　　　　变量统计特征

变量	KR	KG	KF	KD	KX	TFP	TC	EC
均值	260.6751	314.2961	55.24452	8.341052	6.520035	1.832004	1.762743	1.045487
中位数	118.8911	218.9716	34.91981	4.150537	2.713335	1.468203	1.515531	1.023648
最大值	2990.75	1676.21	298.4292	79.91957	71.68487	6.322042	5.091927	1.909172
最小值	0.64655	0.350597	0.0075	0.0032	0.00075	0.502	0.802944	0.349786
标准值	401.092	288.6419	58.72667	11.76862	9.995667	1.052851	0.857419	0.24231
Skewness	3.502118	1.69099	1.901078	2.746572	2.849486	1.638121	1.04609	0.43238
Kurtosis	18.14588	6.073079	6.451709	11.38697	12.57498	5.681753	3.948532	4.62396
Jarque-Bera	4872.997	365.4279	461.487	1759.027	2172.772	313.6974	92.34634	59.23848
概率	0.000000	0.000000	0.000000	0.000000	0.000000	0.000000	0.000000	0.000000
合计	109483.6	132004.3	23202.7	3503.242	2738.415	769.4418	740.352	439.1045
Sum Sq. Dev.	67406527	34908638	1445056	58031.69	41863.7	464.4593	308.0348	24.6013
样本	420	420	420	420	420	420	420	420
Cross sections	30	30	30	30	30	30	30	30

一　全国样本回归结果分析

在进行回归分析之前，为了避免伪回归，确保估计结果的有效性，本章使用 LLC 方法进行单位根检验，在给定置信水平 α 下，如果 Levin, Lin 和 Chut 统计量大于临界值，我们就认为截面序列不存在单位根；反之，就认为存在一个单位根。单位根检验结果表明，各变量在 1% 水平上显著，表明面板数据是平稳的（见表 12-14）。

表 12-14　　　　　　　　　单位根检验

变量	Levin, Lin 和 Chut* 统计值	显著性
lnTFP	-8.42308	1%水平显著
lnTC	-7.67171	1%水平显著
lnEC	-7.62284	1%水平显著
lnKR	-6.26964	1%水平显著

第十二章 中国工业企业知识资本投入与全要素生产率　351

续表

变量	Levin, Lin 和 Chut* 统计值	显著性
lnKG	-5.41537	1%水平显著
lnKF	-3.98833	1%水平显著
lnKD	-4.11335	1%水平显著
lnKX	-5.70433	1%水平显著
lnH	-3.15498	1%水平显著

资料来源：Eviews 6 面板数据 Unit Root Test 结果。

同时我们还需要考虑变量的共线性问题，本章使用 SPSS 对上述模型变量进行了多重共线性检验，结果发现变量之间存在显著的多重共线性问题。我们认为产生共线性的原因在于中国各类知识资本投入的统计值已经包含了人力资本投入，因此再引入人力资本变量将会引起共线性问题。三个模型在排除人力资本变量（lnH）后，共线性检验结果显示，各变量容忍度均不小于0.1，方差膨胀因子（VIF）小于10，这说明变量之间不存在严重的多重共线性问题。采用去除人力资本变量后的模型进行回归分析，分别为模型一、模型二和模型三。

以中国30个省（市、区）1997—2010年的工业面板数据为样本，实证检验各类知识资本对于全要素生产率、技术进步以及效率变化的影响。我们采用个体固定效应模型进行回归分析。对于面板模型的估计，还需要注意变量的内生性问题。企业知识资本投入与全要素生产率形成互为因果关系，各类知识资本投入能影响全要素生产率的增长，全要素生产率增长也会影响企业知识资本的投入。在存在内生变量的情况下，使用固定效应 OLS 估计的结果会出现偏差。因此，我们在作回归估计之前还需对模型中是否存在内生性变量进行检验。我们采用解释变量的一阶滞后变量作为工具变量，对三个模型进行 IV 估计，然后采用戴维森—麦金农（Davidson - MacKinnon，1993）提出的 D—M 检验判断是否存在内生变量，三个模型的 D - M 检验的 p 值分别为 0.76、0.19 和 0.48，表明接受原假设解释变量与同期随机干扰项不相关，不存在显著的内生性问题。全国样本回归结果如表 12 - 15 所示。

表 12-15 全国样本回归结果

变量	模型一 全要素生产率 lnTFP	模型二 技术进步 lnTC	模型三 效率变化 lnEC
技术开发 lnKR	0.347156 *** (8.115867)	0.403842 *** (11.4267)	-0.056551 (-1.60402)
技术改造 lnKG	0.096078 * (1.671333)	0.150163 *** (3.161542)	-0.053659 (-1.132503)
国外技术引进 lnKF	-0.008777 (-0.319114)	-0.061463 *** (-2.704754)	0.052628 ** (2.321623)
国内技术引进 lnKD	0.041337 * (1.924782)	0.046562 *** (2.624016)	-0.005409 (-0.305575)
消化吸收 lnKX	0.049567 ** (2.139901)	0.02046 (1.069063)	0.029091 (1.523733)
C	-11.42152 *** (-15.86768)	-12.42353 *** (-20.88974)	0.993996 * (1.675459)
R^2	0.863288	0.89475	0.618734
调整的 R^2	0.851215	0.885455	0.585064
F 统计量	71.50434 ***	96.26344 ***	18.37632 ***

全国样本回归结果表明：技术开发资本、技术改造资本、国内技术引进资本和消化吸收资本投入与全要素生产率增长呈正相关关系，国外技术引进资本与全要素生产率增长呈负相关关系。技术开发资本投入每增加1%，全要素生产率就增加0.347%，技术改造资本投入每增加1%，全要素生产率就提高0.096%，国内技术引进和消化吸收投入每增加1%，全要素生产率则分别增加0.041%和0.050%，国外技术引进资本投入每增加1%，全要素生产率负增长0.8887%。表明技术开发投入和技术改造投入对于全要素生产率的促进作用比较明显，也表明我国大中型工业企业已经进入自主技术创新重要阶段，加大技术开发资本和技术改造资本投入成为提高企业自主创新能力的重要途径。

对技术进步的回归结果显示：技术开发、技术改造、国内技术引进、消化吸收等资本对于技术进步的系数为正，其中技术开发和技术改造资本对技术进步效应明显,并通过 1% 的显著性检验,表明技术开发资本与技术改造资本对于提高企业自主技术创新水平有显著的促进作用,加大研发投入对提高企业技术前沿水平有积极作用。国外技术引进资本与企业技术进步呈负相关性,表明国外引进技术对提高企业技术前沿水平的作用不大,这可能是因为我国大中型工业企业制造业技术水平已经达到国际先进水平,与国外制造业技术水平差距不断缩小,引进国外技术资本对大中型制造业企业前沿技术水平提升作用不明显。

对创新效率变化的回归结果显示:国外技术引进资本和消化吸收资本与创新效率变化呈正相关性,但是不太显著,表明国外技术引进资本能够在一定程度上提高企业对知识资本的配置能力和创新效率,也表明国外技术引进对提高企业创新管理能力可能有帮助。消化吸收资本投入对效率变化呈正相关性,但是不显著,可能是消化吸收对效率变化还取决人力资本、贸易开放度、金融市场效率等众多影响因素。

二 东部、中部、西部三大区域企业样本回归分析

我们进一步对东部、中部、西部三大区域的大中型工业企业知识资本投入对全要素生产率影响差异进行比较分析。回归结果表明不同区域大中型工业企业知识资本投入对全要素生产率的影响存在明显的差异。

对东部地区企业的回归结果:技术开发资本对全要素生产率、技术进步与效率变化均有显著的正相关性。技术改造资本对全要素生产率、技术进步与效率变化均呈负相关性,国外技术引进对全要素生产率和效率变化呈正相关,与技术进步呈负相关。国内技术引进对全要素生产率和技术进步呈正相关,与创新效率呈负相关。消化吸收资本对全要素生产率、技术进步与效率变化影响不明显。数据表明技术开发资本每增加 1%,东部地区大中型工业企业的全要素生产率增长 0.515%,弹性系数明显高于中西部地区,表明东部地区大中型工业企业的知识资本投资重点应该是增加研发资本投入,同时国内大型企业之间技术合作交流投入,增强企业自主创新能力。

对中西部地区企业回归结果:技术改造资本投入对中西部企业全要素生产率和技术进步有显著的促进作用。技术开发资本对全要素生产率和技术进步呈正相关性。国外技术引进资本投入对中部地区企业全要素生产率增长和技术进步有正向影响,但是不太显著。国内技术引进对中西部地区企业的全要素生产率和技术进步呈负相关性。消化吸收资本对

中部地区企业的全要素生产率和创新效率呈明显正相关性，而对西部企业全要生产率和技术进步虽然也呈正相关，但是不显著。回归结果显示，技术改造资本的投入对中西部地区企业提高全要素生产率，促进技术水平提高的作用比较明显。因此，中西部地区企业知识资本投入重点是加强技术改造、研发投入及消化吸收投入相结合，以促进全要素生产率增长，加快技术创新和技术进步。

表 12-16　　　　　　　　东部地区样本回归结果

变量	模型一 全要素生产率 lnTFP	模型二 技术进步 lnTC	模型三 效率变化 lnEC
技术开发 lnKR	0.515211 *** (8.678946)	0.417453 *** (8.339146)	0.097303 ** (2.473226)
技术改造 lnKG	-0.3171 *** (-3.477275)	-0.061433 (-0.798866)	-0.25466 *** (-4.213658)
国外技术引进 lnKF	0.066808 ** (1.996416)	-0.031735 (-1.124575)	0.098401 *** (4.436857)
国内技术引进 lnKD	0.116144 *** (3.516126)	0.148598 *** (5.334745)	-0.032268 (-1.474018)
消化吸收 lnKX	0.025201 (0.706929)	-0.01152 (-0.383226)	0.036514 (1.545545)
C	-8.274433 *** (-8.006706)	-9.917265 *** (-11.37994)	1.632958 ** (2.384221)
R^2	0.903744	0.925945	0.694436
调整的 R^2	0.893545	0.918099	0.662058
F 统计量	88.60851 ***	118.0023 ***	21.44799 ***

表 12-17　　　　　　　　中部地区样本回归结果

变量	模型一 全要素生产率 lnTFP	模型二 技术进步 lnTC	模型三 效率变化 lnEC
技术开发 lnKR	0.09366 (1.503101)	0.299404 *** (4.983336)	-0.204268 *** (-3.281998)

续表

变量	模型一 全要素生产率 lnTFP	模型二 技术进步 lnTC	模型三 效率变化 lnEC
技术改造 lnKG	0.27749 *** (3.16106)	0.374565 *** (4.425309)	-0.097673 (-1.11395)
国外技术引进 lnKF	0.053734 (0.741988)	0.168336 ** (2.410754)	-0.113753 (-1.572581)
国内技术引进 lnKD	-0.016776 (-0.487631)	-0.035466 (-1.069129)	0.018048 (0.525206)
消化吸收 lnKX	0.17831 *** (4.168945)	-0.026564 (-0.64412)	0.204504 *** (4.786916)
C	-12.75856 *** (-8.774636)	-18.0037 *** (-12.84161)	5.226883 *** (3.598946)
R^2	0.893668	0.898776	0.711754
调整的 R^2	0.881326	0.887026	0.678297
F 统计量	72.40795 ***	76.49643 ***	21.27363 ***

表 12-18　　　　西部地区样本回归结果

变量	模型一 全要素生产率 lnTFP	模型二 技术进步 lnTC	模型三 效率变化 lnEC
技术开发 lnKR	0.382735 *** (4.257145)	0.512705 *** (7.878184)	-0.130666 (-1.638192)
技术改造 lnKG	0.258723 ** (2.534177)	0.189951 ** (2.570287)	0.069517 (0.767496)
国外技术引进 lnKF	-0.112703 * (-1.730245)	-0.070198 (-1.488803)	-0.042848 (-0.741464)
国内技术引进 lnKD	-0.007822 (-0.182685)	-0.003566 (-0.115056)	-0.004251 (-0.111925)
消化吸收 lnKX	0.00868 (0.208508)	0.025423 (0.843676)	-0.016463 (-0.445757)
C	-11.82704 *** (-7.046649)	-14.35245 *** (-11.81327)	2.525656 * (1.696144)

续表

变量	模型一 全要素生产率 lnTFP	模型二 技术进步 lnTC	模型三 效率变化 lnEC
R^2	0.788319	0.896042	0.431174
调整的 R^2	0.763749	0.883976	0.365149
F 统计量	32.08448 ***	74.25857 ***	6.530517 ***

三 不同技术水平的产业回归分析

进一步对不同类型的知识资本对不同技术水平产业的影响效应进行比较分析，本章重点考察高技术产业和低技术产业的影响差异。产业回归结果表明不同类型知识资本投入对高技术产业与低技术产业的全要素生产率、技术进步和效率变化也存在着明显的差异（见表 12 - 19 和表 12 - 20）。

低技术产业的回归结果显示：技术开发、技术改造和国内技术引进对低技术产业的全要素生产率呈正相关性，并通过显著性检验。国外引进技术资本和消化吸收资本与低技术产业的全要素生产率及效率变化呈负相关性，原因是我国的低技术产业以劳动密集型为主，技术水平较低，国外引进技术和消化吸收能力相对较弱。

高技术产业的回归结果表明，技术开发与国内技术引进资本对高技术产业全要素生产率和技术进步呈正相关性且影响显著，而技术改造和消化吸收资本对高技术产业全要素生产率和技术进步影响不明显，国外引进技术资本与全要素生产率和效率变化呈负相关性。

表 12 - 19　　　　　　　　　低技术产业回归结果

变量	模型一 全要素生产率 lnTFP	模型二 技术进步 lnTC	模型三 效率变化 lnEC
技术开发 lnKR	0.345951 *** (6.506986)	0.290387 *** (5.750976)	0.055011 * (1.833782)
技术改造 lnKG	0.247055 *** (2.617366)	- 0.089145 (- 0.994417)	0.336749 *** (6.322824)

续表

变量	模型一 全要素生产率 lnTFP	模型二 技术进步 lnTC	模型三 效率变化 lnEC
国外技术引进 lnKF	-0.107531 ** (-2.06977)	-0.000409 (-0.008295)	-0.107454 *** (-3.665595)
国内技术引进 lnKD	0.139908 *** (4.999444)	0.101786 *** (3.829701)	0.037805 ** (2.39423)
消化吸收 lnKX	-0.083529 *** (-2.654498)	0.011095 (0.371258)	-0.094269 *** (-5.309428)
C	-11.63886 *** (-9.53195)	-6.061052 *** (-5.226595)	-5.571596 *** (-8.086948)
R^2	0.899045	0.849757	0.826285
调整的 R^2	0.88945	0.835477	0.809774
F 统计量	93.70038 ***	59.50964 ***	50.04706 ***

表 12-20　　　　　　　　　　高技术产业回归结果

变量	模型一 全要素生产率 lnTFP	模型二 技术进步 lnTC	模型三 效率变化 lnEC
技术开发 lnKR	0.346864 *** (3.599997)	0.327393 *** (4.554809)	0.01876 (0.31345)
技术改造 lnKG	0.056513 (0.330962)	-0.213001 * (-1.672116)	0.270772 ** (2.552791)
国外技术引进 lnKF	-0.16243 (-1.554242)	0.140569 * (1.803009)	-0.302746 *** (-4.663513)
国内技术引进 lnKD	0.276423 *** (4.168355)	0.111854 ** (2.260987)	0.164486 *** (3.993027)
消化吸收 lnKX	0.010494 (0.136189)	0.021698 (0.377458)	-0.011024 (-0.230315)
C	-11.21195 *** (-4.729534)	-8.147348 *** (-4.606925)	-3.08512 ** (-2.095045)
R^2	0.822476	0.8301	0.801045

续表

变量	模型一 全要素生产率 lnTFP	模型二 技术进步 lnTC	模型三 效率变化 lnEC
调整的 R^2	0.80187	0.81038	0.777952
F 统计量	39.91537 ***	42.09331 ***	34.68779 ***

四 稳健性检验

为了检验估计结果的稳健性,我们采用自体抽样法(Bootstraping)对模型进行了估计。自体抽样法是指从母体样本中随机抽取个体,组成新的样本计算统计分布,然后反复可重复地从母体中抽样来模拟母体的分布。通过这样的方法,对于估计结果的准确性更为有利,更能反映总体的特征。一般而言,小样本抽样在 300 次以上就能较好地反映总体的特征,我们选择抽样 500 次,结果表明在全国样本、分区域样本以及分产业样本中,估计参数的符号和显著性都没有明显的变化,因此模型的估计结果是较为稳健的。①

第五节 研究结论与政策建议

一 研究结论

本章运用 1997—2010 年中国东中西三大区域以及 28 个制造业的大中型工业企业面板数据和全要素生产率模型,对我国大中型工业企业不同类型知识资本投入对全要素生产率、技术变化和效率变化的影响进行了实证分析,考虑到不同区域和不同产业工业企业的知识资本投入产出的非均衡性特征,本研究对不同类型知识资本投入对全要素生产率影响效应的区域差异与行业间差异作了实证检验。研究结果表明:一是大中型工业企业知识资本投入结构已经发生明显变化,技术开发和技术改造

---

① 全要素生产率根据 $TFP = Y/(L^\alpha K^\beta)$ 计算,Y 表示大中型工业企业销售收入,L 表示员工数,K 表示固定资产净值余额,α、β 借鉴段红玲、祝树金(2010)的研究,α 取 0.4030,β 表示 0.5970。

投入对企业全要素生产率具有影响显著，而国内外技术引进和消化吸收投入对企业创新的作用减弱。在全国样本中，企业技术开发资本每增加1%，全要素生产率就增加0.347%，技术改造资本每增加1%，全要素生产率提高0.096%，国内技术引进投入和消化吸收投入每增加1%，全要素生产率则分别增加0.041%和0.050%，表明技术开发投入对企业全要素生产率影响最显著。二是东部、中部、西部三大区域大中型工业企业知识资本投入对全要素生产率的影响效应存在明显差异，不同技术水平的工业企业知识资本投入产出效应也存在明显差异。实证分析表明不同类型知识资本具有不同创新效应，同一类型的知识资本对不同技术水平的企业也产生不同创新效应。今后有必要对知识资本结构优化与创新效率及生产率增长的关系进行进一步研究。

二　政策建议

根据本章结果，提出如下建议：

（一）实施分类指导的创新驱动战略

为科学有效地配置知识资本和创新资源，应根据产业和企业发展差异实施分类指导的创新驱动战略和创新投资政策。东部地区大中型工业企业的创新驱动战略重点是加强自主技术创新的研发资本投入，提高关键核心技术研发能力，提升企业创新效率，增强企业自主创新竞争力。对中西部地区工业企业中尚不具备自主技术创新能力的，创新驱动战略重点是加强技术改造资本和国内外技术引进资本投入，提高企业智能化和自动化水平，提升全要素生产率和技术进步水平。

（二）制定分类支持的创新政策

根据区域和行业之间企业技术创新水平差异和对创新需求差异，实施差异化的分类创新投资支持政策。针对东部地区的大中型工业企业自主创新需求，创新政策重点支持企业技术研究院，支持重大专项、关键核心装备技术、新材料技术等投入，支持科技领军人才引进和创新团队建设等。针对中西部地区的工业企业技术进步需求，创新政策支持重点是增加技术改造的投资力度，加大引进国内外先进技术等支持政策。低技术产业的知识资本投入重点应通过加大研发、技术改造和国内技术引进资本等投入来提升企业的技术水平，提高创新效率。高技术产业的创新投入重点是加大自主创新的研发资本和科技领军人才的投入，提升自主技术创新能力和创新效率，增强关键核心技术竞争优势。

(三) 完善创新供给和创新需求动态平衡的政策体系

随着企业知识资本投入产出能力增强,创新产品供给能力不断增强,在继续鼓励和支持企业加大知识资本投入,落实高新技术企业税收优惠,企业研发费加计扣除、企业研发仪器设备加速折旧等创新供给政策的基础上,迫切需要加强对技术创新产品消费的引导政策,鼓励企业、政府和教育科研机构优先采购创新产品,鼓励消费者购买和消费创新产品。从支持创新供给为主的政策体系向创新供给和创新需求并举的政策体系转变,实现创新供给与创新需求的动态平衡,有利于提高企业创新效率和创新效益。

附　　表

附表1　　各省(市、区)大中型工业企业历年技术开发资本存量　　单位：元

地区	1997年	1998年	1999年	2000年	2001年	2002年	2003年
北京	7.09E+09	7.38E+09	8.68E+09	1.06E+10	1.26E+10	1.45E+10	1.67E+10
天津	5.63E+09	5.96E+09	6.14E+09	7.32E+09	8.63E+09	1.02E+10	1.20E+10
河北	6.58E+09	7.08E+09	7.67E+09	8.92E+09	9.73E+09	1.12E+10	1.32E+10
山西	2.73E+09	3.22E+09	3.66E+09	4.63E+09	5.45E+09	6.93E+09	8.31E+09
内蒙古	1.47E+09	1.43E+09	1.48E+09	1.61E+09	1.86E+09	2.28E+09	2.89E+09
辽宁	1.45E+10	1.48E+10	1.52E+10	1.68E+10	1.90E+10	2.31E+10	2.81E+10
吉林	3.67E+09	3.90E+09	4.14E+09	4.56E+09	5.03E+09	6.73E+09	7.45E+09
黑龙江	4.62E+09	5.15E+09	5.67E+09	6.66E+09	7.86E+09	9.17E+09	1.07E+10
上海	3.36E+10	3.54E+10	3.71E+10	4.11E+10	4.47E+10	4.94E+10	5.56E+10
江苏	2.46E+10	2.66E+10	2.92E+10	3.44E+10	4.04E+10	4.87E+10	6.04E+10
浙江	7.41E+09	7.89E+09	8.45E+09	1.02E+10	1.24E+10	1.46E+10	2.05E+10
安徽	5.97E+09	6.27E+09	6.93E+09	7.91E+09	9.41E+09	1.18E+10	1.47E+10
福建	4.29E+09	4.65E+09	5.22E+09	5.78E+09	7.33E+09	8.62E+09	1.14E+10
江西	2.47E+09	2.64E+09	2.94E+09	3.43E+09	3.93E+09	4.63E+09	5.90E+09
山东	2.03E+10	2.21E+10	2.56E+10	3.20E+10	3.98E+10	4.84E+10	5.76E+10
河南	6.83E+09	7.31E+09	8.09E+09	9.61E+09	1.11E+10	1.26E+10	1.47E+10
湖北	8.60E+09	9.19E+09	1.03E+10	1.30E+10	1.51E+10	1.70E+10	1.91E+10
湖南	4.36E+09	4.51E+09	5.03E+09	6.04E+09	7.12E+09	8.12E+09	9.82E+09
广东	2.09E+10	2.34E+10	2.67E+10	3.32E+10	4.27E+10	5.29E+10	6.47E+10
广西	2.30E+09	2.43E+09	2.57E+09	3.18E+09	3.89E+09	4.65E+09	5.97E+09
海南	6.47E+07	1.15E+08	2.41E+08	2.92E+08	3.14E+08	3.45E+08	3.67E+08
重庆	3.90E+09	4.17E+09	4.43E+09	5.29E+09	6.40E+09	7.51E+09	9.04E+09
四川	1.15E+10	1.22E+10	1.29E+10	1.37E+10	1.53E+10	1.76E+10	2.03E+10

续表

地区	1997年	1998年	1999年	2000年	2001年	2002年	2003年
贵州	1.50E+09	1.65E+09	1.90E+09	2.16E+09	2.52E+09	3.04E+09	3.49E+09
云南	1.75E+09	1.93E+09	1.99E+09	2.33E+09	2.50E+09	2.83E+09	3.06E+09
陕西	5.94E+09	6.27E+09	7.22E+09	8.45E+09	1.00E+10	1.12E+10	1.31E+10
甘肃	2.95E+09	3.14E+09	3.30E+09	3.55E+09	3.76E+09	3.91E+09	4.09E+09
青海	6.11E+08	6.73E+08	7.27E+08	8.64E+08	1.00E+09	1.18E+09	1.33E+09
宁夏	6.89E+08	7.60E+08	8.89E+08	1.02E+09	1.16E+09	1.27E+09	1.39E+09
新疆	2.36E+09	2.31E+09	2.42E+09	2.65E+09	2.83E+09	3.03E+09	3.36E+09

地区	2004年	2005年	2006年	2007年	2008年	2009年	2010年
北京	1.94E+10	2.33E+10	2.79E+10	3.22E+10	3.65E+10	4.22E+10	4.92E+10
天津	1.52E+10	1.99E+10	2.64E+10	3.46E+10	4.63E+10	6.42E+10	8.92E+10
河北	1.62E+10	2.02E+10	2.51E+10	3.07E+10	3.63E+10	4.35E+10	5.19E+10
山西	1.10E+10	1.43E+10	2.07E+10	2.83E+10	3.57E+10	4.55E+10	5.72E+10
内蒙古	3.93E+09	5.29E+09	7.09E+09	8.86E+09	1.20E+10	1.86E+10	3.09E+10
辽宁	3.38E+10	4.08E+10	4.72E+10	5.69E+10	6.75E+10	8.68E+10	1.17E+11
吉林	8.75E+09	1.21E+10	1.50E+10	1.79E+10	2.04E+10	3.13E+10	3.91E+10
黑龙江	1.23E+10	1.41E+10	1.65E+10	1.94E+10	2.27E+10	2.70E+10	3.21E+10
上海	6.40E+10	7.38E+10	8.38E+10	9.57E+10	1.07E+11	1.21E+11	1.36E+11
江苏	7.74E+10	9.84E+10	1.26E+11	1.62E+11	1.98E+11	2.45E+11	2.99E+11
浙江	2.84E+10	4.04E+10	5.48E+10	7.16E+10	8.81E+10	1.09E+11	1.33E+11
安徽	1.87E+10	2.38E+10	3.00E+10	3.77E+10	4.55E+10	5.48E+10	6.26E+10
福建	1.45E+10	1.91E+10	2.46E+10	3.03E+10	3.71E+10	4.30E+10	4.91E+10
江西	7.14E+09	8.94E+09	1.15E+10	1.47E+10	1.81E+10	2.38E+10	3.04E+10
山东	6.97E+10	8.54E+10	1.04E+11	1.30E+11	1.58E+11	1.95E+11	2.44E+11
河南	1.92E+10	2.36E+10	3.13E+10	4.02E+10	4.85E+10	8.49E+10	7.57E+10
湖北	2.17E+10	2.51E+10	2.88E+10	3.33E+10	4.07E+10	5.18E+10	6.69E+10
湖南	1.21E+10	1.42E+10	1.73E+10	2.12E+10	2.62E+10	3.13E+10	3.94E+10
广东	7.83E+10	9.47E+10	1.16E+11	1.47E+11	1.78E+11	2.22E+11	2.75E+11
广西	7.45E+09	9.75E+09	1.09E+10	1.29E+10	1.50E+10	1.86E+10	2.07E+10
海南	3.95E+08	7.81E+08	1.14E+09	1.41E+09	1.65E+09	1.88E+09	2.07E+09
重庆	1.14E+10	1.42E+10	1.75E+10	2.19E+10	2.70E+10	3.39E+10	4.26E+10
四川	2.44E+10	3.08E+10	3.54E+10	4.10E+10	4.63E+10	5.24E+10	5.90E+10
贵州	4.22E+09	5.05E+09	6.36E+09	7.59E+09	9.29E+09	1.12E+10	1.39E+10

续表

地区	2004 年	2005 年	2006 年	2007 年	2008 年	2009 年	2010 年
云南	3.90E+09	4.67E+09	6.08E+09	7.79E+09	9.94E+09	1.31E+10	1.73E+10
陕西	1.65E+10	1.80E+10	2.05E+10	2.36E+10	2.90E+10	3.05E+10	3.18E+10
甘肃	4.60E+09	5.37E+09	6.59E+09	8.42E+09	9.94E+09	1.17E+10	1.38E+10
青海	1.51E+09	1.80E+09	2.09E+09	2.44E+09	2.93E+09	3.60E+09	4.47E+09
宁夏	1.56E+09	1.92E+09	2.43E+09	3.30E+09	3.92E+09	5.43E+09	5.62E+09
新疆	4.37E+09	4.99E+09	5.81E+09	6.79E+09	8.46E+09	1.00E+10	1.20E+10

附表2　各省（市、区）大中型工业企业历年技术改造资本存量　单位：元

地区	1997 年	1998 年	1999 年	2000 年	2001 年	2002 年	2003 年
北京	1.31E+10	1.30E+10	1.29E+10	1.42E+10	1.57E+10	1.45E+10	1.45E+10
天津	7.71E+09	7.74E+09	7.61E+09	9.02E+09	1.05E+10	1.13E+10	1.31E+10
河北	3.12E+10	3.36E+10	3.54E+10	3.71E+10	3.86E+10	4.08E+10	4.21E+10
山西	1.92E+10	1.84E+10	1.74E+10	2.26E+10	2.31E+10	2.51E+10	2.58E+10
内蒙古	8.96E+09	9.04E+09	8.84E+09	8.97E+09	1.01E+10	1.15E+10	1.21E+10
辽宁	4.26E+10	4.39E+10	4.32E+10	4.72E+10	5.03E+10	5.29E+10	5.50E+10
吉林	1.25E+10	1.33E+10	1.38E+10	1.42E+10	1.35E+10	1.62E+10	1.74E+10
黑龙江	1.79E+10	1.86E+10	1.90E+10	1.99E+10	2.19E+10	2.53E+10	2.82E+10
上海	4.02E+10	4.24E+10	4.44E+10	4.52E+10	4.59E+10	4.74E+10	4.82E+10
江苏	5.06E+10	5.08E+10	5.12E+10	5.37E+10	5.93E+10	6.69E+10	7.97E+10
浙江	3.71E+10	4.02E+10	4.26E+10	4.57E+10	4.78E+10	5.44E+10	6.83E+10
安徽	1.61E+10	1.61E+10	1.63E+10	1.66E+10	1.85E+10	2.27E+10	3.02E+10
福建	1.00E+10	1.01E+10	1.05E+10	1.12E+10	1.24E+10	1.35E+10	1.44E+10
江西	8.24E+09	7.72E+09	7.49E+09	8.14E+09	9.05E+09	9.90E+09	1.26E+10
山东	4.99E+10	5.03E+10	4.89E+10	5.08E+10	5.42E+10	6.11E+10	7.08E+10
河南	2.87E+10	2.80E+10	2.72E+10	2.68E+10	2.74E+10	2.83E+10	2.99E+10
湖北	2.17E+10	2.12E+10	2.08E+10	2.10E+10	2.43E+10	2.60E+10	2.92E+10
湖南	1.54E+10	1.45E+10	1.45E+10	1.62E+10	1.75E+10	1.90E+10	2.35E+10
广东	2.56E+10	2.65E+10	2.75E+10	2.87E+10	3.08E+10	3.16E+10	3.57E+10
广西	8.63E+09	8.20E+09	8.37E+09	8.44E+09	9.09E+09	1.07E+10	1.36E+10
海南	3.92E+07	3.51E+07	1.52E+08	1.38E+08	1.30E+08	1.20E+08	1.21E+08

续表

地区	1997年	1998年	1999年	2000年	2001年	2002年	2003年
重庆	9.39E+09	1.04E+10	1.06E+10	1.06E+10	1.12E+10	1.16E+10	1.29E+10
四川	2.24E+10	2.21E+10	2.18E+10	2.19E+10	2.25E+10	2.60E+10	2.88E+10
贵州	7.92E+09	6.93E+09	7.07E+09	7.23E+09	8.40E+09	9.49E+09	1.13E+10
云南	1.88E+10	2.03E+10	1.85E+10	1.76E+10	1.68E+10	1.60E+10	1.64E+10
陕西	7.24E+09	7.37E+09	7.36E+09	8.92E+09	9.96E+09	1.06E+10	1.22E+10
甘肃	1.14E+10	1.15E+10	1.06E+10	1.06E+10	1.08E+10	1.08E+10	1.04E+10
青海	7.43E+08	8.34E+08	9.12E+08	1.10E+09	1.22E+09	1.34E+09	1.21E+09
宁夏	3.31E+09	3.26E+09	3.57E+09	3.71E+09	3.81E+09	3.67E+09	3.59E+09
新疆	4.50E+09	4.59E+09	4.53E+09	4.96E+09	6.04E+09	6.86E+09	8.23E+09

地区	2004年	2005年	2006年	2007年	2008年	2009年	2010年
北京	1.52E+10	1.63E+10	1.98E+10	2.34E+10	2.44E+10	2.91E+10	3.31E+10
天津	1.40E+10	1.57E+10	2.35E+10	2.72E+10	3.24E+10	3.67E+10	3.83E+10
河北	4.54E+10	4.73E+10	5.16E+10	6.02E+10	7.06E+10	7.52E+10	7.78E+10
山西	3.26E+10	3.89E+10	4.37E+10	5.14E+10	5.85E+10	5.88E+10	5.89E+10
内蒙古	1.30E+10	1.51E+10	1.79E+10	2.08E+10	2.36E+10	2.72E+10	3.20E+10
辽宁	6.50E+10	8.22E+10	9.07E+10	9.82E+10	1.05E+11	1.08E+11	1.09E+11
吉林	1.84E+10	2.28E+10	2.63E+10	2.82E+10	2.84E+10	2.90E+10	2.66E+10
黑龙江	2.81E+10	3.03E+10	3.10E+10	3.18E+10	3.38E+10	3.35E+10	3.43E+10
上海	5.46E+10	5.93E+10	6.18E+10	6.62E+10	6.74E+10	6.85E+10	6.84E+10
江苏	9.24E+10	1.04E+11	1.13E+11	1.28E+11	1.42E+11	1.53E+11	1.68E+11
浙江	8.02E+10	9.14E+10	1.01E+11	1.13E+11	1.21E+11	1.24E+11	1.24E+11
安徽	3.59E+10	4.48E+10	5.46E+10	6.64E+10	7.27E+10	7.13E+10	6.72E+10
福建	1.53E+10	1.63E+10	1.90E+10	2.04E+10	2.17E+10	2.41E+10	2.67E+10
江西	1.53E+10	1.68E+10	2.02E+10	2.38E+10	2.79E+10	2.73E+10	2.68E+10
山东	9.09E+10	9.91E+10	1.02E+11	1.08E+11	1.16E+11	1.20E+11	1.26E+11
河南	3.44E+10	3.94E+10	4.65E+10	5.62E+10	5.99E+10	6.39E+10	6.52E+10
湖北	3.59E+10	4.20E+10	5.10E+10	6.49E+10	8.47E+10	9.35E+10	8.98E+10
湖南	2.81E+10	3.18E+10	3.52E+10	3.94E+10	4.63E+10	5.41E+10	6.61E+10
广东	3.96E+10	4.60E+10	5.52E+10	6.11E+10	6.65E+10	7.08E+10	7.55E+10
广西	1.66E+10	1.99E+10	2.12E+10	2.45E+10	2.96E+10	3.41E+10	3.73E+10
海南	2.60E+08	5.49E+08	5.09E+08	4.61E+08	6.75E+08	6.01E+08	6.37E+08
重庆	1.69E+10	1.92E+10	2.12E+10	2.24E+10	2.46E+10	2.57E+10	2.63E+10

续表

地区	2004年	2005年	2006年	2007年	2008年	2009年	2010年
四川	3.43E+10	4.08E+10	4.73E+10	5.40E+10	6.17E+10	6.89E+10	7.70E+10
贵州	1.40E+10	1.56E+10	1.86E+10	2.07E+10	2.33E+10	2.61E+10	2.65E+10
云南	1.59E+10	1.52E+10	1.65E+10	1.72E+10	1.78E+10	1.69E+10	1.78E+10
陕西	1.58E+10	1.76E+10	1.83E+10	2.14E+10	2.59E+10	2.98E+10	3.16E+10
甘肃	1.18E+10	1.28E+10	1.39E+10	1.50E+10	1.70E+10	1.84E+10	1.84E+10
青海	1.18E+09	1.19E+09	1.17E+09	1.29E+09	1.40E+09	1.54E+09	1.60E+09
宁夏	4.35E+09	4.97E+09	5.14E+09	7.41E+09	9.39E+09	1.02E+10	1.07E+10
新疆	1.02E+10	1.08E+10	1.10E+10	1.23E+10	1.27E+10	1.16E+10	1.11E+10

附表3　各省（市、区）大中型工业企业历年国际技术引进存量　单位：元

地区	1997年	1998年	1999年	2000年	2001年	2002年	2003年
北京	2.61E+09	2.56E+09	2.39E+09	2.24E+09	2.71E+09	3.06E+09	2.87E+09
天津	2.44E+09	3.40E+09	3.58E+09	3.39E+09	3.59E+09	3.73E+09	4.53E+09
河北	4.38E+09	4.20E+09	4.65E+09	4.95E+09	4.86E+09	5.43E+09	5.51E+09
山西	2.44E+09	2.16E+09	1.93E+09	1.91E+09	1.88E+09	2.09E+09	2.44E+09
内蒙古	5.16E+08	4.53E+08	6.08E+08	6.86E+08	9.89E+08	1.23E+09	1.35E+09
辽宁	1.13E+10	1.21E+10	1.34E+10	1.35E+10	1.23E+10	1.22E+10	1.20E+10
吉林	1.85E+09	1.65E+09	1.52E+09	1.65E+09	1.64E+09	2.34E+09	2.69E+09
黑龙江	4.21E+09	3.97E+09	3.67E+09	3.47E+09	3.67E+09	3.78E+09	4.24E+09
上海	1.39E+10	1.44E+10	1.52E+10	1.68E+10	1.88E+10	2.16E+10	2.40E+10
江苏	1.10E+10	1.18E+10	1.22E+10	1.25E+10	1.46E+10	1.75E+10	2.11E+10
浙江	6.60E+09	8.16E+09	8.71E+09	9.36E+09	9.33E+09	1.03E+10	1.28E+10
安徽	4.18E+09	4.06E+09	3.95E+09	4.51E+09	4.52E+09	5.31E+09	8.18E+09
福建	1.61E+09	1.62E+09	1.77E+09	2.44E+09	2.98E+09	3.28E+09	3.87E+09
江西	1.10E+09	1.04E+09	9.73E+08	1.26E+09	1.29E+09	1.32E+09	1.58E+09
山东	1.15E+10	1.22E+10	1.22E+10	1.32E+10	1.52E+10	1.65E+10	1.60E+10
河南	4.09E+09	4.30E+09	5.03E+09	4.88E+09	4.89E+09	5.20E+09	5.32E+09
湖北	3.35E+09	3.38E+09	3.22E+09	3.83E+09	4.44E+09	5.44E+09	5.92E+09
湖南	2.34E+09	2.18E+09	2.06E+09	2.04E+09	2.81E+09	4.19E+09	4.35E+09
广东	6.54E+09	6.77E+09	7.05E+09	7.62E+09	8.84E+09	1.00E+10	1.10E+10

续表

地区	1997年	1998年	1999年	2000年	2001年	2002年	2003年
广西	1.86E+09	1.82E+09	1.75E+09	1.78E+09	1.91E+09	2.12E+09	2.11E+09
海南	7.50E+05	9.75E+05	5.57E+06	1.38E+07	2.36E+07	2.65E+07	2.56E+07
重庆	2.29E+09	2.31E+09	2.26E+09	2.31E+09	2.21E+09	2.41E+09	2.60E+09
四川	4.67E+09	4.28E+09	4.27E+09	4.30E+09	4.55E+09	5.45E+09	6.17E+09
贵州	1.97E+09	1.70E+09	1.55E+09	1.47E+09	1.35E+09	1.29E+09	1.28E+09
云南	4.58E+09	4.84E+09	4.40E+09	3.97E+09	3.76E+09	3.56E+09	3.52E+09
陕西	2.67E+09	2.46E+09	2.30E+09	2.76E+09	2.72E+09	2.70E+09	2.94E+09
甘肃	8.61E+08	9.17E+08	8.23E+08	8.72E+08	9.53E+08	1.03E+09	1.10E+09
青海	1.56E+08	1.96E+08	2.31E+08	2.53E+08	2.71E+08	3.00E+08	2.66E+08
宁夏	7.83E+07	6.81E+07	1.03E+08	1.48E+08	1.69E+08	1.91E+08	2.11E+08
新疆	3.15E+09	3.12E+09	3.14E+09	2.77E+09	2.59E+09	2.54E+09	2.55E+09

地区	2004年	2005年	2006年	2007年	2008年	2009年	2010年
北京	5.32E+09	5.01E+09	5.61E+09	5.33E+09	5.09E+09	5.35E+09	6.18E+09
天津	5.42E+09	7.57E+09	9.73E+09	1.32E+10	1.48E+10	1.44E+10	1.41E+10
河北	6.01E+09	5.75E+09	5.88E+09	7.18E+09	7.15E+09	6.85E+09	6.91E+09
山西	2.58E+09	2.74E+09	2.89E+09	3.13E+09	3.35E+09	3.28E+09	3.33E+09
内蒙古	1.34E+09	1.22E+09	1.18E+09	1.12E+09	1.08E+09	1.10E+09	1.16E+09
辽宁	1.22E+10	1.13E+10	1.13E+10	1.14E+10	1.16E+10	1.21E+10	1.08E+10
吉林	3.08E+09	2.98E+09	2.89E+09	2.88E+09	2.81E+09	2.74E+09	2.42E+09
黑龙江	4.32E+09	4.15E+09	3.90E+09	3.88E+09	3.61E+09	3.63E+09	3.56E+09
上海	2.55E+10	2.56E+10	2.55E+10	2.71E+10	2.86E+10	2.92E+10	2.98E+10
江苏	2.30E+10	2.33E+10	2.29E+10	2.39E+10	2.32E+10	2.19E+10	2.14E+10
浙江	1.24E+10	1.20E+10	1.18E+10	1.15E+10	1.11E+10	1.08E+10	1.09E+10
安徽	7.74E+09	7.47E+09	7.07E+09	7.30E+09	6.92E+09	6.41E+09	5.80E+09
福建	3.91E+09	4.10E+09	4.62E+09	5.91E+09	5.88E+09	6.44E+09	7.44E+09
江西	1.80E+09	2.67E+09	3.13E+09	2.95E+09	3.26E+09	3.25E+09	3.34E+09
山东	1.49E+10	1.44E+10	1.43E+10	1.50E+10	1.62E+10	1.77E+10	1.70E+10
河南	5.72E+09	5.59E+09	5.81E+09	5.35E+09	4.83E+09	4.45E+09	4.26E+09
湖北	6.48E+09	6.27E+09	5.60E+09	5.28E+09	5.25E+09	5.35E+09	6.03E+09
湖南	4.29E+09	4.00E+09	3.79E+09	3.64E+09	3.38E+09	3.29E+09	3.22E+09
广东	1.19E+10	1.28E+10	1.36E+10	1.76E+10	2.09E+10	2.37E+10	2.48E+10
广西	2.12E+09	2.15E+09	2.01E+09	1.78E+09	1.55E+09	1.34E+09	1.17E+09

续表

地区	2004年	2005年	2006年	2007年	2008年	2009年	2010年
海南	2.65E+07	4.85E+07	5.92E+07	6.57E+07	6.58E+08	5.74E+08	9.07E+08
重庆	4.64E+09	4.40E+09	4.41E+09	4.80E+09	5.13E+09	5.58E+09	5.90E+09
四川	5.68E+09	5.73E+09	5.26E+09	5.11E+09	4.79E+09	4.64E+09	4.51E+09
贵州	1.12E+09	1.11E+09	1.02E+09	9.17E+08	8.88E+08	7.74E+08	7.63E+08
云南	3.08E+09	2.83E+09	2.97E+09	2.94E+09	2.81E+09	2.72E+09	2.73E+09
陕西	3.06E+09	2.86E+09	2.64E+09	2.49E+09	2.46E+09	2.42E+09	2.32E+09
甘肃	1.08E+09	1.21E+09	1.26E+09	1.36E+09	1.52E+09	1.74E+09	1.92E+09
青海	2.27E+08	1.94E+08	1.65E+08	1.61E+08	1.37E+08	1.19E+08	1.54E+08
宁夏	2.61E+08	2.52E+08	3.17E+08	3.63E+08	1.55E+09	1.52E+09	1.39E+09
新疆	2.18E+09	1.88E+09	1.83E+09	2.13E+09	1.92E+09	1.68E+09	1.43E+09

附表4　各省（市、区）大中型工业企业历年国内技术引进存量　单位：元

地区	1997年	1998年	1999年	2000年	2001年	2002年	2003年
北京	6.76E+07	7.97E+07	9.06E+07	9.33E+07	1.30E+08	1.82E+08	1.64E+08
天津	5.29E+07	6.21E+07	6.22E+07	1.11E+08	1.64E+08	2.78E+08	3.07E+08
河北	1.54E+08	1.91E+08	1.81E+08	2.11E+08	2.52E+08	2.48E+08	2.57E+08
山西	1.40E+08	1.23E+08	1.13E+08	1.11E+08	1.33E+08	1.46E+08	1.86E+08
内蒙古	1.97E+07	1.91E+07	1.67E+07	1.04E+08	1.64E+08	2.51E+08	3.97E+08
辽宁	1.88E+08	1.85E+08	2.08E+08	2.36E+08	2.20E+08	2.07E+08	2.11E+08
吉林	2.94E+08	2.79E+08	2.73E+08	6.15E+08	5.58E+08	5.09E+08	4.82E+08
黑龙江	2.92E+08	2.71E+08	2.56E+08	2.37E+08	2.43E+08	3.24E+08	4.67E+08
上海	1.97E+08	3.21E+08	3.19E+08	3.46E+08	3.75E+08	4.01E+08	5.78E+08
江苏	1.03E+09	1.15E+09	1.13E+09	1.30E+09	1.58E+09	1.87E+09	2.61E+09
浙江	5.37E+08	5.70E+08	6.06E+08	6.37E+08	6.33E+08	6.50E+08	9.03E+08
安徽	2.26E+08	2.19E+08	2.79E+08	3.44E+08	3.73E+08	4.88E+08	5.14E+08
福建	7.92E+07	8.69E+07	9.34E+07	1.50E+08	2.91E+08	4.29E+08	4.67E+08
江西	8.53E+07	9.91E+07	1.20E+08	1.38E+08	1.96E+08	2.36E+08	2.42E+08
山东	8.38E+08	9.58E+08	9.70E+08	1.22E+09	2.34E+09	3.20E+09	3.25E+09
河南	4.58E+08	4.57E+08	4.95E+08	4.60E+08	4.21E+08	4.63E+08	5.14E+08
湖北	2.35E+08	2.26E+08	2.37E+08	3.33E+08	3.65E+08	3.81E+08	4.90E+08

续表

地区	1997年	1998年	1999年	2000年	2001年	2002年	2003年
湖南	2.11E+08	2.90E+08	3.41E+08	3.27E+08	4.05E+08	3.76E+08	3.73E+08
广东	2.36E+08	2.49E+08	3.39E+08	3.94E+08	4.19E+08	1.08E+09	2.03E+09
广西	2.54E+08	2.26E+08	2.19E+08	2.55E+08	2.92E+08	3.40E+08	3.22E+08
海南	3.20E+05	5.51E+05	4.95E+05	4.76E+06	5.45E+06	5.16E+06	1.04E+07
重庆	1.28E+08	1.19E+08	1.18E+08	1.25E+08	1.21E+08	1.13E+08	2.76E+08
四川	3.73E+08	3.73E+08	3.98E+08	4.42E+08	5.14E+08	4.99E+08	5.08E+08
贵州	1.39E+08	1.32E+08	1.41E+08	1.30E+08	1.37E+08	1.22E+08	1.20E+08
云南	3.32E+08	2.99E+08	2.80E+08	4.03E+08	4.17E+08	4.30E+08	4.82E+08
陕西	1.64E+08	1.80E+08	1.69E+08	1.93E+08	1.74E+08	1.95E+08	4.97E+08
甘肃	7.39E+07	7.19E+07	7.46E+07	1.18E+08	2.17E+08	2.59E+08	3.10E+08
青海	4.40E+07	4.12E+07	3.89E+07	4.09E+07	6.99E+07	6.42E+07	5.56E+07
宁夏	1.98E+06	6.07E+06	6.37E+06	9.35E+06	9.86E+07	1.33E+08	1.17E+08
新疆	4.60E+08	7.51E+08	6.62E+08	5.71E+08	5.07E+08	4.60E+08	4.06E+08

地区	2004年	2005年	2006年	2007年	2008年	2009年	2010年
北京	1.65E+08	2.17E+08	2.28E+08	2.51E+08	3.61E+08	4.26E+08	5.71E+08
天津	3.24E+08	4.26E+08	5.23E+08	8.68E+08	1.14E+09	1.35E+09	1.62E+09
河北	5.03E+08	5.38E+08	5.69E+08	1.09E+09	1.58E+09	1.72E+09	1.71E+09
山西	3.26E+08	4.01E+08	4.69E+08	5.49E+08	7.07E+08	8.21E+08	9.65E+08
内蒙古	3.92E+08	3.63E+08	4.94E+08	4.89E+08	5.15E+08	7.39E+08	3.23E+09
辽宁	3.13E+08	3.76E+08	5.72E+08	1.56E+09	2.98E+09	4.11E+09	4.77E+09
吉林	4.35E+08	4.12E+08	3.85E+08	3.65E+08	4.55E+08	4.16E+08	4.71E+08
黑龙江	6.84E+08	7.64E+08	7.21E+08	7.46E+08	7.03E+08	7.59E+08	7.20E+08
上海	8.08E+08	1.02E+09	2.27E+09	3.94E+09	5.24E+09	7.21E+09	7.99E+09
江苏	3.05E+09	3.47E+09	3.77E+09	4.14E+09	4.87E+09	5.36E+09	5.70E+09
浙江	1.15E+09	1.88E+09	2.40E+09	2.90E+09	3.48E+09	3.95E+09	4.23E+09
安徽	5.31E+08	6.48E+08	8.03E+08	1.10E+09	1.32E+09	1.66E+09	1.71E+09
福建	6.49E+08	7.67E+08	7.95E+08	8.27E+08	1.05E+09	1.66E+09	2.14E+09
江西	4.30E+08	8.64E+08	1.03E+09	1.16E+09	1.36E+09	1.34E+09	1.46E+09
山东	3.50E+09	3.74E+09	4.31E+09	4.58E+09	4.93E+09	5.25E+09	5.43E+09
河南	6.92E+08	8.89E+08	9.81E+08	1.28E+09	1.93E+09	2.54E+09	2.45E+09
湖北	7.79E+08	7.30E+08	7.73E+08	7.46E+08	7.46E+08	7.88E+08	8.38E+08
湖南	3.86E+08	3.96E+08	4.06E+08	4.41E+08	6.95E+08	7.87E+08	9.52E+08

续表

地区	2004年	2005年	2006年	2007年	2008年	2009年	2010年
广东	2.32E+09	2.96E+09	2.94E+09	3.24E+09	3.74E+09	3.99E+09	4.31E+09
广西	3.84E+08	7.76E+08	6.95E+08	6.25E+08	6.14E+08	6.37E+08	6.04E+08
海南	1.97E+07	2.18E+07	2.19E+07	2.99E+07	2.97E+07	3.54E+07	8.98E+07
重庆	5.86E+08	6.14E+08	6.43E+08	7.25E+08	8.52E+08	1.12E+09	1.26E+09
四川	8.15E+08	1.50E+09	1.64E+09	2.30E+09	2.29E+09	2.20E+09	2.74E+09
贵州	1.45E+08	2.01E+08	1.98E+08	1.97E+08	2.09E+08	2.61E+08	3.76E+08
云南	5.50E+08	5.07E+08	6.24E+08	7.48E+08	7.85E+08	9.69E+08	1.17E+09
陕西	6.71E+08	6.46E+08	8.04E+08	8.64E+08	8.81E+08	8.99E+08	2.70E+09
甘肃	3.15E+08	3.55E+08	4.47E+08	5.45E+08	6.69E+08	8.63E+08	1.05E+09
青海	4.73E+07	4.28E+07	3.69E+07	3.23E+07	4.49E+07	5.09E+07	4.54E+07
宁夏	1.16E+08	1.03E+08	9.80E+07	1.24E+08	2.79E+08	3.33E+08	4.14E+08
新疆	3.81E+08	3.34E+08	3.07E+08	2.90E+08	3.10E+08	2.83E+08	2.65E+08

附表5　各省（市、区）大中型工业企业历年消化吸收资本存量　单位：元

地区	1997年	1998年	1999年	2000年	2001年	2002年	2003年
北京	6.48E+07	6.13E+07	6.43E+07	1.01E+08	9.40E+07	9.24E+07	8.07E+07
天津	6.12E+07	9.50E+07	1.04E+08	1.45E+08	1.66E+08	1.56E+08	1.48E+08
河北	3.28E+08	2.95E+08	3.02E+08	2.93E+08	3.08E+08	2.94E+08	3.03E+08
山西	2.45E+08	2.38E+08	2.04E+08	1.83E+08	1.56E+08	1.44E+08	1.68E+08
内蒙古	6.04E+06	7.28E+06	8.99E+06	1.11E+07	1.37E+07	2.18E+07	2.35E+07
辽宁	3.06E+08	2.90E+08	2.80E+08	3.00E+08	2.72E+08	2.58E+08	2.44E+08
吉林	2.46E+07	2.61E+07	2.34E+07	3.40E+07	2.96E+07	7.78E+07	7.92E+07
黑龙江	2.33E+08	2.12E+08	2.55E+08	3.07E+08	2.84E+08	2.72E+08	3.01E+08
上海	3.54E+08	6.27E+08	1.06E+09	1.14E+09	1.25E+09	1.41E+09	1.84E+09
江苏	8.91E+08	8.95E+08	8.65E+08	8.36E+08	8.53E+08	1.00E+09	1.19E+09
浙江	3.13E+08	2.99E+08	3.28E+08	3.49E+08	4.66E+08	6.40E+08	7.40E+08
安徽	1.43E+08	1.92E+08	2.50E+08	2.56E+08	2.58E+08	2.74E+08	2.67E+08
福建	8.38E+07	1.04E+08	1.19E+08	1.41E+08	1.67E+08	1.70E+08	2.42E+08
江西	7.48E+07	6.72E+07	6.24E+07	5.84E+07	5.59E+07	7.34E+07	3.12E+08
山东	8.38E+08	1.10E+09	1.33E+09	1.63E+09	2.02E+09	2.48E+09	2.26E+09

续表

地区	1997 年	1998 年	1999 年	2000 年	2001 年	2002 年	2003 年
河南	1.91E+08	2.43E+08	2.77E+08	3.05E+08	3.35E+08	3.68E+08	3.79E+08
湖北	2.14E+08	2.03E+08	2.08E+08	2.70E+08	3.05E+08	3.37E+08	3.91E+08
湖南	6.36E+07	8.15E+07	9.05E+07	1.00E+08	1.14E+08	1.42E+08	1.77E+08
广东	8.81E+08	8.37E+08	8.28E+08	8.43E+08	8.99E+08	9.53E+08	9.84E+08
广西	5.40E+07	4.97E+07	6.71E+07	6.49E+07	6.93E+07	7.25E+07	9.47E+07
海南	7.50E+04	2.62E+06	7.46E+06	1.41E+07	1.90E+07	2.17E+07	2.25E+07
重庆	1.53E+08	1.55E+08	1.60E+08	1.53E+08	1.39E+08	1.25E+08	1.24E+08
四川	1.27E+08	1.34E+08	1.70E+08	1.92E+08	2.12E+08	2.55E+08	3.08E+08
贵州	1.44E+07	1.25E+07	1.20E+07	1.15E+07	1.39E+07	1.22E+07	1.06E+07
云南	5.58E+06	8.55E+06	1.57E+07	3.08E+07	3.48E+07	4.03E+07	1.42E+08
陕西	6.35E+08	5.86E+08	5.05E+08	4.82E+08	4.22E+08	3.95E+08	3.91E+08
甘肃	4.26E+08	3.65E+08	3.18E+08	2.92E+08	2.55E+08	2.71E+08	2.53E+08
青海	9.17E+06	8.15E+06	7.28E+06	9.72E+06	1.49E+07	1.33E+07	1.17E+07
宁夏	1.15E+07	1.12E+07	1.14E+07	1.16E+07	1.36E+07	1.46E+07	1.34E+07

地区	2004 年	2005 年	2006 年	2007 年	2008 年	2009 年	2010 年
新疆	2.98E+07	3.78E+07	7.34E+07	7.06E+07	6.55E+07	9.21E+07	7.92E+07
北京	9.49E+07	8.48E+07	1.75E+08	2.90E+08	4.31E+08	4.66E+08	4.56E+08
天津	2.02E+08	1.75E+09	1.85E+09	1.89E+09	1.90E+09	2.10E+09	2.37E+09
河北	4.36E+08	5.21E+08	5.02E+08	9.18E+08	1.49E+09	3.01E+09	4.10E+09
山西	2.14E+08	2.66E+08	3.54E+08	4.48E+08	5.26E+08	1.33E+09	1.78E+09
内蒙古	3.36E+07	6.74E+07	6.96E+07	1.05E+08	1.85E+08	3.44E+08	4.56E+08
辽宁	3.04E+08	3.36E+08	4.74E+08	6.42E+08	8.07E+08	1.07E+09	1.28E+09
吉林	8.06E+07	1.40E+08	1.74E+08	2.11E+08	2.37E+08	2.53E+08	2.60E+08
黑龙江	4.06E+08	4.60E+08	4.62E+08	4.54E+08	4.40E+08	6.41E+08	8.51E+08
上海	2.31E+09	2.41E+09	3.58E+09	3.73E+09	3.81E+09	5.66E+09	7.17E+09
江苏	1.60E+09	1.91E+09	2.44E+09	3.88E+09	4.52E+09	4.91E+09	5.19E+09
浙江	9.63E+08	1.23E+09	1.76E+09	2.36E+09	2.62E+09	2.84E+09	3.28E+09
安徽	4.40E+08	8.39E+08	8.50E+08	8.95E+08	9.89E+08	1.57E+09	1.60E+09
福建	3.01E+08	3.35E+08	6.84E+08	8.37E+08	8.89E+08	9.77E+08	1.03E+09
江西	3.69E+08	3.83E+08	3.95E+08	6.07E+08	7.23E+08	9.22E+08	8.39E+08
山东	2.24E+09	2.43E+09	2.62E+09	3.46E+09	4.20E+09	4.54E+09	5.12E+09
河南	4.95E+08	5.17E+08	1.24E+09	1.63E+09	1.79E+09	1.93E+09	1.89E+09

续表

地区	2004 年	2005 年	2006 年	2007 年	2008 年	2009 年	2010 年
湖北	4.63E+08	5.43E+08	5.36E+08	6.69E+08	8.33E+08	8.42E+08	9.47E+08
湖南	2.35E+08	2.27E+08	2.15E+08	2.16E+08	3.15E+08	5.19E+08	9.19E+08
广东	1.64E+09	2.47E+09	2.58E+09	2.83E+09	3.14E+09	3.31E+09	3.47E+09
广西	9.77E+07	1.07E+08	1.35E+08	1.46E+08	1.49E+08	1.59E+08	1.83E+08
海南	2.15E+07	3.95E+07	1.27E+08	1.10E+08	9.64E+07	1.14E+08	1.11E+08
重庆	5.88E+08	5.32E+08	4.85E+08	4.71E+08	4.54E+08	5.41E+08	6.31E+08
四川	4.40E+08	6.12E+08	7.20E+08	8.65E+08	1.10E+09	1.24E+09	1.36E+09
贵州	1.29E+07	1.56E+07	1.53E+07	6.00E+07	6.15E+07	6.84E+07	7.99E+07
云南	1.27E+08	1.33E+08	1.69E+08	1.99E+08	2.16E+08	2.27E+08	2.62E+08
陕西	4.76E+08	4.49E+08	4.44E+08	4.18E+08	4.20E+08	4.18E+08	4.37E+08
甘肃	2.42E+08	2.25E+08	4.98E+08	8.09E+08	9.89E+08	1.68E+09	2.34E+09
青海	1.02E+07	8.83E+06	5.65E+07	9.68E+07	8.63E+07	7.60E+07	1.25E+08
宁夏	1.71E+07	1.75E+07	3.70E+07	5.39E+07	9.42E+07	1.44E+08	1.85E+08
新疆	6.86E+07	7.43E+07	7.81E+07	1.27E+08	1.25E+08	1.67E+08	1.63E+08

附表6 各省（市、区）大中型工业企业历年 Manlquist 指数（TFP）

地区	1998 年	1999 年	2000 年	2001 年	2002 年	2003 年	2004 年
北京	1.189	0.956	1.253	1.236	1.082	1.090	1.173
天津	1.109	1.071	1.092	1.096	1.263	1.246	1.014
河北	1.019	0.996	1.074	0.957	1.102	1.353	0.856
山西	0.917	0.995	1.071	1.074	0.978	1.348	0.833
内蒙古	0.874	0.869	1.165	1.046	1.081	1.572	0.921
辽宁	0.928	0.918	1.134	1.012	1.056	1.260	0.895
吉林	0.948	0.968	1.125	1.075	1.221	1.253	0.774
黑龙江	0.911	0.923	0.854	0.907	1.000	1.177	0.770
上海	1.021	1.054	1.186	1.197	1.102	1.347	0.929
江苏	0.896	1.281	1.038	1.126	1.153	1.261	0.832
浙江	0.982	1.292	1.130	1.096	1.135	1.359	0.745
安徽	0.984	1.058	0.986	0.989	1.288	1.012	0.864
福建	1.241	1.401	1.101	1.055	1.200	1.314	0.831

续表

地区	1998年	1999年	2000年	2001年	2002年	2003年	2004年
江西	0.907	1.070	1.171	1.023	1.031	1.388	0.869
山东	0.992	1.114	1.033	1.113	1.092	1.166	0.791
河南	0.873	1.149	1.017	1.013	1.028	1.278	0.760
湖北	0.962	0.900	1.146	1.037	1.109	0.822	1.156
湖南	1.055	1.039	1.059	1.096	0.998	1.266	0.849
广东	1.180	1.243	1.179	1.119	1.177	1.286	0.852
广西	1.064	1.054	0.925	1.010	1.266	1.108	0.894
海南	1.735	0.841	0.902	1.279	1.063	1.429	0.892
重庆	0.906	1.442	0.784	1.158	1.117	1.326	0.814
四川	1.044	0.760	1.013	1.109	1.230	1.136	0.925
贵州	0.932	0.916	0.972	0.989	1.125	1.281	0.797
云南	0.985	0.983	0.989	1.008	1.038	1.204	0.895
陕西	0.502	1.764	1.212	1.060	1.126	0.886	0.988
甘肃	0.871	0.983	1.074	1.036	0.989	1.133	0.875
青海	1.073	0.806	1.415	1.176	1.330	1.176	1.131
宁夏	0.862	1.068	1.250	0.974	0.946	1.105	0.848
新疆	1.018	0.930	1.193	1.094	1.071	1.085	0.906

地区	2005年	2006年	2007年	2008年	2009年	2010年
北京	1.391	1.199	1.105	1.005	1.133	1.128
天津	1.550	1.181	1.051	1.069	0.934	1.102
河北	1.540	1.048	1.119	1.007	0.935	1.062
山西	1.479	0.996	1.123	0.979	0.881	1.225
内蒙古	1.497	1.049	1.190	1.157	1.040	1.057
辽宁	1.501	0.975	1.193	1.034	0.953	1.166
吉林	1.439	0.991	1.225	1.057	1.102	1.061
黑龙江	1.637	1.034	0.957	1.094	0.811	1.021
上海	1.303	1.057	1.103	1.048	1.047	1.192
江苏	1.388	1.036	1.063	1.100	1.028	0.981
浙江	1.431	1.121	1.032	1.044	0.890	1.105
安徽	1.611	1.074	1.113	0.983	0.941	1.200
福建	1.540	1.099	1.128	1.081	0.901	1.224

续表

地区	2005年	2006年	2007年	2008年	2009年	2010年
江西	1.453	1.098	1.144	0.976	0.963	1.089
山东	1.669	1.045	1.066	1.002	1.004	1.051
河南	1.718	1.082	1.193	1.042	0.927	1.091
湖北	1.231	1.152	1.173	1.130	0.975	1.287
湖南	1.597	0.998	1.103	1.093	0.920	1.124
广东	1.542	1.052	1.088	1.025	0.952	0.894
广西	1.379	0.984	1.258	0.938	1.016	1.024
海南	1.037	1.328	1.630	1.005	1.061	1.158
重庆	1.534	1.128	1.084	1.113	0.996	1.043
四川	1.400	1.147	1.133	1.344	0.962	1.068
贵州	1.310	0.890	1.138	1.216	0.948	1.044
云南	1.362	1.182	1.079	0.997	0.944	0.906
陕西	1.436	1.055	1.364	0.822	1.106	1.119
甘肃	1.550	1.043	1.102	1.078	0.947	0.946
青海	1.106	1.248	1.008	1.017	1.167	1.160
宁夏	1.361	1.036	1.059	1.039	0.903	1.121
新疆	2.089	1.738	0.417	1.318	0.685	1.071

附表7 各省（市、区）大中型工业企业历年 Manlquist 指数（TC）

地区	1998年	1999年	2000年	2001年	2002年	2003年	2004年
北京	0.857	0.954	1.158	1.120	1.182	1.258	0.947
天津	0.887	0.985	1.168	1.124	1.135	1.315	0.864
河北	0.816	1.037	1.050	1.118	1.153	1.304	0.817
山西	0.816	1.037	1.024	1.118	1.146	1.335	0.825
内蒙古	0.816	1.028	1.079	1.114	1.158	1.295	0.828
辽宁	0.816	0.984	1.147	1.115	1.178	1.246	0.856
吉林	0.816	1.032	1.033	1.118	1.154	1.292	0.826
黑龙江	0.816	1.037	1.035	1.118	1.146	1.300	0.856
上海	1.021	1.054	1.186	1.197	1.102	1.347	0.929
江苏	0.816	1.033	1.046	1.118	1.153	1.312	0.821

续表

地区	1998 年	1999 年	2000 年	2001 年	2002 年	2003 年	2004 年
浙江	0.924	0.952	1.130	1.112	1.168	1.306	0.829
安徽	0.816	1.037	1.027	1.118	1.146	1.335	0.823
福建	1.276	1.059	1.163	1.118	1.175	1.296	0.830
江西	0.816	1.037	1.030	1.118	1.146	1.335	0.818
山东	0.816	1.037	1.024	1.118	1.146	1.335	0.827
河南	0.816	1.037	1.024	1.118	1.146	1.335	0.824
湖北	0.816	1.012	1.088	1.118	1.154	1.301	0.833
湖南	0.816	1.037	1.032	1.118	1.146	1.335	0.812
广东	1.276	1.156	1.173	1.119	1.177	1.286	0.852
广西	0.816	1.018	1.100	1.115	1.164	1.265	0.784
海南	1.276	1.126	1.171	1.130	1.155	1.312	0.862
重庆	0.816	1.028	1.050	1.118	1.146	1.335	0.825
四川	0.816	1.026	1.086	1.116	1.156	1.295	0.813
贵州	0.816	1.037	1.050	1.118	1.153	1.300	0.816
云南	0.833	0.985	1.113	1.116	1.171	1.253	0.828
陕西	0.935	0.987	1.034	1.118	1.146	1.303	0.798
甘肃	0.816	1.037	1.051	1.118	1.149	1.282	0.789
青海	1.067	1.041	1.197	1.216	1.101	1.329	1.044
宁夏	0.816	1.037	1.035	1.118	1.146	1.317	0.827
新疆	0.950	0.959	1.180	1.190	1.101	1.329	1.013

地区	2005 年	2006 年	2007 年	2008 年	2009 年	2010 年
北京	1.307	1.090	1.105	1.021	1.116	1.128
天津	1.487	1.181	1.051	1.069	0.970	1.143
河北	1.549	1.128	1.034	1.066	0.894	1.219
山西	1.543	1.111	1.041	1.063	0.877	1.165
内蒙古	1.564	1.157	1.035	1.063	1.027	1.140
辽宁	1.501	1.108	1.053	1.071	0.868	1.206
吉林	1.559	1.149	1.024	1.071	0.862	1.202
黑龙江	1.498	1.137	1.032	1.064	0.877	1.207
上海	1.303	1.099	1.091	1.050	1.016	1.192
江苏	1.544	1.120	1.041	1.056	0.900	1.124

续表

地区	2005年	2006年	2007年	2008年	2009年	2010年
浙江	1.538	1.093	1.063	1.044	0.914	1.103
安徽	1.541	1.112	1.045	1.061	0.874	1.169
福建	1.548	1.084	1.076	1.031	0.937	1.058
江西	1.563	1.102	1.053	1.050	0.903	1.122
山东	1.544	1.103	1.048	1.052	0.898	1.158
河南	1.559	1.099	1.052	1.052	0.891	1.144
湖北	1.507	1.152	1.092	1.047	1.018	1.177
湖南	1.560	1.116	1.039	1.059	0.889	1.150
广东	1.542	1.052	1.088	1.025	0.952	1.015
广西	1.580	1.172	1.032	1.068	0.876	1.212
海南	1.321	1.086	1.111	1.021	1.117	1.128
重庆	1.547	1.103	1.051	1.050	0.912	1.119
四川	1.551	1.130	1.037	1.054	0.907	1.128
贵州	1.573	1.171	1.049	1.069	0.933	1.181
云南	1.531	1.152	1.020	1.074	0.914	1.146
陕西	1.552	1.141	1.034	1.066	0.862	1.180
甘肃	1.543	1.136	1.028	1.071	0.872	1.222
青海	1.147	1.086	1.111	1.021	1.120	1.128
宁夏	1.552	1.133	1.027	1.071	0.934	1.209
新疆	1.293	1.084	1.102	1.050	0.979	1.128

附表8　各省（市、区）大中型工业企业历年 Manlquist 指数（EC）

TFP	1998年	1999年	2000年	2001年	2002年	2003年	2004年
北京	1.388	1.001	1.082	1.104	0.915	0.867	1.238
天津	1.250	1.088	0.935	0.974	1.113	0.947	1.173
河北	1.248	0.961	1.023	0.856	0.956	1.038	1.048
山西	1.124	0.960	1.046	0.961	0.854	1.009	1.010
内蒙古	1.070	0.846	1.080	0.938	0.934	1.213	1.112
辽宁	1.136	0.933	0.988	0.907	0.897	1.011	1.046
吉林	1.161	0.938	1.089	0.961	1.059	0.970	0.938

续表

TFP	1998 年	1999 年	2000 年	2001 年	2002 年	2003 年	2004 年
黑龙江	1.116	0.890	0.825	0.812	0.873	0.905	0.900
上海	1.000	1.000	1.000	1.000	1.000	1.000	1.000
江苏	1.097	1.240	0.993	1.007	1.000	0.961	1.014
浙江	1.063	1.357	1.000	0.985	0.972	1.040	0.899
安徽	1.205	1.020	0.960	0.885	1.124	0.758	1.051
福建	0.973	1.323	0.946	0.944	1.021	1.014	1.001
江西	1.111	1.032	1.136	0.915	0.900	1.039	1.063
山东	1.216	1.074	1.009	0.996	0.953	0.873	0.957
河南	1.070	1.108	0.994	0.906	0.897	0.957	0.923
湖北	1.178	0.890	1.053	0.928	0.961	0.632	1.387
湖南	1.293	1.002	1.027	0.980	0.871	0.949	1.046
广东	0.925	1.075	1.005	1.000	1.000	1.000	1.000
广西	1.303	1.035	0.841	0.906	1.087	0.876	1.141
海南	1.360	0.747	0.770	1.132	0.921	1.090	1.035
重庆	1.110	1.403	0.747	1.036	0.975	0.993	0.987
四川	1.279	0.741	0.933	0.994	1.064	0.878	1.138
贵州	1.142	0.884	0.925	0.884	0.976	0.985	0.977
云南	1.182	0.999	0.889	0.903	0.886	0.961	1.081
陕西	0.537	1.788	1.172	0.948	0.982	0.680	1.238
甘肃	1.066	0.948	1.022	0.927	0.860	0.883	1.109
青海	1.006	0.774	1.182	0.967	1.209	0.885	1.083
宁夏	1.055	1.030	1.208	0.871	0.826	0.839	1.025
新疆	1.071	0.970	1.011	0.920	0.973	0.816	0.895

地区	2005 年	2006 年	2007 年	2008 年	2009 年	2010 年
北京	1.064	1.100	1.000	0.985	1.016	1.000
天津	1.043	1.000	1.000	1.000	0.963	0.964
河北	0.995	0.929	1.081	0.944	1.045	0.871
山西	0.959	0.897	1.079	0.922	1.005	1.051
内蒙古	0.957	0.907	1.150	1.089	1.013	0.927
辽宁	1.000	0.881	1.133	0.966	1.098	0.967
吉林	0.923	0.862	1.197	0.987	1.279	0.883

续表

地区	2005年	2006年	2007年	2008年	2009年	2010年
黑龙江	1.093	0.909	0.927	1.027	0.925	0.845
上海	1.000	0.961	1.011	0.998	1.031	1.000
江苏	0.899	0.925	1.021	1.042	1.142	0.873
浙江	0.930	1.025	0.971	1.000	0.974	1.002
安徽	1.045	0.966	1.065	0.927	1.076	1.027
福建	0.995	1.014	1.048	1.048	0.962	1.156
江西	0.930	0.996	1.086	0.930	1.067	0.970
山东	1.082	0.947	1.017	0.952	1.119	0.908
河南	1.102	0.984	1.134	0.991	1.040	0.954
湖北	0.816	1.000	1.074	1.079	0.959	1.093
湖南	1.024	0.894	1.062	1.032	1.035	0.977
广东	1.000	1.000	1.000	1.000	1.000	0.880
广西	0.873	0.840	1.219	0.878	1.159	0.845
海南	0.785	1.222	1.467	0.985	0.949	1.026
重庆	0.991	1.023	1.031	1.060	1.092	0.932
四川	0.903	1.015	1.093	1.276	1.060	0.947
贵州	0.833	0.760	1.085	1.138	1.015	0.884
云南	0.889	1.026	1.059	0.928	1.033	0.791
陕西	0.925	0.925	1.319	0.771	1.283	0.948
甘肃	1.004	0.917	1.072	1.007	1.087	0.774
青海	0.964	1.148	0.907	0.997	1.042	1.029
宁夏	0.877	0.914	1.031	0.970	0.967	0.927
新疆	1.616	1.603	0.378	1.256	0.699	0.950

参考文献

［1］柏丹：《企业价值导向的智力资本评估方法》，科学出版社2013年版。
［2］蔡伟毅、陈学识：《国际知识溢出与中国技术进步》，《数量经济技术经济研究》2010年第6期。
［3］蔡晓陈：《中国二元经济结构变动与全要素生产率周期性——基于原核算与对偶核算TFP差异的分析》，《管理世界》2012年第6期。
［4］钞小静、任保平：《中国经济增长质量的时序变化与地区差异分析》，《经济研究》2011年第4期。
［5］陈超：《进口贸易、FDI与国际知识资本溢出——来自跨国面板数据的经验分析》，《世界经济研究》2016年第2期。
［6］陈广汉、蓝宝江：《研发支出、竞争程度与我国区域创新能力研究》，《经济学家》2007年第3期。
［7］陈国宏、邵赟：《技术引进与我国工业技术进步关系研究》，《科研管理》2001年第3期。
［8］陈继林、汪可、陶志翔：《知识资本与中部崛起》，民族出版社2005年版。
［9］陈继勇、盛杨怿：《外商直接投资的知识溢出与中国区域经济增长》，《经济研究》2008年第12期。
［10］陈晓玲、李国平：《地区经济收敛实证研究方法评述》，《数量经济技术经济研究》2007年第8期。
［11］陈钰芬：《区域智力资本测度指标体系的构建》，《统计研究》2006年第2期。
［12］陈则孚：《知识资本：理论、运行及知识产业化》，经济管理出版社2003年版。

[13] 陈昭、欧阳秋珍：《技术溢出的主渠道：外商直接投资还是进口？——一个文献综述与评论》，《经济评论》2009 年第 5 期。

[14] 程宏伟、张永海、常勇：《公司研发投入与业绩相关性的实证研究》，《科学管理研究》2006 年第 3 期。

[15] 程惠芳：《创新与企业国际竞争力》，科学出版社 2010 年版。

[16] 程惠芳：《国际直接投资与开放型内生经济增长》，《经济研究》2002 年第 10 期。

[17] 程惠芳：《技术创新、国际直接投资与收入分配不均变化》，科学出版社 2012 年版。

[18] 程惠芳、唐辉亮、陈超：《开放条件下中国经济转型升级动态能力报告》，科学出版社 2012 年版。

[19] 仇武超、金晓丽：《高技术产业的知识资本投入产出——基于东中西部的实证分析》，《经济论坛》2013 年第 9 期。

[20] 仇怡、吴建军：《我国对外直接投资的逆向技术外溢效应研究》，《国际贸易问题》2012 年第 10 期。

[21] 仇元福、潘旭伟、顾新建：《知识资本构成分析及其技术评价》，《中国软科学》2002 年第 10 期。

[22] 段红玲、祝树金：《我国区域间知识资本溢出影响全要素生产率的实证研究》，《生产力研究》2010 年第 10 期。

[23] 樊少华：《国际直接投资技术溢出效应对中国经济增长的影响》，博士学位论文，首都经济贸易大学，2013 年。

[24] 樊欣、邵谦谦：《SAS 8.X 经济统计》，北京希望电子出版社 2003 年版。

[25] 范徵：《企业知识资本管理：人力与组织资本互动转化机制探究的视角》，企业管理出版社 2013 年版。

[26] 方希桦、包群、赖明勇：《国际技术溢出：基于进口传导机制的实证研究》，《中国软科学》2004 年第 7 期。

[27] 傅元略：《企业智力资本与企业资本结构优化》，《中国工业经济》2002 年第 3 期。

[28] 高惠璇：《实用统计方法与 SAS 系统》，北京大学出版社 2001 年版。

[29] 高凌云、王永中：《研发溢出渠道、异质性反应与生产率：基于

178 个国家面板数据的经验研究》，《世界经济》2008 年第 2 期。
[30] 高亚莉、张薇、李再扬：《2000—2007 年我国区域智力资本的测量》，《情报杂志》2009 年第 9 期。
[31] 高宇明、齐中英：《基于时变参数的我国全要素生产率估计》，《数量经济技术经济研究》2008 年第 25 卷第 2 期。
[32] 顾春龙、张朱益：《开放经济下知识资本对全要素生产率效应的研究——基于 G20 国家面板数据模型实证分析》，《经济论坛》2013 年第 10 期。
[33] 郭俊华：《并购企业知识资本协同理论研究》，华东师范大学出版社 2005 年版。
[34] 郭庆旺、贾俊雪：《中国全要素生产率的估算：1979—2004》，《经济研究》2005 年第 6 期。
[35] 郭庆旺、赵志耘、贾俊雪：《中国省份经济的全要素生产率分析》，《世界经济》2005 年第 5 期。
[36] 郝然：《1978—2008 年中国全要素生产率的变动及其分解——基于省际面板数据的 DEA 方法》，博士学位论文，复旦大学，2011 年。
[37] 何玮：《我国大中型工业企业研究与开发费用支出对产出的影响——1990—2000 年大中型工业企业数据的实证分析》，《经济科学》2003 年第 3 期。
[38] 胡希远：《SAS 与统计分析》，西北农林科技大学出版社 2007 年版。
[39] 黄汉民：《企业发展的组织资源能力研究》，中国财政经济出版社 2003 年版。
[40] 黄先海、张云帆：《我国外贸外资的技术溢出效应分析》，《国际贸易问题》2005 年第 1 期。
[41] 蒋萍、谷彬：《中国服务业 TFP 增长率分解与效率演进》，《数量经济技术经济研究》2009 年第 8 期。
[42] 金剑：《生产率增长测算方法的系统研究》，博士学位论文，东北财经大学，2007 年。
[43] 金水英、吴应宇：《知识资本对高技术产业发展能力的贡献——来自我国高技术上市公司的证据》，《科学学与科学技术管理》

2008 年第 5 期。

[44] 金锡万、陈世菊:《技术进步的动态度量与分析探讨》,《华东冶金学院学报》1991 年第 2 期。

[45] 金晓丽、仇武超:《基于创新效率的我国高技术产业创新动态能力分析》,《经济论坛》2013 年第 10 期。

[46] 金新政、胡彬:《SAS For Windows 统计系统教程》,华中理工大学出版社 2001 年版。

[47] 康继军、张宗益、傅蕴英:《中国经济转型与增长》,《管理世界》2007 年第 1 期。

[48] 李宾、曾志雄:《中国全要素生产率变动的再测算:1978—2007 年》,《数量经济技术经济研究》2009 年第 3 期。

[49] 李冬梅、李石柱、唐五湘:《我国区域科技资源配置效率情况评价》,《北京机械工业学院学报》2003 年第 1 期。

[50] 李冬伟:《提升企业价值新途径:基于知识价值链的智力资本价值创造》,西南交通大学出版社 2012 年版。

[51] 李冬伟、李建良:《基于知识价值链的智力资本构成要素实证研究》,《科学学研究》2011 年第 6 期。

[52] 李梅:《国际研发溢出与中国技术进步——基于 FDI 和 OFDI 传导机制的实证研究》,《科研管理》2012 年第 4 期。

[53] 李梅、金照林:《国际研发,吸收能力与对外直接投资逆向技术溢出——基于我国省际面板数据的实证研究》,《国际贸易问题》2011 年第 10 期。

[54] 李梅、金照林:《国际研发、吸收能力与对外直接投资逆向技术溢出——基于我国省际面板数据的实证研究》,《国际贸易问题》2011 年第 10 期。

[55] 李梅、柳士昌:《国际研发溢出渠道的实证研究——来自中国省际面板的经验证据》,《世界经济研究》2011 年第 10 期。

[56] 李平:《国家智力资本理论研究现状及启示》,《重庆工商大学学报》(西部论坛)2006 年第 3 期。

[57] 李平:《企业智力资本开发理论与方法》,哈尔滨工程大学出版社 2007 年版。

[58] 李蕊:《FDI 与中国工业自主创新:基于地区面板数据的实证分

析》,《世界经济研究》2008年第2期。

[59] 李小平:《自主研发、技术引进和生产率增长——对中国分行业大中型工业企业的实证研究》,《数量经济技术经济研究》2007年第7期。

[60] 李小平、朱钟棣:《国际贸易、研发溢出和生产率增长》,《经济研究》2006年第2期。

[61] 梁莱歆、张焕凤:《高科技上市公司研发投入绩效的实证研究》,《中南大学学报》(社会科学版)2005年第2期。

[62] 林毅夫、张鹏飞:《后发优势、技术引进和落后国家的经济增长》,《经济学》(季刊)2005年第1期。

[63] 刘炳瑛:《知识资本论:21世纪人力资源开发利用走势》,中共中央党校出版社2001年版。

[64] 刘国武:《知识资本蚀耗价值研究》,中国财政经济出版社2004年版。

[65] 刘国武、李卫星:《知识企业的主导生产要素:知识资本——基于"概念格"理论的推论》,《财经研究》2006年第32卷第12期。

[66] 刘亚军:《企业技术创新绩效提升与战略:基于智力资本、吸收能力及创新文化的影响》,中央编译出版社2012年版。

[67] 刘展:《我国高技术产业技术引进与自主研发技术创新优化策略研究》,博士学位论文,上海交通大学,2008年。

[68] 娄洪:《长期经济增长中的公共投资政策——包含一般拥挤性公共创新设施资本存量的动态经济增长模型》,《经济研究》2004年第3期。

[69] 卢方元、勒丹丹:《我国研发投入对经济增长的影响——基于面板数据的实证分析》,《中国工业经济》2011年第3期。

[70] 鲁万波、常永瑞、王叶涛:《中国对外直接投资,研发技术溢出与技术进步》,《科研管理》2015年第3期。

[71] 陆嘉俊:《知识资本、知识溢出与全要素生产率——基于中国省际面板数据的研究》,《经济论坛》2012年第9期。

[72] 陆嘉俊:《知识资本投入与产出的比较研究》,硕士学位论文,浙江工业大学,2012年。

[73] 马静：《高技术企业知识资本绩效评价研究》，硕士学位论文，吉林大学，2011年。

[74] 马树才、孙长清：《经济增长与最优财政支出规模研究》，《统计研究》2005年第1期。

[75] 穆荣平、蔡长塔：《中国医药制造业国际竞争力评价》，《科研管理》2001年第2期。

[76] 乔翠霞：《提高技术引进效率，实现我国技术跨越式发展——后起国家技术发展的经验及启示》，《科学经济社会》2008年第2期。

[77] 秦臻、秦永和：《中国高技术产业国际竞争力分析——以航空航天器制造业为例》，《中国软科学》2007年第4期。

[78] 邵松华：《中部地区高技术产业创新绩效及影响因素研究》，硕士学位论文，华中科技大学，2012年。

[79] 沈其君：《SAS统计分析》，东南大学出版社2001年版。

[80] 苏凤娇：《我国高新技术产业技术创新投入与产出绩效的关系研究》，硕士学位论文，华中科技大学，2011年。

[81] 苏伟伦：《企业智慧资本管理》，经济日报出版社2002年版。

[82] 隋莉萍：《基于智力资本的高技术企业绩效评价指标体系研究》，北京师范大学出版社2011年版。

[83] 孙琳琳、任若恩：《中国资本投入和全要素生产率的估算》，《世界经济》2005年第12期。

[84] 谭劲松：《关于中国管理学科定位的讨论》，《管理世界》2006年第2期。

[85] 谭劲松：《智力资本会计研究》，中国财政经济出版社2001年版。

[86] 谭晶荣、邓强、王瑞：《国际大宗商品期货价格与中国农产品批发市场价格关系研究》，《财贸经济》2012年第6期。

[87] 汤兵勇、宋家第：《Solow增长速度模型中参数 α、β 的动态辨识》，《黑龙江大学自然科学学报》1988年第4期。

[88] 唐德祥、李京文、孟卫东：《研发对技术效率影响的区域差异及其路径依赖——基于我国东、中、西部地区面板数据随机前沿方法（SFA）的经验分析》，《科研管理》2008年第2期。

[89] 田俊：《多因素分析与SAS应用》，福建科学技术出版社1997

年版。

[90] 涂正革、肖耿：《中国工业增长模式的转变——大中型企业劳动生产率的非参数生产前沿动态分析》，《管理世界》2006年第10期。

[91] 万君康、梅小安：《企业知识资本管理及其绩效评价：企业快速获取竞争优势及谋求可持续发展的新思路》，机械工业出版社2006年版。

[92] 王家庭：《我国医疗设备及仪器仪表制造业的空间集聚的实证研究》，《岭南学刊》2012年第6期。

[93] 王开明：《企业的知识资本：资源基础论的观点》，中国地质大学出版社2006年版。

[94] 王曦、舒元、才国伟：《我国国有经济的双重目标与TFP核算的微观基础》，《经济学》（季刊）2006年第6卷第1期。

[95] 王晓珍：《科技经费配置对市场创新绩效影响测度及结构优化研究——以我国部分省域高技术产业为例》，博士学位论文，中国矿业大学，2012年。

[96] 王孝斌、陈武、王学军：《区域智力资本与区域经济发展》，《数量经济技术经济研究》2009年第3期。

[97] 王学军、陈武：《区域智力资本与区域创新能力的关系——基于湖北省的实证研究》，《中国工业经济》2008年第9期。

[98] 王贻志、孙阳、阮大成：《应用二级CES生产函数对中国制造业研发投入产出效应的实证研究》，《数量经济技术经济研究》2006年第8期。

[99] 王英、刘思峰：《国际技术外溢渠道的实证研究》，《数量经济技术经济研究》2012年第4期。

[100] 王月欣：《企业智力资本价值与评价研究》，新华出版社2010年版。

[101] 吴军：《环境约束下中国地区工业全要素生产率增长及收敛分析》，《数量经济技术经济研究》2009年第11期。

[102] 吴延兵：《研发与生产率——基于中国制造业的实证研究》，《经济研究》2006年第11期。

[103] 吴延兵：《知识生产及其影响因素——基于中国地区工业的实证

研究》,《世界经济文汇》2009 年第 2 期。

[104] 吴延兵:《自主研发、技术引进与生产率——基于中国地区工业的实证研究》,《经济研究》2008 年第 8 期。

[105] 吴延兵:《自主研发、技术引进与生产率——基于中国地区工业的实证研究》,《经济研究》2008 年第 8 期。

[106] 吴中伦:《企业知识资本的内涵界定与结构划分》,《企业经济》2011 年第 6 期。

[107] 谢建国:《外商直接投资对中国的技术溢出——一个基于中国省区面板数据的研究》,《经济学》(季刊) 2006 年第 4 期。

[108] 谢建国、周露昭:《进口贸易,吸收能力与国际 研发 技术溢出:中国省区面板数据的研究》,《世界经济》2009 年第 9 期。

[109] 徐程兴:《企业智力资本报告的探讨》,《中国工业经济》2003 年第 8 期。

[110] 徐侠、安同良:《东部地区高新技术产业同构度的测度与分析》,《科技进步与对策》2008 年第 8 期。

[111] 徐盈之、赵玥:《中国信息服务业全要素生产率变动的区域差异与趋同分析》,《数量经济技术经济研究》2009 年第 10 期。

[112] 许和连、王艳、邹武鹰:《人力资本与国际技术扩散:基于进口贸易的实证研究》,《湖南大学学报》(社会科学版) 2007 年第 2 期。

[113] 薛富波、张文彤、田晓燕:《SAS 8.2 统计应用教程》,兵器工业出版社 2004 年版。

[114] 严成樑、周铭山、龚六堂:《知识生产、创新与研发投资回报》,《经济学》(季刊) 2010 年第 3 期。

[115] 颜鹏飞、王兵:《技术效率、技术进步与生产率增长:基于 DEA 的实证分析》,《经济研究》2004 年第 12 期。

[116] 杨永恒、胡鞍钢、张宁:《中国人类发展的地区差距和不协调:历史视角下的"一个中国,四个世界"》,《经济学》(季刊) 2006 年第 3 期。

[117] 姚利民、王若君:《中国吸收发达国家研发跨国外溢的国际化渠道比较》,《国际贸易问题》2011 年第 12 期。

[118] 叶文锦:《技术创新与高技术产业国际竞争力的研究》,硕士学

位论文，浙江工业大学，2012年。

[119] 易平涛、张丹宁、郭亚军等：《动态综合评价中的无量纲化方法》，《东北大学学报》（自然科学版）2009年第6期。

[120] 余甫功：《知识资本对高技术产业发展作用分析——基于我国省际Panel Date的实证检验》，《岭南学刊》2008年第6期。

[121] 余晓、王晓军、王虹：《浙江省研发投入现状及不同机构类型研发产出效率评价》，《工业技术经济》2010年第11期。

[122] 袁庆宏：《企业智力资本管理》，经济管理出版社2001年版。

[123] 原毅军、柏丹：《智力资本的价值评估与战略管理》，大连理工大学出版社2009年版。

[124] 岳朝龙、黄永兴、严忠：《SAS系统与经济统计分析》，中国科学技术大学出版社2003年版。

[125] 岳书敬、刘朝明：《人力资本与区域全要素生产率分析》，《经济研究》2006年第4期。

[126] 张炳发：《企业知识资本投资绩效研究》，经济科学出版社2006年版。

[127] 张海洋：《研发两面性，外资活动与中国工业生产率增长》，《经济研究》2005年第1期。

[128] 张浩、陈昭：《高技术产业要素的贡献度分析》，《统计与决策》2008年第1期。

[129] 张化尧、王赐玉：《国际技术扩散：基于TFP的多渠道外溢分析》，《科研管理》2012年第10期。

[130] 张军：《增长、资本形成与技术选择：解释中国经济增长下降的长期因素》，《经济学》（季刊）2002年第2期。

[131] 张炜：《中小高技术企业创业知识资本与成长绩效关系研究》，博士学位论文，浙江大学，2005年。

[132] 张炜、王重鸣：《高技术企业智力资本形成机制的实证研究》，《科学学研究》2007年第4期。

[133] 张文贤、傅顾：《以人力资本为中心的资本结构体系》，《经济学家》2006年第3期。

[134] 张祥：《知识经济与国际经济贸易》，中国对外经济贸易大学出版社1999年版。

[135] 张永庆、刘清华、徐炎：《中国医药制造业研发效率及影响因素》，《中国科技论坛》2011 年第 1 期。

[136] 章上峰、许冰：《时变弹性生产函数与全要素生产率》，《经济学》（季刊）2009 年第 2 期。

[137] 郑京海、胡鞍钢、Arne Bigsten：《中国的经济增长能否持续？——一个生产率视角》，《经济学》（季刊）2008 年第 3 期。

[138] 郑美群：《基于智力资本的高技术企业绩效形成机理研究》，博士学位论文，吉林大学，2006 年。

[139] 钟昌标：《外商直接投资的横向和纵向溢出：对中国电子行业的分析》，《世界经济》2006 年第 11 期。

[140] 钟昌标：《外商直接投资地区间溢出效应研究》，《经济研究》2010 年第 1 期。

[141] 周杰：《高技术企业知识资本贡献研究》，硕士学位论文，南京邮电大学，2012 年。

[142] 朱道元、吴诚鸥、秦伟良：《多元统计分析与软件 SAS》，东南大学出版社 1999 年版。

[143] 朱平芳、李磊：《两种技术引进方式的直接效应研究——上海市大中型工业企业的微观实证》，《经济研究》2006 年第 3 期。

[144] 朱平芳、徐伟民：《政府的科技激励政策对大中型工业企业研发投入及其专利产出的影响——上海市的实证研究》，《经济研究》2003 年第 6 期。

[145] 朱平芳、徐伟民：《政府的科技激励政策对大中型工业企业研发投入及其专利产出的影响——上海市的实证研究》，《经济研究》2003 年第 6 期。

[146] 朱勇：《新增长理论》，商务印书馆 1999 年版。

[147] 朱月仙、方曙：《专利申请量与研发经费支出关系的研究》，《科学学研究》2007 年第 1 期。

[148] 朱钟棣、李小平：《中国工业行业资本形成，全要素生产率变动及其趋异化：基于分行业面板数据的研究》，《世界经济》2005 年第 9 期。

[149] Abramovitz, M., "Resource and output trends in the United States since 1870", *American Economic Review*, Vol. 46, No. 2, 1956.

[150] Abramovitz, M., "Catching up, forging ahead, and falling behind", *The Journal of Economic History*, Vol. 46, No. 2, 1986.

[151] Acemoglu, D., "Technical change, inequality, and the labor market", *Journal of Economic Literature*, Vol. 40, No. 1, 2002.

[152] Aghion, P. and Howitt, P., "A model of growth through creative destruction", *Econometrica*, Vol. 60, No. 2, 1992.

[153] Ang, J. B. and Madsen, J. B., "International R&D spillovers and productivity trends in the Asian miracle economies", *Economic Inquiry*, Vol. 51, No. 2, 2013.

[154] Annette, L. R. and Michael, D. L., "Acquiring new knowledge: The role of retaining human capital in acquisitions of high-tech firm", *Journal of High Technology Management Research*, Vol. 11, No. 2, 2000.

[155] Antonelli, C., *The diffusion of advanced telecommunications in developing countries*, Paris: OECD Publications and Information Centre, 1991.

[156] Antras, P., "Firms, contracts, and trade structure", *The Quarterly Journal of Economics*, Vol. 118, No. 4, 2003.

[157] Antras, P., "Property rights and the international organizational of production", *The American Economic Review*, Vol. 95, No. 2, 2005.

[158] Antras, P. and Helpman, E., "Global sourcing", *The Journal of Political Economy*, Vol. 112, No. 3, 2004.

[159] Archibugi, D. and Coco, A., "A new indicator of technological capabilities for developed and developing countries (ArCo)", *World Development*, Vol. 32, No. 4, 2004.

[160] Arond, E. and Bell, M., "Trends in the global distribution of R&D since the 1970s: Data, their interpretation and limitations", *STEPS Working Paper*, No. 39, 2010.

[161] Arrow, K. J., "Economic welfare and the allocation of resources for invention", in Groves, H. M., eds. *The rate and direction of inventive activity: Economic and social factors*, Princeton and Oxford: Princeton University Press, 1962a, pp. 609–626.

[162] Arrow, K. J., "The economic implications of learning by doing",

The Review of Economic Studies, Vol. 29, No. 3, 1962b.

［163］ Arthur, W. B., "Competing technologies, increasing returns, and lock – in by historical events", *The Economic Journal*, Vol. 99, No. 394, 1989.

［164］ Ballester, M., Garcia – Ayuso, M. and Linvat, J., "The economic value of R&D intangible asset", *European Accounting Review*, Vol. 12, No. 4, 2003.

［165］ Barro, R. J., "Economic growth in a cross section of countries", *Quarterly Journal of Economics*, Vol. 106, No. 2, 1991.

［166］ Barro, R. J. and Sala – i – Martin, X., *Economic Growth*, New York: McGraw Hill, 1995.

［167］ Barro, R. J. and Sala – i – Martin, X., "Public finance in models of economic growth", *The Review of Economic Studies*, Vol. 59, No. 4, 1992.

［168］ Barro, R. J. and Sala – i – Martin, X., "Public finance in models of economic growth", *The Review of Economic Studies*, Vol. 59, No. 4, 1992.

［169］ Barro, R. J., "Government spending in a simple model of endogeneous growth", *Journal of Political Economy*, Vol. 98, No. 51, 1990.

［170］ Baruch, L. and Sougiannis, T., "Penetrating the book – to – market black box: The R&D effect", *Journal of Business Finance & Accounting*, Vol. 26, No. 3 – 4, 1999.

［171］ Belderbos, R., Roy, V. V., Duvivier, F., "International and domestic technology transfers and productivity growth: Empirical evidence for flanders", *STOIO Working Paper*, 2008.

［172］ Bell, C., "Intellectual capital", *Executive Excellence*, Vol. 14, No. 1, 1997.

［173］ Benhabib, J. and Spiegel, M. M., "The role of human capital in economic development evidence from aggregate cross – country data", *Journal of Monetary economics*, Vol. 34, No. 2, 1994.

［174］ Bernard, A. B. and Jensen, J. B., "Exceptional exporter performance: Cause, effect, or both?", *Journal of International Economics*, Vol. 47, No. 1, 1999.

[175] Bernard, A. B. and Wagner, J., "Export and success in German manufacturing", *Weltwirtschaftliches Archiv*, Vol. 133, No. 1, 1997.

[176] Bernard, A. B., Eaton, J., Jensen J. B. et al., "Plants and productivity in international trade", *The American Economic Review*, Vol. 93, No. 4, 2003.

[177] Bernstein, J. I. and Mamuneas, T. P., "R&D depreciation, stocks, user costs and productivity growth for US R&D intensive industries", *Structural Change and Economic Dynamics*, Vol. 17, No. 1, 2006.

[178] Blomström, M. and Kokko, A., "Multinational corporations and spillovers", *Journal of Economic Surveys*, Vol. 12, No. 3, 1998.

[179] Bodman, P. and Le, T., "Assessing the roles that absorptive capacity and economic distance play in the foreign direct investment – productivity growth nexus", *Applied Economics*, Vol. 45, No. 8, 2013.

[180] Bontis, N., Keow, W. C. C., Richardson S, "Intellectual capital and business performance in Malaysian industries", *Journal of Intellectual Capital*, Vol. 1, No. 1, 2000.

[181] Bontis, N., "National intellectual capital index: A united nations initiative for the Arab region", *Journal of Intellectual Capital*, Vol. 5, No. 1, 2004.

[182] Bontis, N., Dragonetti, N. C. and Jacobsen, K. et al., "The knowledge toolbox: A review of the tools available to measure and manage intangible resources", *European Management Journal*, Vol. 17, No. 4, 1999.

[183] Booth, R., "The measurement of intellectual capital", *Management Accounting*, Vol. 76, No. 10, 1998.

[184] Borensztein, E., De Gregorio, J., Lee, J-W., "How does foreign direct investment affect economic growth?", *Journal of International Economics*, Vol. 45, No. 1, 1998.

[185] Bosch, M., Lederman, D., Maloney, F. W., "Patenting and research and development: A global view", *OECD World Bank Policy Research Working Paper*, No. 3739, 2005.

[186] Bottazzia, L., Peri, G., "innovation and spillovers in regions: Evidence from European patent data", *European Economic Review*, Vol. 47, No. 4, 1998.

[187] Bounfour, A. and Edvinsson, L., *Intellectual capital for communities: Nations, regions, and cities*, New York: Routledge, 2005.

[188] Braconier, H. and Sjöholm, F., "National and international spillovers from R&D: Comparing a neoclassical and an endogenous growth approach", *Weltwirtschaftliches Archiv*, Vol. 134, No. 4, 1998.

[189] Branstetter, L. G., "Are knowledge spillovers international or intranational in scope? Microeconometric evidence from the US and Japan", *Journal of International Economics*, Vol. 53, No. 1, 2001.

[190] Branstetter, L. G., "Looking for international knowledge spillovers: A review of the literature with suggestions for new approaches", *Annals of Economics and Statistics*, No. 49/50, 1998.

[191] Breitung, J., "The local power of some unit root tests for panel data", in Baltagi, B. H., Fomby, T. B. and Hill, R. C, eds., *Nonstationarity panels, panel cointegration and dynamic panels*, Amsterdam: JAI Press, 2001, pp. 161 - 177.

[192] Brezis, E. S. Krugman, P. R. and Tsiddon, D., "Leapfrogging in international competition: A theory of cycles in national technological leadership", *American Economic Review*, Vol. 83, No. 5, 1993.

[193] Brooking, A., *Intellectual Capital. Core asset for the third millennium enterprise*, London: International Thomson Business Press, 1996.

[194] Caragliu, A. and Nijkamp, P., "The impact of regional absorptive capacity on spatial knowledge spillovers: The Cohen and Levinthal model revisited", *Applied Economics*, Vol. 44, No. 11, 2012.

[195] Castellacci, F., "Technology gap and cumulative growth: Models and outcomes", *International Review of Applied Economics*, Vol. 16, No. 3, 2002.

[196] Castellacci, F. and Archibugi, D., "The technology clubs: The distribution of knowledge across nations", *Research Policy*, Vol. 37, No. 10, 2008.

[197] Castellacci, F., "Technology clubs, technology gaps and growth trajectories", *Structural Change and Economic Dynamics*, Vol. 19, No. 4, 2008.

[198] Caves, R. E., "International corporations: The industrial economics of foreign investment", *Economica*, Vol. 38, No. 149, 1971.

[199] Chen, J., Zhu, Z. and Xie, H., Y., "Measuring intellectual capital: A new model and empirical study", *Journal of Intellectual capital*, Vol. 5, No. 1, 2004.

[200] Choi, I., "Unit root tests for panel data", *Journal of International Money and Finance*, Vol. 20, No. 2, 2001.

[201] Ciruelos, A. and Wang, M., "International technology diffusion: Effects of trade and FDI", *Atlantic Economic Journal*, Vol. 33, No. 4, 2005.

[202] Ciruelos, A. and Wang, M., "International technology diffusion: Effects of trade and FDI", *Atlantic Economic Journal*, Vol. 33, No. 4, 2005.

[203] Clerides, S. K., Lach, S. and Tybout, J. R., "Is learning by exporting important? Micro – dynamic evidence from Colombia, Mexico, and Morocco", *The Quarterly Journal of Economics*, Vol. 113, No. 3, 1998.

[204] Coe, D. T. and Helpman, E., "International R&D spillovers", *European Economic Review*, Vol. 39, No. 5, 1995.

[205] Coe, D. T., Hoffmaister, A. W., (1999) "Are there International R&D Spillovers Among Randomly Matched Trade Partners? A Response to Keller," *IMF Working Paper*, No. 18.

[206] Coe, D., Helpman E., and Hoffmaister A. W., "North – south R&D spillovers", *Economic Journal*, Vol. 107, No. 440, 1997.

[207] Cohen, D., Soto, M., "Growth and human capital: Good data, good results", *Journal of Econmic Growth*, Vol. 12, No. 1, 2007.

[208] Cohen, W. M. and Levinthal, D. A., "Absorptive capacity: A new perspective on learning and innovation", *Administrative Science Quarterly*, Vol. 35, No. 1, 1990.

[209] Cohen, W. M. and Levinthal, D. A., "Innovation and Learning: The two faces of R&D", *The Economic Journal*, Vol. 99, No. 397, 1989.

[210] Cokden, W. M., "Protection and foreign investment", *Economic Record*, Vol. 43, No. 2, 1967.

[211] Crespo, J., Martín, C. and Velázquez, F. J., "International technology spillovers from trade: The importance of the technological gap", *Investigaciones Economicas*, Vol. 28, No. 3, 2004b.

[212] Crispolti, V. and Marconi, D., "Technology transfer and economic growth in developing countries: An econometric analysis", *Bank of Italy, Research Department, Temi Di Discussion Series*, No. 564, 2005.

[213] Crépon, B., Duguet, E., Mairesse, J., "Research, innovation, and productivity: An econometric analysis at the firm level", *Economics of Innovation and New Technology*, Vol. 7, No. 2, 1998.

[214] Cuneo, P., Mairesse, J., "Productivity and R&D at the Firm Level in French Manufacturing", in Griliches, Z. eds. R&D, *Patents and Productivity*, Chicago: University of Chicago Press, 1984, pp. 375 - 392.

[215] David, L. C., Markusen, J. R. and Keith, E. M., "Estimating the knowledge - capital model of the multinational enterprise", *American Economic Review*, Vol. 91, No. 3, 2001.

[216] de la Potterie, B. V. P. and Lichtenberg, F., "Does foreign direct investment transfer technology across borders?", *Review of Economics and Statistics*, Vol. 83, No. 3, 2001.

[217] Deeds, D. L., "The role of R&D intensity, technical development and absorptive capacity in creating entrepreneurial wealth in high technology start - ups", *Journal of Engineering and Technology Management*, Vol. 18, No. 1, 2001.

[218] Desai, M., Fukuda-Parr, S. and Johansson, C. et al., "Measuring the technology achievement of nations and the capacity to participate in the network age", *Journal of Human Development*, Vol. 3, No. 1, 2002.

[219] Domar, E. D., "Capital expansion, rate of growth, and employment", *Econometrica*, Vol. 14, No. 2, 1946.

[220] Dzinkowski, R., "The measurement and management of intellectual capital: An introduction", *Management Accounting*, Vol. 78, No. 2, 2000.

[221] Easterly, W. and Levine, R., "It's not factor accumulation: Stylized facts and growth models", *The World Bank Economic Review*, Vol. 15, No. 2, 2001.

[222] Eaton, J. and Kortum, S., "Trade in ideas patenting and productivity in the OECD", *Journal of international Economics*, Vol. 40, No. 3, 1996.

[223] Eaton, J. and Kortum, S., "International technology diffusion: Theory and measurement", *International Economic Review*, Vol. 40, No. 3, 1999.

[224] Eaton, J., Kortum, S. and Kramarz, F., "Dissecting trade: firms, industries, and export destinations", *NBER Working Paper*, No. 10344, 2004.

[225] Edvinsson, L. and Sullivan, P., "Developing a model for managing intellectual capital", *European Management Journal*, Vol. 14, No. 4, 1996.

[226] Eicher, T. and Turnovsky, S. J., "Scale, congestion and growth", *Economica*, Vol. 67, No. 267, 2000.

[227] Elena, S. and Angel, B., "The relationship between intellectual capital quality and corporate performance: An empirical study of Russian and European companies", *Economic Annals*, Vol. 52, No. 192, 2012.

[228] Emer, D., Intellectual capital in the software industry: An empirical test, Ph. D. dissertation, University of Washington, 2000.

[229] Engelbrecht, H. J. , "International R&D spillovers amongst OECD economies", *Applied Economics Letters*, Vol. 4, No. 5, 1997.

[230] Engström, T. E. J. Westnes, P. and Westnes, S. F. , "Evaluating intellectual capital in the hotel industry", *Journal of Intellectual Capital*, Vol. 4, No. 3, 2003.

[231] Fabricant, S. , "Economic progress and economic change", *NBER Working Paper*, 1954.

[232] Falvey, R. Foster, N. , Greenaway, D. , "North – south trade, knowledge spillovers and growth", *Journal of Economic Integration*, Vol. 17, No. 4, 2002.

[233] Fare, R. Grosskopf, S. Norris, M. , et al. , "Productivity growth, techical progress, and efficiency change in industrialized countries", *American Economic Review*, Vol. 84, No. 1, 1994.

[234] Feiwel, G. R. , *The intellectual capital of Micha? Kalecki*: *A study in economic theory and policy*, Knoxville : University of Tennessee Press, 1975.

[235] Filippetti, A. and Peyrache, A. , "The patterns of technological capabilities of countries: A dual approach using composite indicators and data envelopment analysis", *World Development*, Vol. 39, No. 7, 2011.

[236] Frank, R. L. and Bruno, P. P. , "International R&D spillovers: A re – examination", *European Economic Review*, Vol. 42, No. 8, 1998.

[237] Freeman, C. and Louçã, F. , *As time goes by*: *From the industrial revolutions to the information revolution*, New York: Oxford University Press, 2001.

[238] Funk, M. , (2001) "Trade and International R&D Spillovers among OECD Countries", *Southern Economic Journal*, 67 (3), pp. 725 – 736.

[239] Futagami, K. Morita, Y. and Shibata A, "Dynamic analysis of an endogenous growth model with public capital", *The Scandinavian Journal of Economics*, Vol. 95, No. 4, 1993.

[240] Galbrainth, J. K. , *The intellectual capital of Mickal Kalecki*: *A study*

in economic theory and policy, Tennessee: The University of Tennessee Press, 1975.

[241] Gantumur, T. Stephan, A., "Do external technology acquisitions matter for innovative efficiency and productivity?" *Discussion Papers of DIW Berlin*, No. 1035, 2010.

[242] Gautschi, T., "Develop your intellectual capital", *Design News*, 1998.

[243] Gerschenkron, A., *Economic backwardness in historical perspective*, Cambridge, MA: Belknap Press of Harvard University Press, 1962.

[244] Ghosh, S. and Roy, U., "Optimal growth with public capital and public services", *Economics of Planning*, Vol. 35, No. 3, 2002.

[245] Gittleman, M. B. and Wolff, E. N., "R&D activity and cross - country growth comparisons", *Cambridge Journal of Economics*, Vol. 19, No. 1, 1995.

[246] Glomm, G. and Ravikumar, B., "Public investment in infrastructure in a simple growth model", *Journal of Economic Dynsamics and Control*, Vol. 18, No. 6, 1994.

[247] Greenstein, S. M. and Spiller, P. T., "Modern telecommunications infrastructure and economic activity: An empirical investigation", *Industrial and Corporate Change*, Vol. 4, No. 4, 1995.

[248] Griffin, A., "Modeling and measuring product development cycle time across industries", *Journal of Engineering and Technology Management*, Vol. 14, No. 1, 1997.

[249] Griffith, R., Redding, S., Reenen, V. J., "Mapping the tow faces of R&D: Productivity growth in a panel of OECD industries", *The Institute for Fiscal Studies Working Paper*, No. 02/00, 2001.

[250] Griffith, R., Redding, S. and Van Reenen, J., "Mapping the two faces of R&D: Productivity growth in a panel of OECD industries", *Review of Economics and Statistics*, Vol. 86, No. 4, 2004.

[251] Griliches, Z. Mairesse, J., "Productivity and R&D at the firm level", in Griliches, Z. eds., R&D, *Patents and Productivity*, Chicago: University of Chicago Press, 1984, pp. 339 – 374.

[252] Griliches, Z., Mairesse, J., "R&D and productivity growth: Comparing Japanese and U. S. manufacturing firms", in Charles, H., eds. *Productivity Growth in Japan and the United States*, Chicago: University of Chicago Press, 1990.

[253] Griliches, Z., "Research expenditures, education, and the aggregate production function", *American Economic Review*, Vol. 54, No. 6, 1964.

[254] Griliches, Z., "Issues in assessing the contribution of research and development to productivity growth", *The Bell Journal of Economics*, Vol. 10, No. 1, 1979.

[255] Griliches, Z., *R&D and productivity: The econometric evidence*, Chicago: University of Chicago Press, 1998.

[256] Griliches, Z., "Capital stock in investment functions: Some problems of concept and measurement", in Christ, C., et al., eds. *Measurement in Economics*, Stanford: Stanford University Press, 1963, pp. 123 – 143.

[257] Grossman, G. M. and Helpman, E., *Innovation and growth in the global economy*, London: MIT Press, 1991.

[258] Grossman, G. M. and Helpman, E., "Outsourcing in a global economy", *Review of Economic Studies*, Vol. 72, No. 1, 2005.

[259] Grupp, H. and Schubert, T., "Review and new evidence on composite innovation indicators for evaluating national performance", *Research Policy*, Vol. 39, No. 1, 2010.

[260] Guellec, D. Pottelsberghe, B. V., "R&D and productivity growth: Panel data analysis of 16 OECD countries", *OECD Economic Studies*, Vol. 32, No. 2, 2001.

[261] Guellec, D. and de la Potterie, B. V. P., "From R&D to productivity growth: Do the institutional settings and the source of funds of R&D matter?", *Oxford Bulletin of Economics and Statistics*, Vol. 66, No. 3, 2004.

[262] Guellec, D. and de la Potterie, B. V. P., "R&D and productivity growth: A panel data analysis of 16 OECD countries", *OECD Eco-*

nomic Studies, Vol. 33, No. 11, 2001.

[263] Görg, H. and Greenaway, D. , "Much ado about nothing? Do domestic firms really benefit from foreign direct investment?" *The World Bank Research Observer*, Vol. 19, No. 2, 2004.

[264] Hadri, K. , "Testing for stationarity in heterogeneous panel data" *The Econometrics Journal*, Vol. 3, No. 2, 2000.

[265] Hall, B. H. and Jacques, M. , "Exploring the relationship between R&D and productivity in French manufacturing firms", *Journal of Econometrics*, Vol. 65, No. 1, 1995.

[266] Hall, B. H. , Lotti, F. , Mairesse, J. , "Evidence on the impact of R&D and ICT investment on innovation and productivity in Italian firms", *NBER Working Papers*, No. 18053, 2012.

[267] Hall, B. H. , Lotti, F. , Mairesse, J. , "Innovation and productivity in SMEs: Empirical evidence for Italy", *Small Business Economics*, Vol. 33, No. 1, 2009.

[268] Hall, B. H. , "Measuring the returns to R&D: The depreciation problem", *NBER Working Papers*, No. 13473, 2007.

[269] Hans, L. and Alams, H. , "Knowledge capital and performance heterogeneity: A firm-level inovation study", *International Journal of Production Economics*, Vol. 76, No. 1, 2002.

[270] Harhoff, D. , "R&D and productivity in German manufacturing firms", *Economics of Innovation and New Technology*, Vol. 6, No. 1, 1998.

[271] Harrison, S. and Sullivan, Sr. P. H. , "Profiting from intellectual capital: Learning from leading companies", *Journal of Intellectual Capital*, Vol. 1, No. 1, 2000.

[272] Harrod, R. F. , "An essay in dynamic theory", *The Economic Journal*, Vol. 49, No. 193, 1939.

[273] Hayton, J. C. , The effect of intellectual capital on entrepreneurial orientation in high technology new ventures, Ph. D. dissertation, Georgia State University, 2002.

[274] Hejazi, W. and Safarian, A. E. , "Trade, foreign direct invest-

ment, and R&D spillovers", *Journal of International Business Studies*, Vol. 30, No. 3, 1999.

[275] Helga, K., "Foreign direct investment: The knowledge – capital model and a small country case", *Scottish Journal of Political Economy*, Vol. 57, No. 5, 2010.

[276] Helpman, E., "A simple theory of international trade with multinational corporations", *Journal of Political Economy*, Vol. 92, No. 3, 1984.

[277] Helpman, E., "R&D and productivity: The international connection", *NBER Working Paper*, No. 6101, 1997.

[278] Helpman, E., "Trade, FDI and the organization of firms", *Journal of Economic Literature*, Vol. 44, No. 3, 2006.

[279] Hollanders, H. and Arundel, A., *Global Innovation Scoreboard 2006*, Belgium: European Commission, 2006.

[280] Howitt, P., "Health, human capital and economic growth: A Schumpeterian perspective", in Lopez – Casasnovas, G., Rivera, B. and Currais, L. eds., *Health and economic growth: Findings and policy implications*, Cambridge, MA: MIT Press, 2005, pp. 19–40.

[281] Howitt, P. and Mayer – Foulkes, D., "R&D, Implementation, and Stagnation: A Schumpeterian Theory of Convergence Clubs", *Journal of Money, Credit and Banking*, Vol. 37, No. 1, 2005.

[282] Hu, G. Z. A., Jefferson, H. G. Qian, Jinchang, "R&D and technology transfer: Firm – level evidence from Chinese industry", *The Review of Economics and Statistics*, Vol. 87, No. 4, 2005.

[283] Huang, N. and Diewert, E., "Estimation of R&D depreciation rates: A suggested methodology and preliminary application", *Canadian Journal of Economics*, Vol. 44, No. 2, 2002.

[284] Im, K. S., Pesaran, M. H. and Shin, Y., "Testing for unit roots in heterogeneous panels", *Journal of econometrics*, Vol. 115, No. 1, 2003.

[285] Jefferson, H. G. Bai, Huamao Guan, Xiaojing et al., "R&D performance in Chinese industry", *Economics of Innovation and New*

Technology, Vol. 15, No. 4 - 5, 2006.

[286] Jeffrey, I. B. and Nadiri, M. I. , "Interindustry R&D spillovers, rates of return, and production in high - tech industries", *American Economic Review*, Vol. 78, No. 2, 1988.

[287] Jiang, L. , Gu, C. L. and Qiu, W. C. , "The analysis of the relationship between FDI, trade and economic development in Zhejiang Province", Proceedings of 2013 International Conference —WTO & Financial Engineering, Melbourne - Australia: ST. Plum - Blossom Press, 2013, pp. 404 - 408.

[288] Johnson, W. H. A. , "An integrative taxonomy of intellectual capital: Measuring the stock and flow of intellectual capital components in the firm", *International Journal of Technology Management*, Vol. 18, No. 5, 1999.

[289] Joia, L. A. , "Measuring intangible corporate assets: Linking business strategy with intellectual capital", *Journal of Intellectual Capital*, Vol. 1, No. 1, 2000.

[290] Jones, C. , "R&D - based models of economic growth", *Journal of Political Economy*, Vol. 103, No. 4, 1995.

[291] Jordan, J. and Jones, P. , "Assessing your company's knowledge management style", *Long Range Planning*, Vol. 30, No. 3, 1997.

[292] Kang, S. C. and Snell, S. A. , "Intellectual capital architectures and ambidextrous learning: A framework for human resource management", *Journal of Management Studies*, Vol. 46, No. 1, 2009.

[293] Kao, C. , Chiang, M. H. and Chen, B. , "International R&D spillovers: An application of estimation and inference in panel cointegration", *Oxford Bulletin of economics and Statistics*, Vol. 61, No. S1, 1999.

[294] Kao, C. , Chiang, M. , "On the estimation and inference of a cointegrated regression in panel data", *Advances in Econometrics*, Vol. 15, 2000.

[295] Kao, C. , "Spurious regression and residual - based tests for cointegration in panel data", *Journal of Econometrics*, Vol. 90, No.

1, 1999.

[296] Kao, C. and Chiang, M. H. , "On the estimation and inference of a cointegrated regression in panel data", in Baltagi, B. H. , Fomby, T. B. and Hill, R. C. eds. , *Nonstationary Panels, Panel Cointegration, and Dynamic Panels*, New York: JAI Press, 2001, pp. 179 – 222.

[297] Keith, E. M. and Yiting, A. , "Knowledge – capital, international trade and foreign direct investment: A sectoral analysis, International Agricultural Trade Research Consortium", 2006.

[298] Keller, W. , (1998) "Are International R&D Spillovers Trade – related? Analyzing Spillovers among Randomly Matched Trade Partners", *European Economic Review*, 42 (8): 1469 – 1481.

[299] Keller, W. , "Absorptive capacity: On the creation and acquisition of technology in development", *Journal of Development Economics*, Vol. 49, No. 1, 1996.

[300] Keller, W. , "International technology diffusion", *Journal of Economic Literature*, Vol. 42, No. 3, 2004.

[301] Keller, W. , "International trade, foreign direct investment, and technology spillovers", in Hall, B. H. and Rosenberg, N. , eds. *Handbook of the economics of innovation*, Amsterdam: North – Holland, 2010, pp. 793 – 829.

[302] Keller, W. , "Trade and the transmission of technology", *Journal of Economic Growth*, Vol. 7, No. 1, 2002.

[303] Keller, W. , 2009, "International Trade, Foreign Direct Investment, and Technology Spillovers",, *NBER Working Paper*, No. 15442.

[304] Khanam, B. Au E. , *Contributions of R&D capital to productivity growth*, Toronto: Presentation at the Annual Congress of the Canadian Economic Association, 2004.

[305] King, R. G. and Rebelo, S. , "Public policy and economic growth: Developing neoclassical implications", *Journal of Political Economy*, Vol. 98, No. 5, 1990.

[306] Klein, D. A. and Prusak, L. , "Characterizing intellectual capital,

center for business innovation", *Ernst & Young LLP Working Paper*, 1994.

[307] Knight, D. J., "Performance measures for increasing intellectual capital", *Strategy & Leadership*, Vol. 27, No. 2, 1999.

[308] Kokko, A., *Foreign direct investment, host country characteristics and spillovers*, Stockholm: The Economic Research Institute, 1992.

[309] Kokko, A., "Productivity spillovers from competition between local firms and foreign affiliates", *Journal of international development*, Vol. 8, No. 4, 1996.

[310] Kongkiti, P., Narongsak, C. and Agnieszka, S. et al., "Interrelationship between intellectual capital and performance: Empirical examination", *Industrial Management & Data Systems*, Vol. 111, No. 6, 2011.

[311] Koske, I., "International R&D spillovers: The role of financial markets", *Applied Economics Letters*, Vol. 16, No. 15, 2009.

[312] Kozo Kiyota Tetsuji Okazaki, "Foreign technology acquisition policy and firm performance in Japan, 1957 – 1970: Micro – aspects of industrial policy", *International Journal of Industrial Organization*, Vol. 23, No. 7 – 8, 2005.

[313] Krammer, S. M. S., 2010, "International R&D Spillovers in Emerging Markets: The Impact of Trade and Foreign Direct Investment", *The Journal of International Trade & Economic Development*, 19 (4): 591 – 623.

[315] Kuznets, S., "Modern economic growth: Findings and reflections", *American Economic Review*, Vol. 63, No. 3, 1973.

[316] Kwark, N. S. and Shyn, Y. S., "International R&D spillovers revisited: Human capital as an absorptive capacity for foreign technology", *International Economic Journal*, Vol. 20, No. 2, 2006.

[317] Ladrón – de – Guevara, A., Ortigueira, S. and Santos, M. S., "Equilibrium dynamics in two – sector models of endogenous growth", *Journal of Economic Dynamics and Control*, Vol. 21, No. 1, 1997.

[318] Lai, M. Y., Peng, S. J. and Bao, Q., "Technology spillovers,

absorptive capacity and economic growth", *China Economic Review*, Vol. 17, No. 3, 2006.

[319] Lall, S., "The technological structure and performance of developing country manufactured exports, 1985 – 1998", *Oxford Development Studies*, Vol. 28, No. 3, 2000.

[320] Lapan, H. and Bardhan, P., "Localized technical progress and transfer of technology and economic development", *Journal of Economic Theory*, Vol. 6, No. 6, 1973.

[321] Lee, G., "Direct versus indirect international R&D spillovers", *Information Economics and Policy*, Vol. 17, No. 3, 2005.

[322] Lee, G., "The effectiveness of international knowledge spillover channels", *European Economic Review*, Vol. 50, No. 8, 2006.

[323] Lee, G., "International knowledge spillovers through the import of information technology commodities", *Applied Economics*, Vol. 41, No. 24, 2009.

[324] Lee, G., "International R&D spillovers revisited", *Open Economies Review*, Vol. 16, No. 3, 2005.

[325] Lee, G. B., "Are knowledge spillovers international or intranational in scope? Microeconometric evidence from the U. S. and Japan", *Journal of International Economics*, Vol. 53, No. 1, 2001.

[326] Levin, A. and Lin, C. F., "Unit root test in panel data: new results", *University of California at San Diego Discussion Paper*, No. 93 – 56, 1993.

[327] Levin, A. Lin, C. F. and Chu, C. S. J., "Unit root tests in panel data: Asymptotic and finite – sample properties", *Journal of Econometrics*, Vol. 108, No. 1, 2002.

[328] Lf, H., Heshmati, A., "On the relationship between innovation and performance: A sensitivity analysis", *Economics of Innovation and New Technology*, Vol. 15, No. 4 – 5, 2006.

[329] Lichtenberg, F. R., Van Pottelsberghe, B., "International R&D spillovers: A re – examination", *European Economic Review*, Vol. 428, 1998.

[330] Lichtenberg, F. R. and de la Potterie, B. V. P., "International R&D spillovers: A comment", *European Economic Review*, Vol. 42, No. 8, 1998.

[331] Lichtenberg, F. R. and de la Potterie, B. V. P., "International R&D spillovers: A re – examination", *NBER Working Paper*, No. 5668, 1996.

[332] Lucas, R. E., "On the mechanics of economic development", *Journal of Monetary Economics*, No. 22, 1988.

[333] Lucas, R. E., "Why doesn't capital flow from rich to poor countries?", *American Economic Review*, Vol. 80, No. 2, 1990.

[334] Luintel, K. B. and Khan, M., "Are international R&D spillovers costly for the United States?", *Review of Economics and Statistics*, Vol. 86, No. 4, 2004.

[335] Luintel, K. B., Khan, M., Arestis, P. et al., (2008) "Financial Structure and Economic Growth," *Journal of Development Economics*, 86 (1): 181 – 200.

[336] MacDougall, G. D. A., "The benefits and costs of private investment from abroad: A theoretical approach", *Bulletin of the Oxford University Institute of Economics & Statistics*, Vol. 22, No. 3, 1960.

[337] Maddala, G. S. and Wu, S., "A comparative study of unit root tests with panel data and a new simple test", *Oxford Bulletin of Economics and statistics*, Vol. 61, No. S1, 1999.

[338] Madden, G. and Savage, S. J., "R&D spillovers, information technology and telecommunications, and productivity in ASIA and the OECD", *Information Economics and Policy*, Vol. 12, No. 4, 2000.

[339] Madden, G. and Savage, S. J., "Telecommunications productivity, catch – up and innovation", *Telecommunications Policy*, Vol. 23, No. 1, 1999.

[340] Madden, G., Savage, S. J. and Ng, J., "Asia – Pacific telecommunications liberalisation and productivity performance", *Australian economic papers*, Vol. 42, No. 1, 2003.

[341] Malhotra, Y., "Knowledge assets in the global economy: Assessment

of national intellectual capital", *Journal of Global Information Management*, Vol. 8, No. 3, 2000.

[342] Mariel, P., Susan, O. and Carlos, R., "The knowledge – capital model of FDI: A time varying coefficients approach", *Scottish Journal of Political Economy*, Vol. 56, No. 2, 2009.

[343] Markusen, J. R., *Multinational firms and the theory of international trade*, Cambridge: The MIT Press, 1984.

[344] Markusen, J. R. and Maskus, K. E., "Discriminating among alternative theories of the multinational enterprise", *Review of International Economics*, Vol. 10, No. 4, 2002.

[345] Masoulas, V., "Organisational requirements definition for intellectual capital management", *International Journal of Technology Management*, Vol. 16, No. 1, 1998.

[346] Matthews, R. C. O., "Why growth rates differ", *Economic Journal*, Vol. 79, No. 314, 1969.

[347] McElroy, M. W., "Social innovation capital", *Journal of Intellectual Capital*, Vol. 3, No. 1, 2002.

[348] McLean, W. I. Round, K. D., "Research and product innovation in Australian manufacturing industries", *Journal of Industrial Economics*, Vol. 27, No. 1, 1978.

[349] Melitz, M. J., "The impact of trade on intra – industry reallocations and aggregate industry productivity", *Econometrica*, Vol. 71, No. 6, 2003.

[350] Michael, R. D., Qiao, L. and Lynne, G. Z., "Stakes and stars: the effect of intellectual human capital on the level and variability of high – tech firm's market values", *Economic Inquiry*, Vol. 42, No. 3, 2004.

[351] Miller, W., "Building the Ultimate resource", *Management Review*, Vol. 42, No. 1, 1999.

[352] Minasian, J., "The economics of research and development", in Nelson, R. eds., *The Rate and Direction of Inventive Activity: Economics and Social Factors*, Princeton: Princeton University Press,

1962, pp. 93 - 142.

[353] Mouritsen, J., "Driving growth: Economic value added versus intellectual capital", *Management Accounting Research*, Vol. 9, No. 4, 1998.

[354] Mouritsen, J., Bukh, P. N. and Larsen, H. T. et al., "Developing and managing knowledge through intellectual capital statements", *Journal of Intellectual Capital*, Vol. 3, No. 1, 2002.

[355] Müller, W. G. and Nettekoven, M., "A panel data analysis: Research and development spillover", *Economics Letters*, Vol. 64, No. 1, 1999.

[356] Nadiri, M. I., "Innovations and technological spillovers", *NBER Working Paper*, No. 4423, 1993.

[357] Nadiri, M. I., "Innovations and technological spillovers", *NBER Working Paper*, No. 4423, 1993.

[358] Nadiri, M. I. and Prucha, I. R., "Estimation of the depreciation rate of physical and R&D capital in the U. S. total manufacturing sector", *Economic Inquiry*, Vol. 34, No. 1, 1996.

[359] Nahapiet, J. and Ghoshal, S., "Social capital, intellectual capital, and the organizational advantage", *Academy of Management Review*, Vol. 23, No. 2, 1998.

[360] Narayanan, K., "Technology acquisition, de - regulation and competitiveness: A study of Indian automobile industry", *Research Policy*, Vol. 27, No. 2, 1998.

[361] Nardo, M., Saisana, M. and Saltelli, A. et al., "Handbook on constructing composite indicators: Methodology and user guide", *OECD Statistics Working Papers*, No. 3, 2005.

[362] Nelson, R. R. and Phelps, E. S., "Investment in humans, technological diffusion, and economic growth", *The American Economic Review*, Vol. 56, No. 1/2, 1966.

[363] Nelson, R. R., 1993, "National Innovation Systems: A Comparative Analysis", New York: Oxford University Press.

[364] Nelson, R. R., "The simple economics of basic scientific research",

Journal of Political Economy, Vol. 67, No. 3, 1959.

[365] Norma, J. and Tyge, G. P., "Intellectual capital and performance of new venture high – tech firms", *International Journal of Innovation Management*, Vol. 8, No. 3, 2004.

[366] Nour, S. S. O. M., "Assessment of science and technology indicators in Sudan", *Science Technology and Society*, Vol. 17, No. 2, 2012.

[367] OECD, *The second European report in s&t indicators* 1997, Paris: OECD Publications, 1997.

[368] Pakes, A. and Shankerman, M., *The rate of obsolescence of patents, research gestation lags, and the private rate of return to research resource*, Chicago: University of Chicago Press, 1984.

[369] Park, W. G., "International R&D spillovers and OECD economic growth", *Economic Inquiry*, Vol. 33, No. 4, 1995.

[370] Pedroni, P., 1999, "Critical Values for Cointegration Tests in Heterogeneous Panels with Multiple Regressors," *Oxford Bulletin of Economics and statistics*, 61 (S1): 653 – 670.

[371] Pedroni, P., "Fully modified OLS for heterogeneous cointegrated panels", in Baltagi, B. H., Fomby, T. B. and Hill, R. C. eds., *Nonstationary Panels, Panel Cointegration, and Dynamic Panels*, New York: JAI Press, 2000, pp. 93 – 130.

[372] Pedroni, P., "Panel cointegration: Asymptotic and finite sample properties of pooled time series tests with an application to the PPP hypothesis", *Econometric Theory*, Vol. 20, No. 3, 2004.

[373] Pedroni, P., "Purchasing power parity tests in cointegrated panels", *Review of Economics and Statistics*, Vol. 83, No. 4, 2001.

[374] Pedroni, P., (2001) "Purchasing Power Parity Tests in Cointegrated Panels", *Review of Economics and Statistics*, 83 (4): 727 – 731.

[375] Peri, G., "Knowledge flows, R&D spillovers and innovation", *ZEW Discussion Papers*, No. 03 – 40, 2003.

[376] Pessoa, A., "Ideas driven growth: The OECD evidence", *Portuguese Economic Journal*, Vol. 4, No. 1, 2005.

[377] Petrash, G., "Dow's journey to a knowledge value management cul-

ture", *European Management Journal*, Vol. 14, No. 4, 1996.

[378] Porter, M. E. and Stern, S., "Measuring the 'ideas' production function: Evidence from international patent output", *NBER Working Paper*, No. 7891, 2000.

[379] Pottelsberghe, B. V., Lichtenberg, F. R., "Does foreign direct investment transfer technology across borders?" *Review of Economics and Statistics*, Vol. 83, No. 3, 2001.

[380] Qiao, L. and Kit, P. W., "Intellectual capital and financial decision: Evidence from the U. S. patent data", *Management Science*, Vol. 57, No. 10, 2011.

[381] Qiu, W. C., Cheng, H. F. and Gu, C. L. et al., "The relationship between knowledge capital and export — An empirical study of China's high - tech industry", Proceedings of 2013 International Conference — WTO & Financial Engineering, Melbourne - Australia: ST. Plum - Blossom Press, 2013, pp. 154 – 158.

[382] Rebelo, S., "Long - run policy analysis and long - run growth", *Journal of Political Economy*, Vol. 99, No. 3, 1991.

[383] Ricardo, D., *On the principles of political economy, and taxation*, Middlesex: Penguin Books, 1817/1971.

[384] Romer, P. M., "Endogenous technological change", *The Journal of Political Economy*, Vol. 98, No. 5, 1990.

[385] Romer, P. M., "Increasing returns and long - run growth", *The Journal of Political Economy*, Vol. 94, No. 5, 1986.

[386] Romer, P. M., "The origins of endogenous growth", *The Journal of Economic Perspectives*, Vol. 8, No. 1, 1994.

[387] Romer, P., 1993, "Two Strategies for Economic Development Using Ideas and Producing Ideas", *World Bank Economic Review*, 7 (1), pp. 63 – 91.

[388] Romer, P. M., "Endogenous technological change", *The Journal of Political Economy*, Vol. 98, No. 5, 1990.

[389] Roos, G. and Roos, J., "Measuring your company's intellectual performance", *Long Range Planning*, Vol. 30, No. 3, 1997.

[390] Roos, J., "Exploring The concept of intellectual capital (IC)", *Long Range Planning*, Vol. 31, No. 1, 1998.

[391] Saggi, K., (2002) "Trade, Foreign Direct Investment, and International Technology Transfer: A Survey," *The World Bank Research Observer*, 17 (2): 191 – 235.

[392] Schwab, K., Porter, M. E. and Sachs, J. D., *The Global competitiveness report* 2001 – 2002, New York and Oxford: Oxford University Press, 2002.

[393] Scott, E. and Helen, R., "Intellectual capital in tech industry: A longitudinal study", *Electronic Journal of Knowledge Management*, Vol. 7, No. 5, 2009.

[394] Seemann, P., DeLong, D. and Stukey, S., "Building intangible assets: A strategic framework for investing in intellectual capital", in Morey, D., Maybury, M. T. and Thuraisingham, B. M. eds., *Knowledge management: Classic and contemporary works*, Cambridge: MIT Press, 2000, pp. 85 – 98.

[395] Sheshinski, E., "Tests of the 'learning by doing' hypothesis", *The Review of Economics and Statistics*, Vol. 49, No. 4, 1967.

[396] Shu – Lien, C., Valuing intellectual capital and firm's performance: Modifying value added intellectual coefficient in Taiwan IT industry, Ph. D. dissertation, Golden Gate University, 2007.

[397] Smith, A., *An inquiry into the nature and causes of the wealth of nations*, New York: Modern Library, 1776/1937.

[398] Solow, R. M., "Technical change and the aggregate production function", *The Review of Economics and Statistics*, Vol. 39, No. 3, 1957.

[399] Solow, R. M., "A contribution to the theory of economic growth", *The Quarterly Journal of Economics*, Vol. 70, No. 1, 1956.

[400] Stewart, T. A., *Intellectual capital: The new wealth of nations*, New York: Doubleday, 1997.

[401] Stewart, T. A., "Brainpower: How intellectual capital is becoming America's most valuable asset", *Fortune*, Vol. 123, No. 11, 1991.

[402] Stewart, T. A., "Your company's most valuable asset: Intellectual capital", *Fortune*, Vol. 130, No. 7, 1994.

[403] Stokey, N. L., "Learning by doing and the introduction of new goods", *The Journal of Political Economy*, Vol. 96, No. 4, 1988.

[404] Stöllinger, R., "International spillovers in a world of technology clubs", *Structural Change and Economic Dynamics*, No. 27, 2013.

[405] Sullivan, P. H., *Value driven intellectual capital: How to convert intangible corporate assets into market value*, New York: John Wiley and Sons, 2000.

[406] Sveiby, K. E., *The new organizational wealth: Managing and measuring knowledge – based assets*, San Francisco: Berrett – Koelher Publishers, 1997.

[407] Swan, T. W., "Economic growth and capital accumulation", *Economic Record*, Vol. 32, No. 2, 1956.

[408] Tang, L. and Koveos, P. E., "Embodied and disembodied R&D spillovers to developed and developing countries", *International Business Review*, Vol. 17, No. 5, 2008.

[409] Theofanis, P. M., "Spillovers from publicly financed R&D capital in high – tech industries", *Journal of Industry Organization*, Vol. 17, No. 2, 1999.

[410] Ulku, H., "R&D, Innovation and output: Evidence from OECD and nonOECD countries", *Applied Economics*, Vol. 39, No. 3, 2007.

[411] Ulrich, D., "Intellectual capital = competence x commitment", *Sloan Management Review*, Vol. 39, No. 2, 1998.

[412] UNCTAD, *World investment report 2005: Transnational corporations and the internationalization of R&D*, New York and Geneve: UNCTAD Publication, 2006.

[413] UNDP, *Human development report 2001: Making new technologies work for human development*, New York and Oxford: Oxford University Press, 2001.

[414] UNIDO, *Industrial development report 2005: Capability building for catching – up historical, empirical and policy dimensions*, Vienna:

UNIDO Publication, 2006.

[415] Uzawa, H., "Optimum technical change in an aggregative model of economic growth", *International Economic Review*, Vol. 6, No. 1, 1965.

[416] Van Pottelsberghe de la Potterie, B., Lichtenberg F. R., (2001) "Does Foreign Direct Investment Transfer Technology across Borders?" *Review of Economics and Statistics*, 83 (3): 490–497.

[417] Verspagen, B., "A new empirical approach to catching up or falling behind", *Structural Change and Economic Dynamics*, Vol. 2, No. 2, 1991.

[418] Walter, G. P., "International R&D spillovers and OECD economic growth", *Economic Inquiry*, Vol. 33, No. 4, 1995.

[419] William, H. A. J., "An integrative taxonomy of intellectual capital: measuring the stock and flow of intellectual capital components in the form", *International Journal of Technology Management*, Vol. 18, No. 5, 1999.

[420] Wooldridge, J., *Introductory econometrics: A modern approach*, South-Western: Cengage Learning, 2013.

[421] Xu, B. and Wang, J., "Capital goods trade and R&D spillovers in the OECD", *Canadian Journal of Economics*, Vol. 32, No. 5, 1999.

[422] Xu, B. and Wang, J., "Trade, FDI, and international technology diffusion", *Journal of Economic Integration*, Vol. 15, No. 4, 2000.

[423] Xu, B., 2000, "Multinational Enterprises, Technology Diffusion, and Host Country Productivity Growth," *Journal of Development Economics*, 62 (2): 477–493.

[425] Xu, B., Chiang, E. P., 2005, "Trade, Patents and International Technology Diffusion", *The Journal of International Trade & Economic Development*, 14 (1): 115–135.

[426] Yeaple, S. R., "A simple model of firm heterogeneity international trade, and wages", *Journal of International Economics*, Vol. 65, No. 1, 2005.

[427] Youndt, M. A., Subramaniam, M. and Snell, S. A., "Intellectual capital profiles: An examination of investment and returns", *Journal of Management Studies*, Vol. 41, No. 2, 2004.

[428] Young, A., "Invention and bounded learning by doing", *Journal of Political Economy*, Vol. 101, No. 3, 1993.

[429] Young, A., "Learning by doing and the dynamic effects of international trade", *The Quarterly Journal of Economics*, Vol. 106, No. 2, 1991.

[430] Zhu, L. and Jeon, B. N., "International R&D spillovers: Trade, FDI, and information technology as spillover channels", *Review of International Economics*, Vol. 15, No. 5, 2007.